Joachim Iffland · Digital Humanities zwischen Musiksoziologie und Musikedition

Beiträge zur Kulturgeschichte der Musik

Herausgegeben von Rebecca Grotjahn

Band 17

Joachim Iffland studierte am Musikwissenschaftlichen Seminar der Universität Paderborn und der Hochschule für Musik Detmold. Das hier vorliegende Dissertationsprojekt entstand im Zuge seiner Arbeit für das Projekt *Freischütz Digital* sowie für das *Zentrum Musik – Edition – Medien* (ZenMEM).

JOACHIM IFFLAND

Digital Humanities zwischen Musiksoziologie und Musikedition

Ein Marius Müller-Westernhagen-Konzert als Experimentierfeld

Allitera Verlag

März 2024
Allitera Verlag
Ein Verlag der Buch&Media GmbH, München

Satz und Umschlaggestaltung: Joachim Iffland
Umschlagmotiv: Schatten-Grafik »Party-Crowd-Silhouettes« von kjpargeter auf Freepik.com
Gesetzt aus der Sabon LT und der The Sans
Printed in Europe · ISBN 978-3-96233-424-6

Allitera Verlag
Merianstraße 24 · 80637 München
Fon 089 13 92 90 46 · Fax 089 13 92 90 65

Weitere Publikationen aus unserem Programm finden Sie auf www.allitera.de
Kontakt und Bestellungen unter info@allitera.de

Inhalt

Vorwort. Eine Einladung

Ich lade meine Leser*innen ein, mit mir den Weg eines gedanklichen Experimentes zu gehen. Darin reflektiere ich das *Potenzial digitaler Musikedition* in kulturwissenschaftlich-philosophischer Weise und adressiere mit meinen Überlegungen keinesfalls nur Editionsexpert*innen. Ausgangspunkt ist die im Folgenden ausgebreitete Frage, inwiefern ereignisbezogene Sichtweisen – und somit Gegenstände der Musiksoziologie – Teil von Musikedition sind oder sein können. Ich beschreibe somit ein musiksoziologisches Hinterfragen des editorischen Vorgehens.

Im Allgemeinen soll die Beantwortung dieser Frage dazu dienen, eine ereignisbezogene Sicht auf den Gegenstand der Musik zu untermauern. Im Besonderen ist es das Ziel, prämissenbezogene, systemische Bausteine für ein digitales Prinzip kulturwissenschaftlichen Edierens herauszufiltern sowie eine dahingehende – zunächst theoretische und explizit erkenntnistheoretische – *Erweiterung des Editionsbegriffs* zu erreichen. Die dabei angestellten und notwendigen Überlegungen zur ontologischen Basis späterer Codierungsverfahren gehen dafür jeweils so weit, wie es die Erkundung des vor mir liegenden Feldes erfordert. Dahingegen ist es nicht Ziel meiner Reflexion, editorische Systeme der Notencodierung weiterzuentwickeln oder einen konkreten technischen Ansatz zu realisieren. Das hätte der Rahmen eines Dissertationsprojektes nicht erlaubt,[1] wie auch der anvisierte Editionsgegenstand zunächst meine hier dargelegten Gedanken voraussetzt. So zielt meine kritische Betrachtung auch nicht auf eine Marginalisierung der Techniken, Ziele und Ausprägungen bestehender musikwissenschaftlicher Edition. Letztere greife ich (teils unkonventionell) auf, um systemische Anknüpfungspunkte zu untersuchen und sie in das vorliegende Ziel einzuordnen.

Diese Arbeit versteht sich daher als Puzzleteil innerhalb des kulturwissenschaftlichen Edierens. Die dabei vollzogene Begegnung von Musiksoziologie und Musikedition auf Basis digitaler Denkweisen mündet hier zunächst im Sammeln von Herausforderungen und im Durchdenken erster struktureller Lösungsansätze.

1 Die folgenden Ausführungen bilden die überarbeiteten Ergebnisse eines Musicking ab, das im Rahmen des Projekts *Freischütz Digital* begann, 2016 im Rahmen des Detmolder *ZenMEM* zum Dissertationsprojekt wuchs und bis 2021 zu Ende geführt wurde.

Beginnen werde ich dies im folgenden »Vorspiel« mit einer dichten Beschreibung auf Basis einer audiovisuellen Aufzeichnung, die ich zur Grundlage meiner Reflexion der Musikedition mache. Die im Vorliegenden umgesetzte heterogen-interdisziplinäre Auseinandersetzung mit den Forschungsbereichen der Musikedition und der Musiksoziologie macht außerdem einen Spagat notwendig zwischen Einführungen einerseits, die einen Einstieg für tiefere Beschäftigungen geben sollen, und einzelnen, relevante Problemstellungen aufzeigenden Tiefenbohrungen andererseits. Das ist neben der thematischen Heterogenität auch dadurch bedingt, dass ich mich an Leser*innen mit unterschiedlichem Vorwissen richte, wofür ich hier auch in das Prinzip des Codierens anhand der digitalen Notencodierung mit MEI-XML einführe.[2]

Das vorliegende Experiment wurde dabei von einigen Personen unterstützt. Daher danke ich an dieser Stelle meinen früheren Kolleg*innen von Freischütz Digital (vor allem Johannes Kepper), den Mitgliedern des Detmolder ViFE-Verbundes, des ZenMEM-Projektes, des Detmolder Forschungskolloquiums sowie des Doktorand*innen-Workshops meiner Doktormutter Rebecca Grotjahn. Ihr gilt ein herzlicher Dank für das Ermöglichen dieses gesamten Projektes, für unsere vielen inspirierenden Gespräche, unseren kontinuierlichen Gedankenaustausch sowie für ihre unermüdliche Unterstützung. Ihre Art, Musikwissenschaft zu betreiben, bleibt (nicht nur) für mich als hochgeschätzte Prägung zurück. Zudem gilt ihr zusammen mit Alexander Strathern vom Allitera-Verlag mein Dank für die Geduld, die Unterstützung und das Vertrauen während der Drucklegung dieses Bandes. Außerdem danke ich allen, die mich mit ihrem Lektorat unterstützt haben. Der Unterschied zwischen »Editorik« und »Edirotik« ist eben nicht zu verachten – aller Editionsbegeisterung zum Trotz. Der herzlichste Dank gilt aber Lena, meiner Frau: Ohne ihre Kritik, ihren Scharfsinn, ihre Geduld, ihr Zutrauen und ihre Nachsicht, ohne all unser gemeinsames Musicking wäre vieles nicht möglich gewesen – und diese Arbeit wäre nicht, wie sie ist.

Detmold, im September 2023
Joachim Iffland

2 Strukturelle Anmerkung: Mit dem Zusatz »(Web)« versehende Kurztitel beziehen sich auf Einträge des »Website-Verzeichnisses«, mit »(CD)«, »(DVD)«, »(Stream)« versehende Kurztitel beziehen sich auf Einträge des »Verzeichnisses audiovisuellen Materials«. Im Fall von Websites werden gegebenenfalls angesprochene Subpages durch Komma getrennt zugefügt.

Vorspiel: Dichte Beschreibung[1] eines Mundharmonika-Wurfes auf Basis der Aufzeichnung *Wenn das Licht auf dich fällt*

Die Aufzeichnung *Wenn das Licht auf dich fällt. Westernhagen in Concert 2005*[2] beginnt mit einem Blick hinter einen geschlossenen Bühnenvorhang: In einer Totale sind eine Musikerin, 13 Musiker sowie einige Bühnentechniker zu sehen, die auf einer in lila Licht getauchten Bühne stehen und darauf warten, ihre Vorführung zu beginnen. Der mittlere Bühnenraum ist gefüllt mit Verstärkern, Monitor-Boxen und Instrumenten, auf dem Boden liegen Perser-Teppiche und vereinzelt stehen Fernsehgeräte im Stil der 1960er-Jahre, auf welchen in Schwarz-Weiß verschiedene Ansichten des Bühnenraums live übertragen werden. Zu hören sind tieffrequent-wummernde Klänge. Wie eine Nahaufnahme offenbart, werden diese vom Organisten Helmut Zerlett mit einem *Moog*-Synthesizer erzeugt (00:00:40), bevor der daraufhin gezeigte Schlagzeuger Andy Newmark mit vier deutlich hörbaren Schlägen auf seine *Zildjian*-Hi-Hat das erste Musikstück einzählt (00:00:35). Jetzt erst öffnet sich der Bühnenvorhang zum Intro von »Weißt du, dass ich glücklich bin« (1987). Der Sänger Marius Müller-Westernhagen löst sich gleichzeitig aus der Gruppe und tritt einige Schritte Richtung Publikum hervor. Er ist mit schwarzem Anzug und dunklem Krawattenschal bekleidet, ähnlich zu den übrigen, jedoch in lockerer Weise bekleideten Musiker*innen. Westernhagen tritt mit einer ebenfalls schwarzen, gold-glitzernden *Danelectro* E-Gitarre an ein Funkmikrofon der Marke *Audio-Technica,* das mit einem Aufkleber mit der Aufschrift »Marius« versehen ist, und beginnt zu singen. Eine Nahaufnahme des Publikumsraumes zeigt zugleich zwei Personen hinter einer Metall-Absperrung in der ersten Reihe stehend, die strahlend zur Bühne hinauf sehen und im Takt jeden Viertelschlag mitklatschen.

Zu Beginn des neunten Stückes wird der Schlagzeuger in Nahaufnahme gezeigt, während er seine Drumsticks dreimal aneinander schlägt, dabei laut und in englisch das Stück »Nur ein Traum« (1989) einzählt und, die Sticks im Tradi-

1 Zur Verwendung des Begriffes der »dichten Beschreibung« sowie zu Aspekten des verwendeten Ausgangsmaterials siehe S. 16 f.

2 Müller-Westernhagen, *Wenn das Licht* (DVD).

tional Grip haltend, mit einem Viertel-Auftakt zu spielen beginnt (00:42:23). Die Totale der Bühne zeigt, wie Westernhagen zu seinem Mikrofon am Bühnenrand geht. Wie die folgende Kameraeinstellung offenbart, hält er eine Mundharmonika in der Hand und beginnt in Takt fünf des Stückes zu singen. Gleichzeitig werden während der ersten Strophe abwechselnd einzelne Instrumentalisten gezeigt: die Bläsergruppe um Simon Clarke, Tim Sanders, Roddy Lorimer und Dave Liddell sowie der Gitarrist Jay Stapley, wie er in großer Geste seine *Fender Stratocaster*-Gitarre im Distorted Sound anschlägt, und der Gitarrist Markus Wienstroer, der in ruhiger Manier in durchlaufendem Achtelrhythmus Powerchords auf einer *Gibson Les Paul*-Gitarre spielt. Während der ersten Strophe (00:43:08) wird in einer Totale aus Westernhagens Rücken das Publikum gezeigt – das Licht im Zuschauerraum wird kurz aufgezogen und in der ersten Reihe ist schemenhaft ein emporgehobener bedruckter Zettel erkennbar. Nach der dritten Strophe (00:44:18, Takt 45) reckt Westernhagen kurz die Arme in die Höhe und setzt schließlich zum Mundharmonika-Solo an. Während des darauffolgenden Refrains wird der zuvor bereits im Hintergrund zu sehende bedruckte und Falt- sowie Griffspuren aufweisende Zettel in Großaufnahme gezeigt (00:44:44, Takt 55). Er trägt die Aufschrift »GIB UNS DEINE Mundharmonika BITTE!!!« Westernhagen spielt einen weiteren kurzen Solo-Takt, geht anschließend zum Bühnenrand (00:44:52, Takt 59) – seinen Lippenbewegungen sind die Worte »Komm her« zu entnehmen – und wirft, während er den fünften Refrain singt, die Mundharmonika dem Mann zu, der zuvor den Zettel hielt und der zu Beginn der Aufzeichnung bereits in Nahaufnahme gezeigt wurde. Wie die nächste Szene zeigt, hat er sie aufgefangen, reckt die Arme mit geballten Fäusten in die Höhe (00:44:55, Takt 60) und umarmt schließlich eine neben ihm stehende Frau. Die Perspektive wechselt zur Background-Sängerin Della Miles, die klatscht und mit beiden Daumen nach oben gestikuliert. Ein weiterer, bereits zu Beginn der Aufzeichnung gezeigter und auch nun wieder sichtbarer Zettel, welcher vor den Zuschauern über der Absperrung hängt, offenbart, dass der Fänger der Mundharmonika auf dieser Tour zum siebten Mal im Publikum dabei ist (00:06:49, 00:45:04). Nach rund vier Minuten endet die Darbietung des Stückes (00:46:46).

Mit dem traditionellen Schluss-Song »Freiheit« (1987) verabschiedet sich Müller-Westernhagen mit Tränen in den Augen nach 130 Minuten und insgesamt 25 in der Aufzeichnung gezeigten Songs. Die Darsteller*innen versammeln sich am Bühnenrand, der Posaunist Dave Liddell wirft einen Drumstick in das Publikum (02:09:31), die Gruppe verneigt sich und während die Zuschauer in einem Chor »Oh, wie ist es schön« singen, blendet die Aufzeichnung aus.

Einleitung. Musik als Ereignis digital edieren?

Musik ist ein Ereignis. Sie ist von Wahrnehmenden abhängig und beschränkt sich in ihrer Erscheinung nicht auf eine künstlerischen Regeln folgende Idee und deren Konservierung als Produkt. Sie ist Teil alltäglichen Handelns, wird für verschiedene Situationen (re)produziert und in diversen Situationen zur *Wirklichkeit*. Durch ein Ereignis – durch wahrgenommenes Denken, Fühlen und Handeln – gelangt sie zur Existenz. Sie ist etwas, das sich in diversen Formen ereignet und erlebt wird.

Diese Prämisse ist die Grundlage der folgenden Überlegungen und stellt die Basis dafür dar, Musik *ereignisbezogen* zu fassen und *editorisch* zu untersuchen. Als musiksoziologische Grundhaltung steht dieser Ausgangspunkt im Kontrast zur 1977 von Carl Dahlhaus formulierten Sichtweise, dass »[d]er Begriff des Werkes, nicht der des Ereignisses [...] die zentrale Kategorie der Musikhistorie«[1] sei. Die von ihm dargelegte Folge: »[D]ie These darüber, was Musik ›eigentlich‹ sei, ist historiographisch kaum einlösbar.«[2]

Ich erinnere hier an Dahlhaus' Ausgangspunkt, da ich diesen in Anlehnung an musiksoziologische Betrachtungsweisen mit erkenntnistheoretischer Zielsetzung umkehre. Der Begriff des Ereignisses wird zur zentralen Kategorie und ich frage auf Basis noch zu definierender Begrifflichkeiten und mit kulturwissenschaftlich-editorischer Zielsetzung, was Musik *wirklich* ist.[3] Dies durchdenke ich vor einem bestimmten Hintergrund: Wenn Musik ein Ereignis ist, muss sie dann nicht auch vom musikwissenschaftlich zentralen Aufgabenfeld der *Musikedition* als eben solches behandelt werden können? Der von Dahlhaus benannte Konflikt ist vor diesem Hintergrund nicht minder aktuell: Innerhalb der Edition (auch im Kontext digitaler Edition) bildet traditionellerweise der notenbezogene Gegenstand des

1 Dahlhaus, *Grundlagen*, S. 7. Auch wenn Dahlhaus Ereignisse nicht als gleichgültig einordnet, betont er dennoch »das Verständnis der Werke« (ebd., S. 6) als primäres Ziel und nicht als »bloßen Ausgangspunkt der historischen Untersuchung« (ebd., S. 7). Wie er im Gegensatz zum vorliegenden soziologischen Ansatz voraussetzt, wird der Gegenstand der Musikgeschichte »durch Poiesis, das Herstellen von Gebilden, nicht durch Praxis, das gesellschaftliche Handeln, konstituiert.« (Ebd.)

2 Ebd., S. 47.

3 Zum Begriff des Wirklichen siehe Kap. 1, S. 31 und 39.

Werkes die zentrale Kategorie.[4] Wirklichkeit wird im editorischen Kontext durch diesen Notenbezug geschaffen. Somit sind entsprechende Methodologien – so werde ich es noch mit tiefer gehendem Blick ausführen – nicht auf die editorische Untersuchung von Ereignissen und auch nicht auf einen kulturwissenschaftlichen Blick ausgerichtet, dem folglich die editorische Basis fehlt. Musikedition ist, »was ihre Gegenstände betrifft, bisher verblüffend konservativ«[5]: Wo kein Notentext existiert – etwa in der Regel im Falle der Rock- und Popmusik –, scheint für die Edition ein zentraler Hinderungsgrund vorzuliegen.[6] Stets stehen Noten (quasi als Synonym für Musik) im editorischen Zentrum und bilden den Angelpunkt des untersuchten. Ohne die Faktoren »Werk«, »Skizze« oder (allgemeiner) »Produkt kognitiver Prozesse« kommen editorische Ansätze nicht aus, auch wenn sie durch die phonografische Ebene oder durch (sogar per se an ein Ereignis gebundene) Bewegungs- und Performanceaspekte erweitert werden.[7] Dieser Aspekt ist hier keinesfalls negativ zu bewerten, doch Musikeditionen fokussieren somit in der Regel nicht die Aspekte, die im Ereignis um Marius Müller-Westernhagen zuvor erwähnt wurden.[8] Der Fokus wissenschaftlicher Musikedition steht also zunächst im Gegensatz zu meiner musiksoziologisch geprägten Prämisse.

Dass dies nicht anders möglich sei, kann man durchaus konstatieren. Auch für Dahlhaus war klar, dass die Berücksichtigung von Ereignissen philologische

4 Diese Erkenntnis stellen auch Andreas Münzmay und Christine Siegert ihren richtungsweisenden Überlegungen zur Edition von Interpretation und Aufführungsmaterial voran. (Vgl. Münzmay/Siegert, »Phonographischer Text«, S. 10.)

5 Grotjahn/Iffland, »Digitale Musikedition«, S. 379. Zur Ausrichtung der digitalen Notenedition vgl. ebd., S. 385 ff. Hierzu sowie zum damit in Verbindung stehenden Aspekt der Musikgeschichte als Mediengeschichte vgl. auch Grotjahn, »Notationskunde«, S. 328 f.

6 Vgl. Grotjahn/Iffland, »Digitale Musikedition«, S. 379.

7 Zu Überlegungen digitaler Edition von Interpretationen vgl. Münzmay/Siegert, »Phonographischer Text«, Berndt/Bohl, »Music Performance Markup« sowie allgemein zur computergestützten Analyse die Beiträge in Loesch/Weinzierl [Hrsg.], *Gemessene Interpretation.* Zum Einbezug bewegungsbezogener Aspekte und tanz-choreografischer Details in die Notencodierung vgl. Grund, »Bild, Musik, Bewegung, Tanz« und Drewes/Grund, »MovEnging«. Zu Gedanken einer Ausweitung von Musikcodierung vgl. auch die Beiträge in Steyn [Hrsg.], *Structuring Music.* Der dort vorgestellte Ansatz einer *General Music Markup Language* (MML), der mit einzelnen Modulen explizit größere Zusammenhänge als die der *Common Western Notation* (CWN) fokussieren soll, hat ebenso die Fixierung und die Performance von erklungener Musik im Blick. Auch die explizite Edition der phonografischen Ebene würde sich an der Werkebene orientieren. (Vgl. Iffland/Grotjahn, »Musik«.)

8 Siehe hierzu auch Kap. 2.2.5, S. 79 ff.

Folgen hätte: »[N]icht-authentische Fassungen werden als Dokument über Rezeptionsweisen zu nahezu gleichberechtigten geschichtlichen Zeugnissen«[9] erhoben. Zudem würden »Kompositions- gegenüber den Wirkungsdaten (die allerdings vage bleiben) in den Hintergrund rücken«[10]. Durch solche Zweifel – die er mit einem Vergleich zum mutmaßlich nicht erreichbaren Detailgrad der Werkanalyse betont – wird jedoch nicht der Wert der Rekonstruktion vergangener Ereignisse negiert.[11] Wieso sollten Dokumente der Rezeption nicht gleichberechtigt neben Kompositionsdaten stehen? Und ist die mit der Erarbeitung von Wirkungsdaten verbundene Herausforderung wirklich ein Hinderungsgrund für deren Erhebung sowie für musikwissenschaftlichen Erkenntnisgewinn? Ist das Rezipieren, das Wahrnehmen von Musik als Ereignis nicht das, was sie zutage treten, sie zu(r) Geschichte(n) werden lässt? Muss die damit verbundene und im Faktor des Ereignisses liegende *Subjektivität des Erzählens* und der Geschichtsschreibung nicht ernstzunehmender Teil wissenschaftlicher – und somit eben auch editorischer – Aufarbeitung von Musik sein?[12] Können hierfür nicht unterschiedliche Methodologien gewinnbringend miteinander verbunden werden? In diesem Kontext müsste gar ein Resümee Helmut Rösings ernst genommen werden, der 2014 feststellt:

> »Erst die einzelnen musik- und kulturwissenschaftlichen Teildisziplinen mit ihren unterschiedlichen methodischen Forschungsansätzen ergeben ein neues Ganzes, nämlich eine kulturgeschichtlich, sozialwissenschaftlich und wahrnehmungspsychologisch verortete Musikwissenschaft.«[13]

Auch im Kontext des nach Fertigstellung der vorliegenden Arbeit im Rahmen der DHd 2022 veröffentlichten »Manifest für digitale Editionen« zeigt sich eine grundlegende Aufarbeitung der hier vorliegenden Frage als relevant. Dort wird konstatiert, dass »[g]rundsätzlich [...] jede kulturelle Äußerung unabhängig

9 Dahlhaus, *Grundlagen*, S. 47.

10 Ebd.

11 Dahlhaus merkt hierzu an, dass die Herausforderung bestünde, »ein vergangenes musikalisches Ereignis [...] so differenziert zu rekonstruieren, daß das Resultat nicht durch Dürftigkeit und Blässe von den Ergebnissen der Werkanalyse absticht«. (Ebd., S. 9. Vgl. ebd., S. 48.) Doch dieser Vergleich mutet an, nicht schlüssig zu sein, denn er scheint die Regel aufzustellen, dass die Aufarbeitung von Ereignissen nur durchgeführt werden könne, wenn sie dem Detailgrad der Werkanalyse gleichkommt.

12 Zur Idee der subjektiven Geschichtsschreibung am Beispiel der Popularmusik vgl. Helms, »History?«

13 Rösing, »Geschichtsschreibung«, S. 22.

von ihrer Herkunft, Modalität, Medialität und Materialität editionsfähig«[14] sei. Diese könne »Edendum werden, das im Prozess des Edierens kritisch untersucht und mit Wissen angereichert wird.«[15]

Im Zusammenhang mit diesen Voraussetzungen ist meine einleitend formulierte Prämisse also Auslöser für die Frage nach den Möglichkeiten, Musik als Ereignis nach wissenschaftlich *editorischen* Prinzipien kulturwissenschaftlich zu fassen und die strukturbezogene Frage nach dem möglichen musikwissenschaftlichen Edendum, dem sich Äußernden zu stellen. Hierbei gilt es nicht, eine der Kategorien in den Hintergrund treten zu lassen oder vor dem Zustand des ›Vagen‹ zurückzuschrecken. Ausgehend vom Faktor des Ereignisses wird nicht die *Priorisierung* einer musikbezogenen Form der Äußerung, sondern die *Diversität* des zu erarbeitenden Gegenstandes im Zentrum stehen. Ich frage also, ob musikbezogene Ereignisse – unabhängig von Notenmaterial – ediert werden können, um durch ihre Darstellung auch alle weiteren musikwissenschaftlich zentralen Forschungsgegenständen miteinander zu verbinden. Wäre das nicht gar die ›eigentliche‹ Musikedition, die dann – von digitalen Prinzipien gestützt – Musik erkenntnisvoll aufarbeitet?

Hierfür gilt es zunächst, ein Grundprinzip zu erarbeiten, das Aspekte der Rekonstruktion vergangener Ereignisse zusammenträgt und strukturell verbindet. Damit steuere ich auf eine Liaison von digitaler Musikedition und Musiksoziologie sowie auf mit ihnen verbundene grundsätzliche Fragen zu, deren Zustandekommen im Folgenden entfaltet wird.

Zum Ausgangsmaterial

Um meine Prämisse am konkreten Beispiel zu exerzieren, eine These zu formulieren und mich einer ereignisorientierten Aufarbeitung von Musik zu nähern, habe ich einleitend eine dichte Beschreibung der – pragmatisch gewählten – audiovisuellen Aufzeichnung *Wenn das Licht auf dich fällt. Westernhagen in Concert 2005*[16] gegeben. Ich beschreibe darin ein Geschehen, so wie ich es durch die

14 *DHd Blog* (Web).

15 Ebd. Vgl. Fritze, »Manifest für digitale Editionen«.

16 Müller-Westernhagen, *Wenn das Licht* (DVD). Es handelt sich um eine Aufzeichnung vom 18. November 2005. Informationen zu den Namen der Beteiligten entnehme ich dem DVD-Booklet (Aufzeichnung dort fälschlicherweise auf 2006 datiert) sowie dem gleichnamigen Earbook von 2007. (Ders., *Wenn das Licht* (DVD, 2007), [S. 91–94].) Letzteres beinhaltet als Mediensammlung ein Buch (Konzertfotos und Interview mit Müller-Westernhagen) sowie je zwei Konzert-CDs und -DVDs.

Betrachtung dieser Aufnahme wahrgenommen habe. Sie zeigt ein im Rahmen der Tour »Westernhagen in Concert 2005« in der TUI-Arena Hannover gegebenes Konzert des Schauspielers und Sängers Marius Müller-Westernhagen.[17] Dabei handelt es sich um eine gegenüber dem Ablauf des Ereignisses gekürzte Aufzeichnung[18] nebst filmischer Dokumentation der dazugehörigen Vorbereitungen.[19] Zu diesem grundlegenden Material meiner Überlegungen, zum Umgang damit sowie in diesem Zusammenhang zum Mittel der dichten Beschreibung sind zunächst einleitende Anmerkungen nötig.

Dichte Beschreibung

Das am Film[20] wahrgenommene Ereignis durch eine dichte Beschreibung zu vermitteln, ist zunächst medienbedingt nötig, da diese Aufzeichnung – oder gar ›das Ereignis selbst‹ und somit ›die Musik‹ – aus technischen sowie aus urheberrechtlichen Gründen nicht anders in solch einer wissenschaftlichen Auseinandersetzung erscheinen kann. Mehr noch, einem ethnografischen Grundproblem folgend, wird ein flüchtiges, *beobachtetes Ereignis* so überhaupt erst der Vergänglichkeit

17 Marius Müller-Westernhagen initiierte diese Tour zusammen mit dem Tour-Director Jochen List. Sie umfasste 23 Konzerte zwischen dem 10. September und dem 2. Dezember 2005. Am 18. November 2005 wurden die Ereignisse eines der Tour-Konzerte von Teams um den Video-Director Peter Hommen und den Recording-Engineer Dieter Krauthausen unter der Leitung des Produzenten Peter Maasz aufgezeichnet. (Vgl. ders., *Wenn das Licht* (DVD), Booklet. Zu den Konzert-Terminen vgl. etwa Kahler, »10.000« und o. V., »Große Nachfrage«.)

18 Das zeigt sich bei genauer Betrachtung des Geschehens, auch im Zusammenhang mit der im Earbook als Fotografie abgedruckten Setlist eines der Tourkonzerte. (Müller-Westernhagen, *Wenn das Licht* (DVD, 2007), [S. 3].) Es deuten sich Kürzungen, gelegentliche Umstellungen des Programms sowie eventuelle, schnittbedingte Reihenfolgen-Anpassungen an. Bei Minute 00:46:17 betritt der Gitarrist Harry Bogdanovs zum Ende des Stückes »Nur ein Traum« die Bühne und bekommt eine Akustikgitarre gereicht. Diese kommt jedoch nicht sichtbar zum Einsatz, denn nach dem Schnitt von Minute 00:46:46 auf 00:46:48 hält er ein Banjo, welches er für das Stück »Gejammer« spielt. Die Setlist verzeichnet an dieser Stelle das auf der Aufzeichnung nicht zu hörende Stück »Ich wollte nie«. Ebenso fehlt auf der Aufzeichnung das laut Setlist gespielte Stück »Ignoranz«. Darüber hinaus verzeichnet die Liste nicht die auf der Veröffentlichung zu hörenden Stücke »Baby, Please Don't Go / Suzie Q« und »You Got To Move«. Die Stücke »Mit dem Rücken zur Wand« und »Alles ist möglich« wurden darüber hinaus in der Reihenfolge vertauscht. Offensichtliche Handlungssprünge zwischen den Stücken finden sich an diversen Stellen.

19 Ders., *Wenn das Licht* (DVD), DVD 2.

20 Zum Faktor der Video-Aufzeichnung siehe S. 22.

entzogen und zum *lesbaren* Gegenstand der Forschung: Zur wissenschaftlichen Untersuchung muss das hier beobachtete Soziale erst versprachlicht werden – nicht zuletzt, um auch jene Entitäten ›sprechen‹ zu lassen, die vermeintlich ›stumm‹ sind wie beispielsweise eine Mundharmonika.[21] Die *perspektivische* Form der dichten Beschreibung betont dabei gerade den hier zentralen Aspekt der *wahrgenommenen Wirklichkeit*.[22]

Damit stellt das von mir als Verfahrensweise aufgegriffene Mittel der dichten Beschreibung nicht etwa ein Vorgehen dar, das sich durch die Festschreibung abstrakter Regelmäßigkeiten oder durch das reine Sammeln von Fakten auszeichnet. Durch Clifford Geertz auf Grundlage von Gilbert Ryle als »besondere geistige Anstrengung«[23] beschrieben, soll die dichte Beschreibung vielmehr etwas Beobachtetes interpretieren.[24] Sie ist, so Barbara Friebertshäuser und Sophia Richter, eigentlich

> »eine Form der analytisch und literarisch verdichteten schriftlichen Darstellung von Feldforschungsergebnissen, bei der Szenen, Ereignisse, Erfahrungen und Dialoge im Kontext des Gesamtzusammenhangs der untersuchten (Sub)Kultur präsentiert werden.«[25]

Es mag also irritieren, dass ich das ethnografische Verfahren der dichten Beschreibung auf eine Videoaufzeichnung anwende. Dies ist pragmatisch begründet und zielt hier nicht auf ethnografische Interpretation: Das Verfahren eignet sich generell zur Beschreibung wahrgenommener Ereignisse, bereitet den im Folgenden zugrunde gelegten Ansatz der *wahrgenommenen Wirklichkeit*[26] vor und öffnet so das hier zu durchdenkende Prinzip von Beginn an für sozialwissenschaftliche Forschung, in welcher Beschreibungen dieser Art ein gängiges Mittel darstellen. Ich verwende als Basis meiner Überlegungen zur Musikedition also im weitesten

21 Vgl. Breidenstein u. a., *Ethnografie*, S. 39–41, 113–118, 203–210, Amann/Hirschauer, »Die Befremdung«, Geertz, *Dichte Beschreibung*, S. 28 sowie Hall, »Kodieren«, S. 94. Zur Wahrnehmbarkeit von Musik und den notwendigen Überlieferungsformen vgl. Unseld, »Historische Musikwissenschaft«, S. 173 f.

22 Siehe dazu S. 23 sowie Kap. 1, S. 31 ff.

23 Geertz, *Dichte Beschreibung*, S. 10.

24 Zu Debatten um den Begriff der dichten Beschreibung vgl. Friebertshäuser/Richter, »Dichte Beschreibung«, S. 43 f.

25 Ebd., S. 41.

26 Siehe dazu S. 31 ff.

Sinne die auf das kollektive Gedächtnis zielende gesichtsunabhängige (verdeckte) nicht-teilnehmende Beobachtung.[27]

Dies äußert sich hier dadurch, dass ich einzelne ausgewählte Phänomene in spezifischer Weise perspektivisch, ohne zu verallgemeinern und mit spezifischer Kenntnis des kulturellen Kontexts beobachte. Damit gebe ich einen »Ablauf des sozialen Diskurses«[28] wieder, indem ich Funktionen und Bedeutungen des Beobachteten darlege, die *in meiner subjektiven Auswahl* des Wahrgenommenen erkennbar werden. Die von einer anderen Person gegebene Beschreibung kann dabei im Verhältnis zu meiner Beschreibung mehr oder weniger dicht interpretieren und andere Dinge hervorheben. Ein Richtig oder Falsch gibt es dabei nicht – genau diese *subjektive Diversität stellt die Basis des Folgenden dar.* Je nach Material, Fokus und persönlichem Erfahrungshorizont variieren also geschilderte Zusammenhänge – wer bei einem Konzert dabei war, hat sicherlich anderes zu berichten, als es eine Aufzeichnung wiedergeben könnte.[29] Das Westernhagen-Konzert hypothetisch zu summieren lässt eine endlose Vielfalt an Aspekten erahnen: Licht-, Ton-, Videotechnik und Instrumente werden gemäß einem Bühnendesign und gemäß Zeitplänen von Individuen ausgewählt, wertgeschätzt, transportiert, entladen, aufgebaut, benutzt und abgebaut. Musiker*innen agieren miteinander auf der Basis individuell erworbenen musikalischen Wissens, haben spezifische Fähigkeiten und verfolgen je eigene wirtschaftliche Ziele. Komponierte, veröffentlichte, für das Konzert neu interpretierte und schließlich neu veröffentlichte Songs werden dargeboten für ein Publikum, bestehend aus hunderten Individuen. Deren Motivationen und Wertschätzungen sind vielfältig, genau wie ihr Verhalten während des Konzertes, ihre Kenntnisse zu den Songs, ihr eigenes musikpraktisches Tun sowie ihre Einstellungen zu den Bühnenmusiker*innen. Eine Mundharmonika ist vom Instrument zum Fan-Objekt geworden und prangt vermeintlich in einer Vitrine, in einer anderen könnte ein Drumstick liegen – zuvor Arbeitsinstrument, nun stilles, vielleicht lautes Objekt der Erinnerung.[30]

All dies gehört im Vorliegenden zu den potenziellen wahrnehmbaren ereignisbezogenen Faktoren, die in ihrer Gesamtheit Musik bilden und die durch die vorliegenden Überlegungen in potenzieller Weise Zugang zu editorischen Kontexten bekommen sollen. Die dichte Beschreibung hilft dabei, die Gedan-

27 Beispielsweise wendet dies Julio Mendívil im Rahmen seiner Schlagermusikforschung an. (Vgl. Mendívil, *Ein musikalisches Stück Heimat*, S. 62–92.)

28 Geertz, *Dichte Beschreibung*, S. 30.

29 Zur Selektivität von Beschreibungen vgl. Breidenstein u. a., *Ethnografie*, S. 119 ff.

30 Zu solchen Aspekten bezüglich dieses Konzertes vgl. auch Müller-Westernhagen, *Wenn das Licht* (DVD), DVD 2, »The Making of«.

kenwelt untersuchter Wirklichkeiten (auch im Kontrast zur Gedankenwelt der Untersuchenden) zu verstehen beziehungsweise überhaupt erst Wirklichkeiten zu entdecken und zu kommunizieren.[31] In diesem Sinne besteht sie als etabliertes Mittel ethnografischer Forschung zur subjektiven Darstellung eines beobachteten Zusammenhangs und ist im Folgenden mein Bindeglied zwischen Ereignis und Edition.

Die Faktoren Ereignis und Text

Ebenso ist zu betonen, mit welchem Fokus das gewählte Ereignis hier betrachtet wird: Es handelt sich dabei zwar um eine musikbezogene *Aufführung* mit geplanter Inszenierung. Doch diese Tatsache ist für die Wahl des Beispiels weder ausschlaggebend noch hinderlich: Ereignisse, wie ich sie hier als soziologische Basis beschreibe, finden sich in vielfältigster Weise in den Abläufen der (nicht nur aktuellen) Musikkultur, womit *dieses* Ereignis pragmatisch gewählt ist und *ein* Exempel für musikbezogene, musikwissenschaftlich relevante Ereignisse darstellt.[32] Zudem beobachte ich es in Anlehnung an Clifford Geertz' semiotisches Verständnis von Kultur als Bedeutungsgewebe, wobei kulturwissenschaftliche Untersuchungen interpretierend nach diesen Bedeutungen suchen.[33] Mit Bezug auf die von der Theaterwissenschaftlerin Erika Fischer-Lichte aufgearbeiteten Theorien des Performativen wird hier nicht die Aufführung als klangliche Realisierung, als Performance, als Interpretation oder Inszenierung untersucht, sondern *als Ereignis im Sinne einer Konstellation beobachteter, nicht wiederholbarer performativer Akte.*[34]

Interpretative Phänomene können zwar Teil eines *wahrgenommenen* Ereignisses sein. Doch das Ereignis besteht in der vorliegenden Betrachtungsweise im

31 Vgl. Geertz, *Dichte Beschreibung*, S. 10, 35, 37.

32 Dass die Untersuchung des Performativen nicht etwa auf die Untersuchung zeitgenössischen Materials begrenzt ist, zeigt Martin Günther: »Faßt man das Phänomen des Performativen aber auf einer grundsätzlichen Ebene als sich ständig wandelnden Prozeß der Hervorbringung von Kultur auf, ist es durchaus möglich, durch die Analyse des mit diesem Prozeß in Verbindung stehenden diskursiven Netzwerks auch historische Perspektivierungen darauf freizulegen.« (Günther, *Kunstlied*, S. 15.)

33 Geertz, *Dichte Beschreibung*, S. 9. Vgl. ebd., S. 25 ff.

34 Vgl. Fischer-Lichte, *Performativität*, S. 53 f., 67 f. Zu dieser Unterscheidung von Aufführung und Inszenierung vgl. auch Balme, *Einführung*, S. 88. Zu verweisen ist hierbei auch auf die dortige Unterscheidung von Theatertext, Inszenierungstext und Aufführungstext. (Vgl. ebd.) Zum *Performative Turn* vgl. Bachmann-Medick, *Cultural Turns*, S. 104–143.

Sinne der Performativität als Ansammlung symbolischer Handlungen, die – so die Definition Fischer-Lichtes –

> »nicht etwas Vorgegebenes ausdrücken oder repräsentieren, sondern diejenige Wirklichkeit [erst hervorbringen], auf die sie verweisen [...]. Sie entsteht, *indem* die Handlung vollzogen wird.«[35]

Musik als Ereignis oder das Ereignishafte der Musik wird also nicht im Produkt oder im Werk gesucht – wo sie mit Bezug auf Fischer-Lichte als etwas, das »sich in einem autopoietischen Prozess selbst erzeugt«[36], auch nicht gefunden werden kann. Das Performative fasse ich dabei in Anlehnung an Martin Günther »als sich ständig wandelnden Prozeß der Hervorbringung von Kultur auf«[37]: Kulturelle Verhaltensweisen werden im Sinne der Musiksoziologie als beobachtbare »Handlungen und Unterlassungen von Menschen«[38] betrachtet – so die generelle Definition Kurt Blaukopfs. Diese dient auch hier, um »musikalisches Handeln als soziales Handeln deutend zu verstehen und dadurch in seinem Ablauf ursächlich zu erklären.«[39] Somit untersuche ich anhand einer Aufführung nicht das Werk- und Produkthafte, sondern ich untersuche ereignisorientiert das, was vor sich geht, das, was im Ereignis entsteht.

Ich intendiere also nicht das explizite Aufarbeiten von Westernhagens Schaffen,[40] seiner Konzert-Aufführung oder der Popularmusik im Allgemeinen.[41] Mit diesem Beispiel geht vielmehr eine im Folgenden auszuarbeitende Sicht dessen einher, was denn der untersuchte und herauszugebende »Text« ist, was seine Bestandteile sind und wie diese editorisch verarbeitet werden können. Im Vor-

35 Fischer-Lichte, *Performativität*, S. 44. [Herv. i. O.] Zu Theorien des Performativen vgl. ebd., S. 37 ff. Zum Verhältnis von Performativität und Aufführung vgl. ebd., S. 53 ff. Zum Begriff der Interpretation und Performance aus musikwissenschaftlicher Sicht vgl. Günther, *Kunstlied*, S. 14 ff., Loesch, »Zur Genese«, Brüstle/Risi/Schwarz [Hrsg.], *Macht* sowie Cook, *Beyond*.

36 Fischer-Lichte, *Performativität*, S. 67.

37 Günther, *Kunstlied*, S. 15.

38 Blaukopf, *Musik*, S. 3.

39 Ebd.

40 Zur bisher vor allem aus Sicht der Genderforschung geführten Auseinandersetzung mit Müller-Westernhagen vgl. Iffland, »›... wie das so 'n richtiger Mann‹«, Loeser, »›Wann ist ein Mann‹« sowie Elflein, »Allein gegen den Rest«.

41 Dennoch wird mit einem der Popularmusik entstammenden Beispiel ein Phänomen herangezogen, dessen Erforschung in der Musikwissenschaft den Zusammenhängen »klassisch« rezipierter Genres aktuell noch nachsteht. (Vgl. Grotjahn/Iffland, »Digitale Musikedition«. Siehe dazu auch Kap. 2.2.5, S. 79.)

liegenden – so viel sei vorweggenommen – ist der Text *das Ereignis selbst,*[42] den ich an der (bewusst als solche wahrgenommenen) Aufzeichnung ablese. Der gewählte Ausgangspunkt dient also als Beispiel für konkretes textuelles Arbeitsmaterial der Edition sowie als Basis zum Nachdenken über Musik als Ereignis. Was hier angestoßen und gleichzeitig als Denkweise zugrunde gelegt werden soll, ist das *Reflektieren diverser Faktoren,* die in musikbezogenen Ereignissen erkannt werden können.

Im Ausgangsmaterial findet sich also, was zu einem bestimmten Zeitpunkt ein Ereignis war und zum Verkauf in audiovisueller Weise ›auf DVD‹ *ge*schrieben wurde. Dieses habe ich hier – zunächst durch die dichte Beschreibung – mit Buchstaben *be*schrieben. Somit ist ein Ereignis mittels zweier unterschiedlicher Sprachen – einer audiovisuellen sowie einer schriftzeichenbezogenen Sprache – in unterschiedlichem Detailgrad zu les- und zu reproduzierbarem Text geworden. Im Folgenden gilt es zu überlegen, ob der durch die dichte Beschreibung festgehaltene schriftzeichenbezogene Text für die ereignisbasierte Edition aufbereitet und zur *digitalen* dichten Beschreibung werden kann und welche grundlegenden Details hierzu zu klären sind. Hierbei werde ich mich der Vorstellung von einem extensivierten musikbezogenen Text sowie von einer Hyper-Sprache nähern.[43]

Die dichte Beschreibung ist also das Grundmaterial der vorliegenden Studie. Dabei wird vor allem *ein* Geschehen dieses Konzertes die vorliegende Arbeit begleiten: Der Wurf der Mundharmonika. Dieser Wurf wird zum überschaubaren und doch komplexen Exempel für die bereits erwähnte ungewöhnliche Liaison aus Musiksoziologie und digitaler Musikedition, die ich hier verfolgen will und innerhalb derer die Elemente der dichten Beschreibung einem digitalen Editionsprinzip zukommen können sollen. Da dieser Wurf wie erwähnt anhand einer *Aufzeichnung* wahrgenommen wurde, sind nun auch hierzu noch einige Anmerkungen nötig.

Video-Aufzeichnung

Dass hier keine Beobachtungen dargelegt werden, die anhand eines unmittelbar erlebten Ereignisses gemacht wurden, folgt einem Pragmatismus und führt mich zu Anmerkungen zur ausgewählten Überlieferungsform des Ereignisses: Für meine Untersuchung wurde eine *kommerzielle Aufzeichnung* rekurriert, was zunächst den Vorteil bietet, subjektive Beobachtungen vorzustellen, deren Grundlage zugänglich und kontrollierbar ist. Zudem lege ich meiner Untersu-

42 Siehe Kap. 3.3, S. 99 ff.
43 Zum Textbegriff siehe Kap. 3.3, S. 99, zur Hyper-Sprache siehe Kap. 4.2.4, S. 156.

chung mit der Konzert-Aufzeichnung einen im weitesten Sinne als Musikvideo zu bezeichnenden, mittlerweile bekannten und wichtigen Gegenstand musikwissenschaftlicher Forschung zugrunde.[44] Die im Folgenden gewonnenen Erkenntnisse sollen zum einen auf diesen musikwissenschaftlich zentralen Gegenstand anwendbar sein, zum anderen aber nicht exklusiv der *Kunstform* des Musikvideos, sondern jeder Form der musikwissenschaftlich relevanten Aufzeichnung zugeführt werden können. Es soll also untersucht werden, inwieweit Überlieferungen, die artifiziell gestaltet sind und somit musikwissenschaftlich eine hohe Relevanz haben, auch in Hinsicht auf ereignisbezogene Aspekte dargestellt werden können. Die hieraus gewonnenen ontologischen Erkenntnisse sollen dann auch auf jede andere Grundlage – beispielsweise der ethnologischen Forschung – angewendet werden können und sollen es ermöglichen, die musikwissenschaftliche Relevanz ereignisbezogener performativer Daten zu betonen.

Das Ereignis selbst und die daran beobachteten performativen Akte dürfen weder mit der Aufzeichnung noch mit der dichten Beschreibung gleichgesetzt werden. Dieses wird hier vielmehr in Bezug auf eine audiovisuelle Überlieferung in *einer* von vielen möglichen Wahrnehmungsweisen durch meine dichte Beschreibung und durch die darin subjektiv widergespiegelten Elemente *vergegenwärtigt.* Die Perspektive der Wahrnehmenden und ihre Situiertheit stellen hier also von Beginn an wichtige Blickwinkel des Konzepts zur Edition von Musik als Ereignis dar. Damit verbunden ist die Besonderheit der *wahrgenommenen Wirklichkeit,* die im Folgenden gesondert betrachtet wird und als Grundlage meiner Überlegungen dient.[45]

Ich verfolge also nicht nur mit der Wahl des Ereignisses, sondern auch mit dem Heranziehen einer *Aufzeichnung* einen pragmatischen Ansatz. Solch ein Ansatz kommt – neben der ethnografischen Forschung[46] sowie der sozialwissenschaftlichen Forschung allgemein, in der die Videoanalyse »einen zentralen methodischen Zugang zur sozialen Praxis«[47] ermöglicht – auch in der Inszenierungsanalyse der Theaterwissenschaften zum Tragen. Dort bewährt sich die audiovisuelle Aufzeichnungstechnik schon lange als Basis von Analysen.[48] Die Aufzeichnung selbst ist also nicht der Editionsgegenstand und soll hier nicht unter

44 Zum Musikvideo vgl. etwa Jost, »Videoclip«, Weiß, »Musikvideos« sowie Keazor/Wübbena, *Video.*

45 Siehe Kap. 1.2, besonders S. 40.

46 Zur Bedeutung von audiovisuellen Aufzeichnungen in der ethnografischen Forschung vgl. Breidenstein u. a., *Ethnografie*, S. 103–106. Zum ethnografischen Beobachten vgl. ebd., S. 83–93.

47 Baltruschat/Wagner-Willi, »Videoanalyse«, S. 242.

48 Vgl. Balme, *Einführung*, S. 90 f.

filmontologischen Aspekten aufgearbeitet werden,[49] sondern sie überbrückt das Problem, sich an einmalige Ereignisse und an die in ihnen liegenden performativen Akte detailliert erinnern zu müssen. Als solches Mittel kann die Aufzeichnung auch hier gesehen werden. Abgesehen werden muss von der Tatsache, dass hierdurch keine mit dem ursprünglichen Moment des stattgefundenen Ereignisses verbundene persönliche Erfahrung Teil der Daten wird, was der folgenden Untersuchung und den daraus abgeleiteten basalen Prinzipien jedoch nicht hinderlich ist.

Ziel: Erkenntnistheoretische Verbindung von Musiksoziologie und Musikedition

Wo wurzelt nun die Initiative, die zuvor aufgeworfene, kulturwissenschaftlich inspirierte Verbindung aus Musiksoziologie und Musikedition herzustellen? Letztere wird mit dem Faktor des Ereignisses hier in einen unerwarteten Zusammenhang gestellt. Das Zustandekommen dieser Verbindung hatte vor allem erkenntnistheoretische Ziele. Das Erstellen von Editionen, deren Verfasser*innen digitale Methoden aufgegriffen und ihren Bedürfnissen entsprechend weiterentwickelt haben,[50] gehört zu den grundlegenden, ja fachkonstitutiven Aufgabenbereichen der Musikwissenschaft. Die spannende Frage ist daher, ob das Gesamtsystem »Musikedition« in interoperabler Weise um Ereignis-Elemente erweitert werden kann, ohne die Faktoren von Notation, Werk oder Performance weder als ontologischen Ausgangspunkt festzusetzen, noch in ihrer Existenz zu missachten.

Der Zusammenhang von Edition und *Musik als erlebtes Ereignis* im soziologischen Sinne ist unerwartet und – so wird es im Laufe meiner Untersuchungen noch weiter verdeutlicht – von einer Zeichen- und Systemdiskrepanz geprägt. In der Folge, dass für die zuvor beschriebenen Elemente des Ereignisses keine traditionellen Partitursysteme vorliegen, die sich mit Noten vergleichen ließen, haben musiksoziologische beziehungsweise kulturwissenschaftliche Fragestel-

49 Grundlagen hierfür schafft etwa das 2017 gestartete Projekt »Affektrhetoriken des Audiovisuellen«. (*Affektrhetoriken* (Web).)

50 Initiativ sind hier unter anderem die *Music-Encoding Initiative*, das *Edirom-Projekt*, *Freischütz Digital*, *Beethovens Werkstatt* sowie das Detmolder *Zentrum Musik – Edition – Medien*. Zentrale Aspekte zur Entwicklung digitaler Edition in der Musikwissenschaft arbeitet Kepper, *Musikedition* auf. Zur Entwicklung digitaler Edition aus historischer Perspektive vgl. die dreibändige Auseinandersetzung mit dem Thema von Sahle, *Digitale Editionsformen*.

lungen keine den musikwissenschaftlichen Gesamtausgaben gleichbedeutende Darstellungskraft. Doch wäre dies im Sinne der Musiksoziologie nicht unbedeutend.

Auch wenn mittlerweile soziologische Aufgaben digitale Werkzeuge an die Seite gestellt bekommen,[51] gliedern sich ihre Fragen nicht in einen Komplex ein, der sich in puncto Veröffentlichung und inhärenter Systematisierung mit der Bedeutung und der Präsenz aktueller musikwissenschaftlicher Editionsprojekte und ihren Gegenständen vergleichen ließe. Ziel ist also, eine Verbindung von Musiksoziologie und Musikedition anzustoßen, die einerseits soziologische Ergebnisse auf ihre Möglichkeit der standardisierten Edition befragt. Andererseits wird überlegt, wie Strukturen des traditionellen Editionsgegenstands mit den Anforderungen an die Edition soziologischer Gegenstände – dem »Text« musikkultureller Prozesse[52] – innerhalb *eines* editorischen Kosmos verbunden werden können. Um hier ein kulturwissenschaftlich wertvolles Potenzial digitaler Editionsmethoden aufzuspüren, wird dieser Zusammenhang in ein experimentelles, erkenntnistheoretisches Reflektieren der Musikedition führen – *und* er wird in Verbindung damit in ein erkenntnistheoretisches Reflektieren von Musik führen. Denn ohne konkrete Noten zu erwähnen oder ohne durch sie geformte Werke in das Zentrum der dichten Beschreibung zu stellen, habe ich eingangs in relativer Breite von Musik sprechen können. Was ist dann also – frage ich wortklauberisch – *Musik*edition, wenn sie solche Aspekte nicht fokussieren beziehungsweise nicht zentrieren kann? Können die Bestandteile musikbezogener Ereignisse nicht gleich einer Partitur ediert werden, um Musik – mit allem, was sie ausmacht – interoperabel festzuhalten, zu untersuchen und zu verstehen? Kann all das, was an Musik ›mitgehört‹ wird – das Wirken von Gegenständen, deren Bedienung durch Akteur*innen, wahrgenommene Bedeutungen, Erinnerungen und Lebensweisen – kritischen Editionszusammenhängen zugeführt werden? Welche grundlegenden Bestandteile müssten hierbei überhaupt ediert werden?

Anstoß für solche Fragen war meine Beteiligung am Projekt *Freischütz Digital*.[53] Die durch MEI-XML[54] ermöglichte tiefe Erschließung eines werkbezogenen Gegenstands führte mich zunächst zur Frage, ob eine digitale Erschließung musikbezogenen Materials nicht von vornherein im handlungsorientierten Sinne

51 Siehe Kap. 3.4, S. 107.

52 Siehe dazu S. 99 ff.

53 Das 2012 begonnene Projekt war explizit Teil der Spezifizierung der digitalen Musikedition und im Zusammenhang mit der *Music Encoding Initiative* Vorreiter digitalen musikwissenschaftlichen Arbeitens.

54 Siehe Kap. 2, S. 45 ff.

geschehen kann. Anfänglich habe ich diese Forschungsfragen auf das Notenmaterial bezogen. Sie entwickelten sich aber zur Überlegung, ob nicht gerade mit digitalen Mitteln *das* als editorischer Ausgangspunkt gesehen werden kann, was sich abgesehen vom zu Erklingenden *ereignet.* An der praktischen Codierungsarbeit wurzelte also meine Frage, ob digitales Arbeiten nicht nur den Blick auf den Editionsgegenstand *vertiefen,* sondern auch signifikant *erweitern* kann.[55]

Diese Erwartungen an das digitale Arbeiten reihen sich ein in das Feld einer digitalen Kultur, welche die tiefere, ›perfektionierte‹ Betrachtung erforschter Gegenstände zum Leitbild hat und auch in Bezug auf musikwissenschaftliche Forschung mittlerweile verschiedentlich institutionalisiert ist.[56] Damit verkörpert sich ein digitaler Wandel, der neue Erwartungen und neue Herausforderungen an musikwissenschaftliches Arbeiten, an sein Material und an wissenschaftliche Infrastrukturen stellt. Daten werden in immer größerem Umfang erfasst und Bestände werden – wie beispielsweise innerhalb des *Europeana*-Projekts[57] institutionenübergreifend – vereint. Ihre Granularität wird immer weiter erhöht, sie werden in immer höherer Auflösung erheb- und untersuchbar und dementsprechend auch immer ›schärfer‹, hochauflösender abgebildet.[58] Digitalität und die mit ihr einhergehenden Techniken unterliegen einem Bild, das der Kultur- und Medienwissenschaftler Felix Stalder unter den Begriffen der »Immaterialität, Perfektion und Virtualität« zusammenfasst, die »nach wie vor das Bild des ›Digitalen‹«[59] bestimmen. Als »enorme Vervielfachung der kulturellen Möglich-

55 Siehe hierzu detaillierter Kap. 1.1, S. 31.

56 Allgemeine Bestrebungen einer digitalen Musikwissenschaft haben sich bis 2017 in der GfM-Fachgruppe »Digitale Musikwissenschaft« und zuletzt in der Beteiligung am Konsortium »NFDI4Culture« der 2019 gestarteten *Nationalen Forschungsdateninfrastruktur* manifestiert.

57 Vgl. *Europeana* (Web).

58 Das 14.000 Institutionen umfassende *Time Machine*-Projekt, das sich der digitalen Darstellung des kulturellen Erbes verschreibt, bewirbt sich beispielsweise mit dem Slogan »Adding a new dimension to the past«. Das erklärte Ziel: »Time Machine builds a large scale simulator mapping 2000 years of European History, transforming kilometres of archives and large collections from museums into a digital information system.« (*Time Machine* (Web), About us.) *Microsoft* wirbt für sein Engagement im Feld der künstlichen Intelligenz gar damit, dass digitale Technik Geschichte am Leben erhalten könne. (Vgl. Ho, »›Heritage‹«.) *Augmented Reality* suggeriert darüber hinaus die Existenz einer »erweiterten Realität«, die das Leben zur Datensammlung werden lässt oder als »Mixed Reality« unmittelbar Gesehenes optisch mit virtuellen (Re-)Konstruktionen mischt. (vgl. Devaux u. a., »3D Urban Geovisualization«.

59 Stalder, *Kultur*, S. 19.

keiten«[60] bezeichnet er die Entwicklungen digitaler Techniken, die »historisch neue Möglichkeiten der Konstitution und der Verknüpfung der unterschiedlichsten menschlichen und nichtmenschlichen Akteure«[61] bereitstellen.[62] Auf diese muss künftig editorisch reagiert werden, sie geben der Edition aber auch Mittel an die Hand, neue Fragen an die Vergangenheit zu stellen.

Im Rahmen dieses Bildes könnte aus musikwissenschaftlicher Sicht die Frage von Alexander Leemhuis, Simon Waloschek und Aristotelis Hadjakos sinnbildlich für diese perfektionsgeleitete Entwicklung sein: »Bacher than Bach?« fragen sie im Kontext AI-basierter Choral-Harmonisierung und stellen Methoden vor, Harmonisierungen im Stil Bachs von künstlicher Intelligenz überzeugend durchführen zu lassen.[63] Auch einige weitere Projekte und Ansätze zeigen den Willen nach erweiterten, hochauflösenden Blicken auf (auch über den Notenbezug hinausweisende) Editionsgegenstände, mit welchen man der Vergangenheit näher kommen will als bisher möglich.[64] Diese Zielsetzungen beinhalten – neben der Entwicklung neuer sowie der Ergänzung bestehender technischer Verfahren – eine granulare Aufarbeitung historischer Daten und eine digital gestützte Suche nach einem detaillierten Bild vergangener Wirklichkeiten. Auch hieran zeigt sich: Technische Entwicklungen fördern den Willen, Gegenstände immer *wirklicher* durchdringen zu können. Mit der vorliegenden Untersuchung gliedere ich mich in diese Tendenzen ein. Dabei möchte ich Möglichkeiten untersuchen, *Wirklichkeiten*[65] mit digitalen Mitteln der Edition zu fassen und sie in ein editorisches Konzept zu integrieren.

60 Ebd., S. 10.

61 Ebd., S. 18.

62 Stalder stellt hierfür die zentralen Faktoren der Referentialität, Gemeinschaftlichkeit und der Algorithmizität als Formen der Digitalität vor. (Vgl. ebd., S. 95 ff.)

63 Leemhuis/Waloschek/Hadjakos, »Bacher than Bach?«

64 Neben bereits genannten Ansätzen (siehe S. 14, Anm. 7) zu erwähnen wäre etwa *Beethovens Werkstatt* als innovatives Projekt zur digitalen genetischen Textkritik, welches »kompositorisches Denken, Handeln und Entscheiden« (*Beethovens Werkstatt* (Web)) mittels Tiefenblicken in überlieferte Schichten einzelner Kompositionsprozesse aufarbeitet. Das *Detmolder Hoftheater*-Projekt widmet sich – wenn auch nicht als Editionsprojekt – der Tiefenerschließung von Musikalienbeständen, um eine semantische Erschließung von Theaterlandschaften zu befördern. (*Detmolder Hoftheater* (Web).) Zu weiteren, über diese illustrative Liste hinausweisenden Projekten vgl. die laufend aktualisierte Zusammenstellung in *Music Encoding Initiative* (Web), Community, Projects. Zu digitalen Techniken des geisteswissenschaftlichen Arbeitens vgl. die Forschungsumgebung von *TextGrid* (Web).

65 Zur Definition siehe Kap. 1, S. 31 ff.

Auf diesem Weg stellen sich grundlegende Fragen: Was ist Musik und kann sie ›wirklicher‹ abgebildet werden, als es bisher geschieht? Ist es möglich, Musik gerade mit Mitteln digitaler Edition so festzuhalten, dass das Edierte dem entspricht, was in den Momenten geschieht, in denen sich Musik ereignet? Kann der Versuch, dieses Geschehen zu edieren, etwas über dessen Genese und dessen Aufbau offenbaren? Können die genannten Faktoren der Immaterialität, Perfektion und Virtualität Möglichkeiten aufzeigen, edierte Gegenstände neu zu betrachten? Ich werde dazu aus erkenntnistheoretischer Sicht fragen, ob das wahrgenommene Ereignis und die dahingehende Ausweitung von Musikedition den Blick auf Musik erweitert. In Bezug auf musikwissenschaftliche Forschung sind die hier gestellten Fragen nicht neu, doch fehlt ihnen die erwähnte editorische Darstellung und Aufmerksamkeit. Diesem eine Basis zu bereiten, gehe ich in Verbindung mit soziologischen Fragestellungen nach.

Mundharmonika-Experiment: Fünf Schritte zur kulturwissenschaftlichen Musikedition

Als Grundlage meiner Gedanken und Erkenntnisprozesse habe ich dieser Arbeit eine dichte Beschreibung vorangestellt, die meiner Prämisse zufolge ein Stück Musik abbildet und andeutet, welche diversen Elemente den Komplex »Musik« formen. Ich werde im Folgenden mehrfach auf diese Beschreibung zurückkommen, um an diesem Beispiel Musik als Ereignis zu ergründen, Elemente des Geschehens zu ordnen und diesbezüglich nach dem *Ausweitungs- und dem Erkenntnispotenzial digitaler Musikedition* zu fragen.

Ich betrete damit Neuland, das ich in fünf Schritten erkunden und auf seine Anknüpfungspunkte an bestehende Forschungen hin befragen werde. Diese Frage führt in einem *ersten Schritt* zur Notwendigkeit, über den Begriff der Wirklichkeit und sein Verhältnis zum Digitalen nachzudenken. Hiermit werde ich meine Überlegungen in Kapitel 1 beginnen und aus der Beschäftigung mit *Musik als wahrgenommener Wirklichkeit* hervorgehend vier Herausforderungen formulieren, die bestehen, wenn kulturelles Geschehen digital lesbar werden soll – vier Herausforderungen, die ich mit dem »Mundharmonika-Experiment«[66] angehen werde.

In einem *zweiten Schritt* werde ich fragen, ob auf dieser Basis digitale Edition als Fernglas in vergangene Wirklichkeiten nutzbar gemacht werden kann. Unter der Inspiration von Denkweisen und Methoden digitaler Edition wird ein

66 Zu den Herausforderungen siehe Kap. 1.3, S. 42.

Experimentierfeld eröffnet, das sich auf die Suche nach dem Verständnis dessen begibt, wie »Musik« verstanden, wie sie digital repräsentiert werden kann und wie das erkenntnistheoretische Wechselverhältnis zwischen digitaler Edition und Musik als wahrgenommener Wirklichkeit genutzt werden kann. Dazu betrachte ich die Ziele der Notenedition im Allgemeinen, um dann auf die Ziele und Möglichkeiten der *digitalen* Notenedition zu blicken und die Frage zu eröffnen, was sie darüber hinaus ereignisorientiert abbilden *könnte*. In einem Experiment werde ich dabei ergründen, inwieweit ein Ausbau digitaler Notenedition um die eingangs beschriebenen Aspekte sinnvoll erscheint.

Im *dritten Schritt* ordne ich das betretene Feld den Digital Humanities gegenüber ein, um deren Wert als digitale kulturwissenschaftliche Arbeitsweise und als Feld von Möglichkeiten zur Betrachtung des Komplexes »Musik« zu betonen. Ich werde zeigen, inwieweit die ›digitale Brille‹ der Digital Humanities einen methodischen, kulturwissenschaftlich erweiternden Zugang zum musikwissenschaftlichen Arbeiten bietet. In diesem Zuge ist auch die Frage zu beantworten, was der »Text« ist, der hier zur Edition herangezogen werden soll.

Um zu spezifizieren, was innerhalb einer Musikedition überhaupt ediert werden soll, fragt *Schritt vier* danach, was Musik ist und untersucht mit Christopher Smalls Konzept des *Musicking* eine Theorie, die den hier bereits aufgeworfenen soziologischen Blick auf Musik als ereignis- und handlungsbezogenen Zusammenhang stützt. Als Basis eines umfassenden Verständnisses von Musikedition werde ich dabei fünf grundlegende Entitäten des Musicking herausarbeiten und zugleich das ontologische Vorgehen als Methode erkenntnistheoretisch nutzen. Da hier nicht die Edition auf Basis eines bestimmten Mittlers, eines bestimmten Mediums fokussiert wird, ist also zu überlegen, wie »die Musik selbst« und der ihr zugrunde liegende, in Kapitel 3.3 definierte Text edierbar ist. Smalls kritisch zu betrachtende Theorie kann hierbei sowohl gestützt als auch konkretisiert werden.

Im abschließenden *fünften Schritt* diskutiere ich die Frage, wie die bis dahin erarbeiteten Bausteine einer Partitur zugeführt werden können und ob auf der bis dahin erarbeiteten Basis der Weg von einer reinen Notenedition zur umfassenden kulturwissenschaftlichen Musikedition begonnen werden kann. Ich frage also, ob eine Edition idealerweise so vielfältig sein kann, dass sie diverse Elemente musikbezogenen Geschehens verzeichnen kann.

Ich stelle mit diesem Vorgehen die These auf, dass die Denkweise und die Methodenvielfalt digitaler Editionsverfahren das Potenzial besitzen, kulturwissenschaftliches Erkenntnis- und Darstellungsinteresse noch grundlegender und umfassender zu stützen, als musikwissenschaftliche Edition es ihrer bisherigen

Zielsetzung zufolge leistet. Wie Marius Müller-Westernhagen in seinem *Pfefferminz-Experiment*[67] von 2019 Altbekanntes neu betrachtet, indem er sein erstmals 1978 veröffentlichtes *Pfefferminz-Album*[68] neu produzierte, begebe ich mich hier auf das »Mundharmonika-Experiment«. Im Zentrum steht die *editorische* (nicht die analytische) Betrachtung eines Mundharmonika-Wurfes, um etwas Altbekanntes – die Musikedition – anhand eines Konzertereignisses konzeptionell neu zu betrachten und den Nutzen der *Digital Humanities zwischen Musiksoziologie und Musikedition* experimentell zu untersuchen.

67 Müller-Westernhagen, *Das Pfefferminz-Experiment* (CD).

68 Ders., *Mit Pfefferminz* (CD).

1 Musik. Wahrgenommene Wirklichkeiten

Der Begriff der wahrgenommenen Wirklichkeit dient hier als Ausgangspunkt editionsbezogener Überlegungen und bedarf zunächst einer Definition. Doch zuvor komme ich zur Genese meiner Zielsetzung, die unmittelbar mit der Frage nach dem Wirklichen in Verbindung steht.

1.1 Ausgangspunkt: Was ist der ›wirkliche‹ *Freischütz?*

Musik ereignisorientiert zu betrachten und in diesem Zusammenhang grundsätzliche Fragen nach ihrem Wesen zu stellen, wurzelt in meinen Gedanken zur Arbeit am Projekt *Freischütz Digital.*[1] Hier entsprang zunächst der Wunsch nach der Aufarbeitung des ›wirklichen‹ *Freischütz.* Doch was bedeutet dieser Wunsch und wie steht er mit dem Vorliegenden im Zusammenhang?

Die Arbeit des Projektes berührte natürlich nicht meine hier aufgeworfene Fragestellung, sondern es wurde Grundlagenforschung innerhalb der MEI- und TEI-basierten Codierung[2] anhand von notenbasiertem Aufführungsmaterial aus dem 19. Jahrhundert betrieben. Mit den Sichtweisen und den Möglichkeiten digitaler Editionstechniken wurde angestrebt, die Oper als Beispiel traditioneller westlicher Musiknotation in einer digitalen Codierung vorzulegen und »ein proof of concept sowohl für die Möglichkeiten neuartiger Editionsmethoden als auch damit verbundener neuer Fragestellungen«[3] zu liefern. Das Projekt stellt ein Exempel dafür dar, wie die technische Verknüpfung von grafischer, logischer und akustischer Domäne[4] gelingen kann.[5] Darüber hinaus wurde mittels Demonstratoren[6] erprobt, wie die codierten Bedeutungen und Beziehungen einer Benutzer-Oberfläche zur grafisch-akustischen Auswertung übergeben werden

1 Siehe meine Einleitung, S. 25 f.
2 Zur Codierung siehe Kap. 2.2, S. 51 ff.
3 *Freischütz Digital* (Web).
4 Vgl. Babbitt, »The Use« sowie Kepper, *Musikedition*, S. 295 ff.
5 Dies bedeutet, die logische Information musikbezogener Zeichen mit einem äquivalenten, grafisch sichtbaren Zeichen eines Faksimile sowie mit einer äquivalenten, als audiovisuelle Aufnahme existierenden und hörbaren Ausführung dieses Zeichens in Beziehung zu setzen.
6 Demonstratoren bezeichnen prototypische Modelle umzusetzender Systeme.

können.[7] *Freischütz Digital* folgte damit der *Erprobung neuartiger Editionsmethoden* zur Aufarbeitung und Kollationierung von *kompositionsbezogenen Noten- und Gesangs-Texten* sowie der Untersuchung von Editionsmethoden zur computergestützten Sichtbarmachung von Varianten eines Werkes, flankiert von einer Briefedition.[8]

Wie für Editionsprojekte üblich, zielte diese Ergründung neuer Möglichkeiten nicht auf die codierungsbezogene Berücksichtigung *aller* auf einem Faksimile erkennbaren Elemente und Vorgänge wie Streichungen, Ergänzungen, Färbungen etc.[9] In Notenquellen vorgefundene Elemente, die nicht primär mit der werkbezogenen musikalischen Struktur zu tun haben, wurden von der Codierung und von der strukturellen Anlage der Demonstratoren ausgeschlossen. Betroffen davon sind in Quellen vorzufindende Elemente fremder Hand oder Elemente, die – wie Studierziffern oder sonstige Strich-Markierungen – Folgen von Handlungen darstellen, die eine *Nutzung* des Materials betreffen und keinen expliziten Bezug zum Erkenntnisgewinn über die Entstehung und die Gestalt des Notentextes bieten. Ebenso findet hier keine Repräsentation der mit solchen Spuren verbundenen Akteur*innen und deren Beziehungen statt.

Solche Elemente würden zwar *Zusatz*informationen beinhalten, die – so sie Eingang in dic Aufbereitung eines Werkes finden würden – von Nutzer*innen einer Edition gelesen werden *könnten*, um das dort wesentliche (den Notentext) genauer zu durchdringen. Doch da solch ein Bezug in der Regel nicht gegeben ist, wie beispielsweise im hier beschriebenen Wurf einer Mundharmonika, besteht innerhalb von Noteneditionen kein Bedarf und keine Motivation zu einer Berücksichtigung. Dennoch besteht die *Möglichkeit,* auch aus den zur Edition des *Freischütz* herangezogenen Quellen eine *ähnliche* Beschreibung für ein Geschehen im Umfeld dieses Werkes zu erstellen, wie ich sie hier für ein Ereignis im Zusammenhang mit Müller-Westernhagen gegeben habe. Über die erwähnten Nutzungsspuren hinaus ist beispielsweise mittels der edierten Briefe

7 Zur Umsetzung vgl. *Freischütz Digital* (Web), Demonstratoren.

8 Zeichenbezogene Abweichungen zwischen Quellen wurden durch eine »durchgängige Codierung der Notentexte« (ebd., Demonstratoren – Überblick.) genauestens dokumentiert, um »das Potential vollständiger Codierungen der musikalischen Inhalte und deren Verknüpfung mit weiteren Editionsbestandteilen aufzuzeigen«. (Ebd., Dokumentation zum Notentext.) Das Projekt hat somit keine Edition erarbeitet, die einen weiteren Werktext vorgibt, sondern Möglichkeiten zur Codierung und Präsentation erkennbarer Kompositionsvarianten erforscht.

9 Auch skizzenbezogene Projekte wie *Beethovens Werkstatt* bewegen sich dabei in noten- sowie werkbezogenen Grenzen. (Siehe dazu meine Einleitung, S. 27 mit Anm. 64.) Zur Codierung als Basis digitaler Notenedition siehe Kap. 2.2, S. 51 ff.

rekonstruierbar, was sich zu bestimmten Zeitpunkten in bestimmten Kontexten ereignete.

Dass dieser Schritt nicht gegangen wurde, ist gemäß der Zielsetzung notenbezogener Editionsprojekte keinesfalls zu kritisieren, doch: Editorisches Interesse sowie Fragen nach erkennbaren Handlungen enden somit an den Grenzen notenbezogener Fragestellungen, obwohl sich am edierten Material Spuren weiterer Wirklichkeitsbereiche widerspiegeln. Eben diese Spuren ließen mich nach dem ›wirklichen‹ *Freischütz* fragen und nach der Möglichkeit, diese Wirklichkeiten zu edieren. Denn zum einen gehören sie zur Entstehung des Werkes und zu seiner Geschichte, zum anderen könnte die *digitale* Musikedition der Repräsentation dieser Spuren des Handelns sowie der Repräsentation direkter und indirekter Hinweise auf vergangene Wirklichkeiten Vorteile bieten.

Die von *Freischütz Digital* verfolgten Ziele sind also Teil innovativer Ansätze, die hier als konzeptuelle und technische Basis gesehen werden können, um das Potenzial digitaler Musikedition aus ereignisbezogenem Blickwinkel aufzugreifen und weiter auszubauen – nicht in Form einer Insel-Lösung, sondern mit der Möglichkeit der Verknüpfung mit etablierten Editionsbestandteilen. Die Frage ist also, ob Musik editorisch noch umfassender, mit detaillierterem Bezug zu vergangenen Wirklichkeiten wiedergegeben werden kann.

Um dies zu beantworten, ist ein Nachdenken über den Gegenstand des musikwissenschaftlichen Edierens sowie über dessen Möglichkeiten nötig. Was wird überhaupt ediert und codiert und was ist Musik? Für die Beantwortung eben dieser Fragen habe ich im Sinne der Edition zunächst Tabula rasa gemacht, den Tisch von Notenblättern befreit und sie aus dem Zentrum meiner Betrachtung herausgenommen, um mittels des einleitend geschilderten Konzertes direkt die dort sichtbare Vielfalt auf dem Tisch der Edition auszubreiten. Angeregt wurde also ein zwar detailversessenes und dennoch erhellendes Hinterfragen der in eine Codierung aufnehmbaren Ereignis-Elemente. Ausgangspunkt dieses Fragens war zwar zunächst die Kategorie des Werkes, doch diese ist (auch an überlieferten Notendokumenten erkennbar) mit dem Denken, Fühlen und Handeln diverser Individuen verbunden. Daraus folgt die einfache Erkenntnis, dass Werktexte im Kontext immer wieder neuer und unterschiedlicher wahrgenommener Ereignisse stehen. Sie können somit – nicht nur in Bezug auf Kompositions- oder Überlieferungsprozesse – als eine (in Pluralität vorliegende) Existenz ›zu Wirklichkeit werdender‹ Werke gesehen werden. Hier kündigt sich eine Komplexität an, die mit digitalen Mitteln eigentlich edierbar sein sollte. Was dabei die textuelle Basis ist, ist im Folgenden noch zu klären. Ähnlich zu Nicholas Cook, dessen Denken bezüglich Notation von den Performance Studies inspiriert ist, interessierte mich aus dem Wirklichkeits-Blick heraus, was sich »Beyond the Score«[10] befindet und ob dieses »Dahinter« mittels Codierungstechniken durch das Verlassen der durch den zweidimensional aufgebauten Buchdruck herrührenden Schranken nicht umfangreich dokumentierbar wäre.

Innerhalb der kulturwissenschaftlichen Forschung und mit Blick auf Quellenmaterial, das sich abseits von autor*innenbezogenen Originalitätsfragen bewegt, gibt es – wie es die Interpretationsforschung allgemein leistet – Ansätze, in welchen überliefertes Notenmaterial von solch ereignisbezogenen Seiten betrachtet wird: Als illustratives Beispiel seien die von Rebecca Grotjahn so sogenannten »as-sung-by-Ausgaben« des 18. Jahrhunderts erwähnt.[11] Bei diesen handelt es sich um Notenausgaben, welche samt »Realismusversprechen«[12] nicht das Ergebnis eines *Kompositionsprozesses* widerspiegeln, sondern sie sollen die Weise transportieren, in der Werke von bestimmten Gesangsstars gesungen wurden, womit sie bestimmte Ereignisse, ausführende Personen sowie den sie umgebenden Kult in den Fokus stellen. Gezeigt wird »die singuläre Kunst des Stars«[13], wie Grotjahn es nennt, nicht aber der mit Autor*innen in Verbindung gebrachte originale Notentext.[14] Vielmehr wird aus einem bestimmten Blickwinkel gezeigt, was sich ereignete.

Diese Ausgaben stellen also innerhalb des Notenmaterials per se die Ausführenden in den Fokus und haben somit auch Anforderungen an Editionen, die über die traditionelle Aufarbeitung der Autor*innenleistung hinausgehen.[15] Grotjahn weist an diesem Beispiel darauf hin, dass diese Trennung von Komponist*in und Ausführenden erst im 18. Jahrhundert entstand und dazu führte, dass dem Notenmaterial vorrangig autor*innenbezogene Aussagekraft zugesprochen wird, womit auch erst fortan »die Notenschrift primär auf das Komponieren bezogen wird.«[16] Sie besteht damit als

> »deskriptives Medium, als Resultatsschrift, die das Komponierte […] speichert, oder als präskriptives Medium, als Konzeptionsschrift, die ›Handlungsanweisungen zur Aufführung‹ entsprechend den Intentionen des Komponisten liefert.«[17]

10 Cook, *Beyond.* Siehe dazu auch Kap. 4.1, S. 113.
11 Grotjahn, »Notationskunde«, S. 331 ff.
12 Ebd., S. 331.
13 Ebd., S. 335.
14 Ebd., S. 331 f.
15 Zum Notentext als Handlungsanweisung vgl. Brüstle, »›Performance‹«.
16 Grotjahn, »Notationskunde«, S. 329.
17 Ebd. Vgl. Burow, »Mediengeschichte«, S. 355 f.

Ihr Fazit zu diesen Ausgaben:

> »Die Repräsentation des Komponierten ist nicht ihr Sinn, und ebenso wenig geht ihre Bedeutung darin auf, Handlungsanweisungen für das Musizieren zu sein. Sie sind Speichermedien für das Star-Erlebnis. Als solche gehören sie zur Quellenbasis für eine Musikgeschichtsschreibung, die sich von der Protagonistenrolle der Komponisten verabschiedet hat und auch nach Stars, Fans und anderen historischen Menschen fragt, die musikalisch handelten: eine historisch-anthropologische Mediengeschichte der Musik.«[18]

Grotjahn beschreibt in ihrem Ansatz also einen Speicher erlebter Ereignisse, die jedoch, obwohl sie hier im Zusammenhang mit Notenmaterial identifiziert werden können, normalerweise keine editorische Relevanz zugesprochen bekommen und folglich über den Notenbezug hinaus keine editorische Basis in Bezug auf die in ihnen liegende Semantik finden.[19] In der Fortführung ihrer Gedanken anhand alltagsgeschichtlicher Betrachtungen von benutztem Klavier-Notenmaterial einer ›höheren Tochter‹ fordert sie schließlich eine »alltagsgeschichtliche Philologie«[20]. Die Probleme der philologischen Betrachtung dieser Ausgaben ergeben sich jedoch aus deren Fokus, denn sie exponieren, was jedem Notenmaterial widerfährt: Gleich, was es speichert, es *entspringt* Handlungen und es *führt* in individueller Weise zu Handlungen, indem es gedeutet und innerhalb einer Wirklichkeit in einen Handlungskontext eingebettet wird. Doch im Sinne der Philologie wäre dort nur das zu erkennen, was im System des Notentextes werkbezogenen Ausdruck findet. Der Notentext ist die editorische Referenz.

Unter anderem durch diesen Fokus wurde Musikgeschichte »zu einer Musikgeschichte der Werke ohne Menschen«[21] – um eine Formulierung Beatrix Borchards aus ihren Überlegungen zu einer Biografik aufzugreifen, die »Musik als kulturelles Handeln«[22] verstehen will. Übertrage ich dies auf den Editionsgedanken, wird auch die Frage, was Notenmaterial speichert, was sich in ihm widerspiegelt – ob etwa Elemente des Kompositionsprozesses oder wirklichkeits-

18 Grotjahn, »Notationskunde«, S. 340.

19 Einen wichtigen Schritt in diese Richtung geht das Projekt *Beethoven in the House* des Musikwissenschaftlichen Seminars Detmold/Paderborn, der University of Oxford sowie des Beethoven-Hauses Bonn, das sich mit der digitalen Aufarbeitung von Hausmusik-Bearbeitungen befasst. (Vgl. Ratmann, »Beethoven«.)

20 Grotjahn, »Alltag«, S. 440. Zu einer Musikwissenschaft des Alltäglichen und der damit verbundenen Bedeutung von Ereignissen vgl. Seibt, *Der Sinn*.

21 Borchard, »Mit Schere«, S. 414.

22 Ebd.

bezogene Spuren des Aufführens – konzeptionell ergänzt durch die Fragen, in welche Kontexte ein Notentext eingebettet war (und ist) und welche Ereignisse sich mit ihm verbinden. Doch ich beschränke dieses Fragen nicht auf Notenmaterial, nicht auf qualifizierbaren Schrifttext, sondern ich fokussiere den musikwissenschaftlich interessierenden Faktor des Ereignisses aus kulturwissenschaftlicher Sicht.[23]

Das Projekt *Freischütz Digital* verfolgte nun zum ersten das Ziel, mittels eines »neuartigen digitalen Editionsmodells die Diskussion über künftige Editionsformen zu befördern«[24]. Zum zweiten resümiert Joachim Veit 2018 hierzu, dass Möglichkeiten geschaffen wurden, »eigene Forschungsfragen quer durch das Material und unabhängig von den ursprünglichen Zielsetzungen einer ›Musikedition‹ zu verfolgen«[25] und betont zum dritten gleichzeitig die durch digitale Erfassung gegebene »Gefahr, dass Wirklichkeiten ausgeblendet bleiben«[26]. Diese drei Aspekte sind auch im Fokus der vorliegenden Arbeit – wenn auch nicht in der vielleicht erwarteten Form: Mir stellte sich bei der Codierungsarbeit die Frage, ob mit Notenedition nicht implizit auch eine spezifische, von Ereignissen bestimmte Wirklichkeit aufgearbeitet wird. Da dort aber auf der Basis von Notenzeichen gearbeitet werden muss, kommt dies natürlich nicht explizit zum Ausdruck. Ediert wird nicht das, was ich zuvor als zu Wirklichkeit werdendes Werk bezeichnet habe. Die Codierungsarbeit schärfte also meinen Fokus auf die Tatsache, dass Texte aus einer Wirklichkeit heraus entstehen sowie Wirklichkeiten erzeugen, sobald sie gelesen, interpretiert und genutzt werden. Diese entstehenden Wirklichkeiten sowie die mit ihnen verbundenen Aspekte in Editionskomplexe zu integrieren und damit den Gegenstand von Musikedition zu hinterfragen, ist das vorliegende Ziel. Damit unterscheidet es sich grundlegend von den Zielen des Edierens im traditionellen Sinne. Um diese Zielsetzungen voneinander abzugrenzen, ist es im Folgenden nötig, über Editionsmodelle und -formen nachzudenken. Doch zuvor muss der Begriff der Wirklichkeit genauer betrachtet werden, um zu verdeutlichen, was der philosophische Rahmen des hier fokussierten Editionsgegenstandes ist.

23 Der Blick auf Ereignisse wird daher auch nicht etwa auf den alltagshistorischen Blick begrenzt.

24 *Freischütz Digital* (Web). Das Bestreben dieser Weiterentwicklung wurde 2014–2020 durch das *ZenMEM-Projekt* fortgeführt, das sich unter anderem der Erforschung neuartige[r] Interaktions- und Bearbeitungsmöglichkeiten für die Erstellung digitaler Musik- und Medieneditionen widmete. (*Zentrum Musik – Edition – Medien [Projekt]* (Web).)

25 Veit, »Ungeahnte Metamorphosen?«, S. 4.

26 Ebd., S. 5.

1.2 Wahrgenommene Wirklichkeiten. Eine musikbezogene Definition als editionstheoretische Grundlage

Das Begreifen »der Wirklichkeit« ist ein altbekanntes Bestreben. Dieses Gedankenfeld wird fachspezifisch divers behandelt, zieht sich weit durch die kulturwissenschaftliche Forschung und soll hier nicht umfassend ausgebreitet werden.[27] Dennoch ist es für das angestrebte Reflektieren der Musikedition nötig, eine Definition voranzustellen. Sie dient hier dazu, zu klären, was ich im editionstheoretischen Zusammenhang unter dem Begriff verstehe.

Beschäftigungen mit *naturbezogenen* Wirklichkeiten – mit welchen das vorliegende Interesse nicht verwechselt werden darf – gehören in der physikalischen Forschung zu den grundsätzlichen Fragen.[28] Dort behandelte *messbare* Aspekte betreffen und beeinflussen uns spürbar Tag für Tag und zeigen zuweilen die Faszination an einer »Wirklichkeit, die nicht so ist, wie sie scheint«[29]. Dem zunächst nicht entgegengesetzt, sondern in einem Schnittpunkt zwischen natur- und kulturwissenschaftlicher Wirklichkeit stehend, ist der Wunsch, Musik elementar und wirklich begreifen zu wollen. Doch sie ist kein greifbares Element, sie ist durch Rhythmus, Harmonie oder Dynamik nur in *einzelnen* Aspekten messbar und dennoch – oder gerade deshalb – befassen sich Mythen und schließlich Denker und Theoretiker seit über 2000 Jahren mit dem Verstehen des Phänomens Musik.[30] Zuweilen versucht man sie dabei zwar auch berechnend zu erklären und beispielsweise als »tönende Mathematik«[31] zu begreifen. Doch auch die in dieser Hinsicht besonders plakativen Versuche von Volkmar Kramarz, »Pop-« und »Hip-Hop-Formeln« zu finden, münden in der Erkenntnis, dass im Rahmen

27 Vgl. dazu überblicksartig Haas/Wischermann [Hrsg.], *Die Wirklichkeit*, Schmidt, »Kultur« sowie Kittsteiner, »Das Wirklichkeitsverständnis«.

28 Vgl. etwa Hawking, *Eine kurze Geschichte.*

29 Rovelli, *Die Wirklichkeit.* Carlo Rovelli beschreibt hier die Theorie der *Schleifen-Quantengravitation*, mit der die *Quantenmechanik* und die *Allgemeine Relativitätstheorie* als zwei sich widersprechende physikalische »Welterklärungen« miteinander verbunden werden sollen. (Vgl. ebd., S. 164.) Derartige physikalische Grundlagenforschungen hatten auch die Entwicklung digitaler Techniken zur Folge, wie etwa die des WorldWideWeb, respektive des HTML-Protokolls durch Tim Berners-Lee und Robert Cailliau (1989) an der Schweizer Forschungseinrichtung *CERN.* (Vgl. Hauschild, *Neustart des LHC* sowie Satz/Blanchard, *Großforschung.*)

30 Vgl. hierzu überblicksartig Hüschen, »Musiké« sowie Nowak/Behne, »Musikästhetik«. Der Ursprung von Musik – wenn man vom aktuellen Kunstverständnis absieht – könnte jedoch älter sein als die menschliche Sprache. (Vgl. Gray u. a., »The Music«.) Zu musiksoziologischen Ansätzen siehe Kap. 4.1, S. 113 ff.

31 Saffle u. a., »Musik und Mathematik«.

des kulturellen Objekts der Musik und ihrer Wahrnehmung Parameter eine Rolle spielen, die sich nicht eindeutig formalisieren, sich nicht vorhersehbar darstellen lassen.[32] Ich komme zur Frage nach dem Sein von Musik in Kapitel 4.1 noch zurück. Für den Moment postuliere ich anhand dieses Zusammenhangs: Was *wirklich* ist – so zeigt es auch meine dichte Beschreibung –, ist aus dem kulturwissenschaftlichen Blickwinkel heraus relativ, vor allem da, wo von Messgeräten nichts gemessen werden kann oder wo das Messbare zur Erklärung des Phänomens nicht ausreicht.

Demnach steht mein zuvor geschildertes Interesse am ›wirklichen‹ *Freischütz* vor grundlegenden Problemen, in welche auch die Faktoren eines Mundharmonika-Wurfes einzuordnen sind. Diese Probleme können sogar bei ›messbaren‹ Faktoren existieren, denn auch eine musikbezogene Wirklichkeit, die sich durch Rhythmus, Harmonie oder Dynamik in Notenzeichen ausdrücken lässt, ist nicht eindeutig. Bestimmte Töne bestimmter Dauer geben in einer definierten Abfolge zwar eine spezifische werkbezogene Wirklichkeit wieder, die als bestimmte Variante definiert werden beziehungsweise auf bestimmte Regelwerke angewendet werden kann. Doch auch diese Werte sind relativ, denn über Tondauer und -höhe sowie über deren Kombination und exakte Bedeutung im Sinne (originalitäts-)ästhetischer, stilistischer, zeichen- oder fassungstheoretischer Fragen lässt sich streiten. Schon aus der Sicht von Notenzeichen (die eben grundsätzlich Relationen beschreiben) ist Wirklichkeit also relativ.

Im Sinne des von mir zugrunde gelegten, in einer Wahrnehmungshandlung beobachteten Ereignisses vergrößern sich diese Probleme und die Relativität sowie die Konstitutivität des Wahrgenommenen gewinnt weiter an Bedeutung.[33] Für die Frage nach Wirklichkeit als Editionsgrundlage im kulturwissenschaftlichen Umfeld muss der Begriff also umgrenzt werden. In der naturwissenschaftlich motivierten Beschäftigung existiert er als sinnlich unmittelbar erfahrbare Größe, kann messend beobachtet werden, Experimente und Berechnungen können als Grundlage der gesuchten Wirklichkeit jederzeit wiederholt werden – womit wiederum Wirklichkeit geschaffen wird.[34] Die Ergebnisse der Experimente haben zu jedem Zeitpunkt der Geschichte die gleiche Bedeutung und können als *die*

32 Die Formeln zeigen sich als Versuche, die kommerzielle Wirkung von Musik mittels ihres formalisierten harmonischen Aufbaus zu erklären. Vgl. Kramarz, *Warum Hits*, S. 361 ff., ders., *Die Popformeln* sowie ders., *Die HipHop-Formeln*.

33 Zur Wirklichkeit vgl. in diesem Kontext Schmidt, »Kultur«, S. 85 ff.

34 Vgl. Rovelli, *Die Wirklichkeit*, S. 152 ff.

jeweils geltende Wirklichkeit bezeichnet werden.[35] Hingegen müssen sich *kulturgeschichtliche* Aufarbeitungen damit abfinden, dass die durch sie gesuchte Wirklichkeit vergangen ist. Ereignisse sind nicht mess- und berechenbar, Facetten, Bedingungen und Bedeutungen sind nicht eindeutig wiederhol-,[36] sondern nur subjektiv beschreibbar.[37] Die Herkunft des Begriffes aus dem Spätmittelhochdeutschen *wirkelicheit/werkelicheit* macht im kulturwissenschaftlichen Verständnis stärker deutlich, was der Begriff hier bedeutet: Als Eindeutschung des lateinischen *actualitas* beschreibt er *das wirksam gewordene/die Existenz.*[38] Von *wirken* als mit *Werk* verwandtem Begriff für *tätig sein,* handelte dieser im frühen Neuhochdeutschen »*allgemein von handlungen und dingen, die eine sinnlich wahrnehmbare realität besitzen*«[39], so das Grimmsche Wörterbuch.

Das Werk oder allgemeiner Klänge als musikwissenschaftlich zentrale Kategorie und das Ereignis sind im Sinne der Wirklichkeit also in wahrnehmbaren Handlungen vereint.[40] Im kulturgeschichtlichen Kontext gilt nicht die Frage, ob die Wirklichkeit ist, wie sie scheint, ob das Gemessene dem Seienden entspricht, sondern es gilt: Die Wirklichkeit ist das, wofür wir sie halten, sie ist das perspektivisch Wahrgenommene, das wirksam Gewordene. Dadurch gibt es nicht *eine* Wirklichkeit, sondern pluralistisch wahrgenommene Wirklichkeiten. Dies gilt zum einen für die Frage, *an welchen* Elementen sie widergespiegelt wird, zum anderen gilt dies für die *Bedeutung* der beobachteten Elemente.

In diesem Kontext können wir unter dem Begriff der Wirklichkeit im kulturwissenschaftlichen Sinne die von Individuen wahrgenommenen Dinge und Handlungen verstehen. Hier liegt die Schwierigkeit ihrer Erforschung und zugleich eine Herausforderung an die editorische Aufarbeitung begründet. Forschung steht, wie der Historiker Heinz Dieter Kittsteiner in seiner Abhandlung über »das Wirklichkeitsverständnis der Kulturgeschichte« betont, den Schwierigkei-

35 Vgl. Kittsteiner, »Das Wirklichkeitsverständnis«, S. 10. Naturwissenschaft beschäftigt sich mit dem, was »bleibt und sich nicht selbst vernichtet« (Schiemann, »Natur«, S. 60.) – so ordnet der Kulturwissenschaftler Gregor Schiemann Natur abgrenzend zur Kultur ein. (Vgl. dort auch einführend zum ambivaltenten Begriff der Natur und den bestehenden Abgrenzungsversuchen zum Begriff der Kultur.)

36 Vgl. Kittsteiner, »Das Wirklichkeitsverständnis«, S. 10.

37 Zu Aspekten der Wirklichkeit in Abgrenzung zur Natur vgl. Schiemann, »Natur«.

38 Die Eindeutschung begegnet bei dem Theologen und Philosophen Meister Eckhart im 13./14. Jahrhundert. (Trappe, »Wirklichkeit«. Vgl. Kittsteiner, »Das Wirklichkeitsverständnis«, S. 9 f.)

39 Grimm/Grimm, »Wirklichkeit«, Sp. 583. [Herv. i. O.]

40 Siehe meine Einleitung, S. 13 f.

ten »einer erinnernden Wiederherstellung einer vergangenen Wirklichkeit«[41] gegenüber. Sein Zwischenfazit:

> »Geschichtliche ›Wirklichkeit‹ hat keinen immanenten Sinn, sie ist ein Chaos, das geordnet werden muß. Die Ausgangspunkte der wissenschaftlichen Ordnung sind Kulturwertideen, sie bestimmen unsere Fragestellungen, sie bestimmen, was uns wertvoll erscheint, sie bestimmen ebenfalls, wie weit sich der Forscher in die ›Unendlichkeit der Kausalzusammenhänge‹ hineinbegibt. Die so erreichte Ordnung ist niemals endgültig.«[42]

Die jeweils sinnlich *wahrgenommene* Wirklichkeit muss, will man sie erkennen und benennen, als etwas Erlebtes in irgendeiner Form »gelesen« und gedeutet werden.[43] Die einleitende dichte Beschreibung gibt solch eine Deutung wieder und macht zugleich deutlich, dass verschiedene Wirklichkeiten ein beobachtetes Ereignis und dessen Überlieferung formen: An einer Mundharmonika können ihr Klang und ihr Dasein als Instrument sowie ihre Verbindung mit dem Werk von Interesse sein wie auch der reine Fokus auf das Ding als Fan-Trophäe. Diese Beschreibungen können unterschiedliche Ausrichtungen haben sowie unterschiedlichen Fragestellungen folgen, so wie auch die erforschten Handlungen differierenden Intentionen und Deutungen unterliegen. Bei der Ordnung des »Chaos« vergangener Handlungen werden Deutungen vorgenommen, wobei sich Lesepfade[44] ergeben können, die niemals endgültig sind, sondern ausschließlich den jeweils überlieferten Umfang von Wirklichkeiten umfassen.

Definitionsgemäß bedeutet dies: *Wirklichkeit* im ereignisbezogenen Zusammenhang der musikwissenschaftlichen Forschung beschreibt ein Netz vergangener Handlungen und damit verbundener, zugeschriebener Bedeutungen. Da diese Handlungen *vergangen* sind und dem Erleben folgen, müssen sie beschrieben werden, um der Forschung zugänglich zu sein.[45] Sie sind nicht messbar und liegen damit in pluralistischen Beschreibungen vor. Als somit vergangene *gelebte* Wirklichkeiten werden sie durch Wahrnehmungen gefiltert und bleiben als vergangene *wahrgenommene* Wirklichkeit zurück.

41 Kittsteiner, »Das Wirklichkeitsverständnis«, S. 11.
42 Ebd., S. 18.
43 Vgl. Breidenstein u. a., *Ethnografie*, S. 83–124. Zum Faktor der Wahrnehmung im Kontext des biologischen Ursprungs der Kultur vgl. Damasio, *Im Anfang*.
44 Ich komme auf diesen Begriff in Kapitel 5.2.1 zurück.
45 Siehe meine Einleitung, S. 17.

Die hier interessierende Wirklichkeit des Ereignisses liegt also nicht per se in Aufzeichnungen, sondern in individuellen, selektiven und perspektivischen Wahrnehmungen. *Eine* von derartigen Wahrnehmungen findet sich hier übermittelt in Form einer dichten Beschreibung.[46] Liegen mehrere Beschreibungen vor, geben diese *wahrgenommenen Wirklichkeiten* ein Ereignis in unzähligen Versionen wieder. Sie sind es, die letztendlich in ihrer Pluralität der digitalen Edition als niemals endgültige Ordnung zugeführt werden und dort mit anderen historischen Wirklichkeiten – wie sie etwa in notenbasierten Texten liegen – relationiert werden können sollen.

Um noch ein mal auf das initiierende Beispiel zurückzukommen: Der ›wirkliche‹ *Freischütz* kann sich durch Notenmaterial erschöpfen und es kann die Frage diskutiert werden, welches die ›richtige‹ Fassung ist beziehungsweise wann genügend Bedingungen erfüllt sind, damit der *Freischütz* Wirklichkeit ist. Der ›wirkliche‹ *Freischütz* kann aber eben auch daran bemessen werden, was im Rahmen eines Ereignisses wahrgenommen und wie das Wahrgenommene gedeutet wird. Um diese Definition mit einem plakativen Beispiel zu untermauern: Die Selbst-Sicht der US-amerikanischen Sängerin Florence Foster Jenkins (1868–1944) auf ihr Wirken ist unter Umständen eine andere als die Sicht ihres Publikums, das aufgrund ihres sängerischen Vermögens wohl größtenteils Mühe hatte, sie überhaupt als Sängerin zu akzeptieren – ein Phänomen unterschiedlich bewerteter Wirklichkeiten, das sich auch im 21. Jahrhundert in zahlreichen TV-Casting-Shows ausdrückt.[47] Im Sinne messbarer Kriterien bestimmter Regelsysteme war Foster Jenkins keine ernstzunehmende Sängerin, im Sinne wahrgenommener Wirklichkeiten ist diese Frage jedoch nicht eindeutig zu beantworten.

Diese subjektive Vielfalt in editorische Aufbereitungen zu übernehmen, ist nun die Leitidee der folgenden Gedanken, wobei das editorische Primat des Notenmaterials zu relativieren sein wird. Das Wirken (nicht nur) von Musiker*innen ist auf der Basis von Noten und Aufnahmen zwar teilweise edierbar, doch nicht in all seinen Facetten. Dem Wurf einer Mundharmonika bleibt hier bisher jede editorische Möglichkeit vorenthalten. Dabei geht es nicht um die Suche nach *einer* objektiven, gar berechenbaren Wahrheit, die mittels Digitalität in besonderer Schärfe abgebildet werden soll,[48] sondern um die Betrachtung

46 Vgl. in diesem Zusammenhang zur Selektivität ethnografischer Beschreibungen Breidenstein u. a., *Ethnografie*, S. 110 ff., v. a. 119 ff.

47 Zu Foster Jenkins vgl. Ebright, »Jenkins«. Die *MGG* hat ihr aktuell keinen Eintrag gewidmet – auch dies mag möglicherweise Ausdruck einer Wirklichkeit, nämlich einer artifiziell bewerteten Wirklichkeit sein.

48 Siehe meine Einleitung, S. 26.

von multiplen, subjektiven Wirklichkeiten, die letztendlich Verwirklichungen einer Sache durch Handlungen innerhalb bestimmter Kulturwertideen darstellen. Die Suche nach – im Plural – Wirklichkeiten der Musik und deren Edition ist im Vorliegenden also die Suche nach musikbezogenen[49] Ereignissen und deren Wahrnehmung.

1.3 Vier Herausforderungen des Mundharmonika-Experiments

Das Vorhaben, Wirklichkeiten mittels dichter Beschreibung editorisch abzubilden und lesbar zu machen, birgt vier Herausforderungen im Zusammenhang mit der Prämisse, dass Musik ein wahrgenommenes Ereignis ist.

1. Die mit Ereignissen verbundenen Wirklichkeiten sind vergangen, meist nicht unmittelbar manifestiert und nicht reproduzierbar. Sie müssen in irgend einer Form kommunizierbar gemacht und gelesen werden.

2. Diese Wirklichkeiten sind selektiv, subjektiv und pluralistisch, es gibt davon keine objektive Fassung; es müssen also diverse, explizit selektive Fassungen als solche gleichberechtigt behandelt und verknüpft werden.

3. Alle Elemente von Wirklichkeiten bilden ein von Kittsteiner beschriebenes »Chaos«[50] und müssen zur Untersuchung benannt und geordnet werden. Es sind daher Wege zu finden, das Chaos zu ordnen und der Unendlichkeit der zu erreichenden Ordnung methodologisch zu begegnen.

4. Dafür sind gemäß der hier gewählten Zielsetzung digital inspirierte Methoden zu finden, die den genannten Aspekten gerecht werden. Elemente vergangener Wirklichkeiten – als dichte Beschreibung mit digitalen Mitteln – müssen der musikeditorischen Aufarbeitung übergeben werden. Hieraus muss deutlich werden, wie digital inspirierte musikeditorische Denkweisen der Aufarbeitung von musikbezogenen Wirklichkeiten helfen können, um ein ereignisbezogenes Verständnis von Musik zu stützen.

Kann also die editorische Erfassung von Musik gewinnbringend ausgebaut und erkenntnistheoretisch genutzt werden und kann dadurch der alltägliche Blick

[49] Musikbezogen meint hier, mit gedachtem, erklungenem – oder explizit nicht erklungenem – und als Musik gedeutetem Schall in Verbindung stehend. Siehe dazu auch Kap. 4.2, S. 119 ff.

[50] Siehe Kap. 1.2, S. 40.

auf Wirklichkeiten der Musik erweitert werden? Kann Musik als multiple Wirklichkeit, als Chaos (er)fasst und abgebildet werden?

Auf dieser Grundlage starte ich also ein Mundharmonika-Experiment, um mittels digital inspirierter Konzepte, Techniken und Arbeitsweisen zu fragen, ob sich durch kulturwissenschaftliche Theorien in Verbindung mit editorischen Praktiken Wirklichkeiten der Musik ergründen und bisherige Hürden zu edierender Grenzfälle überwinden lassen. Musikedition und Musiksoziologie werden hierfür im Folgenden zusammengeführt und erkenntnistheoretisch benutzt, wobei das musiksoziologische Weiterdenken editorischer Vorgehensweisen kulturwissenschaftlich-methodologische Erkenntnis offenbart und der zwar wankende, aber noch herrschende werkbezogene Begriff von Musik weiter überdacht werden kann. Ziel ist es, Musik auch *editorisch* so darzustellen, wie sie sich im perspektivischen und pluralistischen Denken, Fühlen und Handeln ereignet.

2 Edition. Mittel zur Aufarbeitung wahrgenommener Wirklichkeiten?

Ich habe nun die editionsbezogene Aufarbeitung wahrgenommener Wirklichkeiten vorgeschlagen und zugleich eine Ausweitung der in Editionen integrierbaren Informationen postuliert. Um hieraus Schlüsse zu ziehen, blicke ich zunächst auf die theoretischen Grundlagen der Edition, um im Besonderen die Praxis und den Begriff der *Musik*edition zu beschreiben. In diesem Zuge ist zu beleuchten, wie sich *digitale* Edition in der musikwissenschaftlichen Praxis äußert, woraus die Digitalität in diesem Kontext besteht und worin sich der Mehrwert ihrer Nutzung zeigt.[1] Diesen Mehrwert, der beispielsweise von Martin Albrecht-Hohmaier als Feld von »großen potentiellen Möglichkeiten«[2] gelobt wird, werde ich beschreiben und prüfen, inwieweit das diesen Möglichkeiten Innewohnende helfen könnte, bekannte Editionskonzepte auszuweiten. Es stellt sich die grundsätzliche Frage, ob dadurch musikbezogene Ereignisse sowie die damit verbundene Aufarbeitung wahrgenommener Wirklichkeiten editorisch gewinnbringend berücksichtigt werden kann. Der Begriff der Musikedition wird hierbei hinterfragt beziehungsweise in Relation zu Noten und Ereignissen präzisiert. Diese Auseinandersetzung soll schließlich dabei helfen, den ereignisbezogenen Blick auf Musik zu fundieren und auf einen geweiteten Forschungs- und Editions-Horizont zu blicken.

2.1 Musikwissenschaftliche Notenedition

Um zu verdeutlichen, in welches Feld der ereignisbezogene Gegenstand eingegliedert werden soll, frage ich nun nach dem Status quo musikwissenschaftlicher Edition sowie nach dem, was sie ermöglicht und welche Denkweisen sie befördert. Zunächst fungiert sie als Fernglas, das vermeintlich einen fokussierenden

1 In der Informatik sowie in einführenden Werken zu den Digital Humanities mag dies zu den bekannten Grundlagen zählen, doch in musikwissenschaftlichen Beiträgen beziehungsweise in der Kulturwissenschaft allgemein ist diese Frage nach wie vor eine inhaltliche Auseinandersetzung wert.

2 Albrecht-Hohmaier, »Werkausgaben«, S. 20 f.

Blick in die Vergangenheit erlaubt.[3] Der Begriff der Edition – der Wortbedeutung nach im Sinne der Herausgabe – fußt auf der kritischen Repräsentation von historischen textbezogenen Objekten und beschreibt die Überbrückung der mit ihnen verbundenen Distanz »zwischen unserem heutigen Verständnis und dem Erklärungsbedarf zur historischen Wirklichkeit«[4] – so der Historiker Patrick Sahle in seinen einführenden Bemerkungen zur digitalen Edition.[5] Als Brücke zur historischen Wirklichkeit, als Mittel, diese Objekte zu kontextualisieren, zu sammeln und zu ordnen, sollte es Edition also theoretisch ermöglichen können, wahrgenommene Wirklichkeiten als nie endgültige Ordnung vergangener Handlungen zu beschreiben.[6] Doch welche historische Wirklichkeit erscheint bisher im Fernglas der musikwissenschaftlichen Editionspraxis?

Wurzelnd in der kritischen Aufarbeitung von Handschriften, deren Originale oft verloren gingen, fokussiert sie mittels kritischer Bewertung, mittels Kollation sowie mittels Prüfung und Fehlerkorrektur durch Herausgeber*innen die Aufarbeitung von Werken anhand erhaltener Textzeugen und -schichten – quasi, um auf die Existenz eines vorausgesetzten Originals zurückzublicken.[7] Als Produkt des philologischen Arbeitens sind nicht nur ihre Quell-, sondern auch ihre Zielobjekte in der Regel schriftlich basierte Texte,[8] die aus spezifischen Gründen zur Überlieferung auserkoren werden. Da die Rekonstruktion abbilden können muss, was die (medial bestimmte) Vorlage zeigt, ist Edition im Allgemeinen orientiert an schriftlich basierten Ausschnitten vergangener Wirklichkeiten, also an den logischen Inhalten von Schriftobjekten, und folgt hinsichtlich der Betrachtung, Ordnung, Repräsentation und Rekonstruktion dementsprechenden Kriterien.

3 Vgl. hierzu auch die Metapher bei Andreas Münzmay, der den XML-Code digitalen Edierens als Teleskop umschreibt. (Münzmay, »Virtualitäten«.)

4 Sahle, »Digitale Edition«, S. 239.

5 Zur Entwicklung der geschichtswissenschaftlichen Edition allgemein vgl. ders., *Digitale Editionsformen*, Bd. 1.

6 Siehe Kap. 1.2, S. 39 ff.

7 Auf den »autor- und opuszentrierten Werkbegriff« traditioneller Gesamtausgabenprojekte weisen auch Münzmay und Siegert hin. (Münzmay/Siegert, »Phonographischer Text«, S. 11.)

8 Dies gilt weitgehend, auch wenn bereits Ansätze bestehen, das philologische Arbeiten auf phonograpisches Material auszuweiten. Der Überwindung dieser Fokussierung auf Schrifttexte widmete sich das bereits erwähnte Projekt *Freischütz Digital.* Ebenso befasst sich mit diesem Thema ein 2021 gestartetes Pilotprojekt zur Edition phonografischer Musik. (Vgl. Iffland/Grotjahn, »Musik«, o.V., »Neue Editionspraxis« sowie *Digitale Edition* (Web).) Vgl. weiterhin Münzmay/Siegert, »Phonographischer Text« und Grotjahn/Iffland, »Digitale Musikedition«.

Diese Fokussierung der Edition steht – ausgehend von der Entwicklung der Sprache – im Zusammenhang mit der Entwicklung von Schrift sowie im Zusammenhang mit dem Wandel von Informationsträgern durch die Entwicklung des Buches, des Druckes und audiovisueller Techniken. Das Speichern von Wissen außerhalb des menschlichen Geistes wurde durch diesen Wandel grundsätzlich und immer differenzierter möglich. Musikbezogene Mittler durchliefen dabei einen Weg vom »Menschmedium«, wie Werner Faulstich es nennt,[9] über den Buchkörper bis hin zur (video-)akustischen Aufzeichnung.[10] Geistige Produkte wurden zum Zwecke der Kommunikation aus dem menschlichen Körper ›herausgelöst‹, in – zunächst noch Spuren des Leiblichen zeigende – Handschriften übertragen und der Buch-, später auch der adiovisuellen Form übergeben. Damit begann eine Transformation musikbezogenen Inhalts aus dem Menschen heraus in ein gegenständliches Medium hinein – eine Entwicklung, die sich mit der Erfindung des Drucks seit dem 16. Jahrhundert noch verstärkte.[11] All diese Schritte haben außerkörperliche und editorisch untersuchbare Objekte geschaffen: mediale Objekte, die ihrerseits geistig geschaffenen logischen Inhalt tragen, der somit nicht per se Schrift ist, aber aus Denken und Handeln hervorgeht. Die Folge war eine beginnende Zuschreibung von Namen, womit den ›neuen‹ Körpern (etwa in Form von Komponist*in und Werktitel) Urheber*innen und Bezeichnungen zugeordnet werden konnten. Das Denken und Handeln wurde so zum eigenständigen Objekt.

Im Zusammenhang mit Kanonisierungsprozessen hat sich also das Ziel entwickelt, Werktexte in außerkörperlichen Objekten abzubilden. Somit wuchs aus editorischer Sicht mittels Techniken des Zusammentragens, Kollationierens und Vergleichens die Vorstellung von bestimmten, zu rekonstruierenden Zuständen autor*innenbasierter Texte – eine Entwicklung, die wie erwähnt innerhalb der Musik mit einer im 19. Jahrhundert entstandenen Abkehr von Interpret*innen und einer Fixierung auf Autor*innen verbunden ist.[12] Wie Michele Calella es beschreibt, finden wir somit eine zu untersuchende »mediale Konstellation [vor], in deren Rahmen sich das Phänomen Musik ereignet.«[13] Und dennoch erhielt innerhalb dieser Konstellation bisher die Fokussierung auf die Phänomene von Autor

9 Faulstich, *Die bürgerliche Mediengesellschaft*, S. 10, ders., *Medienwandel*, S. 219.

10 Vgl. dazu auch Grotjahn/Iffland, »Digitale Musikedition«, S. 383. Der Leib als »erste(s) Medium von Zeichen« und »Sitz von Gebärden, Lauten und rituellen Handlungen« (Krois, »Kultur«, S. 109) findet sich bereits in den Auseinandersetzungen Ernst Cassirers. (Vgl. ebd.)

11 Vgl. Calella, *Musikalische Autorschaft*, S. 21, 44.

12 Vgl. Grotjahn, »Notationskunde«. Siehe auch Kap. 1.1, S. 34 f.

13 Calella, *Musikalische Autorschaft*, S. 21.

und Werk besondere Bedeutung, obschon Komponist*innen als »historisch-kulturell bedingtes Autorschaftskonstrukt«[14] entlarvt sind und immerhin das direkt klangbezogene Ereignis Einzug erhielt in Diskussionen um eine offenere Vorstellung vom musikalischen Text.[15]

Das damit im Zusammenhang stehende philologische Modell hatte sich in der zweiten Hälfte des 19. Jahrhunderts zum einen im Zusammenhang mit Gesamtausgaben, zum anderen aber mit der Entwicklung von Urheberrecht, Komponistenbiografien, Originalitäts- und Epigonalitätsdiskursen sowie mit der Trennung von Komponist*in und Interpret*in gefestigt.[16] Das Autorschaftskonstrukt und die Aufarbeitung eines Gesamtwerkes wurden also prägende Faktoren der Musikphilologie,[17] die der »Transformation von notierter Musik in eine meist für die Publikation gedachte Form«[18] folgt, womit Editionstypen in Werke und Skizzen gegliedert werden.[19] Für den Komplex der historisch-kritischen Werkausgaben beschreibt Albrecht-Hohmaier etwa das Ziel, »die Herausgabe möglichst aller Werke eines Komponisten unter Berücksichtigung ihres historischen Kontextes und ihrer Erscheinungsform«[20] zu erreichen.

Im Licht dieser Tradition verwundert es zunächst nicht, wenn die Herausgeber von *Musikeditionen im Wandel der Geschichte* ebendiese als eine Geschichte 27 großer Namen schreiben müssen,[21] als Geschichte der »dead white European males«.[22] Eine andere Grundlage hat sich ihnen nicht geboten und somit sind die bis dahin erarbeiteten Noteneditionen *ein* Beispiel für den Ausdruck der längst kulturwissenschaftlich relativierten diskursiven, von Marcia Citron so bezeichneten »male experience«[23]. Dadurch wurde unter anderem das Schaffen von Frauen als eine bestimmte gesellschaftliche Gruppe hinten angestellt.[24] Der editorische Blick ist also auf männliche Komponisten konzentriert – es gibt keine

14 Calella, *Musikalische Autorschaft*, S. 7.

15 Ebd., S. 46. Zum Textbegriff siehe Kap. 3.3, S. 99 ff.

16 Vgl. ebd., S. 23.

17 Vgl. Grotjahn, »Notationskunde«.

18 Albrecht-Hohmaier, »Werkausgaben«, S. 13.

19 Deren Unterteilung erfolgt wiederum nach Quellentyp (Faksimile, Handschrift, Druck), Urheberbewertung (Denkmäler) und Nutzergruppe (praktische und historisch-kritische Ausgabe). Vgl. hierzu mit Appel/Emans [Hrsg.], *Musikphilologie* eines der jüngsten Lehrwerke zur Musikphilologie.

20 Albrecht-Hohmaier, »Werkausgaben«.

21 Emans/Krämer [Hrsg.], *Musikeditionen*.

22 Zu den DWEMs der US-amerikanischen Kulturwissenschaft vgl. Knox, *The Oldest*.

23 Citron, *Gender*, S. 5.

24 »As a marginalized group, women have been submerged in masinstream discourse because the undifferentiated subject has represented male experience.« (Ebd.) Blickt

Gesamtausgabe einer Komponistin.[25] In diesem Zuge ist bisherige Editionspraxis – auch in Abhängigkeit von Fördergeldern – durchaus ein Beispiel dafür, wie werk- und autor*innenbezogene Kanonisierungsprozesse Scheuklappen errichten und aufrechterhalten können. Das Beobachtete muss sich einen Namen machen und einer Kategorie zuschreiben lassen.

Dieses Autorschaftskonstrukt ist dabei nicht nur für die Philologie, sondern auch für die deutschsprachige Musikwissenschaft konstitutiv, die laut Emans und Krämer »inzwischen häufig mit den Musiker-Ausgaben identifiziert wird«[26]. Bei aller Betonung fachkonstituierender Traditionen hat, wie Michele Calella und Nikolaus Urbanek zeigen,

> »die Geschichte der Musikwissenschaft neben den fachkonstituierenden Traditionen der philologischen Quellenerschließung, der emprisch-experimentellen Forschung und der ethnologischen Feldforschung stets entscheidende Momente der selbstreflexiven Methodendiskussion gezeitigt.«[27]

In diese Diskussion reihe ich mich mit der vorliegenden Arbeit ein und verbinde die genannten philologischen, empirischen und ethnologischen Traditionen konzeptionell.

Daneben gilt für erarbeitete Editionen beziehungsweise für geförderte Editionsprojekte auch eine den Urheber*innen der zu edierenden Texte zugesprochene Hochrangigkeit als Voraussetzung,[28] womit die Editionspraxis mit dieser Kanonisierung zusätzlich auf Inhalte beschränkt wird, die als »Kunstmusik« anerkannt sind. Dabei gilt diese, wie Tobias Janz erinnert, innerhalb der Musikwissenschaft »heute nicht mehr als Zentralgestirn«, sondern ist »*eine* Erscheinungsform von Musik im dezentrierten Kosmos der Musik beziehungsweise der Musiken«[29]. Janz weiter:

man auf das musikwissenschaftliche Editionswesen, finden sich seine Inhalte nahezu als Repräsentant dieser Tatsache.

25 Zu diesem Defizit vgl. die Arbeit des *Archivs Frau und Musik* (Web).

26 Emans/Krämer [Hrsg.], *Musikeditionen*, S. XI. Vgl. ebd., S. IV. Zudem resümieren sie: »Glücklicherweise gab es in der deutschen Musikgeschichte eine ganze Reihe von Komponisten [!], die als derart hochrangig eingestuft wurden, dass man mit der Edition ihrer Werke jeweils ein eigens zu diesem Zweck gegründetes Forschungsinstitut betraute«. (Ebd., S. X.) Vgl. dazu auch Custodis, »Zeugnisse«.

27 Calella/Urbanek, »Vorwort«, S. IX.

28 Vgl. Anm. 26.

29 Janz, *Zur Genealogie*, S. 18. [Herv. i. O.]

> »Nicht allein die kulturelle und soziale Diversität der Musik verweist auf Musik jenseits des Kunstparadigmas, auch zeitlich gibt es Musik vor und möglicherweise bereits nach der Periode des Kunstbegriffs, für die eine Musikwissenschaft als Kunstwissenschaft sich demnach nicht mehr zuständig fühlen dürfte.«[30]

Die im Vorliegenden angestrebte Rekonstruktion wahrgenommener Wirklichkeiten setzt diese »kulturelle und soziale Diversität« voraus. Hiermit wird eine Wissenschaft beschrieben, die nicht allein danach fragt, ob etwas Kunst ist, ob etwas Werk ist und wer es geschaffen hat, sondern es wird eine Wissenschaft beschrieben, die das musikbezogene Handeln ohne die Einschränkung durch artifizielle Fragen oder durch geschlechtliche Zuordnung von Akteur*innen editorisch untersucht. Wirklichkeiten sollen in der ganzen Breite des Wahrgenommenen Darstellung finden können, ohne dass ihnen die oben genannten Kriterien titulierend voranstehen müssen, denn sie enthalten zahlreiche Aspekte, deren oberste Kategorie (so es diese denn gibt) im Folgenden erst gefunden werden muss. Im textuellen System des notenbezogenen Kunstwerkes können diese jedoch keine Repräsentation finden. Auf diesen Aspekt werde ich in Kapitel 2.2 am Beispiel der digitalen Musikedition noch einmal eingehen. Aus dem Müller-Westernhagen-Konzert – diese bereits aufgestellte Behauptung ist nun noch einmal fundiert – wäre im aktuellen Verständnis also lediglich der mit den beschriebenen Ereignissen verbundene werkbezogene und mittels Notationssystem darstellbare Text editorisch relevant.

Ich werde als Folge dieser Erkenntnis die in der Noteneditionspraxis gängige Denkweise relativieren (nicht falsifizieren) und den Ursprung dieser Entwicklung, den des Menschmediums *reaktivieren,* um ihn konzeptuell wieder aus dem gedruckten Körper herauszulösen.

Notenedition muss also vom vorliegenden Ziel insofern unterschieden werden, als sie menschengemachte geistige Produkte untersucht und rekonstruiert. Sie bezieht sich auf logische Objekte[31] (kognitiven Ursprungs), die ursprünglich vom Menschen selbst verkörpert, schließlich aber in grafischer oder akustischer Form manifestiert wurden, einen festen Namen, eine Bezeichnung innerhalb eines Systems bekommen haben und sich innerhalb dieses Systems auf weitere Manifestationen beziehen. Wahrgenommene Wirklichkeiten sind aber nicht darauf begrenzt. Es muss daher mit Bezug zur einleitend angedeuteten Aufgabe der

[30] Janz, *Zur Genealogie*, S. 20.
[31] Siehe dazu Kap. 4.2.3.4, S. 149 ff.

Edition Folgendes präzisiert werden:[32] Der von Noteneditionen unternommene fokussierende Blick in die Vergangenheit überbrückt die Distanz zu einem *Teil* historischer Wirklichkeiten, nämlich zu *autor*innenbasierten, grafisch manifestierten, logischen Objekten folgenden Ausschnitten,* die ihrerseits Verbindungen zu anderen Wirklichkeiten erkennen lassen können. Die Herausforderung ist nun, über diesen Ausschnitt hinaus zu denken, den Gegenstand der Edition experimentell auf Ereignisse auszuweiten und dadurch nach den Grenzen, Möglichkeiten und Auswirkungen von Editionspraxis zu fragen.

Ziel ist dabei, Musik als Editionsgegenstand genauer kennenzulernen, sich nicht auf die Verkörperung menschlichen Denkens und Handelns in der Form von Werken zu beschränken, sondern auch das Ereignis zu edieren, das sozusagen stets im Menschmedium existent ist und sich im Handeln äußert. Um zu untersuchen, wie dies funktionieren kann, frage ich also, ob *digitale* Editionstechniken und ihre eingangs angedeuteten Möglichkeiten hierfür einen Mehrwert bereitstellen.

2.2 Digitale Edition als hochauflösendes Fernglas

Den Tendenzen digitaler Musikwissenschaft[33] hat sich der zuvor beschriebenen Editionstradition die Methode der *digitalen* Edition seit dem ausgehenden 20. Jahrhundert sukzessive angeschlossen. Ihre Techniken verfeinern noch einmal die Tiefe, Dichte und Geschwindigkeit, mit der Wissen bearbeitet werden kann und haben damit in den vergangenen Jahren auch innerhalb der Musikwissenschaft eine Vielzahl neuer Methoden und Ansätze befördert sowie digital arbeitende Editionsprojekte initiiert.[34] Dabei betonen Andreas Münzmay und Christine Siegert die mögliche Aufhebung medialer Probleme bei der Aufarbeitung eines Editionsgegenstands und stellen fest, dass die – folgend noch erklärungsbedürftigen – Synchronisationsmöglichkeiten »sogar *der* Clou Digitaler Edition«[35] seien. Das Bereitstellen von Digitalisaten in Form von Scans auf der einen Seite sowie das wirkliche Digitalisieren von Inhalten in Form digitaler Zeichencodierung auf der anderen Seite vereinfacht die Bearbeitung und Durchdringung einer großen Breite an Information sowie deren tiefe Erschließung.[36] Im Gegensatz zum bloßen

32 Siehe dieses Kapitel, S. 46.
33 Siehe meine Einleitung, S. 25.
34 Siehe ebd., S. 24, 27 f.
35 Münzmay/Siegert, »Phonographischer Text«, S. 22. [Herv. i. O.]
36 Wie Johannes Kepper betont, wird »eine musikalische Ausgabe nicht allein dadurch digital, dass sie in einem digitalen Medium angeboten wird.« Wesentlicher sei »ihre Affinität zu bildbasierten Inhalten« sowie die Einbettung in das »Hypertext-Prinzip«

digitalen Publizieren macht diese Editionstechnik es möglich, digital abgelegtes Wissen und die darin enthaltene Semantik auf Basis der musikwissenschaftlichen Fachsprache rechnerbasiert zu speichern und zu referenzieren.

Der Fokus digitalen Edierens liegt damit allgemein nicht auf breiter Datensammlung, sondern Edieren visiert die »kritische, tiefe Erschließung eines thematisch begrenzten Gegenstandes«[37] an, so Patrik Sahle.[38] Digitale Edition werde damit »zu einem Sonderfall für digitales Publizieren, weil sie häufig zu maßgeschneiderten, individuellen, sehr komplexen Publikationen führt«[39], die sich mit der Übertragung natürlich-sprachlicher Codes in digitale Codes befassen. Im Sinne dieser Definition nutze ich digitale Edition und erläutere im Folgenden, was diese Übertragung ausmacht, wie sie dem vorliegenden Ziel dienen kann und was der Vorgang der Übertragung über den zu edierenden Gegenstand offenbart. Am Beispiel von MEI-XML unternehme ich schließlich ein Experiment zur Ausweitung der Notencodierung um die hier fokussierten Aspekte. Zunächst soll dieses Experiment dem Versuch dienen, Aspekte von Ereignissen innerhalb der *bestehenden* digitalen musikwissenschaftlichen Edition zu verorten.

2.2.1 Knowledge Engineering und Codierungs-Technik

Wenn ein Ereignis kulturwissenschaftlich digital aufgearbeitet werden soll, sind also durch das menschliche Bewusstsein geschaffene Bedeutungen in digitale Codes zu überführen. Dieser Vorgang der Digitalisierung macht Bedeutungen für digitale Systeme lesbar und beruht im Technischen auf dem Begriff des *Knowledge Engineering*, der die hierfür nötigen Vorgänge summiert. Diese beziehen sich laut den Informatikern Frank Puppe, Herbert Stoyan und Rudi Studer auf »alle Tätigkeiten und Überlegungen zur Erfassung, Verwaltung, Verwendung und Transformation von Wissen«[40]:

(Kepper, »Digitale Musikedition«, o. P.) und der daraus entstehende Code, was laut Münzmay »zugleich selbst ein neues kulturhistorisches Objekt eigenen Rechts« erzeugt. (Münzmay, »Lesen«, S. 238.) Veit betont folglich als »wirklich digital«, was der Operationalisierbarkeit unterliegt. (Veit, »Digitale Musikedition«, S. 44, 48. Vgl. Bohl, »Digitale Musikedition«.)

37 Sahle, »Digitale Edition«, S. 239.

38 Vgl. ebd.

39 Ebd.

40 Puppe/Stoyan/Studer, »Knowledge Engineering«, S. 599. Im Unterschied zum Begriff des menschlichen Wissens, der sich auf Wahrheitsaussagen über die Welt bezieht, umschließt dieser »auch Kenntnisse, Fertigkeiten und Fähigkeiten«. (Ebd.)

> »Die Grundprobleme des Knowledge Engineering sind technologischer Art: Wie sollte bei der Erhebung von Wissen vorgegangen werden, das für die Bewältigung bestimmter Anwendungsprobleme geeignet ist? Wie sollte dieses Wissen geordnet und von der Menge her bewältigt werden? Mit welchen Maßstäben oder Kriterien könnte ein Bestand an Wissen bewertet werden?«[41]

Diese Anwendungsprobleme sowie dazugehörige Spezifika, Maßstäbe und Kriterien des fokussierten Wissens werden also im Laufe der vorliegenden Arbeit zu identifizieren sein. Woraus besteht überhaupt das musikbezogene Wissen, das in dem Ereignis des Mundharmonika-Wurfes steckt? Welche Ordnungen können hier gefunden werden und welche Wissensbestände sind zu bewältigen? Wie können Informationen aus einer dichten Beschreibung eines erlebten Ereignisses – stets interpretativ und daher subjektive Zusammenhänge beschreibend – zusammengetragen und in Daten sowie in digitale Beschreibungen überführt werden?

Der Beantwortung dieser Fragen liegen Anforderungen des Knowledge Engineering zugrunde, innerhalb derer Wissen mit Bezug auf Wissensquellen (hier eine audiovisuelle Aufzeichnung und eine dichte Beschreibung) durch Bedeutungszuweisung und Kontextualisierung produziert werden muss. Information wird dabei mithilfe bestehenden Wissens erkannt und dementsprechend werden Daten und ihre Strukturen generiert.[42] Anschließend muss dieses maschinell operierbar gemacht werden – es muss eine »natürlich-sprachliche Beschreibung der Welt [...] in eine formal-sprachliche Beschreibung überführt«[43], standardisiert und projektübergreifend nutzbar in digitale Formen übertragen werden.[44] Die formale Beschreibung bekommt dabei eine andere, durch Kürze ausgezeichnete Syntax, die, gesteuert durch das Begriffssystem der jeweils relevanten kulturwissenschaftlichen Fachsprache, auf die Normierung von Semantik (sowie auf die Beseitigung von Kontext) und auf maschinelle Verarbeitung der Beschreibungen ausgerichtet ist.[45] Im Rahmen der Modellierung muss für diese Daten ein Modell entworfen werden, welches der »Spezifikation des gewünschten wissensbasierten Systems«[46]

41 Ebd., S. 600.
42 Vgl. Schöch, »Digitale Wissensproduktion«, S. 206.
43 Puppe/Stoyan/Studer, »Knowledge Engineering«, S. 600.
44 Zum Problem der Übersetzung von Zeichen und Semantik in binäre Zeichensysteme, vgl. Vanhoutte, »The Gates«, S. 132 f.
45 »Die Vielfalt der natürlichen Sprache soll dabei keinesfalls erreicht werden«, so Puppe, Stoyan und Studer. (Puppe/Stoyan/Studer, »Knowledge Engineering«, S. 601.)
46 Ebd., S. 603.

dient und Ordnungsprinzipien bereitstellt.[47] Für den vorliegenden Fall bedeutet dies, dass das Wissen, welches aus der dichten Beschreibung generiert werden kann, in eine formale Beschreibung überführt werden muss.

Bevor eine natürlich-sprachliche Beschreibung der Welt in eine formal-sprachliche überführt und im Code abgebildet werden kann,[48] muss die Grundlegung einer Codierung vorbereitet werden. Diese liegt in der Erstellung einer Ontologie und der damit verbundenen Systematisierung von Entitäten. Nicht die Quellenart und die Möglichkeiten der Präsentation und Analyse von Quellen sind hier von primärer Bedeutung. Zunächst muss die *Struktur des Wirklichkeitsausschnittes* ergründet werden, der interoperabel digitalisiert und archiviert werden soll und so vorliegen muss, dass er nach der Digitalisierung ohne Datenverlust von verschiedenen Systemen verarbeitet, veröffentlicht und jederzeit mit Bezug auf neue Forschungsfragen erweitert werden kann.

Was eine Ontologie bezweckt, wird deutlich, wenn man auf die Wurzeln des *Begriffes* blickt. Diese liegen in der Metaphysik, der auf Aristoteles' »Erste Philosophie« zurückgehenden Lehre des frühen 17. Jahrhunderts und zielen auf die Beleuchtung einer wahrgenommenen, erlebten Wirklichkeit.[49] Der Philosoph Heinrich Schmidinger beschreibt sie etwa »als *jene Wissenschaft* [...], *die sich mit Fragen beschäftigt, welche die Wirklichkeit, sofern sie dem Menschen zugänglich ist, in ihrer Gesamtheit betreffen.*«[50] Der Gewinn liege zum einen in der Möglichkeit, »alles Wirkliche *mechanisch* erklären zu können.« Zum anderen bekam man »ein Mittel an die Hand, einerseits dasjenige zu bestimmen, was beobachtbar gegenwärtig geschieht, und andererseits zusätzlich dasjenige zu fassen, was geschehen *könnte*«[51]. Das Erfahrene, das Erlebte ist in ihr von

47 Vgl. Puppe/Stoyan/Studer, »Knowledge Engineering«, S. 602 f.

48 Siehe dieses Kapitel, S. 53.

49 Spätestens seit 1613 bezeichnet der Begriff innerhalb der Wissenschaft vom Seienden als Seiendes das, was allem Seienden *gemeinsam* ist – in Abgrenzung zur speziellen Metaphysik, die sich dem *Ursprung* von allem Seienden widmet. (Vgl. Schmidinger, *Metaphysik*, S. 13, 17, Hübner, »Metaphysik« sowie Tegtmeier, »Einleitung«, S. 13.) Bei manchen Philosophen ist Metaphysik und Ontologie gleichgesetzt. (Vgl. Rapp, *Metaphysik*, S. 22.)

50 Schmidinger, *Metaphysik*, S. 21. [Herv. i. O.] Um sie nicht als etwas Suspektes und Unmögliches erscheinen zu lassen, beschreibt er sie als »die *wissenschaftliche Beschäftigung mit einer bestimmten Klasse von Fragen,* die ebenso unabweisbar in der menschlichen Existenz wie im wissenschaftlichen Diskurs entspringen können und sich auf keine andere Wirklichkeit beziehen als auf jene, die dem Menschen zugänglich ist«. (Ebd., S. 10. [Herv. i. O.] Vgl. ebd., S. 20.)

51 Ebd., S. 26 f.

besonderer Bedeutung. Und jenes gilt es, in der »allgemeinen Metaphysik«, auch »Ontologie«, von griechisch onta, das Seiende genannt, zu untersuchen. Aufgabe dieser *philosophischen* Disziplin ist es, Entitäten, also Seinsformen, die eine Aussage darüber treffen, *dass* und *wie* etwas Bestimmtes existiert, zu erörtern und die Struktur des Seienden zu beleuchten.[52]

Wesentlich formalisierter, aber dennoch in Anlehnung daran bestehen Ontologien in der Informatik als Systeme, die auf zweckdienliche Art und Weise »sozusagen das abstrakte Grundgerüst der beobachtbaren Welt«[53] darstellen, so Malte Rehbein.[54] Ihre Erstellung bezieht sich somit auf die Praxis der konzeptualisierten beziehungsweise formalisierten Darstellung des Seienden, der Natur und der Struktur von beobachteten Dingen an sich innerhalb eines zuvor schon mittels Verstandestätigkeit erschaffenen Systems (das beispielsweise Klänge zu musikalischen Klängen erklärt), ausgedrückt in einer gemeinsamen formalen Sprache bestimmter Akteure.[55] Sie bilden also beobachtete Entitäten und deren Beziehung zueinander ab.

Was im Vorliegenden als Wirklichkeit und Erfahrungsbereich betrachtet werden soll, kann und muss also ontologisch erfasst werden – Entitäten und ihre Beziehungen müssen identifiziert werden. Die Suche nach einem digitalen editorischen System, das Musik in der Breite einer dichten Beschreibung wiedergibt,

52 Vgl. König, *Grundwissen*, S. 38, Hübner, »Metaphysik«.

53 Rehbein, »Ontologien«, S. 165.

54 Vgl. ebd., S. 162 sowie Hughes/Constantopoulos/Dallas, »Digital Methods«, S. 162 f. Gemäß einer Definition Rudi Studers ist eine Ontologie »eine explizite, formale Spezifikation der Konzeptualisierung eines abgegrenzten Diskursbereichs zu einem definierten Zweck auf die sich eine Gruppe von Akteuren geeinigt hat.« (Studer, »Ontologien«.) Wie der Informatiker Øyvind Eide betont, müssen Ontologien in der Informatik zwar vom philosophischen Ontologiebegriff unterschieden werden, seien von jenem aber nicht völlig getrennt. (Eide, »Ontologies«, S. 1. Vgl. Studer, »Ontologien«.)

55 Vgl. Guarino/Oberle/Staab, »What is«, S. 1 f., Eide, »Ontologies«, S. 1 sowie Studer, »Ontologien«. Durch Ontologien wird ein bestimmter Teil einer Welt in formalen Modellen abgebildet, (Eide, »Ontologies«, S. 3) um mittels dieser Abbildung ein semantisches Netzwerk digital zu vergegenwärtigen und sie zugleich potenziell zwischen verschiedenen informatischen Systemen kompatibel kommunizierbar zu machen. (Vgl. Doerr, »The CIDOC«, S. 1.) Wie Rehbein betont, sind Ontologien zu diesem Zweck ausdrucksstärker als die Wissensrepräsentation mittels Markup-Sprachen oder Datenbanken. (Vgl. Rehbein, »Ontologien«, S. 162–165.) Zum Nutzen von Ontologien für den Bereich des kulturellen Erbes vgl. auch Hohmann, »Die Anwendung«. Zur Klassifizierung von Arten und Inhalten von Ontologien vgl. Studer, »Ontologien« und Rehbein, »Ontologien«, S. 165, 166.

zwingt mich hier dazu, mich grundsätzlich und elementar mit Musik auseinanderzusetzen und zu fragen, was Musik ist.[56] Die metaphysischen Existenzfragen nach den obersten Kategorien sind also zunächst zu klären, bevor die Edition von Musik als wahrgenommenes Ereignis systematisiert werden kann.[57] Ich werde dies in Kapitel 4 vertiefen und dort nach eben jenen Kategorien fragen. Dabei wird es um die formalisierte Erfassung und Darstellung eines noch zu definierenden Ausschnitts aus der realen Welt gehen.

Doch bevor ich frage, was und wie das im Vorliegenden zu Edierende überhaupt ist, komme ich auf grundlegende Prinzipien der musikwissenschaftlichen digitalen Edition zurück. Um dabei die Anschlussstelle an vorhandene digitale musikwissenschaftliche Editionstechniken zu eruieren und praktisch in das Wesen der Codierung am Beispiel der Musikedition einzuführen, setze ich mich zunächst mit MEI-XML auseinander, dem System, mit welchem ein notenbezogener Ausschnitt der realen Welt wissenschaftlich ediert und dafür codiert wird. Als vorhandenes, bereits stark spezifiziertes System der Notencodierung dient es hier zur Einführung in das generelle Vorgehen des digitalen Codierens anhand eines bestehenden Modells. Ich integriere hier diese Einführung, da ich eine Kenntnis über die *Notencodierung als Technik und als Prinzip* nicht bei allen Leser*innen voraussetzen kann, sie für die folgenden Gedanken aber wesentlich ist.

Dies sowie ein darauf aufbauendes Experiment soll also eine mögliche Anschlussstelle eruieren und die Rolle der Notenedition innerhalb des Vorliegenden verdeutlichend untersuchen sowie die *Herausforderungen* der im Folgenden vorzunehmenden Erkundung eines Systems zur editorischen Repräsentation wahrgenommener Wirklichkeiten anhand eines etablierten Systems verdeutlichen.

2.2.2 Grundlagen der Noten-Codierung mit MEI-XML. Eine kurze Einführung

Eleanor Selfridge-Field beschreibt 1997 in ihrer Einführung zu *Beyond MIDI. The Handbook of Musical Codes*[58] die Herkunft des zu fokussierenden Gegenstands wie folgt:

56 Eine gleiche Folge des Modellierens in der Musikwissenschaft formuliert auch Stefan Münnich: »Die Modellierung für ein digitales Medium zwingt uns, über die Bedeutung von vermeintlich ganz allgemeinverständlichen Begriffen und Konzepten neu nachzudenken bzw. deren bislang implizite Bedeutungsschichten explizit zu formulieren.« (Münnich, »Ontologien als«, S. 325.) Vgl. ders., »Ontologien in«.

57 Vgl. Hübner, »Metaphysik«, S. 133.

58 Ihr Werk stellt die erste umfangreiche Beschreibung bis dahin existierender Musik-Codierungsformate dar. (Vgl. Kepper, *Musikedition*, S. 223.)

> »Musical codes have been used since man's earliest efforts to transcribe sounds. From the accents for tonal inflection in many of the world's languages, through the neumes representing chant in medieval monasteries, to the *solfegge* of musical pedagogy in recent centuries, codes for sound have always had the purpose of prescribing consistency of practice. Almost as often, the practice so definded has been a relatively local one.«[59]

Sie weist hier bereits auf die Bedeutung musikbezogener Codes für die Praxis, für das Handeln hin, doch bis dato werden diese in Form von Musiknoten betrachtet – ihrerseits Codes für die Transkription von Klängen. Wie im ersten Teil dieses Kapitels betont, hat sich musikwissenschaftliche Editionspraxis zum Ziel gesetzt, diese in maschinenlesbare Zeichenketten zu übertragen, womit ihr gegenwärtig im ontologischen Sinne ein schriftlich repräsentierter Erfahrungsbereich zugrunde liegt. Codes sind dort auf den Werk- und somit auf den Notentext[60] bezogen und konzentrieren sich auf das Speichern der ihnen zugeschriebenen Semantik.[61] Die erschaffenen Codes vermitteln Wirklichkeiten, bezogen auf Systeme schriftlicher Aufzeichnungen, noten- oder buchstabenbasiert, mit Bezug auf eine personenbezogene Autorschaft.

Ich exemplifiziere nachfolgend das mögliche Codieren über notenbezogene Wirklichkeiten hinaus auf Basis des musikwissenschaftlichen, kontinuierlich ausgebauten Standard-Systems zur Noten-Codierung, dem MEI-XML der *Music Encoding Initiative* (MEI).[62] Dieser Standard stellt Voraussetzungen für die zuvor am Beispiel von *Freischütz Digital* erwähnten Ziele der Referenzierung und der

59 Selfridge-Field, »Introduction«, S. 3. [Herv. i. O.]

60 Auch Gesangstext ist hierzu zu zählen, da auch er seine Entsprechung erst im Notentext findet.

61 Populäres Beispiel dieses Prinzips ist das *Semantic Web* als Spezifikation des *World-WideWeb,* das es ermöglicht, das Wissen, welches Menschen üblicherweise aus dem Kontext schließen – beispielsweise, ob ein Personenname männlich oder weiblich konnotiert ist –, zu speichern und abzurufen.

62 MEI-XML wurde seit 1995 von Perry Roland entwickelt. Zu den Vorzügen im Hinblick auf die wissenschaftlich-editorische Nutzung vgl. allgemein etwa Roland, »The Music«, Kepper, *Musikedition*, S. 366 ff., Hankinson/Roland/Fujinaga, »The Music« und Veit/Richts, »Stand«, S. 292 f. Johannes Kepper gibt eine Übersicht samt Beschreibung und einen Vergleich der wichtigsten, seit den 1960er Jahren entwickelten Formate. (Vgl. Kepper, *Musikedition*, S. 307 ff.) Hierbei wird deutlich: Notencodierung ist nicht gleich Notencodierung. Die Zielsetzungen der entwickelten Systeme und die durch sie fokussierten Ausschnitte der realen Welt sind unterschiedlich, auch wenn sie alle notenbezogen sind. (Vgl. ebd., S. 309.)

Verknüpfung der auf Milton Babbitt zurückgehenden logischen, grafischen und akustischen Domäne bereit.[63] Bei diesem Versuch soll erkannt werden, was der ontologische Einbezug ereignisbasierter Zusammenhänge auch im technischen Sinne bedeutet und ob der Aspekt des Ereignisses als weiter gefasster Begriff von Musik mit dem bekannten editorischen Gedanken und mit dem notenbezogenen Musikbegriff zu vereinen ist.

Anhand des in der Musikwissenschaft als zentralen Ordnungsrahmen genutzten MEI-XML frage ich also zunächst, ob sich die Ebene der Musiknotation im Allgemeinen durch weitere Erfahrungsbereiche ergänzen lässt, indem der notenbezogene Code durch eben jene hier beschriebenen Aspekte des Ereignisses *angereichert* wird.[64] Die Rolle von MEI als zentrales Datenformat könnte damit direkt gestützt werden und wissenschaftliche Musikedition könnte dadurch einen Blick aus breiterem Winkel zulassen. Ziel ist es, durch das *experimentelle Ausloten* der technischen Voraussetzungen sowie der Grenzen und systembezogenen Zielsetzungen, den gegenwärtig angewendeten notenbezogenen sowie den von mir fokussierten ereignisbezogenen Musikbegriff zu ergründen und miteinander in Relation zu setzen.

Hierfür ist es nötig, zunächst praktisch in das Wesen der MEI-Notencodierung zu blicken. Dies setzt es voraus, dass alle Leser*innen den codierungsbezogenen Ausgangspunkt kennen, wofür ich folgend eine kurze Einführung in MEI-XML gebe.[65] Um notenbasierte Wirklichkeiten digital aufzuarbeiten, muss gemäß der zuvor dargelegten Grundlagen die Semantik von Zeichen oder Zeichenketten innerhalb schriftlicher Kommunikationssysteme beschrieben werden. In der Theorie heißt das zunächst, dass deren Bedeutung innerhalb eines kulturellen Systems bekannt sein muss. Diese in der natürlich-sprachlichen Welt zugeschriebene

63 Vgl. Babbitt, »The Use« und Kepper, *Musikedition*, S. 295 ff. An der in der Notencodierung zugrunde gelegten technischen Basis setzten auch Bestrebungen der Edition von Interpretation an. Ihr Bezugspunkt ist die durch Interpret*innen erklingende und in einem Notentext repräsentierte Musik. Das jüngst entwickelte System des »Music Performance Markup« (MPM) dient dabei der digitalen Beschreibung und Codierung akustischer Phänomene musikbezogener Interpretation. (Vgl. Berndt/Bohl, »Music Performance Markup«, Münzmay/Siegert, »Phonographischer Text«.)

64 Abzugrenzen ist dies auch von Bestrebungen, die sich auf das digitale Arbeiten mit Partituren konzentrieren, wie es etwa in Waloschek u. a., »Interactive Scores« thematisiert wird.

65 Von den folgenden Ausführungen abgesehen sei zur detaillierten Beschreibung der jeweils aktuellen Techniken und Richtlinien vor allem auf die Website der Music Encoding Initiative hingewiesen. (*Music Encoding Initiative* (Web), Documentation.) Zur Verbindung von XML und Notentext vgl. Kepper, *Musikedition*, S. 238 ff.

Bedeutung wird – entsprechend dem Aufbau von XML als *eXtensible Markup Language* – den Zeichen dann *digital zugeschrieben.*

Hierfür müssen diese Informationen aber in einer anderen Struktur festgehalten werden, als es im natürlich-sprachlichen System – der Urmenge – der Fall ist. In unserem Sprachsystem existierende Entitäten (wie Noten oder ihre Teile) werden dazu einer Kategorie zugewiesen und erhalten Eigenschaften mit bestimmten Werten. Folglich werden durch die Codierung die den Zeichen gegebene Kategorie (beispielsweise eine Note), die dazugehörigen Eigenschaften (beispielsweise Tonhöhe und -dauer) sowie ihre Hierarchie in Bezug zu anderen Zeichen innerhalb eines *digitalen Sprachsystems* festgehalten. Das zu edierende, innerhalb eines kulturellen Systems bestehende Wissen wird also mittels XML elementarisiert.

Wie wird dies nun praktisch umgesetzt? Im Falle des Notencodierungs-Standards MEI hat man sich dafür der vom World Wide Web Consortium (W3C) entwickelten eXtensible Markup Language (XML) bedient, einer hierarchisch strukturierten, *erweiterbaren* Auszeichnungssprache auf Basis des Hypertext-Prinzips. Sie ist ursprünglich nicht für Musiknotation, sondern für Buchstabentexte vorgesehen, weist aber eine Form auf, die dem Aufbau von Notendokumenten entgegenkommt.[66] Syntaktisch unterliegt XML dem Prinzip der Baumstruktur, womit sich in einem Dokument, welches das digitalisierte Abbild eines Textes enthält, stets geordnete Elemente als Bedeutungsmittler befinden. Diese stehen als Kindelement in oder als Geschwisterelement neben einem anderen Element. (Buchstaben sind in einem Wort, Wörter in einem Satz, Sätze in einem Text, der Text in einem Buch, ...) Zur syntaktischen Unterscheidung von Textinhalten werden diese von spitzen Klammern umgeben und ihrerseits in ein öffnendes und ein schließendes Element unterteilt, wobei das schließende Element durch einen Schrägstrich nach der öffnenden Klammer markiert ist und das Ende einer Bedeutungseinheit markiert. Abbildung 2.1 zeigt dieses Prinzip. In der dort abgebildeten Weise könnte theoretisch die Information, dass ein *Wort* in einem Text – wie hier mit Kursivschrift – grafisch in bestimmter Weise ausgezeichnet ist und die Bedeutung einer hervorgehobenen Zeichenkette hat, digital ausgezeichnet werden können.[67] An dem jeweils öffnenden Element hängen nun gegebenenfalls zugeschriebene Attribute. Diese geben Eigenschaften mit dazugehörigem Wert an,

[66] Zum detaillierten Prinzip von XML vgl. *Text Encoding Initiative* (Web), Guidelines, A Gentle Introduction to XML. Weitere Vorteile von XML liegen in ihrem Potenzial hinsichtlich der Datentransformation, der Anbindung weiterer XML-basierter Systeme sowie der guten Versionier- und Archivierbarkeit der Daten.

[67] Zur Auszeichnung buchstabenbezogener Texte vgl. ebd.

die das Element spezifizieren. Durch eine Eigenschaft könnte etwa ausgedrückt werden, in welchem Winkel die digital beschriebene Kursivschrift ausgeführt ist.

```
<Kursivschrift Winkel="15">Wort</Kursivschrift>
```

Abb. 2.1: Prinzip der Textauszeichnung auf Basis von XML.

Elemente und ihre Eigenschaften spiegeln hierbei in variabler Weise Bedeutungsebenen wider, die lebensweltlich wahrgenommen und einem Phänomen zugeschrieben werden. Sie können aber auch Phänomene widerspiegeln, die es in der natürlichen Sprache so nicht gibt, technisch aber von Nutzen sein können. Dies betrifft etwa die Vergabe eindeutiger Identifikationsnummern (ID). Sie können jedem Element beispielsweise als Eigenschaft angehängt werden, womit dieses eindeutig referenziert und in vielfältiger Weise mit anderen Elementen in Beziehung gesetzt werden kann. (Siehe Abb. 2.2, Codezeile 7 und 12.) Da es sich bei XML um eine *erweiterbare* Auszeichnungssprache handelt, können solche Bezeichnungen dem zu codierenden Bedeutungssystem entsprechend frei vergeben werden. Sie müssen lediglich in einem Regelwerk festgehalten werden, sodass eine Sprache von auswertenden Systemen prozessierbar, das Vokabular also bekannt ist.[68]

Die Struktur und das Vokabular von MEI-XML beziehen sich aber auf Notenzeichen. Diese sind nicht buchstabenbasiert, womit nicht entsprechend dem Prinzip von Abbildung 2.1 *Notenzeichen* von Elementen *umgeben* werden können, um deren Bedeutung zu markieren, sondern sie müssen durch Elemente und Attribute mittels Buchstaben und Zahlen *beschrieben* werden. (Siehe Abb. 2.2, Codezeile 13.) Bevor ich diesen Aufbau erläutere, muss ich kurz auf die Gesamtstruktur eines MEI-Dokuments eingehen. Dessen Ausgangspunkt ist stets das Wurzelelement, das sämtliche anderen Elemente eines codierten Kontextes enthält. Im Falle von MEI-XML ist dies das Element <mei>. Zum regelkonformen Aufbau muss dieses Wurzelelement die Containerelemente <meiHead> und <music> beinhalten. Das <meiHead> ist definitionsgemäß ein Ort für »descriptive and declarative metadata«[69]. Dieser Bereich bleibt hier zunächst unbeachtet und wird in Kapitel 2.2.3 erläutert. Das Element <music> beinhaltet schließlich »a single

[68] Diese Validierung von XML-Dokumenten wird ursprünglich von *Dokumenttyp-Definitionen* vorgenommen, im Fall der Textcodierung mit TEI sowie der Musikcodierung mit MEI wird dies von den differenzierter arbeitenden *Schemata* (auf Basis von RELAX NG) durchgeführt.

[69] *Music Encoding Initiative* (Web), Documentation, Elements, <meiHead>.

musical text of any kind«[70]. Hier ist somit der Ort für logische Informationen, wie sie von Notationssystemen abgebildet werden, also für den notenbezogenen Text. Abbildung 2.2 zeigt (als Minimalbeispiel unter Vernachlässigung der Notensystem-Angaben) exemplarisch und ausschnitthaft die Codierung der logischen Information von zwei auf einer Handschrift erkennbaren ganzen Noten *c'* und *e'* des westlichen Notensystems.

Dem Notensystem entsprechend werden innerhalb des <music>-Containers (ab Codezeile 5, rot markiert) Informationen zur Notenzeile 1 (<staff>), Stimme 1 (<layer>), Takt 1 (<measure>) und der ganzen Note *c'* hierarchisch gegliedert und zeitbezogen sortiert wiedergegeben. Das Notenelement (<note>) erhält durch die Attribute @pitch-name, @octave und @duration (Codezeile 13) mit entsprechenden Werten ihre Spezifikation für Notenname, Oktave und Dauer. Zusätzlich wird hier der Verweis auf einen Scann der zugrunde liegenden Handschrift als Original mittels <facsimile> und <surface> sowie dem entsprechenden Verweis aus einem Takt heraus auf einen bestimmten Scann mittels @facs exemplarisch dargestellt (Codezeilen 6–8). Struktur, Zeichen und Semantik notenzeichentextbasierter Systeme können so also spezialisiert abgelegt werden – dies gilt im Prinzip natürlich nicht nur für das hier gezeigte westliche Notationssystem.

Mit diesem Prinzip kann die logische Information eines geistigen Produktes (hier die spezifische Ansammlung und Bedeutung von Notenzeichen) direkt mit multimodalen digital abgelegten Objekten und deren audiovisuellen Inhalten verbunden werden. Zudem kann von auswertenden Programmen eine dem gewählten Kontext entsprechende Ausgabe des gespeicherten Wissens geschaffen werden (etwa durch Rendering der Notenzeichen, siehe Abb. 2.2, rechts unten). Dadurch sind also auch die erwähnten Synchronisationsmöglichkeiten gegeben.[71] Werden Notenzeichen in einem *interaktiv* angelegten System wiedergegeben, kann es das Anklicken einer digitalen Abbildung einer Note beispielsweise ermöglichen, ihre zuvor editorisch erarbeitete Entsprechung auf beliebig vielen Scans oder Tonaufnahmen optisch oder akustisch erfahrbar zu machen. Darüber hinaus kann – beispielsweise mittels kritischem Bericht – sehr feingranular Wissen vermittelt werden, das eine Person zu dieser Note oder ihren Teilen innerhalb (oder außerhalb) der Codierung abgelegt hat. Das bezieht sich natürlich nicht nur auf die Entität der Note, sondern auf jede Entität, die innerhalb des Notensystems Relevanz hat.

Als Konkretisierung des von Frans Wiering für digitale Musikedition aufgestellten Modells der Mehrdimensionalität kann eben diese durch technische

70 Ebd., Documentation, Elements, <music>.
71 Siehe Kap. 2.2, S. 51.

```
<mei>
    <meiHead>
[...]
    <\meiHead>
    <music>
        <facsimile>
            <surface xml:id="Handschrift_A"/>
        </facsimile>
[...]
        <staff n="1">
            <layer n="1">
                <measure n="1" facs="#Handschrift_A">
                    <note pname="c" oct="4" dur="1"/>
                </measure>
                <measure n="2" facs="#Handschrift_A">
                    <note pname="e" oct="4" dur="1"/>
                </measure>
            </layer>
        </staff>
[...]
    </music>
</mei>
```

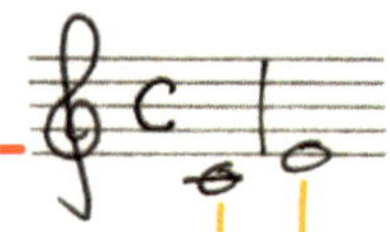

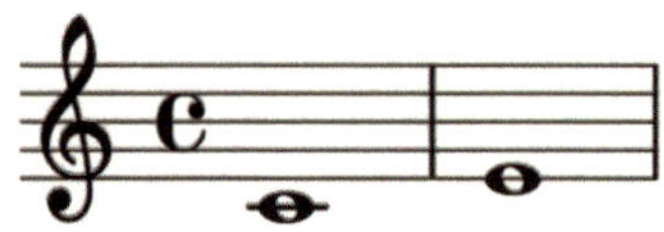

Abb. 2.2: Handschrift, Prinzip der MEI-XML-Codierung und Rendering.

Kollationierung und Präsentation von Quellen-Konglomeraten erreicht und eine inhaltliche Offenheit umgesetzt werden, was das Überwinden der physischen Schranken der Druckkultur ermöglicht.[72] Dabei zeigen sich die großen Vorteile von Codierungen laut Veit darin,

> »sämtliche Informationen zu den verwendeten Quellen, ihrer Entstehung und Überlieferung aufzunehmen […]. Und sie gestattet ebenso das Dokumentieren von Mehrdeutigkeiten, Unsicherheiten oder anderen Spezifika einer Quelle.«[73]

Die logische Information von Zeichen – und dies ist zunächst die Grundlage dessen, was hier Digitalität bedeutet –, ob grafisch oder akustisch basiert, wird

72 Vgl. Wiering, »Digital Critical Editions«. Eine digitale kritische Musikedition zeichne sich zusammenfassend aus durch digitalisierte Quellen, Quellencodierungen, Annotationen und Verknüpfungen zwischen verwandten Werken. (Ebd., S. 31.) Zu den Herausforderungen des Annotierens in diesem multidimensionalen quellenbezogenen Kontext vgl. Hadjakos u. a., »Challenges«.

73 Veit, »›Editionstechniker?‹«, S. 37.

damit infolge der Bedeutungszuweisung elementar. Technisch bedeutet dies, dass Computersysteme angewiesen werden können, Daten nicht nur nach Zeichen, sondern eben auch nach zugeschriebenen Bedeutungen zu durchsuchen: *Durchsuche Informationsmenge X nach Element Y mit Attribut Z und Bezug zu Element B aus Informationsmenge A etc.*

2.2.3 Mundharmonika-Experiment: Erkenntnistheoretische Überlegungen zur *Anreicherung* der XML-basierten Noten-Codierung

Mit Bezug auf die zu Beginn des Exkurses gegebene Beschreibung der Baumstruktur endet innerhalb der digitalen Notenedition die durchsuchbare Informationsmenge am Element werkbezogener Korpora. Ohne die Anlage eines dazugehörigen Notentextes besteht natürlich nicht die Notwendigkeit, eine Notencodierung zu erstellen. Welche *Herausforderungen* sich ergeben, wenn Wirklichkeiten auf musikeditorischer Basis festgehalten werden sollen, deren Informationen über solch einen Korpus und sein System hinausreichen, wird nun auf Basis von MEI-XML exemplifiziert.

Dieser folgende Versuch der *direkten Anreicherung* der Notenedition mit Aspekten des hier beschriebenen Ereignisses mag irritieren. Es entstammt meinem auf die vorliegenden Gedanken bezogenen hermeneutischen Zirkel und ist Ausdruck der in dieser Arbeit fokussierten erkenntnistheoretischen Nutzung digitaler Notenedition. Dieses Experiment liegt aber nahe, da das vorliegende Ziel explizit aus der Musikedition heraus entwickelt wurde und diese im Zusammenhang mit dem damit verbundenen Musikverständnis auf ihre Möglichkeiten und Grenzen hin untersucht werden soll. Nicht zuletzt, weil mit der Notencodierung innovative Systeme geschaffen wurden, welche es der Musikedition ohnehin bereits ermöglichten, die Schranken der Druckkultur zu überwinden, ist es denkbar, in ihr direkte Anschlussstellen zu identifizieren. Hierbei können aber auch erste Herausforderungen gezeigt werden, die mit dem editorischen Festhalten der *Dynamik* von Ereignissen (und nicht nur deren notentextbezogener Existenz) entstehen. Der Versuch soll auf praktische Weise zeigen, was es bedeutet, die notenzeichenbezogene Ebene mit der handlungsbezogenen Ebene von musikbezogenen Ereignissen im digitalen Kontext zu vereinen und damit verbundene ontologische Probleme zu diskutieren.

Somit exerziere ich beispielhaft eine Erweiterung der zuvor beschriebenen Notencodierung, um die Sinnhaftigkeit sowie die Voraussetzungen und Folgen solch einer Anreicherung zu überprüfen. Der Versuch wird gleichzeitig eine experimentelle Vorbereitung des ontologischen Fundaments des hier fokussierten

Gegenstands zur Folge haben und er wird die Relationierung wahrgenommener Wirklichkeiten in Bezug auf notenbezogene Phänomene veranschaulichen. Das Prinzip digitaler Musikedition dient hier also dem Erkenntnisgewinn über den bisher als *Ereignis* benannten und noch aufzuschlüsselnden Editionsgegenstand.

Die Grundlegung von MEI als XML-basiertes System ist für den erkenntnistheoretischen Einsatz zusätzlich dadurch prädestiniert, dass es sich um eine *erweiterbare* Auszeichnungssprache handelt. Elemente und Attribute können dort einem zu codierenden System entsprechend definiert und zur Verwendung in spezifischen Konstellationen erlaubt werden. Hierfür soll exemplarisch das beschriebene, während der Darbietung eines Werkes stattfindende Ereignis des Mundharmonika-Wurfes Eingang in den Code finden. Die dabei fokussierten Entitäten – ereignis-, personen- und dingbezogene Wissensbestände sowie die dazugehörigen Ordnungen, Anwendungsprobleme und Spezifika des in ereignisbezogenen Wirklichkeiten liegenden Wissens – müssen dafür zunächst benannt und innerhalb der Hierarchie des für die Codierung zugrunde gelegten Systems eingeordnet werden.

Die Codierung möglicher Hierarchien, Elemente und Attribute wird hier also *angedeutet,* denn zunächst geht es um einen schematischen Versuch und um das Eruieren von Voraussetzungen und Folgen, *nicht* aber um das Codieren einer endgültig konsistenten, validen Anreicherung von MEI als System für die Ereignis-Codierung. Ziel ist daher nicht, einzelne Elemente schema-konform anzuwenden.[74] Existierende Element-Bezeichnungen werden also nur dann verwendet, wenn sie innerhalb eines erlaubten Zusammenhangs stehen. Ziel ist, in verständlicher Form und als *Annäherung* zentrale Anforderungen an das Vorhaben der ereignisbezogenen Musikedition zu suchen. Es handelt sich um die praktische Untersuchung der Möglichkeit, das vom Notensystem vorgegebene System direkt mit musikbezogenen Ereignissen im Sinne wahrgenommener Wirklichkeiten zusammenzuführen. Die folgende Umsetzung entspricht ausdrücklich nicht den in der aktuellen Text- und Notencodierung bekannten Voraussetzungen. Die in diesem Rahmen bestehenden Möglichkeiten und die aus dem Versuch entstehenden Fragen und Probleme können hier angedeutet werden, helfen aber

74 Wie zu sehen sein wird, gibt es hier unterschiedliche Möglichkeiten für die Hierarchisierung der Zusammenstellung von Elementen und Attribute. Ernst gemeinte Standartisierungsvorschläge würden einen deutlich breiteren Forschungsrahmen benötigen.

vor allem dabei, Fragen bezüglich des Ereignisses als Editionsgegenstand zu stellen.[75]

2.2.3.1 Experimentelle Umsetzung der Anreicherung

Da in meiner dichten Beschreibung a) von einem Ereignis berichtet wird, an dem b) Personen beteiligt sind, die c) Objekte benutzen, sind also mindestens für diese drei Entitäten entsprechende Elemente nötig.[76] Für sie gibt es dem Namen nach scheinbare Entsprechungen in MEI und TEI (<event>, <persName>, <object>). Damit aber nicht der Verdacht aufkommt, dass ich diese Elemente in einer nicht vorgesehenen Weise nutze und innerhalb einer MEI-XML-Umgebung unzulässig miteinander verbinde, werde ich für meine gesuchten neuen Elemente im folgenden Versuch keine gleichlautenden, existierenden Element-Namen aufgreifen. Ich operiere stattdessen mit <Ereignis>, <Person> und <Objekt> als abstrakte Begrifflichkeiten. Für den Wechsel der Besitzverhältnisse von Objekten integriere ich außerdem die Element-Bezeichnung der <Herkunft>, statt mit <provenance> zu arbeiten.

Hiermit betone ich auch, dass es zunächst um *prinzipielle Gedanken und um Prämissen* bezüglich der zu vereinbarenden Ausschnitte verschiedener Wirklichkeitsbereiche geht. Eine valide Umsetzung innerhalb bestehender Codierungen bedürfte einer breiteren Auseinandersetzung. Die im Folgenden genutzten und aus dem MEI- und TEI-Kontext bekannten *Attribute* können jedoch unverfänglich in der hier angegebenen Weise genutzt werden, da sie ihre Aufgabe in Bezug auf die Elemente behalten.

Da es sich nun um die versuchte Anreicherung von Noten-Codierung handelt, ist es zunächst zwingend notwendig, einen zugrunde liegenden Notentext zu identifizieren, denn ohne notenbezogenen <music>-Container wäre ein MEI-Dokument grundsätzlich nicht valide. Für die aufgezählten Objekte wäre damit eine MEI-Codierung theoretisch möglich, denn sie haben ihre angesprochene Relevanz im Kontext des Werkes »Nur ein Traum«. Zudem kann man die Codierung des Ereignisses samt der mit ihm verbundenen Objekte der zeitlichen Abfolge dieses Werkes folgen lassen. Die Korrelation von Werkverlauf und temporärer Abfolge der Ereignisse ist an einer Verlauftabelle[77] erkennbar, auf welche ich

75 Zu Einzelheiten, die über die hier gegebenen Beschreibungen von Elementen und Attributen hinausreichen, vgl. auch *Music Encoding Initiative* (Web), Documentation sowie *Text Encoding Initiative* (Web), Guidelines.

76 Diese Entitäten werden durch die Betrachtungen in Kapitel 4 präzisiert sowie um Räume und logische Objekte erweitert.

77 Siehe Anhang, S. 231.

im Rahmen der Untersuchungen in Kapitel 4.2.2.4 tiefer eingehen werde. Auf dieser Basis habe ich die erkennbaren Elemente in eine MEI-Umgebung integriert. (Siehe Abb. 2.3 und 2.4.)

Nach der Benennung der Elemente stellt sich die Frage, wo innerhalb der Hierarchie von MEI diese Elemente eingegliedert werden können – im <music>- oder im <meiHead>-Element. Das bereits besprochene <music>-Containerelement, das laut Definition einen »single musical text of any kind«[78] beinhaltet, bezieht sich hier zweifellos auf die Aufnahme von noten- und buchstabenbezogenen Schrifttext, womit der <music>-Container als Ablageort ausscheidet. Ich werde diese Definition des <music>-Elementes später als Ausgangspunkt für die Frage, was musikbezogener Text ist, noch einmal aufgreifen.[79] Die vorliegende Definition des <music>-Containerelements deute ich also in diesem Fall als Ort für die Ablage logischer Werkinformation. Ereignis, Personen und Objekt existieren hier aber nicht innerhalb eines Werktextes, sie präsentieren diesen allenfalls und gehören als Element nicht in diesen Bereich.

Der <meiHead> als zweiter, in einer validen MEI-Codierung zwingend notwendiger Container und als Ort für »descriptive and declarative metadata«[80] scheint dagegen definitionsgemäß einen passenden Rahmen zu bieten, an dem die hier fokussierten Informationen abgelegt werden könnten. Zwar ist es zu weit gefasst, Ereignisdaten im Sinne der MEI-Metadaten, die werk-*beschreibend* fungieren und unter anderem »information about the work being encoded«[81] festhalten, mit eben dieser Funktion zu belegen, doch für den aktuellen Experiment-Status kann dieser Kompromiss gestattet werden. Er wird in der Auswertung des Experiments noch zu berücksichtigen sein. Aufgrund aufzulösender Inkonsistenzen verzichte ich hier ebenso darauf, die ereignisbeschreibenden Elemente in eine der fünf Kindelemente des <meiHead> einzugliedern.[82] Ebenfalls vernachlässigt wird der Bezug zu einer bestimmten Quelle – im vorliegenden Fall eine audiovisuelle Aufzeichnung des Konzerts –, da diese Spezifikation bei der Diskussion der relevanten Entitäten zunächst noch keine Rolle spielt.

Die in Abbildung 2.3 begonnene Anreicherung der MEI-Codierung mit den hier fokussierten Elementen wahrgenommener Wirklichkeiten erklärt sich also wie folgt: Da ein Objekt ohne eine mit ihm verknüpfte Handlung keine sichtbare Semantik aufweist, ist das Ereignis als Entität, die den Sinn eines bestimmten

78 *Music Encoding Initiative* (Web), Documentation, Elements, <music>.
79 Siehe Kap. 3.3, S. 99 ff.
80 *Music Encoding Initiative* (Web), Documentation, Elements, <meiHead>.
81 Ebd., »Documentation, Elements, <meiHead>«.
82 Im Einzelnen <altId> <fileDesc>, <encodingDesc>, <workDesc> und <revisionDesc>.

```
1 <meiHead>
[...]
3     <Ereignis xml:id="Event1" title="Westernhagen in concert" isodate="2005-11-18"
          corresp="#DVD1">
4       <Person xml:id="MMWesternhagen" role="singer composer" authority="GND"
            authURI="http://d-nb.info/gnd" dbkey="118585401">Marius
            Müller-Westernhagen</Person>
5       <Person xml:id="Spectator1" role="spectator"/>
6       <Objekt xml:id="Object1" term="Zettel" type="announcement" corresp="#Object2">
7         <p>GIB UNS DEINE Mundharmonika BITTE!!!</p>
8         <Herkunft corresp="#Spectator1"/>
9       </Objekt>
10      <Objekt xml:id="Object2" term="Mundharmonika" type="musical instrument"
            brand="unknown"/>
11       <Herkunft xml:id="Prov_Ob2-1" type="musical_instrument" notafter="2005-11-18"
             corresp="#MMWesternhagen" synch="#m59"/>
12       <Herkunft xml:id="Prov_Ob2-2" type="fan-object" notbefore="2005-11-18"
             corresp="#Spectator1" synch="#m60"/>
13      </Objekt>
14    </Ereignis>
[...]
16 </meiHead>
```

Abb. 2.3: Exemplifizierter Einbezug des Mundharmonika-Wurfes während des Songs »Nur ein Traum« in eine MEI-XML-Umgebung, Teil 1: MEI-Head (Personen und Objekte).

Geschehens und die Funktion von Objekten vorgibt, zunächst als Container für Handlungen und Objekte zu erstellen, was hier mittels des erwähnten <Ereignis>-Containers realisiert wird. (Siehe Abb. 2.3, Codezeile 3.) Über das Attribut @xml:id wird ein Ankerpunkt erzeugt, auf den durch das @corresp-Attribut von anderen Elementen heraus auf dieses verwiesen werden kann, womit eine Beziehung zwischen beiden hergestellt ist. (Siehe beispielsweise Codezeile 4 und 11.)[83]

Die Attribute @title und @isodate können hier zur Benennung und Datierung der Elemente verwendet werden. Innerhalb dieses Ereignisses finden wir nun beteiligte Personen, dessen Handeln das Ereignis erschafft und die Objekte benutzen (Codezeile 4 und 5). Diesen Personen können Funktionen zugewiesen werden (@role) und es kann gegebenenfalls eine Anbindung an bereits existierende Personendatenbanken, in diesem Fall an die *Gemeinsame Normdatei* (GND),[84] erfolgen (@authority, @authURI und @dbkey, Codezeile 4). Im dortigen Datensatz werden beispielsweise biografische Angaben zu Marius Müller-

83 Der Wert des @corresp-Attributes wird mit dem Präskript »#« eingeleitet, um kenntlich zu machen, dass ein Verweis auf eine ID erfolgt.

84 *Gemeinsame Normdatei* (Web).

Westernhagen sowie zu Werken, von ihm ausgeübte Funktionen und gespielte Instrumente unter dem Schlüssel »118585401« verzeichnet.

Weiterhin treten hier bestimmte Dinge in Erscheinung, die durch den <Objekt>-Container integriert werden. (Codezeile 6–13.) Das Besondere an diesen ist, dass sie ihre Funktion, also auch ihre Semantik dadurch erhalten, dass sie von bestimmten Personen benutzt werden und gegebenenfalls in Relation zu anderen Dingen stehen. Das Herstellen von Beziehungen zu anderen Elementen, sofern sie nicht aus der Hierarchie des Codes hervorgehen,[85] ist hier also besonders zentral – zunächst wichtiger als die äußere Gestalt der Dinge.[86]

Das erste Ding ist der Zettel des Zuschauers (Codezeile 6–9), welcher sich direkt auf das zweite Ding, die Mundharmonika (Codezeile 10–13) bezieht. Diese Tatsache wurde hier durch das @corresp ausgedrückt, das dem Element eine Korrespondenz zu dem zweiten Ding, dem Objekt mit dem ID-Wert »Objekt2«, also der Mundharmonika zuschreibt. Zudem hat es Bezug zu einer benutzenden Person, welche als *Herkunft des Dings* betrachtet und mittels des Elements <Herkunft> sowie dem diesem Element angehängten @corresp in den <Objekt>-Container geschachtelt wird (Codezeile 6–12). Der Zettel ist somit einer Person (»Spectator1«, der Zuschauer) zugeordnet. Die der Mundharmonika eingeschriebene <Herkunft> enthält zudem ein @type, um in den beiden verschiedenen Herkunftsbeschreibungen den mit ihnen einhergehenden Funktionswechsel (über die Datums-Attribute @notbefore und @notafter) kenntlich zu machen. Dies ist hier nötig, da bis Takt 59 der zugrunde liegenden Aufzeichnung die Mundharmonika Instrument, danach aber auch Fan-Trophäe ist. Diese beiden Seins-Stadien finden in den <Herkunft>-Elementen ihren Ausdruck.

Die codierten Personen und Dinge werden nun durch die Verwendung der MEI-XML-Umgebung unweigerlich in das System einer Notencodierung eingeschrieben und haben einen direkten Bezug zu einem musikalischen Verlauf. Daher muss auch ein Bezug zur codierten logischen Werkinformation hergestellt werden. (Siehe Abb. 2.4.) Bisher ist den Entitäten eine allgemeine Verbindung zum codierten Werk zugeschrieben, da sie mit ihm durch die Metadaten verbunden sind. Die zugehörigen Bezüge sind jedoch noch exakter erkennbar, denn die Bedeutung der Entitäten kann im Zusammenhang mit dem zeitlichen Verlauf einer Handlung gesehen werden, die sich am temporären Verlauf eines Werktextes orientiert. An betreffenden Stellen innerhalb des Notentextes – der eine Referenz

85 In diesem Codebeispiel werden alle Objekte per se auf ein bestimmtes Ereignis bezogen, da sie in dieses geschachtelt wurden und somit deren Kindelemente sind.

86 Würde Westernhagen eine pink gefärbte Mundharmonika spielen, wäre dieser äußere Aspekt jedoch beispielsweise unter dem Betrachtungswinkel des Habitus interessant.

```
17 <music corresp="#Event1">
18   <staff n="1" corresp="#MMWesternhagen">
19     <layer n="1">
[...]
21       <measure n="m55">
22         <beam>
23           <note pname="g" oct="4" dur="8" syl="hört."/>
24           <note pname="c" oct="4" dur="8"/>
25         </beam>
26         <rest dur="4" corresp="#Object2"/>
27         <rest dur="2" corresp="#Object2"/>
28       </measure>
[...]
30       <measure n="m59">
31         <beam>
32           <note pname="a" oct="4" dur="16" syl="schwim"/>
33           <note pname="a" oct="4" dur="8" dots="1" tie="i" syl="me"/>
34         </beam>
35         <note pname="a" oct="4" dur="4" tie="m"/>
36         <note pname="a" oct="4" dur="4" tie="t"/>
37         <beam dur="8">
38           <note pname="g" oct="4" syl="wie"/>
39           <note pname="f" oct="4" syl="ein"/>
40         </beam>
41       </measure>
42       <measure n="m60">
43         <note pname="g" oct="4" dur="4" syl="Fisch," corresp="#Prov_Ob2-2"/>
[...]
45       </measure>
46     </layer>
47   </staff>
48 </music>
```

Abb. 2.4: Exemplifizierter Einbezug des Mundharmonika-Wurfes während des Songs »Nur ein Traum« in eine MEI-XML-Umgebung, Teil 2: MEI-Music (Takt 55, 59 f.).

zu dem konkreten Konzertereignis beinhalten muss, da Notentext und Konzertereignis hier ihre Existenz aneinander knüpfen –, müssen hierfür punktuelle Referenzen zu den codierten Handlungsaspekten gesetzt werden. Da in der Regel mehrere Elemente des *notenbezogenen* Teils auf dieselben Personen und Objekte verweisen können sollten, wird diese Beziehung idealerweise aus dem <music>-Container heraus erstellt und nicht umgekehrt. Auch hier kann im vorliegenden Fall das Attribut @corresp als Lösungs-Beispiel dienen, das aus beliebigen Hierarchie-Ebenen heraus mittels ID auf Personen und Dinge verweisen kann. Dem kompletten <music>-Container wurde hier also ein Bezug zum Konzertereignis eingeschrieben (Codzeile 17), was die Information enthält, dass dieser Text im Zusammenhang mit einem konkreten Ereignis am 18.11.2005 wahrgenommen wurde. Weiterhin wurde die Person Westernhagen auf das Notensystem der Singstimme bezogen (Codezeile 18) – mit der Aussage, dass der Inhalt dieser Stimme von der Person benutzt wurde, die von der GND unter der Kennzahl 118585401 geführt wird. Das Objekt des Schildes wiederum wurde auf die Pausentakte bezogen und ist damit verbunden, dass während dieser Takte das Objekt samt Inhalt wahrgenommen wurde (Codezeile 26 f.). Die Mundharmonika[87] schließlich wird in dem Moment, in dem sie während der Wahrnehmung besonders auffällig wird, nämlich dadurch, dass ihr Besitzverhältnis wechselt, durch einen Verweis auf ihre neue Provenienz mit dem Notentext verknüpft (Codezeile 43).

2.2.3.2 Auswertung: Zur Notwendigkeit einer neuen Schaltzentrale

Dieser praktische Versuch hat *Unterschiede* der Wirklichkeitsbereiche noten- und ereignisbezogener Entitäten sowie Probleme ihrer *Vereinbarkeit* verdeutlicht und er hat angedeutet, welche Herausforderungen bei der Codierung wahrgenommener Wirklichkeiten bestehen. Diese weisen auf theoretische, strukturelle Konsequenzen für die weiterführenden Überlegungen. Im strukturellen Sinne konnte die Unterschiedlichkeit zweier Komplexe vor Augen geführt werden, die beide für das, was wir allgemein »Musik« nennen, relevant sind. Die hier angelegte Betrachtungsweise lässt unterschiedliche, dem Komplex »Musik« innewohnende Strukturen deutlich werden, und eben diese Strukturen müssen – für das Ziel der Edition wahrgenommener Wirklichkeiten – miteinander in Beziehung gesetzt werden können. Weiterhin hat der Versuch angedeutet, dass Musik als Ereignis samt der darin liegenden Bedeutungen nicht alleine auf einer zeitlich linearen, mit einem notenbezogenen musikalischen Verlauf vergleichbaren Ebene stattfindet, sondern dass verschiedene dynamische Ebenen mit je eigenen Anforderungen und Bezügen ein Ereignis bilden.

Wird dennoch versucht, Notencodierungen – in welchen die Anordnung des Wissens einem zeitbasierten Notensystem folgt – mit Daten wahrgenommener Wirklichkeiten *anzureichern*, dann wird versucht, Ereignisdaten innerhalb eines *notenbezogenen* Containers abzulegen. Hieraus entstehen jedoch ontologische Inkonsistenzen. Im technischen Sinne ist der Rahmen einer Notencodierung mit der Bezeichnung eines Werktextes gleichgesetzt. Die resultierende Datei (oder allgemeiner der resultierende Korpus) würde im vorliegenden Fall mit dem Titel »Nur ein Traum« gleichgesetzt und Marius Müller-Westernhagen würde als Autor verzeichnet werden. Im Sinne dieses Text-Verständnisses gehören seine während des Konzertes beobachtbaren Ausführungen dann aber zu einer von

[87] Das Instrumental-Solo wurde hier aus Gründen der Übersichtlichkeit nicht in einem eigenen Notensystem codiert. Das Objekt der Mundharmonika würde also konsistenterweise mit diesem verlinkt werden.

ihm autorisierten und durch die audiovisuelle Aufzeichnung festgeschriebenen Variante seines Werktextes.

Dadurch berechtigen sie sich zwar grundlegend für die Niederlegung innerhalb einer Notencodierung, im Sinne einer daraus resultierenden Notenedition sind hierfür aber nur die auf den verkauften Werktext bezogenen Handlungs-*Ergebnisse* relevant. Ein *Teil* der Wirklichkeit wäre damit festgehalten. Doch anders als es bei Handschriften der Fall ist, deren Existenz direkt im Zusammenhang mit einer Werkidee stehen kann, gilt es im Sinne wahrgenommener Wirklichkeiten, Dinge wie den Zettel des Zuschauers und die Mundharmonika samt deren Nutzung und beobachteten Bedeutungen als Handlungs*vorgang* digital zu beschreiben. Diese folgen in ihrer Struktur aber logischerweise weder einem Notensystem noch ist ihre Existenz von Notenzeichen abhängig und genauso wenig ist Müller-Westernhagen der *Autor* aller hier beobachteten Ereignisse.

Reichere ich Daten mit diesen Informationen an und füge sie *in* den Notentext ein, treffe ich die Aussage, dass beispielsweise die verwendeten Dinge und die mit ihnen verbundenen Ereignisse ihre Existenz im veröffentlichten Werktext hätten. Sowohl die Mundharmonika als auch der Zettel existieren aber ungebunden vom Werk, von notenbezogenen Texten und von der Dauer einer bestimmten Aufführung. Die Verbindung, die zwischen ihnen besteht, ist keine, die qua des Werkes existiert. Sie besteht durch das Ereignis, das (unter anderem) durch die konkrete Verbindung der Gegenstände Mundharmonika, Zettel und notenbezogenem Text zu dem wird, was es ist. Alle drei erschaffen in gleichberechtigter Weise das hier spezifische Musikereignis.

Die beobachteten Dinge, Personen und Handlungen haben darüber hinaus weit mehr Entsprechungen als die auf »Nur ein Traum« bezogene Entsprechung – zumal dieses Werk und seine Geschichte mit einer schier endlosen Vielzahl von Personen und Dingen im Zusammenhang steht. All diese innerhalb des Notentext-Containers abzulegen, erzeugt nicht nur im technischen Sinne Unübersichtlichkeit und würde den Code überladen. Sie wäre auch ontologisch inkonsistent, da Musiknoten und ihr System schließlich keine allgemeingültige Schaltzentrale für musikbezogene Handlungen darstellen. Zudem bilden diese Entitäten im musikbezogenen Sinne mehr als werkbeschreibende Metadaten, womit sie hier im Sinne einer Anreicherung allenfalls als Verweis, nicht aber als Codierung wahrgenommener Wirklichkeiten fungieren können. Im vorliegenden Beispiel sind es die Beziehungen zwischen Werktext, Person und Ding, die *gemeinsam* ein Ereignis und damit Musik erschaffen. Musik als Ereignis kann also nicht in den Dimensionen und entlang des Verlaufs festgehalten werden, wie sie Notensysteme wiedergeben. Der hier vorgesehene Inhalt einer Edition korreliert dementsprechend nicht mit den Zielen und Strukturen von Notencodierungssystemen wie MEI.[88]

Für das vorliegende Ziel ist besser nach dem Beispiel von Normdatenbanken zu verfahren, wie beispielsweise die bereits erwähnte GND Personendaten in einer hierauf spezialisierten Datenbank verzeichnet, wodurch aus einem beliebigen System heraus auf sie verwiesen werden kann. Gleiches muss für alle Objekte des Ereignens gelten – doch der Ort, an dem sich diese Verweise wie Bausteine sammeln und zum Abbild des musikbezogenen Ereignisses benutzt werden können, muss noch definiert werden.[89] Es muss also die musikbezogene Ebene des Ereignisses und ihre Genese zum einen genauer definiert und zum anderen die Möglichkeit zum Festhalten von Beziehungen zwischen allen relevanten Entitäten geschaffen werden, um die hier angesprochenen Teile musikbezogener Wirklichkeiten einem editorischen Kontext zuzuführen. Denn für eine adäquate Codierung, zum Beispiel eines Dings wie der Mundharmonika, ist eine Vielzahl elementarer Informationen nötig: Was ist das Ding, welche Namen hat es bekommen, wie wurde es wann zu welchen Personen in Beziehung gestellt, wann und wo wurde es in welcher Funktion wahrgenommen etc. All diese Informationen werden letzten Endes entscheidend sein für die mehrdimensionalen Bilder, die mit wahrgenommenen Wirklichkeiten gezeichnet werden. Ich komme hierauf in Kapitel 4 zurück.

Das Experiment verdeutlicht auch: Der notenbezogene Inhalt ist das, was bei dem erwähnten Konzert *genutzt* wurde, er *ist* nicht das Ereignis. Die erklungene, auf logischem Inhalt basierende Musik ist in das wahrgenommene Ereignis eingebettet und dieses besitzt seine ganz eigenen Strukturen. Musik ist in diesem Zusammenhang mehr als ihr logischer Inhalt. Auch dieses Verhältnis wird durch die Ausarbeitungen in Kapitel 4 noch präzisiert. Musik ist – so zeigt es dieser Versuch strukturell – ein Beziehungsgeflecht: Der Notentext »Nur ein Traum« gehört zu einer Aufführung, die Aufführung gehört zur Geschichte des Werkes und zur Geschichte aller potenziell zu erlebenden Aufführungen Westernhagens sowie der übrigen Beteiligten (auf, vor und hinter der Bühne) und steht in Relation zu Aufführungen anderer Künstler*innen, wobei die in meiner Beobachtung im

88 Von allen Verfahren bietet MEI zwar die breitesten Möglichkeiten zur kritischen musikwissenschaftlichen Notenedition und stellt eine wichtige Referenz etwa in Bezug auf seine Komplexität dar, doch es versteht sich schon laut Selbstbeschreibung als »system for encoding musical documents« mittels eines »core set of rules for recording physical and intellectual characteristics of music notation documents«. (*Music Encoding Initiative* (Web). Vgl. Kepper, *Musikedition.*)

89 Zur dahingehenden Grundlage von *musiconn.performance* siehe S. 142 ff.

Zentrum stehende Mundharmonika zwar für dieses Werk benutzt wurde, zuvor aber auch für andere Werke benutzt worden sein kann.

All dies formt hier Musik. Diesen Ebenen muss im technischen Sinne einerseits unterschiedlich begegnet werden, sie müssen andererseits aber auch vereint werden und sollten idealerweise auch als solch eine Einheit im Code gelesen werden können. Notwendig ist also eine Schaltzentrale, die unterschiedliche Wirklichkeitsbereiche verbindet. Es wurde zudem die Notwendigkeit einer ontologischen Basis betont, um die hier relevanten Entitäten und ihre möglichen Beziehungen zu identifizieren. Eine Musikedition wahrgenommener Ereignisse muss also Entitäten und Beziehungen enthalten, die auch dem *System* des Ereignisses folgen. Werkdaten mit Informationen anzureichern, die über den Notentext hinaus weisen, macht unter dem dargelegten Ziel zwar additiven Sinn, doch muss hierfür eine Schaltzentrale geschaffen werden, die Berührungspunkte mit Noten-Informationen verorten und festhalten *kann*, diese jedoch nicht als strukturellen Ausgangspunkt betrachtet. In erster Linie muss diese Zentrale eine Vielzahl von Entitäten erfassen und Beziehungen zwischen ihnen erlauben, ohne Informationen an die Existenz eines Notentextes zu binden. Dieses System wird ebenfalls in Kapitel 4 ergründet.

Die hier vorgeschlagene Idee, über Musikedition als Edition wahrgenommener Wirklichkeiten nachzudenken, offenbart also zunächst die Erkenntnis, dass die technische Schaltzentrale von Musikedition Entitäten des Ereignisses zusammenführen, sie ›verschalten‹ muss. Diese folgen jedoch je eigenen Grundsystemen. Um genauer zu erkennen, welche dies sind und welche Anforderungen sie stellen, werde ich ergründen, wie Musik – als wahrgenommene Wirklichkeit betrachtet – aufgebaut ist, welche Entitäten hier zu finden sind und welche Bedeutungen diesen zugeschrieben werden. Für den hier eröffneten Gedanken der Musikedition genügt es also nicht, das Bestehende zu erweitern. Das gesuchte Grundsystem, das das hier vertretene Verständnis von Musik widerspiegelt, muss zuvor ontologisch erschlossen werden.

Für die Betonung und Bestätigung dieser Absicht hätte es nun kein Experiment gebraucht, doch der theoretische Versuch der Code-Anreicherung hat einen klaren Zweck: Es hat Klarheit über die strukturbedingte Differenz der Repräsentation wahrgenommener Wirklichkeiten sowie über deren Vielfalt geschaffen. Damit ist deutlich, dass für deren digitale musikwissenschaftliche Edition grundsätzlich andere Systeme nötig sein werden, als sie für die Darstellung des logischen Inhalts symbolschriftlich geprägter, notenbezogene Wirklichkeiten darstellender Systeme beziehungsweise in irgendeiner Form schriftlich fixierter Korpora relevant sind. Dennoch wird die Verknüpfung mit vorhandenen Standards wie MEI eine essenzielle Voraussetzung für zu schaffende Systeme sein.

2.2.4 Digitale Notenedition. Autor*innen- und Werkbezug

Bevor die Ergründung von Musik unter editorischen Gesichtspunkten fortgeführt wird, werfe ich unter den zuvor besprochenen Aspekten einen resümierenden Blick auf die Zielsetzung aktueller digitaler musikwissenschaftlicher Editionspraxis.[90] Dieses Resümee dient dazu, Klarheit zu bekommen über die Stelle, an der sich die vorliegende Zielsetzung in die Editionspraxis einreiht. Deren ›Schaltzentrale‹ ist – wie zuvor beschrieben – der notenzeichenbezogene Code, dessen logischer Bezugspunkt Werktexte sind. Die diesem Code zugrunde liegende Systematik beinhaltet eine Flexibilität im Umgang mit notenbezogenen Informationen, die dabei helfen konnte, mittels Möglichkeiten der Referenzierung und Darstellung sowie mit der tiefen Erschließung von Textschichten das Primat der festen Werkgestalt zu überwinden.[91] In diesem Kontext stellen bereits Andreas Münzmay und Christine Siegert – allerdings aus der Sicht des Werkes – das Primat der editorischen Relevanz von Noten infrage und betonen es als lohnenswert, die Perspektive des kulturwissenschaftlichen Handelns für editorische Konzepte fruchtbar zu machen.[92] Dies ist für das Vorliegende ein entscheidender Anschlusspunkt, denn die Technik digitaler Notenedition erlaubt es, *multiple* Zustände eines Gegenstandes zugänglich zu machen. Damit ist eine Voraussetzung erfüllt, die bereits innerhalb des Editionswesens zur Schärfung des kulturwissenschaftlich fußenden Blickes auf die Variantenhaftigkeit von Texten sowie auf die Integration ›nicht-musikalischer‹ Aspekte beigetragen hat.[93] Hiermit hat die digitale Notenedition zur Überwindung der Vorstellung von dem *einen* Werk *einer* Gestalt verholfen, sieht hier vielmehr Textzustände und hat alternative

[90] Die Ausrichtung und Tendenzen digitaler musikwissenschaftlicher Edition resümieren auch Acquavella-Rauch, »(Musik)Edition« sowie Veit, »Ungeahnte Metamorphosen?«

[91] Entwicklungen, wie die des Converter Framework »Meico« untermauern etwa, wie vielfältig in diesem Kontext die MEI-XML-bezogenen Anwendungsmöglichkeiten und die nötigen Anschlussstellen innerhalb des MIR sind. (Vgl. Berndt/Waloschek/Hadjakos, »Meico«.)

[92] Vgl. Münzmay/Siegert, »Phonographischer Text«, S. 12, 15.

[93] Vgl. auch Emans/Krämer [Hrsg.], *Musikeditionen*, S. X, Münzmay/Siegert, »Phonographischer Text«, S. 14 f., Appel/Emans, »Einführung«, S. 11, Acquavella-Rauch, »(Musik)Edition« sowie Veit, »Ungeahnte Metamorphosen?« Zur »Vielfalt des möglichen Sinnes« von Texten vgl. einführend auch Krois, »Kultur«, S. 115.

Sichten auf den Editionsgegenstand befördert.[94] Die Dynamik der Darstellung, die Trennung zwischen Text und Dokument sowie eine von Johannes Kepper und Laurent Pugin 2017 als Positionsbestimmung beschriebene »Veränderung im Verhältnis zwischen Editor und Benutzer«[95] sind daher wesentliche Stichworte digitaler Notenedition.[96] Zu deren Merkmalen, die Johannes Kepper, Solveig Schreiter und Joachim Veit an anderer Stelle aufzeigen, gehöre somit nicht die Mündung

> »in einen statischen Text, der allen Erkenntnisinteressen zugleich gerecht zu werden versucht, sondern [digitale Edition] zeichnet sich durch das Zusammenspiel verschiedener, je spezifischer Perspektiven aus, die vom Benutzer frei kombiniert werden können und so immer neue Blicke auf und Erkenntnisse über das edierte Material erlauben.«[97]

Dadurch würden die Techniken, wie weiterhin Kepper und Pugin zeigen, auch den Fragen-Horizont erweitern und sie würden neue narrative Möglichkeiten im Sinne von Lesepfaden bieten.[98] Diese Perspektive des *neuen Blickes* auf sowie die Erkenntnis über das edierte Material wird im Vorliegenden zum Vorbild genommen und weitergeführt, jedoch vorrangig mit Bezug auf die Auswahl des Editionsgegenstands und auf den zu edierenden Ausschnitt der realen Welt.

Die Vorteile digitaler Notenedition haben nun einen bestimmten Bezugspunkt: Als spezialisierendes System innerhalb einer lange gewachsenen Tradition, die sich auf die Erarbeitung von Notentexten fokussiert, ist Edition auch im digitalen

94 Das Edieren von Werken entwickelte sich in diesem Kontext vermehrt in die Richtung der »Präsentation der varianten Formen, in denen musikalischer Text vorliegt.« (Veit, »›Editionstechniker?‹«, S. 33.) »Es gibt nicht mehr das Postulat des einen richtigen Textes, der den Unterschied zu anderen Ausgaben des gleichen Werkes darstellt« – resümieren Kepper u. a. (Kepper/Schreiter/Veit, »*Freischütz*«, S. 140.) Und: Text wird längst als Summe bezeugter Textzustände begriffen, womit neben dem edierten Text die detailgetreue Eruierung der Textentwicklung dargelegt wird. (Veit, »Autorisierte Verfälschung?«, S. 137.)

95 Kepper/Pugin, »Was ist«, S. 3.

96 In diesem Zusammenhang steht auch ein nun mögliches co-aktives Arbeiten und die Notwendigkeit der Gestaltung virtueller Forschungsumgebungen. (Vgl. Keil, »Gestaltung«.)

97 Kepper/Schreiter/Veit, »*Freischütz*«, S. 137.

98 Kepper/Pugin, »Was ist«, 10 f.

Kontext meisterwerkbezogenes Denken und Arbeiten.[99] Die Orientierung *an* sowie eine angestrebte Legitimation *gegenüber* traditionellen gedruckten Editionen spiegelt sich etwa in laufenden Projekten wider. Ob Beethoven,[100] Bruckner,[101] Mozart,[102] Sarti,[103] Weber[104] oder Zimmermann[105]: Die Zielsetzungen und die untersuchten Aspekte dieser zentralen Projekte digitaler Musikedition sind unterschiedlich, folgen aber der Prämisse des meisterlichen Schaffens und zielen auf dessen Aufarbeitung auf der Basis von schriftlichem (teils ergänzt durch auditives) Quellenmaterial ab und nutzen dafür Systeme, die das Notenmaterial beziehungsweise dessen Code als Schaltzentrale betrachten.[106]

In diesem Sinne gingen das *OPERA*-[107] und *Pasticcio*-Projekt[108] Wege, die sich vom traditionellen Ziel musikwissenschaftlicher Edition lösten, indem Opern abseits des Kanons beziehungsweise Werke mit multiplen Autorschaften in den Blick genommen wurden. Von diesen geht ein auch im Vorliegenden greifender, nicht zu unterschätzender Wert für musikwissenschaftliches Arbeiten aus. Doch für alle Ansätze gilt: Die in Werk- oder Skizzengestalt, meist gedruckte, an die Buch- oder allgemeiner an die Papier- und an eine Notationsform gebundene Information ist der Bezugspunkt des Codes und des musikeditorischen Arbeitens.[109] Noten-Edition und -Codierung verfolgen keine Einteilung ihrer Gegenstände nach Tätigkeiten. Erst-Schreibung, Rasur, Korrektur, Streichung – wie sie vom Projekt *Beethovens Werkstatt* codiert werden – verweisen auf noten-

99 Bereits das richtungsweisende *Edirom*-Projekt verortete sich demzufolge explizit »schon von seiner Namensgebung her deutlicher in der Tradition der deutschsprachigen Gesamtausgaben«. (Veit, »Digitale Musikedition«, S. 50.)

100 *Beethovens Werkstatt* (Web) sowie Ratmann, »Beethoven«.

101 *Digitale Musikanalyse* (Web).

102 *Digitale Mozart-Edition* (Web).

103 *Sarti-Edition* (Web). Das Projekt fokussiert einen multiplen Werk- und Autorbegriff. (Vgl. Albrecht-Hohmaier, »Eine Chance«.)

104 *Freischütz Digital* (Web) und *Carl Maria von Weber Gesamtausgabe* (Web).

105 *Bernd Alois Zimmermann-Gesamtausgabe* (Web).

106 In der Reihe der ›großen Namen‹ ist etwa auch *Bach digital* zu nennen, das jedoch als Projekt zur Entwicklung eines digitalen Rechercheinstruments die Erstellung einer Komponistendatenbank intendiert. Vgl. *Bach digital* (Web) sowie Hausmann, »*Bach digital*«.

107 *OPERA* (Web).

108 *Pasticcio* (Web).

109 Sinnbildlich hierfür ist auch die von Klaus Rettinghaus angekündigte »Vermessung der (musikalischen) Welt«, ein Vorhaben, das anhand einer Vielzahl digitalisierter Notendokumente »sehr präzise Aussagen über Größen und Größenverhältnisse einzelner Symbole« treffen möchte. (Rettinghaus, »Die Vermessung«, S. 1.)

bezogene Tätigkeiten, deren *Ergebnisse* oder Handlungs*anweisung* so zwar ediert sind.[110] Der Faktor des Ereignisses, das nicht aus verbalen oder notierten Texten *resultiert,* ist der editorischen Diskussion jedoch noch zu ergänzen.[111] MEI-XML bietet zwar beispielsweise die Möglichkeit, Schriftfarbe oder Schreiberhände im Code an musikbezogenen Zeichen zu verankern, doch das konkrete, mit diesem farbigen Zeichen verbundene, benutzte lebensweltliche Ding, die damit im Zusammenhang stehende Handlung und ihr kulturgeschichtlicher Kontext – also wahrgenommene Wirklichkeiten – sind dort, wie gesehen, in Bezug auf vorhandene Elemente des Codes nicht von Belang und finden keinen konsistenten Platz in der Hierarchie des Codes. Somit ging auch der Versuch fehl, einen Mundharmonika-Wurf in dieses System zu integrieren.

Letztendlich hat digitale Notenedition die bekannten Prinzipien verstärkt. Vergangene Wirklichkeiten werden mit digitalen Editionsmethoden zwar punktuell tiefer erschlossen, aber eben in Bezug auf notenbasierten Text. Hieraus dürfen jedoch keine Schranken für das musikwissenschaftliche Edieren entstehen, indem der editorische Fokus unter der Ägide digitaler Möglichkeiten am Noten-Zentrum verharrt. Sobald aber Musik – sei es auch aus der Sicht von Werktexten – aus einem weiten Winkel betrachtet und beispielsweise durch phonografische Grundlagen und interpretatorische Aspekte ergänzt wird,[112] birgt die Innovation dieses Gedankens eine große Herausforderung: Das Werk, ihm zugrunde liegende Texte und Überlieferungsformen beinhalten, wie in Kapitel 1.1 am Beispiel *Freischütz* sowie den *as-sung-by*-Ausgaben gezeigt, bereits mehr, als es in einem Notationssystem zu fassen wäre – nämlich Ereignisse, wie sie hier zur Vorlage dienen.

Sind ›neue‹ Medien und digitale Techniken also letzten Endes Förderer klassischer Zielsetzungen? So gesehen ist digitale Edition, wie ich es mit Rebecca Grotjahn bereits gezeigt habe, als »Übergangsdiskurs«[113] zu betrachten, in dem »das Werk und mit ihm verbundene Gattungsfragen im Zentrum der Aufmerksam-

110 Zudem ist die im Vorliegenden relevante Ebene des Ereignisses in der für philologische Zielsetzungen wesentlichen Diskussion um den musikbezogenen Text im Sinne des Verhältnisses von Text, Notenschrift, Ausführung/Vollzug und Interpretation durchaus präsent. Sie begegnet dort vorherrschend im Kontext der Frage nach dem Textuellen innerhalb von Aspekten des Klangwerdens. (Vgl. etwa die Diskussionen des GfM-Kongresses von 1993 in Danuser/Plebuch [Hrsg.], *Musik.*) Damit wird jedoch nicht die *Durchführung* mit all ihren hier fokussierten Bedingungen und Aspekten adressiert.

111 Siehe Kapitel 3.3, S. 99 ff.

112 Vgl. Münzmay/Siegert, »Phonographischer Text«, Iffland/Grotjahn, »Musik«.

113 Grotjahn/Iffland, »Digitale Musikedition«, S. 387.

keit«[114] bleiben. Will dies editionsphilologisch überwunden werden, müssen das Werk und dazugehörige Texte als expliziter Bezugspunkt bei der Entwicklung von Methoden relativiert werden.[115] Hierzu muss jedoch erst ein musikeditorischer Raum geschaffen werden, der es ermöglicht, musikeditorische Zusammenhänge ohne Bezug zu einem Notentext zu verorten und abzubilden.[116]

Wie die Möglichkeiten der granularen Wissensspeicherung im editorischen Sinne über den Notenbezug hinaus genutzt und grafisch umgesetzt werden können, wie die editorische Realität – durch welche stets spezifische *Abbilder* von Wirklichkeiten dargestellt werden – ereignisbezogen erweitert werden kann, muss also erprobt werden.[117] Wahrgenommene Wirklichkeiten digital edierbar zu machen, benötigt zunächst einen grundsätzlich anderen Fokus. Meine initiierende Frage nach dem ›wirklichen‹ *Freischütz* lässt sich auf Basis bestehender Ansätze also nur unzureichend beantworten und eine dementsprechende Wirklichkeit lässt sich nicht abbilden.

Vom bestehenden digitalen Editionswesen befürchtet Christiane Wiesenfeldt 2018 in der sechsteiligen Folge »Digital Humanities« der *Frankfurter Allgemeine*, dass es »ihren Gegenstand zugunsten der opportunistischen Anpassung an interdisziplinäre Methoden«[118] verleugnen würde. Sie hofft, dass es mit digitaler Hilfe wieder an seine philologische Ausrichtung und »an quantifizierende Kernkompetenzen des Faches Musikwissenschaft, nunmehr aus seinen Gründerzeiten des neunzehnten Jahrhunderts«[119] anknüpfen könne. Doch dass der Mehrwert des Digitalen aus mehr als aus dem Rückgriff auf gründerzeitliche Tendenzen besteht, möchte ich im Folgenden weiter betonen. Ohne den Sinn traditioneller Editionsprinzipien marginalisieren zu wollen: Das Weiterdenken mit digitalen Mitteln erschöpft sich nicht in der Suche nach *noch* mehr Werken großer Meister, die in immer *höherer* Qualität geordnet und analysiert werden können. Der traditionelle Gegenstand sowie Forschungsblicke, die sich durch

114 Grotjahn/Iffland, »Digitale Musikedition«, S. 387.

115 Bei Frans Wierings für die digitale Notenedition richtungsweisendem »Multidimensional Model« von 2009 stand dies noch im Fokus. (Vgl. Wiering, »Digital Critical Editions«.)

116 Digitale Partituren, wie etwa das »Dynamic Score Rendering« von *Freischütz Digital* (*Freischütz Digital* (Web), Demos, Dynamic Score), bieten diesen Raum natürlich nicht automatisch qua ihrer Digitalität, sondern sie visualisieren das in der Codierung abgelegte Wissen gemäß dessen Struktur. Zur Bearbeitung und Visualisierung ereignisbezogener Zusammenhänge außerhalb der Notenedition siehe Kap. 3.4, S. 107 f.

117 Siehe zur Notenwendigkeit auch Kap. 4.2.2.1, S. 130 mit Anm. 77.

118 Wiesenfeldt, »Zu viele Noten?«

119 Ebd.

fundiertes Aufgreifen interdisziplinärer Methoden ergeben, müssen vielmehr als Einheit betrachtet werden, die der gemeinsamen Aufarbeitung vergangener Wirklichkeiten mit Bezug auf *unterschiedliche* Weltausschnitte zugewandt ist.

Dem Editionswesen darf hierbei insofern nicht Unrecht getan werden, als in ihm nichts gesucht oder erwartet werden kann, das von ihm gar nicht intendiert wird. Einer auf notenbezogene Texte ausgerichteten Praxis kann eine Edition nicht-notenbezogener Aspekte kein Ziel sein. Ihr domänen-übergreifendes Arbeiten bezieht sich auf die überliefernden Quellen sowie auf Werke und Skizzen. Berechtigtes Ziel war und ist die schriftbezogene Wiedergabe geistiger Produkte. Die Absicht wäre also deplatziert, wahrgenommenen Wirklichkeiten mittels der Notenedition als Technik zu begegnen oder sie innerhalb von Noteneditionen erkennen zu wollen. Man würde dann dort Wirklichkeiten erkennen wollen, die Editionen qua ihrer Prinzipien und Techniken nicht fokussieren und auch gar nicht abbilden können. Die musikwissenschaftliche Edition ist letztlich ein Spiegel werkbezogener Wirklichkeiten bestimmter Personen – Personen, meist Komponist*innen selbst, die als autorisierend in Bezug auf bestimmte Textzustände anerkannt werden. Dass sich innerhalb einer Überlieferungsgeschichte Prozesse widerspiegeln können, die auf eine weiter gefasste Wirklichkeit untersuchter Texte sowie der untersuchten Quellen verweisen können, ist *dort* somit nicht von Relevanz.

2.2.5 Digitale Edition populärer Musik als inspirierende Herausforderung

Zusätzliches Ziel der vorliegenden Arbeit ist es, das editorische Denken auch jenen »Musiken« (und allgemeiner den Betrachtungsweisen von Musik) zu öffnen, die nicht dem werkhistorischen Paradigma folgen oder deren Wesen von musikbezogenen Ereignissen geprägt und nur schwer über Notentexte darstellbar ist. Ich möchte dabei ergründen, ob eine historische Wirklichkeit umfassend im *editorischen* Sinne erschlossen werden kann – *eingeschlossen* einer Anbindung notenbezogener Dokumente und ihrer vielfältigen Spezifika als *Teil* vergangener Wirklichkeiten. Dabei werden hier Werktexte und Ereignisse bewusst nicht getrennt voneinander gedacht, um von vornherein der Tatsache zu begegnen, dass sich jegliche Musik sowie alle für sie relevanten Entitäten in ein und derselben Welt befinden. Jeder Kontext hat sein Spezifisches, dem auch editorisch zu begegnen ist. Ich folge mit dieser Zielsetzung Michele Calella, der im Kontext der historischen Musikwissenschaft verdeutlicht:

> »Die Stärkung eines (kultur)theoretischen Bewusstseins soll in der Tat nicht zu einer Abwendung von den traditionellen Forschungsaufgaben wie der philologischen Quellenerschließung und der Analyse, sondern eher zu einer flankierenden, kritischen Diskussion über die Praktiken des fachspezifischen Wissenschaftsbetriebs dienen.«[120]

Daher untersuche ich, ob Techniken digitaler Edition eine Basis dafür sein können, Musik in ihrer Gesamtheit zu betrachten, sie innerhalb *eines* Überbaus festzuhalten und aufzuarbeiten, um jeden musikbezogenen Kontext zu umfassen. Dazu sollen den aktuell übergeordneten Kategorien von Autor*in und Werk, die genealogisch schriftgeschaffen sind und denen historisch einmal die Kategorie des Handelns vorausging, weiter gefasste Kategorien zur Seite gestellt werden. Die Ergebnisse des Handelns – Ereignisse – sollen also wieder als Berührungspunkt zwischen ›Musiken‹ betrachtet werden.

Um dies hier zu veranschaulichen, habe ich mit dem exemplarisch gewählten Phänomen populärer Musik[121] ein Beispiel herangezogen, das zeigt, wie sich der Begriff der Edition für einen bestimmten Bereich der Musikkultur im Nebulösen verlieren kann: Zum einen findet sich dieser Begriff hier allenfalls als Synonym für »Version« oder als Bezeichnung für eine bestimmte Sammlung von Musikstücken und Alben in Form von Werbemaßnahmen (»Gold-Edition«, »Deluxe-Edition« etc.). *Noten*editionen begegnen aufgrund der Quellenlage und aufgrund urheberrechtlicher Restriktionen lediglich in Form kommerzieller Songbooks mit bestimmter musikpraktischer Zielsetzung oder werden vereinzelt von Künstler*innen selbst erstellt.[122] Wissenschaftlich-kritische Editionen begegnen hier nicht, womit die Erforschung populärer Musik innerhalb der Musikwissenschaft ihre Grenzen hat, die das ausschließen, was eigentlich einen großen Bereich der Forschung bestimmt.[123]

Zum anderen sind die im Vorliegenden anvisierten Zusammenhänge aber zentral bei der Untersuchung popularmusikalischer Phänomene.[124] Populäre

120 Calella, »Das Neue«, S. 106.

121 Zur vielfältigen Auseinandersetzung mit dem Begriff vgl. allgemein Maase, *Populärkulturforschung* sowie Appen, »Populäre Musik«, Seifert, *Popmusik*, S. 51 ff. und Hemming, *Methoden*, S. 503 ff.

122 Vgl. dazu das Beispiel der Sängerin Björk, beschrieben bei Grotjahn/Iffland, »Digitale Musikedition«, S. 392.

123 Zur Notwendigkeit von Editionen populärer Musik und dem damit verbundenen Kunstparadigma als Voraussetzung vgl. allgemein ebd.

124 Vgl. zu Performance und Erlebnis etwa Kries, »Das Popmusikalische« und Stederoth, »Sound« sowie zum Performativen Hemming, *Methoden*, S. 505 ff.

Musik weniger über Genres zu definieren, sondern als »soziale Konstruktion zu verstehen«[125], wie etwa Robert Seifert resümiert, stellt an Musikeditionen eben jene in der vorliegenden Arbeit genannten und noch nicht gelösten Herausforderungen. Hier wird deutlich – wie etwa am vorliegenden Beispiel der oft praxisbetonten, gar praxeologisch definierten Rockmusik –,[126] wie musikbezogener Inhalt, musikbezogenes Handeln und gesellschaftliche sowie ethnologische und soziologische Zusammenhänge konstitutiv sind für das, was als Gesamtkomplex »Musik« begegnet.[127]

Dass als Werk wahrgenommene Entitäten von diesem Phänomen nicht unberührt sind, können ein paar kurze Beispiele zeigen: In meiner Studie zum Gesang Marius Müller-Westernhagens, die am Beispiel seiner *distorted voice* verdeutlicht, wie Genre, Habitus, Image und Gesangstechnik zusammenhängen, wird etwa deutlich, welche Anforderungen die breite Untersuchung (nicht nur) populärer Musik mit sich bringt, selbst wenn Songs und ihre werkimmanenten Aspekte dargestellt werden.[128] Weiterhin sei aus dem Beispiel des eingangs beschriebenen Konzertes auf den zum Abschluss gespielten Song »Freiheit« hingewiesen.[129] In Bezug auf Inhalt und Rezeption ist er beispielsweise unter dem gesellschaftlichen Kontext der Wiedervereinigung Deutschlands sowie im Zusammenhang mit seiner Tradition innerhalb von Konzerten Westernhagens zu sehen, bei welchen dieser nahezu zum Pflichtprogramm der Zugaben gehört. Zudem findet der Song als Adaption Niederschlag in einem gleichnamigen Album des deutschen Rappers *Curse* aus dem Jahr 2008 und verweist damit auf eine popularmusikalische Praxis.[130] Für die musikbezogene Reproduktion mögen solche Aspekte zweitrangig sein, für die Aufarbeitung der Genese eines Werkes sowie für die Bedeutung des Phänomens populärer Musik ist unter anderem das, was sich während der Darbietung in Rezeptions- oder Produktionszusammenhängen *ereignet,* jedoch zentral – und kann wiederum entscheidend sein für die Genese weiterer Werke.

Ein plakatives Beispiel für die Bedeutung des Geschehens im werkbezogenen Kontext aus der Neuen Musik wäre etwa John Cages *4'33*. Dieses wäre unter einem wesentlich vielfältigeren und mehrdimensionalen Blick edierbar, wenn

125 Seifert, *Popmusik*, S. 52. Vgl. ebd., S. 99 ff., 138 ff.

126 Vgl. Wicke, »Rockmusik«, Kohaupt, *Rockmusik*, S. 97 ff. sowie Moore/Martin, *Rock*.

127 Vgl. in diesem Kontext zu den Dimensionen populärer Musik überblicksartig Pfleiderer, »Populäre Musik«, ders., »Making History«, Feige, »Über das Wesen« oder Borscheid, *The American Way*.

128 Iffland, »›... wie das so 'n richtiger Mann‹«.

129 Siehe die dichte Beschreibung, S. 12.

130 Vgl. Rossacher, *Zwischen den Zeilen* (DVD), Kapitel »Curse«.

jenseits von Notenzeichen das, was während der Aufführung passiert, in den Noten aber nicht geschrieben steht, in diesem Fall jedoch letztendlich das Werk formt, editorisch berücksichtigt werden kann. Gerade hier scheinen Editionskontexte Erkenntnis zu versprechen, sobald sie das referenzieren, was geschieht und sobald sie editorisch zeigen können, wie einzig durch ereignisbezogene Elemente das Stück *4'33* beispielsweise als »Metal-Cover«[131] wahrgenommen werden kann.

Ich möchte dem noch ein kleines Beispiel aus der bildenden Kunst zur Seite stellen: Bilder des Fotokünstlers Masashi Hattori, die er selbst als »3D Trick Art«[132] bezeichnet, nutzen Wand und Boden als Leinwand und sind nur aus einem bestimmten Winkel betrachtet »richtig« zu erkennen. Betrachtet man sie aus einem beliebigen Winkel, erscheinen sie perspektivisch nicht korrekt. Zudem sehen die Bilder es vor, dass Betrachter*innen zum Teil des Kunstwerkes werden. Sie können sich auf beziehungsweise vor das Bild stellen und so Freiräume des Bildes füllen und sich dabei fotografieren lassen. Erst dadurch – durch die Betrachtung aus einem bestimmten Winkel sowie durch das Verschmelzen mit den gezeichneten Motiven – wird das Bild (immer wieder neu) als komplett wahrgenommen. Ohne nun in die Rezeptionsästhetik einzusteigen, lässt sich Ähnliches für musikbezogene Werke (letztendlich für Werke allgemein) konstatieren. Erst dadurch, dass sie in bestimmter Art und Weise wahrgenommen werden und ihnen so ein spezifischer Sinn gegeben werden kann, und erst dadurch, dass Künstler*innen oder Wahrnehmende ›Teil‹ von Kunstwerken, Teil des werkbezogenen Textes werden, sind sie komplett. Zuweilen kann es also notwendig sein, aus werkbezogener Sicht individuell wahrgenommene Ereignisse in die Edition von Texten zu integrieren.

Die Tatsache, dass die Aufmerksamkeit innerhalb der Popularmusikkultur vor allem auf ausführenden Künstler*innen liegt,[133] dürfte einer Edition eigentlich nicht im Wege stehen. Doch abgesehen von rechtlichen Faktoren sowie dem Stichwort der Deskriptivität, scheint gerade durch die für populäre Musik herausragende Bedeutung des Ereignisses die historisch-kritische Edition unmöglich. Hierbei wird auch deutlich, dass nicht alleine der Kanon ausschlaggebend für die Entwicklung einer Editionstradition ist. Wäre alleine die einer

131 DeadTerritory, *John Cage* (Stream).

132 *Mindways* (Web).

133 Die besondere Rolle der Individualität von Musiker*innen als Werkschaffende und innerhalb eines historischen Prozesses Handelnde beleuchtet Daniel Martin Feige in seiner *Philosophie des Jazz* im Kontext des Verhältnisses von Werk, Partitur und Performance. (Vgl. Feige, *Philosophie*, S. 84, 90.)

kulturellen Praxis beigemessene Bedeutung als »Kunst« entscheidend, müsste Jazz[134] oder Popmusik, deren Beachtung mittlerweile Anleihen bei ›klassischer‹ Genieästhetik macht,[135] längst Editionstraditionen entwickelt haben. Für den Bereich der elektroakustischen Musik betont Markus Erbe »[n]eben dem Fehlen eines verbindlichen, musikwissenschaftlich gewachsenen Begriffsapparats« den »augenscheinliche[n] Mangel schriftlicher Notate [...] [als] Kernproblem der analytischen Auseinandersetzung mit elektroakustischer Musik.«[136] Dabei ist, wie Erbe ebenfalls betont, im editorischen sowie analytischen Sinne auch der Wert »der morphologischen Beschaffenheit eines mikrophonierten Klanges bis zu den spektralen Metamorphosen der Ausgangsmaterialien«[137] zwar von großer Bedeutung, stellt aber editorische Probleme und Herausforderungen dar. Er erinnert in dieser Folge an den US-amerikanischen Musikwissenschaftler Charles Seeger, der 1958 auf editorisch motivierte Probleme bezogen »die Angemessenheit der mitteleuropäischen Notenschrift als primäres Aufzeichnungsmedium fundamental in Zweifel«[138] zog, so Erbe. Seeger macht dabei klar:

> »Three hazards are inherent in our practices of writing music. The first lies in an assumption that the full auditory parameter of music is or can be represented by a partial visual parameter, i.e. by one with only two dimensions, as upon a flat surface. The second lies in ignoring the historical lag of music-writing behind speech-writing [...]. The third lies in our having failed to distinguish between prescriptive and descriptive uses of music-writing, which is to say, between a blue-print of how a specific piece of music shall be made to sound and a report of how a specific performance of it actually did sound.«[139]

Seegers alte und auf die Notenschrift bezogene, aber nicht minder wesentliche Warnungen können an dieser Stelle bereits als Grundlage der in Kapitel 4 dargelegten Gedanken dienen: Die Zweidimensionalität des Druckes kann nicht

134 Laut Grover Sales »America's Classical Music«. (Sales, *Jazz.*)

135 Vgl. Grotjahn/Iffland, »Digitale Musikedition«, S. 380.

136 Erbe, *Klänge*, S. 1. Erbe erinnert daran, dass durch elektroakustisch gestützte oder motivierte Schaffensprozesse »infolge der auditiven Unmittelbarkeit [...] eine Niederschrift des Werkes zweitrangig geworden war.« (Ebd.)

137 Ebd.

138 Ebd., S. 2.

139 Seeger, »Prescriptive and Descriptive«, S. 184. Vgl. zu den Herausforderungen im Umgang mit Notation auch Schmid, »Schrift« sowie ders., *Notationskunde.*

sämtliche Parameter von Musik und ihrer Semantik editorisch zufriedenstellend wiedergeben. Für den Ereignisbezug gilt dies in besonderem Maße.

Um solche Aufgaben und Zielsetzungen in Editionskontexten zu berücksichtigen, sind Blickwinkel und Voraussetzungen nötig, die in der *digitalen* Edition zu finden sein könnten. Ob und wie dies in konzeptioneller Weise umgesetzt werden kann und welche Erkenntnisse dieses Experiment bereithält, soll hier also durchdacht werden – nicht zuletzt, um Daniel Martin Feige zu folgen, der ein nicht minder grundlegendes Prinzip von Musik formuliert: »Das Kunstwerk sagt als dasjenige, das es ist, uns etwas über uns als diejenigen, die wir sind.«[140] Mit dieser Zielsetzung könnte auch der Untersuchung »historisch-anthropologische[r] Mediengeschichte der Musik«[141] begegnet werden, wie sie Rebecca Grotjahn identifiziert und dafür eine »alltagsgeschichtliche Philologie«[142] fordert, um das Handeln von Menschen explizit in ihren *verschiedenen* medialen Erscheinungsformen zu untersuchen.

Damit kehre ich zurück zu meinen Initial-Gedanken. Das Besondere an der beschriebenen Codierungsarbeit ist, dass Informationen unterschiedlicher Quellen, also auch unterschiedlicher Schreiber*innen und damit unterschiedlicher Handlungsmomente und -kontexte in vielschichtiger Weise an einem zentralen Ort – im bisherigen Fall über die »Schnittstelle« des Notenmaterials – im Code miteinander in Beziehung gesetzt und in ihrer Auswertung mehr oder weniger gleichzeitig betrachtet werden können. Diese explizit digitale editorische Möglichkeit initiierte die Frage, ob diese Flexibilität nicht auch das Codieren und Edieren, das kritische Referenzieren und Kollationieren wahrgenommener Wirklichkeiten möglich macht. Die Möglichkeit, Elemente zu erfassen, ohne dass sie einen festen, zu druckenden Text grafisch unübersichtlich werden lassen, rückt den Gedanken an die Edition des Wahrgenommenen überhaupt erst in greifbare Nähe.

Das Codieren geschieht jedoch nach Maßgabe des durch den Code und seinen Regeln erlaubten Systems von Elementen und Beziehungen. Eine Edition des Stückes »Nur ein Traum« wäre natürlich – rechtliche Fragen außer Acht gelassen – ohne die eingangs geschilderten Ereignisse möglich.[143] Sie kann theoretisch erstellt und jederzeit durch Aufführungs-Varianten erweitert werden. Doch wie gesehen, enthalten auch werkbezogene Quellen Informationen über mit ihnen verbundene Ereignisse und Dinge (wie den Wurf einer Mundharmonika), die

140 Feige, *Philosophie*, S. 129.
141 Grotjahn, »Notationskunde«, S. 340.
142 Dies., »Alltag«, S. 440 f. Siehe dazu auch Kap. 1.1, S. 35.
143 Vgl. Iffland/Grotjahn, »Musik«.

konsequenterweise zu berücksichtigen sind. Mit einer Vielzahl ereignisbezogener Informationen in Editionen gewännen verschiedene Forschungsblicke an Erkenntnis, wahrgenommene Wirklichkeiten könnten Einzug in das editorische Denken finden – und damit auch Editionsgegenstände, die keiner rechtlichen Beschränkung unterliegen. Auf die editorische Darstellung einer Wahrnehmung des Mundharmonika-Wurfes, die nicht dessen filmische und werk- beziehungsweise notentextbezogene Repräsentation intendiert, sondern auf wahrgenommene Entitäten verweist, gibt es schließlich keinen urheberrechtlichen Schutz.

Und eben diese Vielschichtigkeit ist das, was das Arbeiten im Sinne der Digital Humanities ausmachen würde. Wieso die Digital Humanities gerade hierdurch besonders charakterisiert sind, werde ich im folgenden Kapitel darlegen, um daraufhin das Feld der wahrgenommenen Wirklichkeiten ontologisch zu präzisieren.

3 Text. Musikwissenschaft und Digital Humanities

Das Feld der *Digital Humanities* stellt im Vorliegenden ein Bindeglied zwischen musikwissenschaftlicher Edition und ereignisbezogener Betrachtungsweise von Wirklichkeiten dar.[1] Es hilft – schon durch die Ausführungen im vorangegangen Kapitel – in entscheidendem Maße dabei, zum einen das hier zur Disposition gestellte Primat notenschriftlich fixierter Musik als Editionsgegenstand zu überwinden. Zum anderen hilft es dabei, der Herangehensweise an die Erforschung des ereignisbezogenen Gegenstandes »Musik« und dessen textueller Basis Klarheit zu verschaffen. Um darzulegen, wie die Digital Humanities das vorliegende Vorhaben stützen – und umgekehrt, um im Folgenden Arbeitsweisen der Digital Humanities in musikwissenschaftlichen Zusammenhängen zu erproben –, beleuchte ich zunächst, welche Sicht- und Vorgehensweisen hinter diesem Begriff stecken. Ich frage, welche Verbindung zwischen Digitalität und Kulturwissenschaften besteht und beleuchte, welchen Textbegriff ich in diesem Zusammenhang dem kulturwissenschaftlich geprägten editorischen Denken zugrunde lege.

3.1 Humanities: Die kulturwissenschaftliche Perspektive

Der Begriff der *Humanities* – das auf die fachliche Substanz bezogene Nomen des hier betrachteten Feldes – bezieht sich als Forschungsprogramm des englischen Sprachraums auf die Gegenstände und Arbeitsweisen, wie sie bei den Kulturwissenschaften und ihrer interdisziplinären Methodik ihre Entsprechung finden. Die Humanities fragen nach den Bedeutungen von kulturellem Leben.[2] Somit

1 Zur Geschichte der sukzessive in Organisationen gebündelten sowie in Lehrstühlen manifestierten Digital Humanities vgl. etwa Burdick u. a., *Digital Humanities*, S. 8 ff., Hockey, »The History«, McCarty, »Humanities Computing«, Ressel, *Basiswissen*, S. 4 ff., Thaller, »Geschichte« und Vanhoutte, »The Gates«.

2 Die Kulturwissenschaften selbst befinden sich im Spannungsfeld der ungelösten Frage, ob sie »im Sinne einer einheitlichen Disziplin institutionalisiert, oder ob sie in der Pluralität teils traditioneller, teils neuer Fachwissenschaften betrieben werden sollen.« (Jaeger u. a., »Vorwort«, S. VII.) Zur Neuorientierung des Faches vgl. auch Assmann, *Einführung*, S. 5.

sind es die kulturwissenschaftlichen *Fächer*[3], die hier den Forschungsgegenstand bereitstellen, und dieser wiederum bestimmt im Zusammenhang mit der Art des Fragens das jeweilige Forschungsprogramm,[4] also das, was Forschung im strukturellen und technischen Sinne zu leisten hat. Es ist also zunächst zu klären, was im Sinne der Kulturwissenschaften überhaupt untersucht wird, welcher Gegenstand erforscht, ediert und somit digitalisiert werden soll.

Kultur (und somit auch Musik) zeichnet sich durch das Denken und Handeln von menschlichen Individuen aus. Damit untersuchen die Kulturwissenschaften, wie Andreas Reckwitz es formuliert, das, was in »Form einer ›symbolischen Organisation der Wirklichkeit‹ den notwendigen handlungskonstitutiven Hintergrund aller sozialen Praktiken«[5] bereitstellt. Kultur wird, um Peter Burkes Beschreibung der Kulturgeschichte zu folgen, in ihrem breiten »Spektrum an Artefakten […] und Praktiken«[6] untersucht. Daher sind die Kulturwissenschaften – vor allem in ihrer Unterscheidung zum Arbeiten der Geisteswissenschaften – interdisziplinär erkenntnistheoretisch arbeitend.[7] »[U]nterstellen die Geisteswissenschaften eher ein Einheitsmodell des einen menschlichen Geistes«, so Doris Bachmann-Medick, richten die Kulturwissenschaften

> »die Aufmerksamkeit verstärkt auf Materialität, Medialität und Tätigkeitsformen des Kulturellen, um genauer zu erkennen, wie und in welchen Prozessen und kulturspezifischen Ausprägungen Geistiges und Kulturelles in einer jeweiligen Gesellschaft überhaupt produziert werden.«[8]

3 Im weitesten Sinne Anthropologie, Film-, Geschichts-, Kunst-, Literatur-, Medien-, Musik-, Sport-, Sprach- und Theaterwissenschaft.

4 Zur Bezeichnung als »Forschungsprogramm« vgl. Reckwitz, »Die Kontingenzperspektive«.

5 Ebd., S. 7.

6 Burke, *Was ist*, S. 46.

7 Vgl. Bachmann-Medick, *Cultural Turns*, S. 12 sowie Unseld, »Die Kulturwissenschaften«, S. 267. Dementsprechend seien sie laut Melanie Unseld in ihrem genuin erkenntnistheoretischen Arbeiten »*über, in und zwischen den Disziplinen* zu verorten«. (Ebd. [Herv. i. O.] Vgl. ebd., S. 268.) Zur Entwicklung der Musikwissenschaft als Kulturwissenschaft vgl. etwa Schlüter, »Musikwissenschaft«.

8 Bachmann-Medick, *Cultural Turns*, S. 9. Zur Kulturgeschichte vgl. auch Burke, *Was ist* sowie Grotjahn, *Studien*. Zur Diskussion der Musikwissenschaft als Kulturwissenschaft vgl. Janz, *Zur Genealogie*, S. 21 f.

Materialität, Medialität sowie Tätigkeitsformen und Prozesse aller Kulturbereiche – und damit Bausteine wahrgenommener Wirklichkeiten – stellen also die Gegenstände dar, die es zu untersuchen gilt.

Mit der Untersuchung eben dieser Aspekte visiere ich im Speziellen die Untersuchung *musikalischer Lebenswelten* an. Im musikbezogenen Sinne rekurriere ich mit dieser Bezeichnung den Begriff der *historischen Lebenswelt* Rudolf Vierhaus' und bezeichne damit im Einklang mit dem zuvor erörterten Wirklichkeitsverständnis die von Individuen als ihre Realität wahrgenommene und gestaltete musikbezogene Wirklichkeit.[9] Dies bezieht sich hier im Sinne der historischen Anthropologie auf die Untersuchung subjektiver Wahrnehmungen und objektiver Strukturen.[10] Im vorliegenden Beispiel sind dies die von einer Gesellschaft des 20./21. Jahrhunderts geschaffene Rock-Konzert-Situation mit allen daran beteiligten Elementen sowie die damit verbundenen Verhaltens- und Wahrnehmungsweisen.

Diese Sicht auf musikalische Lebenswelten kann nun noch genauer spezifiziert werden, indem Kultur als deren Inhalt semiotisch verstanden wird, zumal das vorliegende Ziel der *Edition* ja genuin auf die Dokumentation und die Untersuchung von Zeichen und Bedeutungen abzielt. Wie der Ethnologe Clifford Geertz beschreibt, kann Kultur als ein vom Menschen geschaffenes, zeichenbezogenes Bedeutungsgewebe aufgefasst werden, das, um es zu verstehen, interpretiert werden muss.[11] Die Erkenntnis ist dabei, so Geertz, auf die »nicht augenfälligen Bedeutungen von Dingen«[12] bezogen, wobei es gilt, die im vergänglichen Verhalten, die im Vorgang des sozialen Handelns liegende »Vielfalt komplexer [...] Vorstellungsstrukturen«[13] untersuchter Individuen zu beschreiben. Kultur, die man als ein öffentliches Dokument aus bekannten Bedeutungen und unbeschränkten, keiner Vorlage folgenden Ideen verstehen könne,[14] sei somit immer ein Kontext, der aus dem erwähnten Bedeutungsgewebe und all seinen Komponenten besteht.[15]

9 Vgl. Vierhaus, »Die Rekonstruktion«, S. 13 sowie Habermas/Minkmar, »Einleitung«, S. 9. Zur Kulturgeschichte und dem Begriff der musikalischen Lebenswelt vgl. auch Iffland, *Rein in den Alltag*, S. 13 ff.

10 Vgl. Habermas/Minkmar, »Einleitung«, S. 10.

11 Geertz, *Dichte Beschreibung*, S. 9–12. Vgl. dazu Schiffauer, »Der cultural turn«, S. 504. Zur Kultursemiotik vgl. auch Krois, »Kultur«.

12 Geertz, *Dichte Beschreibung*, S. 37.

13 Ebd., S. 15.

14 Ebd., S. 16.

15 Vgl. ebd., S. 21.

Auf dieser kulturwissenschaftlich geprägten Grundlage der Untersuchung musikalischer Lebenswelten baut meine Aufarbeitung wahrgenommener Wirklichkeiten auf und die damit gegebene Spezifizierung verdeutlicht zugleich die im Vorliegenden zu lösende Herausforderung: Sie besteht darin, das von Geertz beschriebene öffentliche Dokument, also erkannte Bedeutungen sowie die im Verhalten liegenden und von einer Gesellschaft verstandenen Codes und ihre strukturellen Abhängigkeiten – wahrgenommene Wirklichkeiten – im Sinne der Kulturwissenschaften beschreibend zu verstehen und hierfür einen editorischen Komplex zu formen.[16] Für diesen Komplex suche ich nun eine konzeptionelle Basis, um meine dichte Beschreibung mit digitalen, der Edition entlehnten Mitteln aufzuarbeiten. Das anvisierte Ziel kann als *dichte Beschreibung mit digitalen Mitteln* verstanden werden. Ziel ist es, das öffentliche Dokument der Kultur und die in ihm benutzten kulturellen Zeichen und deren wahrgenommene Bedeutungen durch die Methoden der Digital Humanities lesbar zu machen. Hiermit komme ich also zur Verbindung von Humanities und *Digitalität.*

3.2 *Digital* Humanities: Erkenntnistheoretisches Potenzial einer kulturwissenschaftlichen Arbeitsweise

Die Notwendigkeit, die bei der hier fokussierten Umsetzung einer dichten Beschreibung mit digitalen Mitteln besteht – Natürlichsprachliches in Formalsprachliches zu übertragen –, verbindet kulturwissenschaftliche Sicht- und Herangehensweisen mit digitalen Methoden. Die *Digital* Humanitites[17] – um mich dem Adjektiv des Begriffes zuzuwenden – werden innerhalb der Kulturwissenschaften explizit als Teil neuer Impulse wahrgenommen, die der Erforschung des Kulturel-

16 Demzufolge lässt sich ein Ziel formulieren, wie es Andreas Reckwitz für das kulturwissenschaftliche Forschungsprogramm aufstellt. Dieses »zielt darauf ab, die impliziten, in der Regel nicht bewussten symbolischen Ordnungen, kulturellen Codes und Sinnhorizonte zu explizieren, die in unterschiedlichsten menschlichen Praktiken – verschiedener Zeiten und Räume – zum Ausdruck kommen und diese ermöglichen.« (Reckwitz, »Die Kontingenzperspektive«, S. 2.)

17 Zu Beginn des digitalen Arbeitens wurde mit dem Begriff des »Humanities Computing« oder der »Computerphilologie« eine hermeneutische Zielsetzung zum Ausdruck gebracht. 2004 visierte es der von Schreibman u. a. eingeführte Begriff der *Digital Humanities* an, die neue multimediale Vielfalt des Arbeitens darzustellen. (Vanhoutte, »The Gates«, S. 144.) Vgl. allgemein Schreibman/Siemens/Unsworth [Hrsg.], *A New Companion*, Baum/Stäcker, »Die Digital Humanities«, Jannidis/Kohle/Rehbein [Hrsg.], *Digital Humanities* sowie Edmond [Hrsg.], *Digital Technology*. Eine Zusammenfassung aus musikwissenschaftlicher Sicht gibt Stadler, »Musikwissenschaft«.

len entgegenkommen.[18] Das interdisziplinäre Arbeiten der Kulturwissenschaften und digitales Arbeiten finden hier zusammen. In diesem Sinne fassen Burdick u. a. die Digital Humanities wie folgt zusammen:

> »*Digital_Humanities* adopts a different view: It envisages the present era as one of exceptional promise for the renewal of humanistic scholarship and sets out to demonstrate the contributions of contemporary humanities scholarship to new modes of knowledge formation enabled by networked, digital environments.«[19]

Mit dem Ziel der Bildung vernetzter, digitaler Umgebungen geht es jedoch nicht darum, die Aufgaben des physischen Arbeitens auf digitale Werkzeuge und Oberflächen zu übertragen oder einfach Werkzeuge für die digitale Untersuchung wahrgenommener Wirklichkeiten an die Hand zu bekommen. Um zu verdeutlichen, wie die Arbeitsweise der Digital Humanitites mit dem vorliegenden Kontext verknüpft ist und wo hier Zielsetzung und Nutzen liegen können, blicke ich zunächst auf den Punkt der Quantität – ein Punkt, der mit Sicht auf das digitale Arbeiten besonders populär ist.

Die Frage, woraus angewandte Digitalität bestehen kann und was sie basierend auf mathematisch operierenden Computersystemen im ›uneindeutigen‹ Feld der Humanities bietet, lässt sich allzu schnell mit einem Verweis auf den quantifizierenden Service-Faktor digitaler Techniken beantworten. So sind die Möglichkeiten der Datensammlung und des vereinfachten Vergleichens großer Datenmengen – also das Erstellen von Big Data – innerhalb der Digital Humanities ein Feld, dem bevorzugter Nutzen zugesprochen wird.

Die damit verbundene Anhäufung großer Datenmengen geht mit Warnungen einher, denn was sich als Möglichkeit bietet, hat gesellschaftliche Auswirkungen, die nicht zu vernachlässigen sind. Das Vermessen, Berechnen und Vergleichen ist mit Unterstützung digitaler Techniken zu einem prägenden Teil unserer Kultur geworden. Der Soziologe Steffen Mau macht aus soziologischer Sicht auf dieses Phänomen aufmerksam und betont, inwiefern durch technische Möglichkeiten gesellschaftliche Prozesse und Verhaltensweisen beeinflusst werden

18 Vgl. Assmann, *Einführung*, S. 5. Jörg Wettlaufer betont hierzu im historischen Kontext die »hermeneutische Reichweite von digitalen Methoden in der Geschichtswissenschaft«, deren Existenz »die Möglichkeit [bereitstellt], mit digitalen Methoden ein besseres Textverständnis zu erzielen, als dies ohne diese Methoden möglich wäre.« (Wettlaufer, »Neue Erkenntnisse«, o.P.)

19 Burdick u. a., *Digital Humanities*, S. 7. [Herv. i. O.]

können – ihm zufolge ein Ergebnis des nicht kritisch hinterfragten Annehmens der »Omnimetrie«, was er als »Kult des Allesmessens«[20] bezeichnet.[21]

Diese Warnung vor veränderten Vorstellungen von Wert und Status sowie eine daraus hervorgehende gesellschaftliche Hierarchisierung darf nicht unberücksichtigt bleiben, wenn kulturwissenschaftliche Zusammenhänge der Vergangenheit und der Gegenwart mittels umfassender Datensammlung und unter der Zielsetzung einer scheinbar leicht zu erreichenden Objektivität untersucht werden.[22] »[B]islang Unvergleichbares [wird] miteinander vergleichbar gemacht und in ein hierarchisches Verhältnis gebracht«[23], so noch einmal Mau in Bezug auf das Phänomen der Omnimetrie. Diesen Kult des Allesmessens auch im Sinne quantitativer und qualitativer Forschung der Sozialwissenschaften, auf deren digitales Arbeiten ich im Folgenden einen Seitenblick werfe,[24] nicht blind auf kulturwissenschaftliche Arbeitsweisen zu übertragen, muss jedem ernsthaften Forschungsvorhaben gewahr sein. Es sollte nicht etwas neues Messbares gesucht werden, weil es nun durch Technik messbar ist, sondern die Fragen an den Gegenstand geben vor, ob es etwas zu messen gibt.[25]

Es scheint nicht unbedeutend, diese verschiedentlich ausgesprochene Warnung hier zu wiederholen, um das quantitative Sammeln von Daten zwar als einen wertvollen, nicht aber als den *hauptsächlichen* Vorteil digitalen Arbeitens zu proklamieren, zumal sich die von mir anvisierte Untersuchung wahrgenommener Wirklichkeiten mit Zusammenhängen beschäftigt, die kaum formalisierbar

20 Mau, *Das metrische Wir*, S. 21. Das Phänomen der Selbstvermessung untersucht beispielsweise Frommeld, *Die Personenwaage*. Auch der Historiker Wolfgang Schmale macht deutlich, es setze sich »der religiös anmutende Glaube durch, alles sei berechenbar und durch intelligente Algorithmen in Muster auflösbar, die uns die Unsicherheit der noch nicht gewussten Zukunft nehmen und in Voraussehbarkeit und Planbarkeit transformieren.« (Schmale, »Einleitung«, S. 13.)

21 Vgl. dazu auch die Digitalkritik bei Precht, *Jäger* sowie Welzer, *Die smarte Diktatur*.

22 Vgl. zu den veränderten Vorstellungen Mau, *Das metrische Wir*, S. 16 f.

23 Ebd., S. 17 f.

24 Siehe Kap. 3.4, S. 107 ff.

25 Zur Auseinandersetzung mit dem Messen als Arbeitsinstrument der Interpretationsforschung vgl. die Beiträge in Loesch/Weinzierl [Hrsg.], *Gemessene Interpretation*. Mit diesem Feld verbindet sich dort etwa die Hoffnung, »zu ermessen, inwieweit die Wiedergabe auf Tonträger überhaupt dem entspricht, wie es ›wirklich gewesen ist‹.« (Dies., »Vorwort«, S. VII.) Es werden also »einige Hoffnungen in die Entwicklung computergestützter Verfahren zur Interpretations- und Klanganalyse gesetzt.« (Ebd.) Mit den noch folgenden Ausführungen wird deutlich, dass der mit diesen Ergebnissen verbundene Mehrwert für kulturwissenschaftliches Arbeiten stets kritisch hinterfragt werden sollte.

scheinen und nicht abstrakten Regelmäßigkeiten folgen. Eine Warnungsakzidenz von Jörg Wettlaufer unterstreicht dies im kulturwissenschaftlichen Sinne der Erforschung von Semantik:

> »Man wird nicht leugnen können, dass Bedeutung zugewiesen wird[,] und zwar von Historikern, also Menschen. Die Bedeutung besteht nur und ist abhängig von der menschlichen Existenz, eingebettet in die ganze Komplexität des Seienden. Wie soll dergleichen aber mittels Variablen und in Daten erfassbar sein?«[26]

Auch der Historiker Wolfgang Schmale warnt vor einem allzu datenfixierten Umgang mit den Inhalten der Disziplin. Eine »einseitige Fokussierung auf Big Data, Quantifizierung und Statistik«[27] würde den kulturwissenschaftlichen Grundlagen historischen Arbeitens nicht gerecht, denn »die kritische und unentbehrliche Funktion der subjektiven Welterkennung, die ja keine willkürliche Erkenntnis ist«, dürfe nicht geleugnet und sämtliche Erkenntnisse nicht »auf eine maschinenlesbare Verarmung reduziert«[28] werden.[29] Die Wirkungsmächtigkeit, wie sie digitalen Methoden und Werkzeugen im Sinne von Big Data als zusätzlichen Gewinn bringende Folge zugesprochen werden kann, setzt also ein Höchstmaß an Vorsicht im Umgang mit Daten und den ihnen zugrunde liegenden Modellen voraus, will man bei deren Auswertung keine automatisierten Fehlschlüsse und inhaltliche Verarmung riskieren.[30] Diese Feststellung, die hier nicht in einer definierten Aufgabe mündet, sollte jeder Erarbeitung kulturwissenschaftlicher Grundlagen eines Datenmodells als fortwährende Prüfungs- und Validierungsfrage gelten.

Ein konkretes Beispiel aus musikwissenschaftlicher Sicht gibt Andreas Münzmay, der sich mit dem »Lesen und Schreiben im digitalen Dickicht« beschäftigt. Er weist im Rahmen des digitalen kulturwissenschaftlichen Arbeitens auf Fallen hin, wie sie sich beim Deuten des Gemessenen ergeben können. In Bezug auf das Erstellen von Digitalisaten enttarnt er in vier Thesen Uneindeutigkeiten, welche allzu schnell und ohne besondere Nachlässigkeit entstehen können. Er berichtet

26 Wettlaufer, »Neue Erkenntnisse«, o.P.

27 Schmale, »Einleitung«, S. 13.

28 Ebd.

29 Für die Untersuchung humaner Gesellschaften sei »die Fähigkeit zur subjektiven Welterfassung und Welterklärung […] essentiell, jedenfalls, solange wir noch nicht zu Robotern geworden sind.« (Ebd., S. 12.)

30 Zum Thema der Daten und der in ihnen liegenden ›Wirklichkeit‹ siehe auch Kap. 5.1, S. 179.

dazu von einer optisch bedingten Falle, die bei Digitalisaten zum Tragen kommen kann, wenn die physische Größe im Vergleich zweier digital abgebildeter Quellen am Bildschirm nicht ad hoc erkennbar ist und demzufolge eine Fehlannahme bezüglich der Größe zu Fehlschlüssen hinsichtlich der ursprünglichen Nutzung und damit der digitalisierten Bedeutung der Quelle führt.[31] Seine Warnung trotz aller gewinnbringenden Innovation: Dass

> »die in der Digitalisate-Welt noch auf so breiter Front übliche [...] Unschärfe das so interessante, artenreiche digitale Dickicht zur amorphen Masse werden lässt, irreführende Fährten legt, und das Einzelne in Unkenntlichkeit verschwimmen lässt.«[32]

Gemessenes, ob in großem oder kleinem Umfang, muss adäquat gedeutet werden; was sicht- und vergleichbar geworden ist, muss kulturwissenschaftlich eingeordnet werden. Dabei dürfen Möglichkeiten erkenntnistheoretischer Wandlungen nicht in den Hintergrund geraten. Die Zielsetzung der Digital Humanities endet also nicht bei dem Schlagwort der Digitalität sowie bei ihrer Servicefunktion und verschwindet nicht hinter den Eigenschaften der Schärfe und der Quantität des Betrachteten. Den Digital Humanities gilt es – um Willard McCarty zu folgen – anhand kulturwissenschaftlicher Forschungsgegenstände in erster Linie zu fragen

> »*how* our insight is sharpened and imaginations empowered to gain genuinely ›new liberties of action‹ from computing, and how these liberties may be used in refurbishing the humanities for an electronic age.«[33]

Im Potenzial der Digital Humanities liegen dabei nicht nur neue Freiheiten des Agierens, sondern auch neue Freiheiten des Denkens begründet. Das daraus erwachsende Erkenntnispotenzial kann sich eben auch aus strukturellen Überlegungen ergeben, so wie sie hier durchgeführt werden.

Bei der Frage nach der Genese, der Aufgabe und der Zielsetzung des Arbeitens der Digital Humanities stehen diese vom Beginn ihrer Etablierung an im Spannungsfeld einiger ›Entweder-oder‹: Sind sie den Geisteswissenschaften oder der Informatik zuzuordnen, handelt es sich um ein Werkzeug oder um eine Methode, sind sie überhaupt eine autonome wissenschaftliche Disziplin oder ein

31 Münzmay, »Lesen«, S. 239 ff. Zur Materialität in diesem Kontext vgl. auch Sydney, »Digital Materiality«.

32 Münzmay, »Lesen«, S. 246.

33 McCarty, »Humanities Computing«, S. 1224. [Herv. i. O.]

Instrumentarium, sind sie, wie Thaller fragt, bloß »die Summe aller Versuche, die Informationstechniken auf den Gegenstandsbereich der Geisteswissenschaften anzuwenden«?[34] Wie Baum und Stäcker verdeutlichen, ist es zudem kein leichtes Unterfangen, die Grenzen der Digital Humanities auszumachen: »Die Breite des Forschungsfeldes bestimmt dabei seinen Reichtum, macht es aber gleichzeitig schwierig, ihre Konturen genau zu erkennen.«[35]

Im Vorliegenden ist es ausreichend und zugleich notwendig, auf die interdisziplinäre Arbeitsweise der Digital Humanities hinzuweisen. Edward Vanhoutte, der sie als »the practice of using computing *for* and *in* the humanities«[36] beschreibt, kommt bei der Erarbeitung von deren Geschichte zu folgendem Fazit:

> »For the moment, we know that Digital Humanities tries to model the world around us through success and failure in order to arrive at a better understanding of what we know and don't know about humankind, their activities, artefacts, and record. And this can maybe serve as a definition of the field.«[37]

Per Definition findet sich also die experimentelle Untersuchung von Materialität, Medialität und Prozessen der uns umgebenden Lebenswelt innerhalb der Diskussion um die Ausrichtung der Digital Humanities wieder. In seiner Charakterisierung dieses digitalen Arbeitens betont Vanhoutte zudem eine wichtige Zweigleisigkeit: den instrumentellen Nutzen der Computertechnologie *für* die Humanities sowie die bedeutungsgenerierenden Aktivitäten der Digital Humanities selbst.[38] Diese zweigleisigen Aufgaben, welche Willard McCarty als »interdiscipline«[39]

34 Thaller, »Digital Humanities«, S. 13. Vgl. zu diesen breit diskutierten Fragen der bis dato nicht abgeschlossenen Selbstdefinition auch Piotrowski, *Ain't No Way*, Baum/Stäcker, »Die Digital Humanities«, Viehhauser, »Digital Humanities«, Evans/Rees, »An Interpretation«, S. 29 ff., Kirschenbaum, »What is«, Jannidis/Kohle/Rehbein, »Warum ein Lehrbuch«, Nyhan/Flinn, *Computation*, S. 6 ff., Rockwell, »Is Humanities Computing«, Schreibman/Siemens/Unsworth, »Preface«, S. XVII sowie Vanhoutte, »The Gates«, S. 136. Eine Sammlung von 817 Definitionen aus der Zeit von 2009 bis 2014 bietet etwa die Website *What Is* (Web) von Jason Heppler.

35 Baum/Stäcker, »Die Digital Humanities«, o. P.

36 Vanhoutte, »The Gates«, S. 120. [Herv. i. O.]

37 Ebd., S. 147.

38 Ebd., S. 120 mit Anm. 5.

39 McCarty, *Humanities computing*, o. P. Vgl. Baum/Stäcker, »Die Digital Humanities« sowie Sahle, »Digital Humanities?«

beschreibt, folgen im Wesentlichen einem Konsens, den er auch als Doppelrolle bezeichnet:

> »The agency that sees to this import/export trade is humanities computing in its dual role as collegial service to the disciplines and as research enterprise directed to investigate their evolving methodologies, devise new computational approaches, study the effects, and tease out the implications.«[40]

Daran angeschlossen, muss der Vorteil des digitalen Arbeitens also in der Möglichkeit gesehen werden, die Erfassung und Abbildung der mit traditionellen Mitteln schwerer zu fassenden Dimensionen in das *Denken* integrieren zu können und die Folgen dieser Möglichkeiten zu reflektieren. Es geht also um die Entwicklung von Methodologien und Theorien, die sich von den gewohnten Formen der Aufarbeitung lösen und Artefakte und Praktiken in den Blick nehmen.[41] Hier findet sich die vorliegende Frage nach der explizit digitalen Edition musikbezogener Ereignisse wieder, denn durch sie wird untersucht, was es bedeutet, nicht alleine den *bekannten* Textkörper zu edieren *und* durch sie wird gefragt, welche Erkenntnis die Integration des Ereignis-Gegenstandes offenbart. Ohne derartige Fragen zu stellen, bliebe es bei der Beschränkung, Digital Humanities als Hilfswissenschaft zu nutzen.

Der Anspruch und die Erwartungen an das musikwissenschaftliche Arbeiten innerhalb der Digital Humanities müssen somit präzisiert werden. Es ist festzu-

40 McCarty, »Humanities Computing«, S. 1224. Vgl. ders., »Becoming Interdisciplinary«. Julianne Nyhan und Andrew Flinn sehen das Feld als Schnittpunkt: »[I]t takes place at the intersection of computing and cultural heritage.« (Nyhan/Flinn, *Computation*, S. 1.) Patrick Sahle wiederum, der die Digital Humanities als »Drei-Sphären-Modell« der »›eigenen Disziplin‹, der ›digital transformierten Disziplinen‹ (z. B. Computerlinguistik) und der ›traditionellen Fächer mit digitalen Anteilen‹« (Sahle, »Digital Humanities?«, o. P.) vorstellt, bezeichnet sie dort als »Brückenfach«: »*Zum einen betreffen sie Fragen, die für viele Fächer gleichermaßen gelten; zum anderen betreffen sie Fragen, die von den benachbarten Fächern nicht behandelt werden, weil sie aus ihrer Sicht zu speziell sind oder Kompetenzen erfordern, die in den Fächern nicht enthalten sind.*« (Ebd. [Herv. i. O.])

41 Zur Rolle der Aufarbeitung von Artefakten und Praktiken, vgl. auch Nyhan/Flinn, *Computation*, S. 1 sowie S. 88 in diesem Kapitel. Auf die Vorteile des Arbeitens der Digital Humanities als Verbindung aus Inhalt, Werkzeugen und Methoden sowie auf die Praxis und Ausdehnung der Digital Humanities im Kontext angewandter Methodologien weisen auch Hughes, Constantopoulus und Dallas hin. (Hughes/Constantopoulos/Dallas, »Digital Methods«, S. 152, 167.)

halten, *dass* die subjektive Welterkennung, so wie sie im Zusammenhang mit der dichten Beschreibung eine Rolle spielt, auch im Fokus des digitalen Arbeitens steht und es ist gleichsam zu untersuchen, wie die fokussierte Erkenntnis aufgearbeitet werden kann. Die erwähnte Möglichkeit, dass mit der Digitalisierung Gefahren einhergehen, muss hierfür kein Hindernis sein. Ziel der Digital Humanities – die fächerübergreifend und nicht zuletzt daher explizit methodenneutral[42] sind – ist es nicht, uneingeschränkt messbare Eindeutigkeit der Forschungsgegenstände vorauszusetzen. Die im Digitalen möglichen Dimensionen und Eindeutigkeiten dürfen nicht vorgaukeln, dass die mit ihnen dargestellten Welten universal seien und historische Wirklichkeiten mit digitalen Werkzeugen ›richtiger‹, zweifelsfrei und in jedem Fall umfassender darzustellen seien als dies mit physischen Mitteln bisher möglich war. (Dies setzen auch die hier folgenden Überlegungen voraus.) Sie können aber qua der von ihnen geforderten Denkweise dabei helfen, das Netz der Versionen wahrgenommener Wirklichkeiten in Form von Bedeutungsebenen – als wahrgenommene wie auch als beispielsweise notentextbasierte historische Wirklichkeit – vielschichtig abzubilden und somit überhaupt nach abzubildenden und zu rekonstruierenden Wirklichkeiten und den ihnen zugrunde liegenden Strukturen zu fragen.

Diese Zielsetzung verbindet sich hier mit der strukturellen Untersuchung der These, dass Musik ein Ereignis innerhalb musikalischer Lebenswelten ist. Die Frage, ob Wirklichkeiten – also äußerst versionsreiche, weil grundsätzlich multiple Gegenstände – digital fassbar sind und was man bei dem Versuch, sie zu fassen, über sie erfährt, ist dabei grundsätzlichste Funktion digitaler Kulturwissenschaften im Sinne ihrer fachlichen Bedeutung. Digital Humanities besitzen somit für das kulturwissenschaftliche Arbeiten Bedeutung im Sinne der Eröffnung wissenschaftstheoretischer Fragen.

Auch wenn das Digitale im Kontext der Digital Humanities als der »gamechanging«[43] Faktor gelten kann, darf das Stichwort der Humanities nicht als Füllwort und bloßes Abgrenzungskriterium gegenüber den Naturwissenschaften fungieren und das Stichwort des Digitalen, das die Zugehörigkeit von Computer und Informatik repräsentiert,[44] darf nicht zum Hauptschlagwort des Begriffes der Digital Humanities werden. Ihr Benefit ist also insgesamt im methodischen und theoretischen Vorgehen und Reflektieren zu sehen. Diese bilden laut Hugh-

42 Vgl. Thaller, »Digital Humanities«, S. 15.
43 Burdick u. a., *Digital Humanities*, S. 4.
44 Vgl. Jannidis, »Zahlen«, S. 59.

es, Constantopoulus und Dallas »a conceptualization of the process of digital humanities having *content, tools* and *methods* as its core elements.«[45]

Digital Humanities bilden damit einen Schnittpunkt zwischen digitalen Werkzeugen inklusive der dafür nötigen, durch Digitalität möglichen Strukturen und der kulturwissenschaftlichen Betrachtungsweise, der es ermöglicht wird, Entitäten und ihre Verbindungen in neuer Art und Weise zu betrachten. Das Wesen der Digital Humanities ist daher als interdisziplinäre *Arbeits- und Denkweise* zu betrachten, die je fachspezifische Kenntnisse eines oder mehrerer kulturwissenschaftlicher Fächer in Verbindung mit Kenntnissen und Denkweisen der Informatik voraussetzt.[46]

An dieser Stelle knüpft auch die vorliegende Arbeit an und nutzt digitales Denken innerhalb kulturwissenschaftlicher Fragestellungen in erkenntnistheoretischer Sicht – und gibt zugleich an die Digital Humanities die Aufgabe zurück, Erkenntnis-Fragen und Wege sowie Theorie und Methode der Aufarbeitung wahrgenommener Wirklichkeiten zu untersuchen, ihren Arbeitsbereich also weiter über traditionelle Textbegriffe hinaus auszuweiten. So könnte der von Münzmay beschriebene Fehlschluss[47] nicht alleine ein technisches Problem andeuten, sondern eben auch ein strukturelles Problem editorischer Zielsetzung: Den editorisch nicht berücksichtigten Handlungszusammenhang. Die leitende Überlegung nach den Möglichkeiten der Digitalisierung des auf Digitalisaten Sichtbaren verdeckt zunächst die eigentliche Frage, welcher Kontext denn hier zur Edition bereitsteht. Quellen ›existieren‹ nicht einfach, sie werden geschaffen und genutzt. Ediere ich zuerst die Nutzung und das damit im Zusammenhang stehende Handeln, ist solch ein Fehlschluss unwahrscheinlicher. Dieser Kontext sollte dann – wenn bekannt – nicht ausschließlich aus dem Digitalisat oder dem Code gelesen werden müssen, als vielmehr an erster Stelle als Ereigniszusammenhang direkt im

45 Hughes/Constantopoulos/Dallas, »Digital Methods«, S. 152. [Herv. i. O.] »Digital *content* is the raw primary source material of research; digital *tools* enable the interpretation and analysis of this raw material; and expertise in scholarly *methods* – both tried and tested, and emerging – gives the researcher a framework for accomplishing results in the digital workspace.« (Ebd.)

46 Die Absichten des Konsortiums *NFDI4Culture* zeigen dabei die Breite der zu erörternden Fragen, der sich die Entwicklung von digitalen kulturbezogenen Forschungszusammenhängen stellen muss. Diese reichen vom Prozess der Digitalisierung, von Standards und Prozessen, Werkzeugen und Diensten, Bereitstellung und Publikation, Rechte und Datenethik bis zu Expertise und Beratung. (Vgl. *NFDI4Culture* (Web), Letter of Intent.)

47 Siehe dieses Kpaitel, S. 93.

Rahmen der editorischen Arbeit ediert werden und der Frage nach dem Inhalt vorausgehen.

Als verfahrenstheoretische Basis, dichte Beschreibungen mit digitalen Mitteln durchzuführen, zeichnen sich die Digital Humanities in entscheidender Weise durch ihre Funktion als interdisziplinärer Schnittpunkt aus. Das erforderte Zusammenspiel von Informatik und Kulturwissenschaften legt die Grundlage dafür, im Prozess der Codierung eine Beschreibung einer Welt in eine digitale Beschreibung, in einen Code zu übertragen und mittels Werkzeugen auswertbar zu machen. Ich schließe hier an McCarty und seine Auseinandersetzung mit den Digital Humanities an.[48] Das von ihm geforderte kontinuierliche Erkunden und Verfeinern der Frage, was die Digital Humanities sind und leisten,[49] greife ich auf, wobei sie mir im Vorliegenden ein erkenntnistheoretisches Mittel sind, *Musik*edition und den damit verbundenen Musikbegriff zu hinterfragen. Sie sind ein Feld von Möglichkeiten, um die Grundlage unseres Faches, nämlich die Musik, mit weitem Blick zu betrachten und durch digitalisierte Darstellung ihre Bedeutungsebenen zu untersuchen.

Die vorliegende Arbeit soll in diesem Zuge den Wert der Digital Humanities als Arbeitsweise innerhalb der musikwissenschaftlichen Forschung betonen. Weiterhin soll sie helfen, die musikwissenschaftliche Fachkultur in den Digital Humanities einzuordnen sowie die Art des Benefits des digitalen Arbeitens zu untersuchen, der sich zum einen nicht an Werkzeugentwicklung und Datensammlung, zum anderen nicht an den Gegenständen notenschriftbasierten Quellenmaterials erschöpft.

3.3 Der Text kultureller Prozesse als Editionsgrundlage

Die Anwendung der Digital Humanities als *digitale Arbeitsweise* für die editorische Aufarbeitung wahrgenommener Wirklichkeiten bringt nun die Notwendigkeit einer *theoriebezogenen Präzisierung* des untersuchten Gegenstandes mit sich. Ziel ist die Untersuchung nicht objektiv messbarer, sondern subjektiv erwachsender Wirklichkeiten. Im kulturwissenschaftlichen Sinne interessiert neben der Interpretation der Erzählungen und Worte, der Noten und Melodien eben auch die Interpretation der kulturwissenschaftlich-fachkonstitutiven Aspekte der Semantik vergangenen Denkens, Fühlens und Handelns – *Artefakte* und *Prakti-*

48 »What is humanities computing? This, for the humanities, is a question not to be answered but continually to be explored and refined.« (McCarty, »Humanities Computing«, S. 1233.)

49 Vgl. ebd.

ken.[50] Das daran angelehnte Erkenntnispotenzial digitalen Arbeitens stärkt sich zwar durch die Möglichkeit der Anwendung von Close- und Distant-Reading, was das Anlegen von historischer Mikro- und Makroperspektive vereinfacht, doch dies soll im Vorliegenden auf einen vermeintlich nicht per se *lesbaren* Gegenstand angewendet werden. Gerade an dieser Herausforderung, diesen flüchtigen Gegenstand auf Basis der in Kapitel 2.2 dargelegten Prinzipien maschinenlesbar zu beschreiben und zu relationieren, kann durch die Verbindung digitaler Arbeitsweisen und kulturwissenschaftlicher Betrachtungsweise das Entwicklungs- und Erkenntnispotenzial der Digital Humanities ausgeschöpft werden, denn der erforschte Gegenstand muss digital gelesen und geschrieben werden.

Die Aufgabe der Digital Humanities ist die Bereitstellung und Anwendung digitaler Mittel zur Durchdringung kultureller Prozesse – auf der einen Seite mithilfe digitaler Werkzeuge, auf der anderen Seite mithilfe des für Digitalisierung notwendigen Denkens qua der Codierung, die das Nachvollziehen von Entitäten und deren Bedeutungen erfordert.[51] Was ich hier als ›digitales Denken‹ bezeichne, meint Denkweisen, welche die Möglichkeiten und Voraussetzungen digitaler Forschungsmethoden mit einbeziehen, Denkweisen, die jedweden Gegenstand strukturell (auch losgelöst von den medialen Eigenschaften des jeweiligen Mittlers) betrachten.

An dieser Stelle – als Vorstufe zur Entwicklung adäquater Werkzeuge – setze ich hier an. Denn möchte man wahrgenommene Wirklichkeiten kritisch *lesbar* machen – und eben dies ist Sinn von Edition –, muss man sich zunächst mit deren »Zeichen« und »Grammatik« beschäftigen. Dem widme ich mich in Kapitel 4, doch vorausgeht die für einen editorischen Zusammenhang wichtige Identifizierung dessen, was mittels Zeichen den zugrunde liegenden *Text* bildet. Damit soll ›ex ante‹ ein zentraler Mehrwert digitalen Arbeitens ausgenutzt werden: Mit der möglichen und nötigen Granularität der noch zu erzeugenden Daten grundlegendes Verständnis über den untersuchten Gegenstand zu generieren. Digital Humanities lassen als Arbeitsweise hierauf einen konzeptionellen, erweiternden Blick zu.

Das, was durch die digital inspirierte Arbeitsweise von der natürlich-sprachlichen in die formal-sprachliche Welt übertragen wird, was geschrieben und gelesen werden muss, basiert gemeinhin auf einem *Text,* also im Sinne der Wortbedeu-

50 Zu Artefakten und Praktiken siehe Kap. 3.1, S. 88 sowie Kap. 3.2, S. 96. Wie Jörg Wettlaufer für digitale Geschichtswissenschaft postuliert, interessiert dort »die große Erzählung […] ebenso wie die kleinteilige Interpretation eines Wortes in einem Manuskript.« (Wettlaufer, »Neue Erkenntnisse«, o.P.)

51 Vgl. Burdick u. a., *Digital Humanities*, S. 4 ff.

tung auf verwobenen, formal und logisch zusammenhängenden Informationen innerhalb eines Zeichen- und Bedeutungs-Systems.[52] Gleich welcher Art und Genese dieses Zeichensystem ist, es enthält Begriffe und Bedeutungen über die erfasste Welt in codierter Weise. Diese können in digitale Codes übertragen werden und schließlich einen digitalisierten Text bilden. In unserer Kultur liegen derart behandelte Texte vorrangig als Symbol- oder Buchstabenschrift vor und gerade diese gelten als digitalisierbar und als editorisch untersuchbar.

Was im Vorliegenden untersucht wird – ein anhand einer Aufzeichnung wahrgenommenes Ereignis – ließe sich nun zum einen als nicht-textuell und zum anderen als nicht-schriftlich charakterisieren, denn das Phänomen »Ereignis« sowie dessen Wahrnehmung besteht nicht aus noten- oder buchstabenschriftlich lesbaren Zeichen. Hier drängt sich zunächst ein Vergleich zur Filmphilologie oder der kritischen Filmedition auf. Sie hat etwa bewegte Bilder gegebenenfalls mit statisch gedruckten Informationen zu vereinen und behandelt einen greifbaren, verfilmten beziehungsweise explizit zur Verfilmung vorgesehenen und aufbereiteten Text.[53] Doch mit einem solchen haben wir es in der vorliegenden *Wahrnehmung der Aufzeichnung* des Westernhagen-Konzertes als performativen Gegenstand nicht zu tun, denn hier werden zur Edition *nicht* die filmischen Aspekte der Performance oder der Interpretation anvisiert. Es wird nicht eine geplante, durch die Aufzeichnung auszudrückende Idee dokumentiert. Es wird das wahrgenommene performative Denken, Fühlen und Handeln fokussiert, womit ein edierbarer musikbezogener Text also zunächst nicht vorhanden zu sein scheint. Wie ich zuvor dargelegt habe, wird Musik aber, sobald sie Gegenstand von Edition ist, synonym mit einem Textbegriff identifiziert, der einen Notentext und damit ein »schriftlich fixiertes Ideengebilde«[54] betrifft. Sie muss dann symbol- oder buchstabenschriftlich vorliegen.[55]

52 Zur kulturwissenschaftlichen Betrachtung vgl. Krois, »Kultur«. Zur Definition und Begriffsgeschichte vgl. überblicksartig Horstmann, »Text«.

53 Zur Filmphilologie vgl. einführend Bohn, »Filmphilologie«, dies., »Von U-Booten« sowie Kanzog, *Einführung*.

54 Philippi, »Das musikalische Werk«, S. 93. Philippi betont etwa diese synonyme Darstellung von Musik und Notentext. »Text« bezieht sich hier im Werkkontext auf eine Idee, die »entweder in/mit Worten oder nach musikimmanenten Prinzipien konkretisiert ist.« (Ebd.)

55 Vgl. zu dieser Problemstellung auch Münzmay/Siegert, »Phonographischer Text«, S. 10. Wie unterschiedlich Auffassungen von Textualität sein können, zeigt die Zuordnung Manfred Thallers, der in seinen einführenden Betrachtungen zu den Digital Humanities Klänge und Notensätze zu den nicht-textuellen Medien zählt. (Vgl. Thaller, »Digital Humanities«, S. 13.)

Dies habe ich durch die dichte Beschreibung zwar formal gelöst, dennoch sei darauf hingewiesen: Auch unabhängig von der ›Formalität‹ der dichten Beschreibung wären die Eigenschaften, nicht-textuell und nicht-schriftlich zu sein, dem von mir anvisierten Gegenstand des wahrgenommenen Ereignisses zu Unrecht gegeben. Denn das Ereignis besteht zum einen in der Erinnerung von Teilnehmer*innen und zum anderen potenziellerweise in einer medialen Manifestation. Beides macht das Ereignis ›lesbar‹, kommunizierbar.[56] In diesem Zusammenhang kann in Anlehnung an Doris Bachmann-Medicks Betrachtung der Kultur als Text – »based on an understanding of culture as a structure of meanings in which actions are continually being translated into signs«[57] – erweiternd konstatiert werden, dass *wahrgenommene Ereignisse als Text bestehen.* Sie existieren dann in kulturellen Zeichen des Handelns, erkennbar in und kommunizierbar durch Wahrnehmungen von Beobachter*innen.

Das bedeutet: Erkennt, deutet und beschreibt man Objekte[58] (unmittelbar oder wie hier mittelbar anhand einer Aufzeichnung), liegt ein Text vor, bestehend aus verwobenen, formal und logisch zusammenhängenden Informationen innerhalb eines Bedeutungs-Systems. Objekte werden mit anderen Objekten in Beziehung gesetzt und miteinander verwoben. Um an eine Auseinandersetzung DeRoses u. a. mit dem Text-Begriff aus frühen Zeiten der Digitalisierung im Jahr 1990 zu erinnern: »Text *is* an Ordered Hierarchy of Content Objects«[59]. Diese Hierarchie liegt, so kann ergänzt werden, eben nicht nur in schriftlicher Form, sondern auch in nicht manifestierten Texten, also in verstandesmäßiger Verknüpfung von Bedeutungen ohne vorausgesetzte Manifestation vor.

Alles Wahrgenommene entspricht dieser Sichtweise folgend einem Text, unabhängig davon, ob er zur Übermittlung vorgesehen war oder nicht. Die verwobenen Bedeutungen, die das Ereignis innerhalb einer kognitiven und deskriptiv

56 Der Soziologe Stuart Hall stellt hierzu fest: »Zuerst muß das Ereignis zu einer Geschichte werden, bevor es zum *kommunikativen Ereignis* werden kann. [...] Die ›Nachrichtenform‹ ist die notwendige ›Erscheinungsform‹ des Ereignisses in dessen Umwandlung von der Quelle zum Empfänger.« (Hall, »Kodieren«, S. 94. [Herv. i. O.] Siehe hierzu auch meine Einleitung, S. 17 ff.) Zur medialen Manifestation als Text vgl. etwa Münzmay und Siegert, die konstatieren, dass »Tonaufzeichnungen [...] ebenfalls als *Texte* zu betrachten« sind. (Münzmay/Siegert, »Phonographischer Text«, S. 17. [Herv. i. O.])

57 Bachmann-Medick, »Culture«, S. 103. Vgl. auch Krois, »Kultur«, S. 106

58 Personen, Dinge, Werke, Systeme etc.

59 DeRose u. a., »What is«, S. 22. [Herv. i. O.] Die Autor*innen nehmen hier eine der ersten Auseinandersetzungen mit computergestützten Möglichkeiten der Repräsentation von Text vor.

auffassenden Wahrnehmung formen, bilden diesen Text und können in beliebige Schriftform gebracht werden. Würde ich hier also den Begriff der »Nicht-Textualität« anlegen, wäre dies ein Verlegenheitsbegriff, der versucht, einen symbol- oder buchstabenlosen, nicht in erwarteter Weise greif- oder sichtbaren Gegenstand zu charakterisieren. Er beträfe zudem lediglich Elemente samt ihrer Zusammenhänge und Bedeutungen, die unbeobachtet oder unreflektiert sind. Im Ereignis als beobachtetes Denken, Fühlen und Handeln liegen aber Bedeutungen codiert vor, die mit Begriffen belegt werden können und *durch die Wahrnehmung mittels Verstand als Text des Ereignisses erzeugt* werden. Die dichte Beschreibung (nicht aber die audiovisuelle Aufzeichnung) ist dabei eine mögliche Manifestation solch eines Textes und hält eine wahrgenommene Wirklichkeit als Version eines Ereignisses fest.

Um diese Unterscheidung am gegenwärtigen Beispiel zu verdeutlichen: Der Mundharmonika-Wurf selbst folgt zwar gegebenenfalls einem Inszenierungs-Text.[60] Als Ereignis wahrgenommen wird aber, *dass* während einer Inszenierung eine Mundharmonika geworfen wird, und *dass* das Übergeben von Requisiten hier ein von Akteur*innen erwarteter, mit memorialer Funktion verbundener Bestandteil der Rockmusikkonzert-Tradition ist.[61] Die Bedeutungen und Bestandteile *solcher* Zusammenhänge, die sonst unbewusst als textuelle Einheit gelesen werden, gilt es also zu edieren. Grundlage ist das mittels dichter Beschreibung transkribierte wahrgenommene Ereignis, das so durch kollaborative Arbeit[62] editorisch zugänglich gemacht werden sowie annotiert, relativiert und diskutiert werden kann. Nicht mitgeteilter Text ist natürlich nicht rekonstruier- und untersuchbar, doch in jedem Objekt, das benannt werden kann, liegt potenziell ein

60 Der Wurf hätte weder durchgeführt noch hätte der Zettel gezeigt werden müssen. Hier wird vermutlich vielmehr eine Verbundenheit zum Publikum inszeniert, die sich auch in einem Teil einer in die Aufzeichnung übernommenen Ansprache Müller-Westernhagens deutlich macht: »Wir haben das Gefühl, wir spielen in 'nem Club und wir spielen nur für Freunde und das macht es sehr, sehr speziell.« (Müller-Westernhagen, *Wenn das Licht* (DVD), DVD1, 00:51:07.)

61 »Nur ein Traum« gehörte beispielsweise zum Programm der Touren 1989/90 (ders., *Westernhagen Live 1989* (DVD)), 1995 (ders., *Westernhagen Affentour* (DVD)), 1999 (ders., *Westernhagen Live 1999* (Stream)), 2005 (ders., *Wenn das Licht* (DVD)), 2008, 2012 und 2016 (ders., *Westernhagen MTV* (DVD)). (Zum Programm der Touren von 2008 und 2012 vgl. *setlist.fm* (Web).)

62 Vgl. Hughes/Constantopoulos/Dallas, »Digital Methods«, S. 162. Zum Begriff des kollaborativen Arbeitens mit Blick auf digitale Musikwissenschaft vgl. Keil, »Gestaltung« sowie ders., »Der Computer«.

Text – verborgen oder offensichtlich.[63] Das Codesystem ist lediglich ein anderes als das Codesystem buchstaben- oder symbolschriftlicher Objekte.

Diese Vorstellung von Text sei hier also zur experimentellen Ergründung von Musikedition als Edition wahrgenommener Wirklichkeiten zugrunde gelegt. Musik wird nicht mit Notentext gleichgesetzt und die textuelle Basis für das vorliegende editorische Ziel wird deutlich in Bezug auf das Denken, Fühlen und Handeln relativiert. Ich lege damit einen kulturwissenschaftlich inspirierten, erweiterten Textbegriff an, den auch Jan Hemming – allerdings spezifisch für die Untersuchung populärer Musik als erklingendes Phänomen – teilweise zugrunde legt und den ich hier aufgreifen möchte:

> »*Text* bezieht sich nicht mehr nur auf die Buchstaben bzw. Noten auf dem Papier, sondern kennzeichnet jede Art kultureller Erscheinungsformen, aus denen Bedeutungen ›herausgelesen‹ werden können. [...] Musik *als Text* zu begreifen, heißt dann unter anderem, neben einem möglichen Notentext auch die klangliche Erscheinungsform von Musik in den Blick zu nehmen und dafür angemessene Herangehensweisen zu entwickeln.«[64]

Seine Beschränkung auf das Erklingende gilt im Vorliegenden zwar nicht, die Fokussierung auf »jede Art kultureller Erscheinungsformen« kann dafür aber um so ernster genommen werden. Dies impliziert die ebenfalls von Hemming aufgestellte und auch durch die vorliegende Arbeit ermittelte sowie im Verlauf noch zu stützende These, dass Musik »nicht an und für sich existiert, sondern stets in einem *Kontext* zu verorten ist«[65]. Edition und Philologie als Werkzeuge der Untersuchung von Musik sind für Hemming dabei der historischen Perspektive zugeordnet, der Untersuchung des »Leben und Werk«-Konzeptes.[66] Weite ich in diesem Zuge neben dem Text- auch den Musikbegriff in gleicher Weise aus, indem Musik nicht alleine in noten- oder werkbezogenen Inhalten, sondern auch im Ereignis gesehen wird, wird das Prinzip der Edition aber *sämtlichen* musikwissenschaftlichen Forschungsperspektiven und -konzepten zugänglich. Die durch den Verstand geknüpften, in Wahrnehmungen repräsentierten Bedeutungen sind dann Grundlage der Übertragung dieser Bedeutungen in das Digitale, wo sie sich qua digitaler Multidimensionalität von ihrem statischen Charakter

63 Zum Verhältnis von Erfahrung und Sprache vgl. Ricœur, »Poetik«, S. 93.

64 Hemming, *Methoden*, S. 28. [Herv. i. O.] Siehe meine Anm. in Kap. 2.1, S. 45 ff. Zum Textbegriff in den Kulturwissenschaften vgl. Fischer-Lichte, *Performativität*, S. 31 f.

65 Hemming, *Methoden*, S. 28.

66 Vgl. dazu die Grafik in ebd., S. 26 f.

eines Erzählstranges lösen können. Der Text kann dann werkimmanente Aspekte (auch als Handlungsanweisung) sowie soziokulturelle Bedeutungen musikalischer Phänomene enthalten.

Für eine Ausweitung musikwissenschaftlicher – wie von Hemming am Beispiel Pop geforderter »angemessener« – Herangehensweisen, zu denen auch die Edition gehört, kann somit ergänzt werden: Die Betrachtung von musikbezogenem Text und dessen Ausweitung auf das Feld des soziokulturellen Handelns bedeutet, all das zum Gegenstand zu nehmen, was in einem System fassbare Codes enthält und als musikbezogen wahrgenommen wird.[67] Die Zeichenform – Symbolschrift oder audiovisuelle Schrift – ist hierbei kein auf Gegenstände der Musikedition anzulegendes primäres Inklusionskriterium. Musikbezogener Text ist damit nicht nur der erklungene Schall oder eine darauf bezogene Anleitung als Symbolschrift, sondern er beinhaltet auch den aus der Beobachtung des soziokulturellen Raums erstellten Text. Auf dieser Basis erfolgt eine Analyse von Musik nicht alleine werkimmanent. Solch ein *extensivierter musikbezogener Text* beinhaltet den Kontext des soziokulturellen, ohne den die der musikwissenschaftlich bedeutenden werkimmanenten Ebene inhärenten Vorstellungen weder ent- noch bestehen.

Hemming visualisiert seine Vorstellung von »Musik *als Text*« in einer Weise, die hier – ohne seine Zusammenstellung im Detail zu diskutieren – prinzipiell und gewinnbringend als Ausgangspunkt übernommen werden kann.[68] Von seiner Aufstellung inspiriert sowie in Ergänzung dazu schlage ich vor, die Bearbeitung der werkimmanenten und soziokulturellen *Gesamtheit* des musikbezogenen Textes als Zielpunkt der hier anvisierten Editionsmethode zu sehen. Darauf aufbauend können die Bestandteile musikbezogenen Textes sowie das aus diesen Bestandteilen gebildete Phänomen »Musik« im erweiterten Sinne als zu edierender Gesamtzusammenhang beschrieben werden. (Siehe Abb. 3.1.)

Objekte des Ereignisses durch disziplinübergreifendes Arbeiten zu fokussieren, bedeutet also auch, sich heuristisch in Bezug auf Quellen nicht an *eine* medienbedingte Dokument-Ebene zu binden.[69] Damit wird es im Folgenden darum gehen, Musik und die mit ihr verbundenen Entitäten im Sinne eines kulturwissenschaftlich erweiterten Textbegriffes als etwas zu begreifen und editorisch

[67] Wobei die Frage, was als musikbezogen wahrgenommen wird, keiner äußeren Definition folgen kann.

[68] Hemming, *Methoden*, S. 26 f. [Herv. i. O.] Die »Musik *als Text*« steht für ihn dabei im Zentrum seiner Darstellung der Arbeitsfelder historischer und systemtischer Musikwissenschaft.

[69] Vgl. Grotjahn/Iffland, »Digitale Musikedition«, S. 382 f., 387 f.

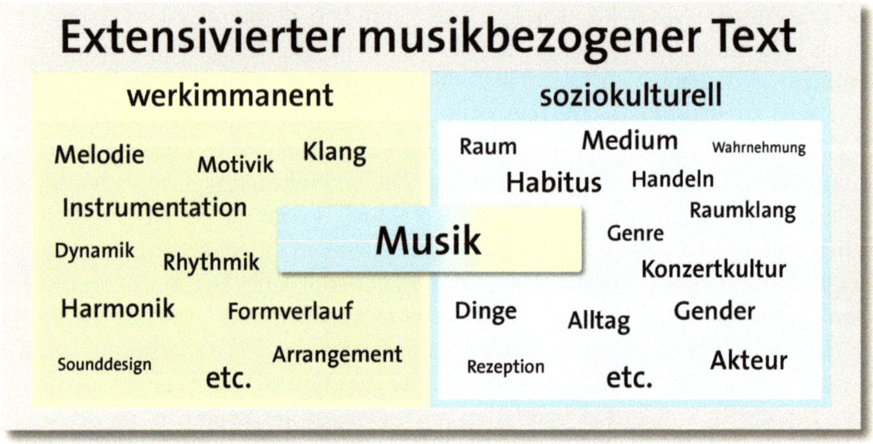

Abb. 3.1: Extensivierter musikbezogener Text. Musik aus kulturwissenschaftlicher Perspektive.

greifbar zu machen, das nicht primär ein symbol- oder buchstabentextuelles Objekt *ist,* sondern vielmehr eine dementsprechende Ebene haben *kann.* Ihr liegt dann eine Textualität zugrunde, die ebenfalls *soziokulturelle* Bedeutungen als Zeichen und Symbole enthält.

Dies wird im folgenden Kapitel die Überlegungen zum Sein von Musik bestimmen. Vor allem im Sinne digitaler Kulturwissenschaften werde ich einen Musikbegriff betonen, der sich in Bezug auf die Existenz des untersuchten Gegenstands von Schriftlichkeit löst, der den Handlungs-Aspekt von Musik in den Vordergrund stellt und diesen in editorische Konzepte als etablierte Form musikbezogener Übermittlung und Ausarbeitung experimentell integriert. Das Ereignis wird damit zum lesbaren Text und musikbezogener Kontext wird freigelegt, wobei die digitale Methode durch ihre Möglichkeiten der Codierung und der Referenzierung einzelner Bausteine den entscheidenden Vorteil zum Gelingen dieses Zieles bereitstellt. Hierbei wird betont, dass es »die« Musik und die eine Wirklichkeit nicht gibt und dass auch Musik vielfältige darzustellende Wirklichkeiten besitzt.

Mit der nun erfolgten Ausweitung des Textbegriffes entsprechen Quelle und Ziel von Edition sowie ihr Ordnung stiftendes Gesamt-System dem kulturwissenschaftlichen Vorgehen in letzter Konsequenz, denn im Sinne ihres Faches handelnd, können sie dem bisherigen Konzept von Edition nicht uneingeschränkt und ohne einen extensivierten musikbezogenen Text folgen. Den Kulturwissenschaften geht es nicht alleine um messbare Eindeutigkeit quantifizierbarer Daten, sondern darum, mittels ihrer Methodenvielfalt »Materialität, Medialität und Tätigkeitsformen des Kulturellen«[70] zu durchdringen, wie es Doris Bachmann-Medick als Basis deutlich macht.[71] Kulturwissenschaftliches Edieren müsste es als Verarmung sehen, wenn sie sich alleine auf das fokussiert, was bereits als buchstaben- oder symbolschriftlicher Text vorliegt. Die zu edierenden Bedeutungen aufzuarbeiten, wird Ziel der folgenden Kapitel sein, um im Sinne wirklicher Digitalität zu einem ontologischen Gerüst als Grundlage der Erzeugung computerlesbarer Codes für kulturwissenschaftliches Edieren zu gelangen.

3.4 Sozialwissenschaftliches Codieren mit digitaler Unterstützung

Vor der ontologischen Betrachtung von Musik als wahrgenommener Wirklichkeit werfe ich einen kurzen Blick auf die Nutzung digitaler Werkzeuge innerhalb der Sozialwissenschaften. Sie untersuchen den Menschen nicht alleine als naturbestimmt, sondern in seinem erlernten menschlichen Verhalten, in seiner Interaktion in einem System von durch ihn geschaffenen und von ihm bekannten Regeln und Ritualen des gemeinschaftlichen Zusammenlebens. Mitnichten – so noch einmal der Ethnologe Clifford Geertz – seien bloß »abstrahierte Entitäten zu einheitlichen Mustern«[72] zusammenzufügen, sondern *Ereignisse* zu untersuchen.[73] Gesellschaftlich geschaffene und anerkannte Codes aus zwischen Individuen stattfindenden, miteinander in Beziehung stehenden sozialen kulturellen Ereignissen müssen dort aufgearbeitet werden – eben jene Zusammenhänge, die ich hier für das, was wir Musik nennen, als konstitutiv erachte und in einen codebasierten Editionszusammenhang stelle.[74]

Diese werden innerhalb der sozialwissenschaftlichen Forschung auch mit digitalen Mitteln erarbeitet: Mit dem Ziel der qualitativen Untersuchung und (statistischen) Analyse werden Daten (unter anderem im Kontext der Grounded Theory) mithilfe digitaler grafischer Nutzeroberflächen (GUI) wie beispielsweise *SPSS, Atlas.ti* oder *MAXQDA* ausgewertet. Sie erlauben es, verschiedene Medi-

70 Bachmann-Medick, *Cultural Turns*, S. 9.

71 Siehe Kap. 3.1, S. 88.

72 Geertz, *Dichte Beschreibung*, S. 26.

73 Ebd., S. 25 f.

74 Ludger Pries fasst das Fach wie folgt zusammen: »Es geht also in der Soziologie um die Untersuchung der Regelmäßigkeiten, Muster und Mechanismen der sozialen Beziehungen als dauerhafte Verflechtungen.« (Pries, *Soziologie*, S. 29.) Allgemein zur Soziologie vgl. ebd., S. 63 und Abels, *Einführung*, S. 4.

enformen auf der Basis von Text-, Grafik-, Audio- und Videodaten – etwa für die Analyse mündlicher Korpora – mit digitaler Unterstützung zu bearbeiten und bezogen auf diese Medienformen strukturierte Daten (beispielsweise bei der Erstellung von Transkriptionen) zu erzeugen. In den Daten liegende Informationen sind mittels dieser Programme strukturier- und codierbar, denn Abschnitte diverser Quellenarten können markiert werden, mit Codes belegt, annotiert und hierarchischen Systemen zugeordnet werden. Solche Oberflächen stellen hervorragende Mittel digitaler »Text-Marker« dar und vereinfachen das Annotieren und Transkribieren großer, verschiedenartiger Datenmengen erheblich, wodurch grundsätzlich das Bearbeiten von Primär- und Metadaten für Korpora unterschiedlichster Art erlaubt wird.

Eine Untersuchung wie die vorliegende könnte hiermit in Form einer Analyse des zugrunde gelegten Videomaterials bereits begonnen sowie eine digitale Daten- und Forschungsumgebung geschaffen werden. Diese Art der Datenaufbereitung ist von den hier dargelegten Prinzipien digitaler Codierung jedoch zu unterscheiden, da solche GUIs als reine Nutzeroberflächen zwar grafisches Hilfsmittel sind, aber quellenfokussiert entwickelt wurden, um Inhalte bestimmter Medienformen semantisch aufzubereiten. Sie bieten keinen Standard, mit dem sich die interoperable Edition wahrgenommener Wirklichkeiten realisieren oder ein Editionskorpus erstellen ließe und erzeugen weder standardisierte Daten im nötigen Umfang noch gewährleisten sie Anschlussfähigkeit an Datenstandards. Archivierbarkeit, Nachnutzbarkeit und Interoperabilität der Daten, wie sie zuvor als Prinzipien wirklicher Digitalisierung dargelegt wurden,[75] werden hier nur mit Einschränkungen ermöglicht. Sie sind daher für Datenanalyse, Präsentation und Nachnutzung von Quellenmaterial zu empfehlen und könnten letztendlich teilweise für die Vorbereitung einer Ereignisedition eingesetzt werden. Tools und Digital-Asset-Management-Systeme wie *ANVIL (The Video Annotation Research Tool), ELAN (Eudico Linguistik Annotator), Praat: Doing Phonetics by Computer, telemeta* oder *FOLKER* erfüllen diese Kriterien zumindest teilweise und erlauben adäquate Verknüpfungen zwischen Roh- und Primärdaten, Transkription und Annotation, vor allem von Audio- und Videodaten.[76]

Für das vorliegende Ziel ist es nun nicht von Relevanz, diverse vorhandene Tools zu akquirieren und zu untersuchen. Die dort verwendeten Technologien und Ansätzen stellen zweifelsohne wertvolle Anknüpfungspunkte für spätere

75 Siehe Kap. 2.2.1, S. 54

76 Vgl. die Handreichung der DFG von Ahrenholz u. a., *Empfehlungen*. Siehe dazu auch die Grundlagen in Kap. 2.2.2, S. 58 ff. und die auf S. 221, Anm. 47 genannten Projekte und Herausforderungen.

Systeme dar, die das von mir anvisierte in praktische Lösungen umsetzen würden. Zunächst ist es dringender, eine anwendungsunabhängige, systemische Basis für editorische Standards zu fundieren, wie sie für die Erforschung *schriftlicher* Korpora mittels der zuvor beschriebenen XML-basierten Systeme TEI und MEI bereits vorhanden sind. Ziel ist es zunächst nicht, digitale Werkzeuge (weiter) zu entwickeln, die das traditionelle Arbeiten ergänzen, sondern (neue) standardisierte und interoperable Daten eines – in Bezug auf musikwissenschaftliche Forschung generell nicht mal neuen, aber – zu edierenden Gegenstands bereitzustellen, die später von anwendungsspezifischen Tools verarbeitet werden können. Unterschiedliche Medienformate stellen hier unterschiedliche Herausforderungen an die Digitalisierung und Präsentation des Inhalts, doch ist dem zunächst die *medienunabhängige* Datenstruktur der in wahrgenommenen Wirklichkeiten liegenden Musik als Ereignis überzuordnen und zu definieren.

Für die Suche nach Standards ist zunächst die Frage nach dem Gegenstand selbst zu durchleuchten. Ich fahre also auf ontologischer Basis fort mit der Beantwortung der Frage, was Musik und was der zu digitalisierende Text samt Inhalt ist. Dies wird im Folgenden experimentell ausgelotet.

4 Musicking. Bausteine musikalischer Lebenswelten

Ist es auf der zuvor dargelegten Basis möglich, Ereignis und Edition zusammenzubringen? Um sich im Zusammenhang mit dieser Frage einer ereignisbezogenen Ausweitung des editorischen Denkens zu nähern, muss nun dargelegt werden, welche Elemente dem damit verbundenen Musikbegriff sowie dem damit in Zusammenhang stehenden extensivierten musikbezogenen Text zugrunde liegen. In Kapitel 2 habe ich gezeigt, dass digitale musikwissenschaftliche Editionssysteme auf die Rekonstruktion von Notenmaterial fokussiert sind und keinen konsistenten Platz für die Abbildung der Phänomene wahrgenommener Wirklichkeiten bieten. Diese sollen dennoch der Edition zugänglich gemacht werden, womit ich im Folgenden die diesbezüglich in der dichten Beschreibung erkennbaren Bausteine ergründe und eine dazugehörige theoretische Auffassung von Musik definiere.[1] Das ist nötig, da der von mir vorausgesetzte und zur Disposition gestellte Editionsgegenstand einem gedanklichen Konstrukt entspricht. Die grundlegende Frage, was hier Musik ist und was daran wahrgenommen in Erscheinung tritt, muss also vertieft werden. Welches sind die Textbestandteile musikbezogener Ereignisse, die, wie in Kapitel 3 gefordert, im Sinne digitaler Kulturwissenschaften als dichte Beschreibung mit digitalen Mitteln in einem editorischen Konzept schreib- und lesbar – also edierbar – werden sollen? Erst mit der Beantwortung dieser Frage können die von mir am Beispiel des Müller-Westernhagen-Konzertes beschriebenen Ereignis-Aspekte ediert und innerhalb einer Editionstheorie als gleichberechtigter Bestandteil neben dem Konstrukt (Kunst-)Werk und dem dazugehörigen Notenmaterial stehen.[2] Letzteres ist dann auch nicht mehr *Voraussetzung* für die Erstellung einer Musikedition. Da die hiermit verbundenen Phänomene »nur durch den Raster eines Blicks, einer Aufmerksamkeit, einer

1 Wie Michel Foucault deutlich macht, »gibt es in jeder Kultur zwischen dem Brauch dessen, was man die Ordnungscodes und die Reflexion über die Ordnung nennen könnte, die nackte Erfahrung der Ordnung und ihrer Seinsweisen«. (Foucault, *Die Ordnung*, S. 24.) Eben jener Erfahrung dient hier die dichte Beschreibung.

2 Zum Begriff der Kunst innerhalb der Musikwissenschaft vgl. etwa Janz, *Zur Genealogie*, S. 28 ff.

Sprache«[3] existieren – um auf Michel Foucaults Auseinandersetzung mit der »Ordnung der Dinge« zu verweisen –, habe ich den Ausgangspunkt der wahrgenommenen Wirklichkeiten als niemals endgültige Ordnung vorangestellt.[4] Es ist nun also nötig, aus dem Raster dieses Blickes Ähnlichkeiten und Unterschiede der beobachteten Phänomene zu definieren.[5]

Zur Annäherung werfe ich in Kapitel 4.1 einen soziologisch inspirierten Blick auf Musik als disparaten Gegenstand. In Kapitel 4.2 schaue ich dann in Form einer Spurensuche auf das Konzept des Musikpädagogen Christopher Small. Die von ihm im Konzept des *Musicking* ausgearbeitete Vorstellung untermauert die kulturwissenschaftliche Sichtweise, die besagt, dass eine musikalische Existenz Denken, Fühlen und Handeln voraussetzt. Zugleich hilft sein Konzept dabei, die an Musik beteiligten und zu edierenden Entitäten zu benennen. Damit formuliere ich als Basis grundlegende Voraussetzungen, die durch spätere editorische Datenmodelle und Visualisierungen zu erfüllen sind.

Ich werde hiermit die theoretische und konzeptionelle Fundierung *der musikwissenschaftlichen Edition wahrgenommener Wirklichkeiten* beginnen. Bei diesen Überlegungen geht es auch um Gedanken zur Sinnhaftigkeit und Machbarkeit eines solchen editorischen Prinzips. Ab Kapitel 4.2.2 wird dafür die Vorbereitung eines Konzepts mit der Definition der ereignisbezogenen ›Zeichen‹ sowie der ›Grammatik‹ und der ›Syntax‹ des sie vereinenden *extensivierten musikbezogenen Textes*[6] begonnen. Somit geht es darum, zu beobachten, wie die experimentelle Ausweitung des Editionsgegenstands in Verbindung mit dem interdisziplinären Blick der Digital Humanities ein Ausweiten und Verfeinern musikwissenschaftlicher Erkenntnis mit sich bringt. In diesem Zuge ist ebenso zu überlegen, wie die Ergebnisse verschiedener musikwissenschaftlicher Forschungsperspektiven *einer* Darstellungsplattform zur Schaffung eines Mittels zum Verstehen miteinander verbundener, kultureller Phänomene zugeführt werden können.[7] Der bisherige Gegenstand der Musikedition soll dabei einer Sichtweise übergeben werden, die ihn in Bezug auf seine Darstellung deutlicher kontextualisiert und den Blick auf die kulturwissenschaftlichen Gegenstände des Denkens, Fühlens und Handelns präzisiert.

3 Foucault, *Die Ordnung*, S. 22.

4 Siehe Kap. 1.2, S. 40.

5 Vgl. Foucault, *Die Ordnung*, S. 22. Foucaults Warnung hierzu: »Nichts ist tastender, nichts ist empirischer (wenigstens dem Anschein nach) als die Einrichtung einer Ordnung unter den Dingen.« (Ebd.)

6 Siehe Kap. 3.3, S. 105.

7 Vgl. dazu auch die Aufgabe der Digital Humanities. (Siehe Kap. 3.2, S. 90 f.)

4.1 Musik als disparater Editionsgegenstand

Wenn ich hier davon ausgehe, dass Musik ein Ereignis ist, stellt diese Prämisse noch keine Definition dar. Um mich dieser zu nähern, beginne ich mit einem Hinweis auf Nicholas Cook: »The experience of live or recorded performance is a primary form of music's existence, not just the reflection of a notated text.«[8] Auf den Faktor der Inszenierung möchte ich meine Definition hier zwar nicht begrenzen, doch Cook betont mit seiner Hervorhebung der »experience« genau die zu überschreitende Schranke, auf die mich die Überlegungen zu den Möglichkeiten digitalen Edierens geführt haben: In die primäre Existenzform der Musik und in das Denken über Musik auf editionsbezogener Basis die schon von Kurt Blaukopf betonte Annahme zu integrieren, »daß nicht von Musik schlechthin die Rede sein kann, sondern daß verschiedene Typen von ›Musik‹ und unterschiedliche historische Strukturen musikalischen Verhaltens konstatierbar sind.«[9] Diverse Aspekte sollen in dieser Folge also editorisch miteinander in Beziehung gesetzt und erkennbare Mikro- und Makrokosmen dargestellt werden, um die täglich ausgehandelte Diversität von Musik zu repräsentieren. Doch was ist Musik? Diese Frage zu stellen und Antworten zu suchen, präzisiert hier die Blickrichtung auf den zu edierenden Gegenstand und die Art der an ihn gestellten Fragen.[10]

Ich werfe hierfür zunächst einen Seitenblick auf die Metaphysik sowie auf ihre Art des Fragens. Es ist ein Fragen nach Entitäten und Beziehungen, das der Philosoph Siegfried König in seinem *Grundwissen Philosophie* im Rahmen einer Hinführung zum Gegenstand der Metaphysik mit einem im vorliegenden Kontext sehr passenden und methodisch grundlegenden Beispiel deutlich macht:

> »Aber fragen wir einfach mal, was denn da ist. Da sind Sie und da ist Ihr Freund […], und Sie sitzen zusammen an einem Tisch und hören die Kleine Nachtmusik von Wolfgang Amadeus Mozart. Eine ganz einfache alltägliche Situation, über die niemand nachdenken muss.«[11]

8 Cook, *Beyond*, S. 1. »In a nutshell, musicology was set up around the idea of music as writing rather than music as performance. To think of music as writing is to see its meaning as inscribed within the score, and accordingly to see performance as the reproduction of this meaning.« (Ebd.) Zu den Performance studies vgl. auch ders., »Between Process«, Hinrichsen, »Musikalische Interpretation« und Kramer, *Music*.

9 Blaukopf, *Musik*, S. 3.

10 Zur musikhistorischen Auseinandersetzung mit dem Musikbegriff, auch aus interkultureller und aktueller Perspektive, vgl. überblicksartig Hentschel/Grupe/Schlüter, »Die terminologische Perspektive«.

11 König, *Grundwissen*, S. 38. Vgl. dazu auch Rapp, *Metaphysik*, S. 13 ff.

»Musik« – um bei meiner Frage nach dem Editionsgegenstand zu bleiben –, das ist bei König zunächst *Mozart* und die *Kleine Nachtmusik*. Denkt man über diese »ganz einfache alltägliche« Situation *doch* einmal nach, entpuppt sich »Musik« als umfangreiches Phänomen. Was und wie sind die Person, der Tisch, die *Kleine Nachtmusik* in diesem Beispiel, wie sind sie zueinander gelegen, würde es das eine ohne das andere geben? Was denken und fühlen die Personen? Beim Nachdenken darüber wird klar: Die beobachteten Entitäten sind nicht in jeder Hinsicht miteinander vergleichbar, haben unterschiedliche Eigenschaften und erfüllen in Bezug auf die konkrete Situation unterschiedliche Funktionen in der Lebenswelt, in der sie existieren.[12] Doch sie lassen sich hier in dem vereinen, was Musik ist. »Und wie existiert, wie ›ist‹ Mozarts Kleine Nachtmusik«[13], fragt König weiter.

> »[D]en Tisch, nämlich diesen ganz bestimmten Tisch aus der Menge aller Tische, können Sie anfassen oder mit dem Auto transportieren. Können Sie die Kleine Nachtmusik anfassen? Sie können eine CD mit der Musik anfassen [...], aber damit haben Sie nicht die Kleine Nachtmusik angefasst. Die können Sie anhören, Sie können sie sogar lesen [...], Sie können sie sich vorstellen und in Gedanken hören, oder Sie können sie vielleicht sogar summen. Aber was ist die Kleine Nachtmusik denn jetzt, und wie ist sie? Dass sie existiert, ist ohne Zweifel, denn Sie hören sie ja. Aber selbst wenn aus irgendwelchen Gründen gerade jetzt nirgendwo auf der Welt die kleine Nachtmusik gespielt würde, dann würde sie existieren. In Notenblättern, in den Vorstellungen und Erinnerungen von Millionen Menschen. Es gibt also CDs und Vinylplatten mit der kleinen Nachtmusik, es gibt Partituren in Büchern und in Notenheften, es gibt Aufführungen mit einem Orchester und es gibt Menschen, die die Melodie summen können. Und in jedem Fall, wo Sie auf eines dieser Dinge oder Ereignisse zeigen, können Sie sagen: Das ist Mozarts Kleine Nachtmusik. Aber in welcher Weise ist sie? Hier haben wir etwas vor uns, das einerseits in viel abstrakterer Weise existiert als ein Tisch, das aber andererseits viel genauer bestimmt ist. Denn ein paar falsche Töne, und Sie können sagen: Das ist ja nicht die Kleine Nachtmusik.«[14]

Das Beispiel zeigt: Um Musik zu benennen, zeigen wir stets auf Dinge oder Ereignisse, die etwas beinhalten, das das Sein von Musik bestimmt und wir

12 Vgl. König, *Grundwissen*, S. 38 f.
13 Ebd., S. 39.
14 Ebd.

haben gegebenenfalls innerhalb bestimmter Kontexte normative Vorstellungen gegenüber den Dingen oder Ereignissen. Musik wird mit hörbarem oder (etwa von Gehörlosen) mit spürbarem Schall verbunden. Und auch wenn wir den Schall und seine physikalischen sowie physischen Folgen außer Acht lassen, können sämtliche Sinne Assoziationen zu Dingen oder Ereignissen wecken, welche die Verwendung des Wortes »Musik« mit unterschiedlichen Vorstellungen hervorrufen. Was Siegfried König uns hier vorführt, ist eine Art des Fragens nach dem, was Musik sein kann und ein Hinweis darauf, dass man diesem Gegenstand auf unterschiedliche Weisen begegnen kann, dass sich Musik in ihrer Existenz nicht auf *einen* Faktor oder *eine* Entität reduzieren lässt.[15]

Die von König vorgestellte Situation mag fiktiv sein, spiegelt jedoch die von Ambiguität geprägten Wirklichkeiten der Musik wider. Nicht jede*r würde das Sein der *Kleinen Nachtmusik* anhand ein paar falscher Töne infrage stellen, nicht jede*r würde einen Tonträger als Sinnbild ihrer Existenz anerkennen, manch eine*r (er)kennt sie ohne jeden Kontext ihres Seins und ihr werden potenziell diverse Bedeutungen verliehen. Ihre Existenz vollzieht sich tagtäglich in einer Vielzahl von Dingen, Ereignissen und Vorstellungen. Musik wird multimodal kommuniziert und spiegelt sich letztlich in multiplen Wirklichkeiten wider. Dazu zählen – um auf das gegenwärtige Beispiel des Mundharmonika-Wurfes zurückzukommen – die Noten von Müller-Westernhagens »Nur ein Traum« als Verkörperung artifiziell ausführbaren Inhalts genauso wie jede Handlung und jedes Gefühl, wie sie mit dem Wurf der Mundharmonika in Verbindung stehen. Auch wenn die Mundharmonika zeitlich unabhängig von der Aufführung eines Werkes in das Publikum geworfen würde, so wäre sie dennoch in ihrer spezifischen Bedeutung Teil von »Musik«.

Der so beschriebene Komplex der Musik wird von einer Disparität, von einem Nebeneinander von Ungleichem geformt und diese Disparität zeigt sich auch in verschiedenen Arten, Musikgeschichte zu schreiben. Es gibt differierende Auseinandersetzungen mit dem, was Musik sei, was unter ihr verstanden wird, unter welchem Blickwinkel sie dargelegt und was als das Wesentliche in ihr

15 Um einer Anmerkung Geertz zu folgen, würde »niemand« ein Beethoven-Quartett »mit seiner Partitur gleichsetzen, ebensowenig mit den Fähigkeiten und dem Wissen, die nötig sind, um es zu spielen, oder mit dem Verständnis, das Aufführende und Hörer von ihm haben, noch auch […] mit irgendeiner mysteriösen Entität, die materiell nicht existiert. […] Geigenspiel erschöpft sich weder in den Fähigkeiten, Fertigkeiten, Kenntnissen usw. noch auch in der Lust oder in der Geige«. (Geertz, *Dichte Beschreibung*, S. 17 f. Vgl. ebd., S. 18 f.)

betrachtet wird.[16] Und keine dieser Geschichten ist die einzig wirkliche, sie spiegeln letztendlich unterschiedliche Sichtweisen auf diverse Wirklichkeiten wider, die allesamt etwas formen, was wir Musik nennen.

Die gelebte Disparität der Musik findet sich besonders in musiksoziologischen Forschungen ausgedrückt. Und diese zeigen, dass es Unterschiede in dem gibt, was mit einem Musikbegriff gemeint ist – Unterschiede, die für den Musiksoziologen Christian Kaden sogar zu disparat seien, um unter dem einen Stichwort »Musik« vereint werden zu können.[17] Er zeigt, wie Geschichte und Gegenwart darauf hinweisen, dass die »Logik und Mentalität des Abendlandes«[18] *die* Musik einem begrifflichen Singularisierungszwang unterstellt,[19] wohingegen andere Zeiten und Kulturen vielfältige oder anders differenzierte musikbezogene Begriffe und Bedeutungen aufweisen. Die antike griechische Kultur, das europäische Mittelalter, die gegenwärtige westeuropäische Kultur oder diverse Ethnien wie beispielsweise die der Kaluli in Papua-Neuguinea zeigen differierende Vorstellungen.[20] Letztere kennen keinen singulären und ausschließlich auf Unterhaltung bezogenen Begriff von Musik, obwohl beziehungsweise gerade weil das Musizieren bei ihnen eine große Bedeutung im Alltag besitzt.[21] Nicht alle Kulturen versuchen Musik als das Eine, als »die Musik« und als »das Kunstwerk«, als Notenkörper oder Tonträger zu ›verdinglichen‹, beg*reifbar* zu machen und trotz ihrer Disparität in *einem* Phänomen zu verschlüsseln.

16 Diverse Aspekte finden sich etwa in Hentschel [Hrsg.], *Historische Musikwissenschaft*, Calella/Urbanek [Hrsg.], *Historische Musikwissenschaft*, Acquavella-Rauch, *Musikgeschichten*, Hentschel, »Musikgeschichte«, Helms, »History?« oder in der Aufsatzsammlung Kaden, *Was hat Musik*. Musik wird beispielsweise chronistisch behandelt, wird psychologisch und soziologisch bestimmt, ihre Betrachtung kann ihr auferlegten Philosophien oder Göttlich-Mystischem folgen, sie ist und belebt Literatur, Schriftzeichen können als Musik betrachtet oder in Musik verwandelt werden, ein der Musik zugeschriebenes System kann analysiert werden, wir können Musik und ihr dazugehöriges Handeln in Genres klassifizieren, sie als alltägliches Handeln untersuchen, an Medien unterscheiden usw.

17 Ders., *Das Unerhörte*, S. 8.

18 Ebd., S. 19.

19 Vgl. ebd., S. 19 f.

20 Vgl. ders., »Was ist Musik?«, bes. S. 7–12.

21 Ebd., S. 13. Vgl. ders., »Musik«. Eine weitere Sicht zeigt die chinesische Kultur, die *natürliche* Entsprechungen musikbezogener Zusammenhänge kennt. Beispielsweise werden der pentatonischen Reihe *Jué – Zhin – Gong – Shang – Yu* Planeten, Geschmacksqualitäten oder Naturelemente zugeordnet. (Jewanski, »Farbe-Ton-Beziehung«.)

Es lassen sich verschiedene Sichtweisen auf Musik finden und verschiedene Wege, sie begreiflich zu machen. Hieran ist – wie Marcia Citron zeigt – das Bild zu erkennen, das eine Gesellschaft von sich hat. Sie hebt die Musik als Teil des sozialen Lebens hervor und macht deutlich: »But music is indeed socially contigent and participates in the dynamics of culture. Which music is deemed canonic says a great deal about the image a society has of itself.«[22] Wie würden nun die Kaluli ihre Musiken edieren und was wäre für sie das Wesentliche daran? Blicken sie auf Noten oder blicken sie auf das Handeln, auf das Verhalten, das Töne spezifiziert?

Musik ist von Haltungen und Bedeutungen gegenüber verschiedensten Entitäten geprägt, Haltungen, die sich im wahrgenommenen Ereignis deutlich machen. So zeigt auch Kaden:

> »Was Musik zur Musik macht, im Einzelfall oder auch unter ganz verschiedenen Umständen, singularisch genommen oder strikt pluralisch, lässt sich auch und vor allem erkennen an ihren *Aufgaben*, an *Außenanschlüssen an die Welt*, an menschlich existentiellen Bedürfnissen.«[23]

Wenn Musik als etwas gesehen wird, das sich durch »Außenanschlüsse an die Welt« auszeichnet, dann kommt es einer Verkürzung auf ein (Schrift-)Medium gleich, sie einem Paradigma folgend *ausschließlich* als Kunstwerk darzustellen – einer Verkürzung, die nur einem Ausschnitt *einer* ihrer Existenzformen entspricht.[24] Unter der Ägide *digitaler* Darstellungs- und Editionsmethoden, die eben die Multimodalität eines Gegenstandes aufarbeiten können, so wie sie in Milton Babbitts mehrdimensionalem Modell bereits in das quellenorientierte Denken eingeführt wurde,[25] erscheint diese Verkürzung nicht mehr nötig.

Die bisherige editorische Aufarbeitung von Musik und was dieser zum Gegenstand genommen wurde, war daher von Medien bedingt und ließ – so Rebecca Grotjahn – »ausübende Musikerinnen, Musikkonsumenten, Mäzeninnen und andere historische Akteure auf der Bühne der Musikgeschichte allenfalls in Nebenrollen vorkommen«[26]. Eben jene Medienbedingtheit ließ Komponist*innen auf dem Papier entstehen und hatte bisher eine Beschränkung auf zweidimensionale Buchseiten oder auf Tonträger und darauf abbildbaren Zusammenhängen

22 Citron, *Gender*, S. 3.
23 Kaden, »Was ist Musik?«, S. 13.
24 Vgl. zu dieser Ausweitung auch Müller, *Das Publikum*, bes. S. 10.
25 Siehe Kap. 2.2.2, S. 62, Anm. 72.
26 Grotjahn, »Notationskunde«, S. 329.

zur Folge.[27] Musik wurde als das dargestellt, was sich in den zur Verfügung stehenden Medien abbilden ließ.[28] Digitale Editionstechniken können sich diesem Darstellungs-Defizit in puncto Speicherung und Darstellung aber entziehen. Die Digital Humanities arbeiten – und denken – medienübergreifend. Sie sind somit in der Lage, Konzepte bereitzustellen, die den kulturwissenschaftlichen Inhalt, den extensivierten musikbezogenen Text sowie Medienformen bestimmter Quellen codierend und darstellend verbinden können, die das »Greifen« von Musik an den kulturwissenschaftlich untersuchten Gegenstand anpassen, ohne sie in ihrer Definition an ein Medium zu binden.

Dieser Blick auf Musik klammert Notenmaterial nun keineswegs aus oder marginalisiert es. Vielmehr kann durch ihn die Disparität von Musik in besonderem Maße zum Ausdruck kommen, indem sich die Edition an den erkannten Gegenstand anpasst – nicht umgekehrt. Bei der Frage nach der Definition von Musik und ihrer Edition muss berücksichtigt werden, dass der Blickwinkel bestimmt, was Musik ist, der Blickwinkel bestimmt, wie sie benannt und eingeordnet wird, was von ihr zur Darstellung gebracht wird. Wörtlich genommene *Musik*edition darf und muss ihr Vorgehen konzeptionell vom schriftlichen Gegenstand – ob grafische oder auditive Schrift[29] – lösen und Musik über den werkhaften Zustand hinaus darstellen.

Meine kurze soziologische Auseinandersetzung mit Musik führte vor Augen, dass der Begriff ein weites Feld beschreibt und untrennbar in vielfältiges Denken, Fühlen und Handeln verwoben ist.[30] Und eben hier liegt das, was die verschiedenen Blicke auf das, was Musik ist, eint: Sie besteht aus mehreren Phänomenen, aus Handeln und den daraus entspringenden Ereignissen.[31] Oder, so noch einmal Kaden: Das, »was Musik zu sein vermag«, liegt »in sozialen Sinnfügungen, die man schwerlich mit den Ohren allein erschließt.«[32] Vielmehr sieht er hier eine Konzeptualität »als Regelwerke gemeinschaftlichen Miteinanders: als ›Begrifflichkeiten‹ einer sozialen Situation und einer sozialen Struktur.«[33] Was liegt also näher, als Musik in Form der Verflechtung dieser Strukturen zu dokumentieren?

»Musik« allein – so lässt es sich daraus resümieren – gibt es also nicht. Sie über wahrgenommenes Denken, Fühlen und Handeln zu definieren, ist an dieser Stelle

27 Vgl. Blaukopf, *Musik*, S. 176 ff.

28 Zur Musikgeschichte als Mediengeschichte vgl. Grotjahn, »Notationskunde«.

29 Zur Schrift siehe auch Kap. 3.3, S. 99.

30 Vgl. dazu auch Kaden, *Das Unerhörte*, S. 9.

31 Oder, wie Lawrence Kramer zeigt: »Music, among other things, is a form of activity: a practice.« (Kramer, *Music*, S. XII.)

32 Kaden, *Das Unerhörte*, S. 18.

33 Ebd., S. 9.

ein erster Schritt, ihrem kumulativen Sein und dem zu edierenden Gegenstand auf die Spur zu kommen. Solch eine Betrachtung von Musik als lebensweltliches Phänomen ist in wissenschaftlich analysierenden Auseinandersetzungen zwar mittlerweile präsent, doch Editionen der dort analysierten Gegenstände existieren nur, wo sie greif- und lesbar ist – mit diskursbedingten Beschränkungen. Es eröffnet sich damit nun das Experiment, das ambivalente Konstrukt »Musik« aus editorischer Sicht unter dem Ereignisaspekt und getrennt von medialen Eigenheiten zu hinterfragen und darzustellen. Dies darf nicht mit der normativen Absicht verwechselt werden, jeden Aspekt jeder Musik dokumentieren zu wollen.[34] Gleichwohl geht es jedoch um die Betonung dessen, dass Musik eine lebensweltliche Existenz hat. Die Besonderheit musikwissenschaftlicher Untersuchung im Sinne der Digital Humanities liegt letzten Endes im Potenzial, eben diese werkimmanenten und soziologischen Ebenen durch spezifisch musikwissenschaftliches Wissen vereinen zu können. Durch welche Entitäten Musik als wahrgenommene Wirklichkeiten greifbar wird, ergründe ich im Folgenden auf der Basis eines Konzepts, das dabei helfen soll, diese Virtualität und Disparität der Musik editorisch zu erfassen.

4.2 Das Konzept des Musicking. Erkenntnistheoretische Suche ontologischer Spuren

»*What's really going on here?*«[35] Was sich Christopher Small beim Blick auf sein Wirken als Komponist, Dirigent und Pädagoge fragte, hat auch mich auf dem Weg der Ergründung musikalischer Lebenswelten grundlegend interessiert.[36] Sein Konzept, das dem im Folgenden ergründeten Editionsprinzip zugrunde liegt, sei daher in Kürze vorgestellt. Die von ihm gestellte, auch in der Ethnologie bestimmende Grundfrage[37] war für ihn durch eine Unzufriedenheit gegenüber einer Kultur motiviert, die seiner Beobachtung nach in der US-amerikanischen Ausbildung ›gute‹ Musik und daran gebundene Verhaltensweisen im aristokrati-

34 Vgl. dazu auch Janz, *Zur Genealogie*, S. 25.

35 Small, *Musicking. The Meanings*, S. 10. [Herv. i. O.] Zu Christopher Smalls Biografie vgl. Cohen, »Christopher Small« sowie Small, »Autobiography«.

36 Siehe Kap. 1.1, S. 31. Die Frage bezog sich zunächst auf meine Arbeit mit Handschriften und auf die Frage, welche Wirklichkeitsbereiche sie transportieren.

37 Zu dieser auf Geertz zurückgeführten Fragestellung innerhalb der Ethnologie vgl. Amann/Hirschauer, »Die Befremdung«, S. 20.

schen Sinne hervorhebt.[38] Er fragte sich also »[w]hat is this thing called music«[39], was ist diese »Sache«, für die es – wie zuvor anhand Kadens Überlegungen[40] auf musiksoziologischer Basis dargestellt – weltweit so vielfältige Erscheinungsformen gibt, »so many different ways of organizing sounds into meanings, all of them given the name *music*«[41]? Small machte es sich folglich zur Aufgabe, den Grundgedanken auszuarbeiten, dass Musik nicht isoliert, also nicht alleine in artifizieller Werkform existiert und dabei nicht in einem sozialen Vakuum schwebt.[42] Mit der Wortschöpfung des »Musicking«[43] stellt er sein Anliegen schließlich begrifflich ins Zentrum und schafft damit ein »conceptual tool«[44] für die Abgrenzung zum Begriff »Musik«. Seine sprachbezogene Begründung hierzu:

> »The trouble is that we get so misled by the tendency of our language to turn ideas and actions into nouns that we come to think of them as things in themselves, and then we attribute to them a life of their own, independent of ourselves, which they don't in fact have.«[45]

Smalls seit den späten 1970er Jahren verfolgtes Konzept kumuliert in seinem Hauptwerk von 1998[46] und wurde seitdem von verschiedenen Bereichen musik-

38 Small, »Whose Music«, S. 93. »[T]here is something that puzzles and worries me about the musical scene, and especially about musical education, in the United States as I have encountered it.« (Ebd.)
39 Ders., *Musicking. The Meanings*, S. 2.
40 Siehe Kap. 4.1, S. 116.
41 Small, *Musicking. The Meanings*, S. 2.
42 Vgl. ebd., S. 6. Small untermauert diese Sicht auf Musik mit vier Grundannahmen, die sich ergeben, wenn man die Bedeutung von Musik ausschließlich werkimmanent sucht: 1) Musik wäre in diesem Fall nicht Teil eines kreativen Prozesses und somit ein sich selbst genügendes Kunstwerk, 2) sie würde eine einseitige Kommunikation von Komponist*innen zu Hörer*innen beinhalten, 3) keine Performance könnte besser sein als das aufgeführte Werk und 4) ein Werk hätte keinen notwendigen Bezug zu einem Anlass. (Vgl. ebd., S. 5–7.)
43 »Musicking« wird im Folgenden als »the proper English language verb« benutzt, dessen künftige Nutzung Small sich erhoffte. (Vgl. ebd., S. 9.)
44 Ders., »Whose Music«, S. 88.
45 Ebd.
46 Die dort wesentlichen Denkweisen spiegeln sich bereits in seinem ersten Buch von 1977 wider. (Ders., *Music, Society*.) Nachdem er sein Konzept unter anderem 1987 (ders., *Music of*, S. 49 ff.) sowie in Vorträgen seit 1990 (ders., »Whose Music«) als »A Ritual in Social Space« beschrieben hatte, baute er es in seinem Hauptwerk von 1998 aus. (Ders., *Musicking. The Meanings*) Smalls zentrale Thesen finden sich seit 2016 versammelt in Walser [Hrsg.], *The Christopher Small Reader*.

bezogener Wissenschaften rezipiert.[47] Dessen handlungsbasierter Kern ist das »to music« und dies wiederum ist seiner Argumentation zufolge mehr als das, was wir im eurozentrischen Sinne als »Musizieren« bezeichnen:

> »*To music is to take part, in any capacity, in a musical performance, whether by performing, by listening, by rehearsing or practicing, by providing material for performance (what is called composing), or by dancing.* We might at times even extend its meaning to what the person is doing who takes the tickets at the door or the hefty men who shift the piano and the drums or the roadies who set up the instruments and carry out the sound checks or the cleaners who clean up after everyone else has gone. They, too, are all contributing to the nature of the event that is a musical performance.«[48]

Auch *seinem* Konzept zufolge, das er ohne exakt ausgearbeiteten und belegten Bezug zum musiksoziologischen Diskurs anbietet, wird Musik durch das menschliche Handeln, genauer durch das ›Musiken‹ – oder besser das ›Musikmachen‹ – hervorgebracht. In Abgrenzung zum *Musizieren* ist hiermit aber ein Vorgang gemeint, der nicht alleine durch Musiker*innen ausgeführt wird, sondern durch Akteur*innen, die in *jeglicher* Form an einem musikbezogenen Geschehen beteiligt sind. Musik besteht also auch für ihn aus dem Geschehen, das sich im »set of relationships«[49] zeigt, in welchem Handelnde sich in physischen und sozialen Umgebungen begegnen, verorten, definieren und Bedeutungen erschaffen.[50]

47 Aus Sicht der internationalen Musikpädagogik steht es als »Synonym sinnerfüllten und gesellschaftlich relevanten Musikmachens«. (Kertz-Welzel, »›There is‹«, S. 13.) Die Medienwissenschaften sind etwa im Kontext von Urheberrechtsfragen (Lepa, »Kulturelle Ökonomie«) sowie im Rahmen der Betrachtung der Musikindustrie (Sterne, »There Is«) auf Small aufmerksam geworden. Im Kontext interdisziplinärer Performance-Theorie sieht Nicholas Cook im Musicking eine Grundlage, werkbasierte Performance als Erzeuger sozialer Bedeutungen zu betrachten. (Cook, »Between Process«.) Eine sozialwissenschaftliche Studie auf Smalls Basis findet sich bei Boele, *Musicking*. Schubert, »*Party*« untersucht Smalls Ansatz in Bezug auf den Aspekt der Werkgeschichte, um über historische Zusammenhänge hinauszuweisen. Weiterhin beschreibt Fuhrmann, »Musicking« das Konzept im Zusammenhang mit der Soundforschung.

48 Small, *Musicking. The Meanings*, S. 9. [Herv. i. O.]

49 Ebd., S. 13.

50 Ebd., S. 10. Vgl. ders., »Whose Music«, S. 92. Timothy Rice fasst dies folgendermaßen zusammen: »›Musical‹ […] refers to the capacity of humans to create, perform, organize cognitively, react physically and emotionally to, and interpret the meanings of humanly organized sounds.« (Rice, *Ethnomusicology*, S. 1.)

Seine Frage »[w]hat is this thing called music?«[51] präzisiert Small daher mit der Fokussierung der *Bedeutung.* Diese läge jedoch ausschließlich in der Umgebung des Handlungsnetzwerkes: »The fundamental nature and meaning [...] lie not in objects, not in musical works at all, but in action, in what people do.«[52] Nichts *hat* demnach eine Bedeutung, sondern sie ist nur im Akt des Musicking zu finden und wird von Akteur*innen immer wieder neu ausgehandelt.[53] Ähnlich zu Königs philosophischer Herangehensweise fundiert Small sein Konzept auf der Basis von Reflexionen fiktiver Ereignisse,[54] im Wesentlichen vor dem Hintergrund des klassisch geprägten Konzertbetriebs des 20. Jahrhunderts, ergänzt etwa durch Gedanken zu einem flötespielenden Schäfer. In 18 Kapiteln imaginiert er dazu eine Vielzahl von Elementen und Beziehungen, um zu verdeutlichen, dass Musik aus vielfältigen kommunikativen Prozessen und Anlässen besteht.

Sein Vorgehen muss kritisch betrachtet werden und ist nicht penibel am wissenschaftlichen Vorgehen ausgerichtet,[55] doch seine Grundidee in Verbindung mit der Wortschöpfung des Musicking hilft, den Blick auf »die Musik« und auf ihre ereignisbasierte Edition zu weiten. Mittels der hier vorangegangenen Überlegungen wird sein Konzept für Zusammenhänge der historischen Musikwissenschaft, der Musiksoziologie und der Musikedition von Bedeutung, denn seine Fragen sind die gleichen, wie sie sich auch im vorliegenden Kontext stellen: Mit der Suche nach der »fundamental nature and meaning«[56], nach dem »Wirklichen« und seiner Bedeutung, finden wir auch bei Small eine auf die Prämissen bezogene Erforschung wahrgenommener Wirklichkeiten. Diese bestehen aus unterschiedlichen Bedeutungen, die von Akteur*innen immer wieder neu durch ihr musikbezogenes Denken, Fühlen und Handeln erschaffen und wahrgenommen werden und sie müssen der vorliegenden Zielsetzung zufolge am Produkt des editorischen Arbeitens abgelesen werden können.

Im Grunde findet sich auch hier ein Analogon zu Kadens Vorschlag, Musik nicht als etwas Singuläres aufzufassen, sondern sich mit *Konzepten* dessen zu beschäftigen, was unter Musik – im jeweiligen Augenblick wahrgenommen – verstanden wird.[57] Dass »die Musik« unterschiedliche Existenzen einnehmen kann, ist gedanklich schwer zu fassen. Sie kann alles sein, alles kann Musik sein. Dass Musik aus wahrgenommenen, gruppierten Entitäten besteht, die

51 Small, *Musicking. The Meanings*, S. 2.
52 Ebd., S. 8. Vgl. ebd., S. 10, 13.
53 Vgl. ders., »Whose Music«, S. 91.
54 Siehe Kap. 4.1, S. 113.
55 Siehe Kap. 4.2, S. 123.
56 Small, *Musicking. The Meanings*, S. 8.
57 Siehe Kap. 4.1, S. 118.

Bedeutungen transportieren, subjektive Mehrdeutigkeiten enthalten und somit als Gewebe multiple Wirklichkeiten tragen, ist kein unmöglicher Gedanke. Diese *Mehrdeutigkeiten dem Konzept digitaler Edition zu übergeben,* ist nun logische Konsequenz der vorangegangenen Überlegungen und Voraussetzung für das Folgende, wobei das betrachtete Konzertereignis hier zwar Pate steht, aber nicht als wesentlich zu sehen ist. Das Musicking soll, um ein Gegenbeispiel zum Konzertereignis zu formulieren, auch dort editorisch aufgearbeitet werden können, wo nicht mehrere Menschen zusammen kommen, sondern wo ein einzelner Mensch auch ohne als Konzert wahrgenommene Situation mit seinem Denken und Handeln im Fokus steht.

Mit dem *Musicking* zeigt sich ein Begriff, der die Prämisse von Musik als Ereignis sprachlich verdichtet. Er weist auf das Wesentliche dessen hin, was hier anhand des Mundharmonika-Wurfes untersucht wird: Die Mundharmonika ist als Instrument gebaut und dadurch, dass sie von einem bestimmten Menschen, der von jeweils anderen Menschen Bedeutungen zugeschrieben bekommt, genutzt wird, wandelt sie sich im Kontext einer spezifischen Performance eines Werkes zu einer Fan-Trophäe und erhält durch die Handlung der Schenkung und den damit verbundenen performativen Ebenen schließlich eine neue beziehungsweise zusätzliche Funktion. Dieser Zusammenhang ist simpel, doch er beschreibt Musik – nicht als etwas an sich, sondern als wahrgenommenen, *bedeutungsgeladenen Handlungszusammenhang* verschiedener Entitäten.

Diesem Prinzip zufolge sollen nun auf Basis des Musicking und des *Set of Relationships*[58] Elemente zur Durchdringung musikbezogener, wahrgenommener Wirklichkeiten gefunden und in dieser Folge in editorisches Denken integriert werden. Es muss ergründet werden, was es bedeutet, Musik in diesem Sinne aufzufassen und schließlich edieren zu wollen. Bevor das Musicking ontologisch hinterfragt werden kann, sind einige kritische Anmerkungen zu Smalls Ansatz nötig.[59] So erhellend und bedeutend dieser ist, kreiert Small damit dennoch einen ›Nebel‹, bestehend aus vielen Einzelheiten. Eine gewisse Distanz zu seinem Vorgehen ist also zu benennen, womit folgende drei Kritikpunkte samt Fragen zugleich eine Linie bilden, an der entlang an Small angeknüpft und gleichzeitig sein Konzept präzisiert sowie in editorischer Hinsicht konkretisiert werden soll:

58 Siehe auch Kap. 4.2.4, S. 156.

59 Smalls bisherige Kritiker*innen müssen hier nicht summiert werden. Vgl. exemplarisch die kritischen Anmerkungen bei Dell'Antonio, Rez. zu »Small, *Musicking*«, Fuhrmann, »Musicking«, Rischar, Rez. zu »Small, Musicking« und Swanwick, Rez. zu »Small, *Musicking*«.

I. Durch das Prinzip der *imaginierten* Betrachtung fehlt es an direkt überprüfbaren Forschungsergebnissen. Zur philosophischen Auseinandersetzung ist dies legitim, es wäre der ernsten soziologischen Ergründung jedoch nicht dienlich, womit im Vorliegenden ein wahrgenommenes, nachvollziehbares Ereignis rekurriert wird. In diesem Sinne muss auch Smalls Tendenz zur Unwissenschaftlichkeit betont werden, die sich unter anderem in seiner Sicht auf den Gegenstand der Musikwissenschaft[60] sowie in seinem Umgang mit Zitaten und im Nachweisen von Forschungsergebnissen und Diskursen widergespiegelt.[61]

II. Die Beschreibung des Musicking bleibt aus dem vorgenannten Grund konzeptionell schemenhaft. Mit dem Begriff wird eine Sichtweise benannt, doch durch welche Grundelemente sie geprägt wird, wonach genau bei deren Erarbeitung zu suchen ist, wird nicht grundlegend konzipiert, Informationen dazu finden sich in seinen Kapiteln verstreut. Es bleibt daher offen, wie sich die »many different ways of organizing sounds into meanings«[62] strukturieren.

III. Wie es Small selbst feststellt, sieht sich sein Konzept einem Komplexitäts-Problem gegenüber stehen: »As we shall see, the relationships of a musical performance are enormously complex, too complex, ultimately, to be expressed in words.«[63] Eine Lösung, dieses Defizit zu überwinden, bietet Small noch nicht. Es ist also zu überlegen – und zugleich ist es grundlegende Aufgabe des Vorliegenden –, wie diese Komplexität eines Gegenstandes, der sich nicht alleine auf schriftlich manifestierte Aspekte von Sprachsystemen bezieht, dennoch wiedergegeben werden kann.

Dieser ›Small'sche Nebel‹ soll gelichtet und den von ihm geschaffenen Einschränkungen und Defiziten Abhilfe geschaffen werden. Mehr noch, sie können als Herausforderung zur Anwendung digitalen Editionsdenkens fungieren und stellen eine Grundlage dar, sich mit der Ausweitung digitaler Musikedition als

[60] Diese pauschalisiert er, indem er zusammenfasst, dass es ihre Absicht sei, die wahre Natur und Form musikalischer Werke durch den Rückgriff auf originale Texte zu erarbeiten. (Vgl. Small, *Musicking. The Meanings*, S. 4.)

[61] Vgl. exemplarisch die von Small in *Musicking* nicht nachgewiesenen Zitate zu Carl Dahlhaus (S. 4), Walter Benjamin (S. 5) und Clifford Geertz (S. 95) sowie ein Vergleich zu Plato ohne genaue Werkangabe (S. 2). Hierunter leidet etwa auch seine Auseinandersetzung mit der musikbezogenen »performance«, die in gewisser Unschärfe zurückbleibt und nicht diskursiv verortet wird.

[62] Small, *Musicking. The Meanings*, S. 2. Siehe auch Kap. 4.2, S. 120.

[63] Small, *Musicking. The Meanings*, S. 13.

Edieren wahrgenommener Wirklichkeiten zu befassen. Ich nutze den Nebel also, um Smalls Konzept musikwissenschaftlich weiter fruchtbar zu machen und in ihm Spuren hin zu einer kulturwissenschaftlichen Musikedition zu suchen. Von entscheidender Bedeutung ist dabei die begriffliche Verdichtung des »Musikmachens« im weiten Sinne des Musicking.

4.2.1 Spurensuche I: Wahrnehmung statt Imagination

Die erste Spur im Small'schen Nebel führt zunächst zur Notwendigkeit der Grundlegung eines nicht-fiktiven Ereignisses, womit der Studie überprüfbares Material vorangestellt wird.[64] Dies ist Voraussetzung, denn im Gegensatz zu Smalls Auseinandersetzungen, deren Ziel der theoretischen Ausweitung des Musikbegriffes diese imaginative Ebene verzeiht, geht es im Vorliegenden um ereignisbasierte Musikedition und somit um die Frage nach der *konkreten* Anwendung des Musicking.

Hierzu muss in einem ersten Punkt betont werden, dass das Ziel des anvisierten Editionskonzeptes nicht in der Beschränkung oder in der Spezialisierung auf ein bestimmtes Quellenmaterial liegt. Mit dem Musicking-Konzept ist bekräftigt, dass ein musikbezogenes Geschehen divers ist und dementsprechend durch diverse Medienformen übermittelt werden kann. So besteht die hier benutzte Aufzeichnung zunächst als *ein* pragmatisch gewählter Ereignismittler. Ziel ist also nicht die Spezialisierung des Editionskonzepts auf dieses eine Medium oder auf die beobachtete Ereignisform, sondern auf die anhand beliebiger Mittler *wahrgenommenen Wirklichkeiten* und ihre Diversität, die sich im Akt des Musicking ausdrücken. Das Ereignis könnte auch direkt erlebt und protokolliert sowie anhand von Audioaufnahmen oder buchstabenschriftlichen Medien beliebiger Form übermittelt sein. Die Diversität existierender Mittler ist in wesentlich größer anzulegenden, spezialisierten Studien zu untersuchen, die dabei allesamt spezifische Umgangsweisen während des Edierens zur Folge hätten, doch generell haben sie alle ihre Berechtigung als Grundlage wahrgenommener Wirklichkeiten und stehen daher mit ihren Spezifika nicht im Fokus der folgenden *ontologischen Untersuchung*.

Zudem zeigt die Aufzeichnung für sich noch nicht das, was ediert werden soll, denn das *wahrgenommene Ereignis* wird hier erst durch die dichte Beschreibung dargestellt und ist in keinem Medium per se zu finden. Die dichte Beschreibung ist in Bezug auf die momentane Entwicklungsstufe des Editionskonzepts ein notwendiger Zwischenschritt, der infolge der Sichtung jedweden Materials zu

[64] Vgl. meine Einleitung, S. 16.

gehen ist, um die zu edierende wahrgenommene Wirklichkeit festzuhalten. Ob die Erstellung einer dichten Beschreibung in der hier vorangestellten Form zur Ereignisedition immer vorausgesetzt werden muss oder ob das zu entwickelnde System diesen Schritt der traditionellen Verschriftlichung durch *direkte dichte Beschreibung mit digitalen Mitteln* obsolet machen kann, würden kommende Versuche und Entwicklungen zeigen müssen.

Neben der Offenheit gegenüber Ereignismittlern muss in einem zweiten Punkt betont werden, dass sich das anvisierte editorische Konzept nicht auf *bestimmte* Ereignisse beschränken soll. Im Zentrum steht das musikbezogene Ereignis im Sinne des Musicking, das in irgendeiner Weise mit organisiertem, sei es gedachtem, potenziell mit jedem Sinn erschlossenen »Klang« in Verbindung steht. Dessen Bedeutung erschöpft sich nicht an *einem* musikbezogenen Phänomen – also nicht etwa an der Aufführung eines bestimmten Werkes und allen damit in Verbindung stehenden Phänomenen.[65] Es könnte unter anderem – je nach Wahrnehmung – die Herstellung der Mundharmonika betreffen, genauso wie den potenziell vom umgebenden Ereignis isoliert betrachteten Wurf oder gar damit in Verbindung stehende Lebensentwürfe beteiligter Akteur*innen.[66]

Nicht zuletzt damit wird das Konzept des Musicking mittels der Untersuchung eines wahrgenommenen Ereignisses für den Bereich der Digital Humanities interessant. Humanities visieren die kulturwissenschaftliche Betrachtung von Artefakten und Phänomenen an – in diesem Fall die Artefakte und Phänomene der musikalischen Lebenswelten, die aus dem Akt des Musicking geformt werden. Musicking *ist* sozusagen Humanities. Mit einem Vergleich zu Christian Kaden wäre demnach stets zu fragen, welche »Konzepte« als Regelwerke gemeinschaftlichen Miteinanders im Musicking ihren Ausdruck finden.[67] Eine dichte Beschreibung kann die Wahrnehmung dieser Regelwerke abbilden, doch wie diese Konzepte nun konkret aufgeschlüsselt und für die digitale editorische Aufbereitung ergründet werden können, wie also eine dichte Beschreibung mit

[65] Small formuliert dies einschränkender, sein Konzept zielt aber im Grunde auf die Überwindung dieser Einschränkung: »So if the meaning of music lies not just in musical works but in the totality of a musical performance, where do we start to look for insights that will unite the work and the event and allow us to understand it?«. (Small, *Musicking. The Meanings*, S. 13.)

[66] Wie durch das Musicking Wirklichkeiten produziert werden, die letztendlich auch daran beteiligt sind, das eigene Selbst und die ihm gegebenen Bedeutungen zu erschaffen, zeigt Small ebenfalls: »[T]hose taking part in this or any other musical event are, at some level of awareness, saying, to themselves, to one another and to anyone who may be taking notice, *This is who we are.*« (Ebd., S. 43. [Herv. i. O.])

[67] Siehe Kap. 4.1, S. 118.

digitalen Mitteln erreicht werden kann, zeigt die folgende zweite Spur, die anhand des Mundharmonika-Wurfes konkrete, zu edierende Elemente identifiziert.

4.2.2 Spurensuche II / 1: Grundlagen der Musicking-Codierung

Mit Bezug auf den zuvor diskutierten Textbegriff, der einen extensivierten musikbezogenen Text als Grundlage der Edition sieht,[68] besteht nun also die Notwendigkeit der Ergründung und Benennung der Zeichen und der Grammatik dieses Textes, verbunden mit der Frage, wie dieser gelesen und geschrieben werden kann. Ersteres wird im folgenden Schritt ontologisch angegangen. Auf das Lesen und Schreiben des Musicking werde ich im abschließenden Kapitel dieser Arbeit zurückkommen. Die zweite Spur im Small'schen Nebel führt also zur Frage, welche Elemente in der zu digitalisierenden und dafür zunächst ontologisch zu durchdringenden dichten Beschreibung eines wahrgenommenen Weltausschnitts zu erwarten sein werden und auf welchen Entitäten, auf welchen Seinsformen diese Elemente beruhen. Damit leistet die digitale Edition gemeinsam mit dem Prinzip des Codierens konzeptionelle Hilfe dabei, das Musicking und dessen Inhärenz genauer aufzuschlüsseln und zu konkretisieren. Die Entitäten des Musicking müssen also eruiert werden, um das Musicking strukturell zu verstehen und es als Basis der Edition wahrgenommener Wirklichkeiten vorzubereiten. Eben hierzu dienen die folgenden Überlegungen.

4.2.2.1 Zur Vorbereitung eines konzeptuellen Datenmodells

»Am Anfang jeder Datenmodellierung steht ein Ausschnitt aus der Welt, der modelliert werden soll.«[69] So stellt es Fotis Jannidis einführend klar, doch wie bereits anhand der Grundlagen des Knowledge Engineering sowie in Folge des Experiments in Kapitel 2 betont,[70] muss dieser Weltausschnitt natürlich in all seinen Einzelheiten bekannt sein. Nur so wird es möglich, letztlich auch eine Codierungssprache zu entwickeln, die diesen Ausschnitt und alle in ihm enthaltenen Abhängigkeiten darstellen kann.[71] Diese Einzelheiten des hier fokussierten Weltausschnittes sind aber immer noch nicht bekannt. Es handelt sich hier nicht um die Frage, wie ein schon bestehendes, lesbares System (wie etwa ein Notationssystem) ontologisch abgebildet werden kann. Vielmehr muss das Musicking, das

68 Siehe Kapitel 3.3, S. 99 ff.
69 Jannidis, »Grundlagen«, S. 102.
70 Siehe S. 52 ff. sowie S. 70 ff.
71 Vgl. Guarino / Oberle / Staab, »What is«, S. 2.

System wahrgenommener, musikbezogener Wirklichkeiten grundsätzlich ontologisch eruiert werden, wobei *Prinzipien digitaler Edition erkenntnistheoretisch helfen* sollen.

Um im Folgenden dafür notwendige Bausteine zu erarbeiten, werde ich mich am Prinzip der Graphentechnologie orientieren, die prädestiniert ist, um Beziehungen zwischen Objekten hoher Komplexität digital zu speichern und abzubilden. Diese Technologie ist laut Andreas Kuczera der »nächste wichtige Schritt für die Digital Humanities, da mit ihnen den editierenden Disziplinen sehr flexible und einfach zu nutzende Editionswerkzeuge an die Hand gegeben [...] werden können.«[72] Ihr Prinzip der Knoten und Kanten, das in Form des *Labeled-Property-Graph* Eigenschaften von Entitäten und deren Beziehungen verarbeitet, wird im Folgenden *strukturell* aufgegriffen. Ziel ist es dabei zum einen, die Anforderungen zu ermitteln, die ein Datenmodell für die ereignisbezogene Musikedition zu erfüllen hat, ohne hier bereits technische Details festlegen zu müssen. Zum anderen soll das konzeptuelle Datenmodell als erkenntnistheoretisches Mittel bei der Identifizierung der Bausteine des Weltausschnittes helfen. Die »relevanten Entitäten sowie deren Attribute und Relationen zu identifizieren«[73], schafft als erster erkenntnistheoretischer Schritt in die Richtung der Entwicklung eines Datenmodells zunächst Klarheit über den zu edierenden Gegenstand. Die zu beantwortende Frage ist also, aus welchen Bausteinen, aus welchen Zeichen und welcher Grammatik der zu edierende Weltausschnitt, der modelliert werden soll, besteht. Eruiert werden muss, welche Informationen für den beabsichtigten Zweck relevant sind.

Es geht also noch nicht um die (oft kontinuierlich weitergeführte) Ausarbeitung eines fertigen konzeptuellen Datenmodells oder gar um die Entwicklung eines logischen Datenmodells sowie um das Festlegen von grundlegenden Codierungssprachen und zugrunde liegender Technologien, sondern um das Eruieren der *Voraussetzungen* der zu modellierenden Daten, also um das Benennen der

72 Kuczera, »Graphbasierte digitale Editionen«, S. 7. Vgl. ders., »Graphdatenbanken« und ders., »Digital Editions«. Aus Sicht der Informatik vgl. zu Datenbanken allgemein Saake/Sattler/Heuer, *Datenbanken*. Zu Graphen in der Netzwerkforschung vgl. Düring/Eumann, »Historische Netzwerkforschung«, S. 378 f. Die Arbeitsgruppe »Graphen & Netzwerke« der DHd (*AG Graphen* (Web), *Graphen und Netzwerke* (Web)) beschäftigt sich mit Graphentechnologien im praktischen Arbeiten des Feldes kulturwissenschaftlicher Forschung. Im musikwissenschaftlichen Kontext hat beispielsweise *Freischütz Digital* dieses Prinzip verwendet, um im werkbezogenen Kontext thematisch-motivische Netzwerke abzubilden (*Demonstrator Topic Map* (Web)).

73 Jannidis, »Grundlagen«, S. 102.

Bausteine und ihres Zusammenhangs.[74] Dies kann als Basis-Aufgabe digitalen Edierens aufgefasst werden, um die daraus gewonnenen Ergebnisse der späteren Entwicklung eines Datenmodells zugrunde legen zu können.

Die folgenden Darstellungen spiegeln *Prinzipien* wider, die sich an denen des CIDOC Conceptual Reference Model (CIDOC CRM) orientieren. Diese stetig weiterentwickelte Referenzontologie, im musealen Kontext zur Digitalisierung von dauerhaften Objekten des kulturellen Erbes entwickelt, zeigt auf Basis von Entitäten-Klassen (Entities) und Beziehungstypen (Properties), was Ontologien für kulturwissenschaftliche Zwecke leisten.[75] Sobald die folgenden Gedanken den Gegenstand des vorliegenden editorischen Interesses formen und zutage treten lassen, stellt sich die unmittelbare Nutzung der *Inhalte* des CIDOC CRM als logische Konsequenz dar. Diese Erkenntnis ist bereits *Ergebnis* der folgenden Überlegungen. Ein direkter Aufgriff einzelner Klassen und Eigenschaften aus dem CIDOC CRM sowie eine unmittelbare Anbindung an diese Ontologie wird hier in diesem ersten Schritt jedoch noch nicht gegangen. Sie ist – so zeigt es sich nach Abschluss der folgenden Untersuchungen – grundsätzlich möglich und muss hier nicht begründet oder dementiert werden.

Diesen Aufgriff hier *unmittelbar* zu vollziehen – wie es CIDOC-Kenner*innen vermissen mögen – und das durch die CIDOC-Arbeitsgruppen erarbeitete Wissen en détail direkt einzubeziehen, war dem vorliegenden Ziel aber hinderlich und der damit verbundene Aufwand stand in keinem Verhältnis zum Rahmen des vorliegenden Projektes. Keineswegs marginalisiere ich hiermit CIDOC als bedeutende Referenz. Doch schnell wurde meine ontologische Analyse des Gegenstands durch *die* Bestandteile und deren Definition geleitet, die CIDOC vorsieht. Durch eine versuchte enge und referenzielle Orientierung daran hatten sich zwischenzeitlich Strukturen entwickelt, die dem hier zu beschreibenden Gegenstand nicht gerecht wurden. Die vorliegende Frage ist jedoch nicht, wie der Gegenstand der wahrgenommenen Wirklichkeit mithilfe von CIDOC oder anderer Modelle modelliert werden kann – letzteres hätte zur Folge, den Gegenstand durch die

74 Zu den Stufen der Datenmodellierung vgl. einführend ebd., S. 102 ff.

75 Vgl. überblicksartig Rehbein, »Ontologien«. Das CIDOC CRM war im Zuge verschiedener Bedürfnisse von Gedächtnisinstitutionen entstanden: »[T]here is an increasing demand for targeted global search, comparative studies, data transfer and data migration between heterogeneous sources of cultural contents.« (Doerr, »The CIDOC«, S. 1.) Die unter dem Dach des *International Council of Museums (ICOM)* seit den 1990er Jahren entwickelte und erstmals 1999 veröffentlichte Referenzontologie zielt damit auf eine möglichst vollständige und komplexe maschinenlesbare Repräsentation des kulturellen Erbes. Seit 2006 ist sie ISO-Standard (21127:2006).

Brille vorliegender Muster zu erkennen. Die Fragen sind zunächst grundsätzlicher. Es geht um die erkenntnistheoretische *Identifizierung des Gegenstandes,* um die Entwicklung eines Editionskonzeptes und um die Beschreibung der relevanten Bausteine als Voraussetzung, den dann strukturell identifizierten Editionsgegenstand einer adäquaten Modellierung und anschließend der (Weiter-)Entwicklung von Referenz- sowie Anschlussontologien zuzuführen. Die folgend identifizierten Einzelelemente dahingehend zu untersuchen, in welchem Maße sie bereits teilweise Gegenstand von Ontologien und Digitalisierungsbestrebungen sind, ist hier also zunächst nicht von Bedeutung. Die Ausarbeitung einer Anschlussontologie stellt einen weiteren Schritt innerhalb der hier begonnenen Entwicklung eines kulturwissenschaftlichen Editionskonzeptes dar, der im Anschluss an die vorliegenden Überlegungen mit angemessener Aufmerksamkeit vollzogen werden kann. Eine künftige endgültige Ausarbeitung der Musicking-Ontologie wird sich also an CIDOC – gleich bereits bestehender Module[76] – orientieren, wofür sich die vorliegende, gleichwohl entscheidend von CIDOC CRM inspirierte Studie als Grundstein versteht.

Eine Musicking-Ontologie kann natürlich nicht an einem einzigen Fallbeispiel vollendet werden.[77] Diese hier am Beispiel des Mundharmonika-Wurfes zu beginnen, dient dazu, einen Einstieg in ontologische Überlegungen zum Musicking zu geben und dessen theoretisches Prinzip zu verdeutlichen, wodurch die Erstellung eines Datenmodells zur Edition wahrgenommener Wirklichkeiten vorbereitet wird. Dabei werden erste Anforderungen sowie Herausforderungen gefunden und eine Reihe ontologischer und technischer Anschlussfragen freigelegt. Die noch folgenden Präzisierungen verstehen sich somit als Einstieg in Überlegungen zur Grundlage dessen, was eine kulturwissenschaftliche Musikedition im hier verstandenen Sinne elementar ausmacht. Die dabei ab Kapitel 4.2.3 sukzessive erstellte Taxonomie (siehe Anhang, S. 229, explizit als Version 0.1) soll dabei zur Basis werden, eine Ontologie des Musicking zu diskutieren, zu erweitern und zu präzisieren. Auch die hier gezeigte Fassung ist das Produkt eines Wandels durch Diskussion und Emendation der Taxa und würde zur umfassenden Anwendung auch über dieses Projekt hinaus noch einigen Wandel erfahren müssen.

76 Vgl. *CIDOC CRM* (Web), Compatible models & Collaborations.

77 Bereits bestehende Ansätze wie die *Music-Ontology* (Raimond u. a., »The Music Ontology«) und ihre verwandten Teile oder die *Internet of Musical Things Ontology* (Turcheta u. a., »The Internet«) werden hier zunächst bewusst ausgeblendet, da keine der bekannten Herangehensweisen die hier fokussierte Grundlage der Musik als wahrgenommene Wirklichkeiten fokussiert. Sich bietende Anschlussmöglichkeiten wären von Folgestudien zu untersuchen.

4.2.2.2 Musicking-Entitäten. Fünf Basisklassen

Um die Bausteine des Musicking einordnen und benennen zu können, um über musikbezogene Wirklichkeiten Theorien zu erstellen,[78] müssen im Sinne einer informationstechnologischen Ontologie Entitäten-Klassen identifiziert werden. Zur Erinnerung: Eine Ontologie zielt auf die Erstellung eines Systems, das auf zweckdienliche Art und Weise das »abstrakte Grundgerüst der beobachtbaren Welt«[79] darstellt.[80] Daher sei noch einmal aus *philosophischer* Sicht auf die erste »Aufgabe der Ontologie« geschaut. Diese sei, so der Philosoph Erwin Tegtmeier, »die Ermittlung der Kategorien, d. h. der obersten Gattungen.«[81] Folgende *philosophische* Ordnung kann der hier angestrebten *informationstechnologischen* Überführung wahrgenommener Wirklichkeiten in ein abstraktes Modell helfen:

> »Man kann sechs ontologische Phänomene ausmachen: 1. das des Seins/der Existenz, 2. das der Komplexität, 3. das der numerischen Verschiedenheit und Gleichheit, 4. das der Relationen, 5. das der Fortdauer über Zeit und Veränderungen hinweg und 6. das der qualitativen Gleichheit und Verschiedenheit. Diese sechs Phänomene bilden die Probleme der Ontologie, d. h. jeder Ontologe hat die Aufgabe, diese zu erklären.«[82]

In Orientierung an diesen sechs Phänomenen stelle ich das vorliegende Ziel zunächst durch das Finden der »obersten Gattungen« – der Basisklassen[83] des Musicking – auf eine ontologische Basis. Mit Blick auf die angestrebte *digital-editorische* Erfassung lassen sich die von Tegtmeier genannten Phänomene *Sein* (1.), *Relation* (4.) und *Fortdauer* (5.) technisch speichern und ausdrücken. Zum Ersten arbeite ich das Phänomen des Seins durch den im Folgenden eingeführten und zu spezifizierenden Begriff der *Seinszustände* als Modul des Musicking auf und eruiere in diesem Zusammenhang erste Entitätenklassen, die das Musicking

[78] Vgl. dazu Schmidinger, der es als Ziel der Metaphysik beschreibt, »über die Wirklichkeit in ihrer Gesamtheit *Theorien zu erstellen.*« (Schmidinger, *Metaphysik*, S. 32.)
[79] Vgl. Rehbein, »Ontologien«, S. 165.
[80] Siehe dazu auch Kapitel 2.2.1, S. 55.
[81] Tegtmeier, »Einleitung«, S. 16.
[82] Ebd., S. 17
[83] »Basisklasse« betont hier, dass diese Klassen jeweils keine eigene Basisklasse besitzen und gegebenenfalls ihre Eigenschaften an Subklassen vererben können.

widerspiegeln.[84] Zum Zweiten wird das Phänomen der Relation untersucht, indem *Beziehungen* zwischen Seinszuständen erarbeitet werden,[85] um schließlich zum Dritten das Phänomen der Fortdauer durch die festzuhaltende *Dauer* solch einer zwischen Seinszuständen bestehenden Beziehung in das angestrebte System aufzunehmen.[86] Diese drei Phänomene liegen also im vorliegenden Kapitel im Fokus meiner Untersuchung zur Annäherung an das abstrakte Grundgerüst des zu beschreibenden Weltausschnittes, wobei ich zunächst die zu eruierenden Entitäten in Form einer Taxonomie sammeln werde, um sie später mittels Beziehungstypen und deren Eigenschaften zur Ontologie auszubauen.

Die von Tegtmeier aufgeführten philosophischen Phänomene der *Komplexität* (2.) sowie der *numerischen und qualitativen Verschiedenheit und Gleichheit* (3. und 6.) müssen anschließend aus den Daten des Seins, der Relation und der Fortdauer visualisiert und *deutend erschlossen* werden können. Wie diese hier editorische Beachtung finden, wird mit den Problemstellungen in Kapitel 5 thematisiert. Dabei wird es um die Frage nach der grafischen Auswertung der durch die gewonnenen Daten ausgedrückten Phänomene gehen. Sie werden zu den von Nutzer*innen zu analysierenden Aspekten zählen und betreffen beispielsweise das Erkennen von Umfängen einzelner edierter Zusammenhänge, die Arten der zu erkennenden Beziehungen sowie deren Relation etwa zu anderen edierten Zusammenhängen.

Ich komme nun also zur Notwendigkeit, eine Basis des Musicking als Ausgangspunkt der zu edierenden Existenzen zu formulieren. Da bei Small auf der Suche nach Bausteinen des Musicking keine inhärente detaillierte Aufschlüsselung von Entitäten und folglich auch keine formalisierende Beschreibung möglicher Beziehungen zu finden ist, bleibt die erwähnte Frage, welches die grundlegenden Entitäten sind, die sich innerhalb des Musicking-Konzepts in Sets of Relationships widerspiegeln und wo die Grenzen eines solchen Beziehungsgeflechts liegen. Im Experiment aus Kapitel 2, das ein Ereignis zunächst mittels Anknüpfung an digitale Notenedition betrachtet, wurden lediglich das Konzertereignis, die Gegenstände »Zettel« und »Mundharmonika« sowie deren beiden Nutzer fokussiert.[87] Mit dem zuvor spezifizierten Blick auf das Phänomen der Musik besteht jetzt eine konzeptuelle Basis, auf der die zu edierenden grundlegenden Entitäten

84 Der Begriff des Seinszustands als temporär wahrgenommener Knotenpunkt wird im folgenden Teilkapitel spezifiziert. Einem Seinszustand ist stets eine Entität zuzuordnen, die sich in der Ausarbeitung der *abgeleiteten Klassen* in Kapitel 4.2.3 finden.

85 Siehe Kap. 4.2.4.1.

86 Siehe Kap. 4.2.4.2.5, S. 166.

87 Siehe S. 65 ff.

strukturiert definiert werden können. Es müssen also Basisklassen definiert werden, die das Phänomen des Seins innerhalb des Musicking-Konzeptes ausdrücken. Damit gilt es zu fragen, wie eine Entität tätig ist, denn durch die Zuweisung von Entitäten wird festgehalten, mit welcher Funktion etwas wahrgenommen wird.[88]

Durch das Heranziehen von Smalls Grundidee können (axiomatisch vorangestellt) in Verbindung mit den in Kapitel 4.2.1 dargelegten Prinzipien fünf Entitäten als Basisklassen erstellt werden – die Musicking-Entitäten ME1 bis ME5 – (siehe Abb. 4.1.), die ich in Kapitel 4.2.3 präzisieren und definieren werde. Sie fassen zusammen, was im zentralen Vorgang des »people musicking« geschieht und welche Funktionen die wahrgenommenen Bestandteile im sozialen Miteinander erfüllen: Hierfür sind zunächst *Akteur*innen* (ME1), »people«, unerlässlich. Durch ihr Denken, Fühlen und Handeln, das »people musicking«, *findet etwas Wahrnehmbares statt,* das sich in konkret benennbaren *Ereignissen* (ME2) manifestiert.[89] Im Rahmen dieser Ereignisse benutzen und erschaffen Akteur*innen durch ihr Handeln gegebenfalls *gegenständliche Objekte* (ME3) und *logische* beziehungsweise *symbolische Objekte* (ME4, beispielsweise Texte/Werke), die das »people musicking« gegebenenfalls ermöglichen oder durch es hervorgebracht werden. Diese vier Entitäten werden schließlich zwingend angeordnet und in dieser Anordnung wahrgenommen, wodurch sich *kulturelle Räume* (ME5) konstituieren. »Musik« als »people musicking« besteht also zunächst aus diesen fünf Basisklassen, deren Nummerierung hier keine Hierarchie darstellt. Von ihnen werden später Subklassen abgeleitet, die einen Ausgangspunkt bilden sollen, von dem aus eine ontologische Betrachtung als Grundlage zur ereignisbezogenen Edition wahrgenommener Wirklichkeiten begonnen werden kann.

4.2.2.3 Seinszustände. Knotenpunkte des Musicking

Die fünf zuvor benannten Basisklassen Akteur*in, Ereignis, gegenständliches Objekt, logisches/symbolisches Objekt und Raum können als fünf grundlegende

88 Das ist bei der bereits erläuterten Notencodierung nicht anders. Diese codiert beispielsweise nicht absolut, was eine Note *d'* ist, sondern sie codiert eine Funktion und eine Position in einem Gesamtsystem. Gleiches gilt auch für Ereignisse: Codiert werden sollen wahrgenommene Funktionen innerhalb eines Systems, die ihrerseits wieder gedeutet werden.

89 Die Integration benennbarer »Ereignisse« darf hier nicht mit der Prämisse »Musik ist ein Ereignis« gleichgesetzt werden. Letztere betont den ereignishaften Charakter eines Phänomens, das sich aus allen hier benannten Basisklassen bildet. Innerhalb dieser Wahrnehmung ist das *benannte* Ereignis wichtiger Teil des Musicking.

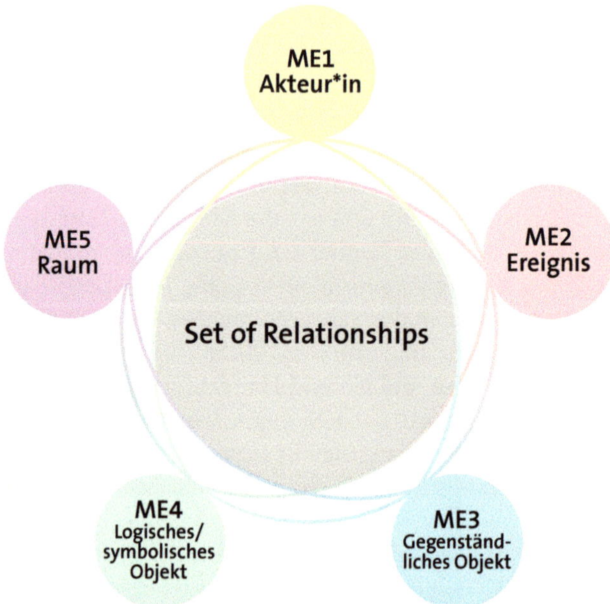

Abb. 4.1: Beziehungsnetz der fünf Basisklassen des Musicking.

Musicking-Entitäten vorausgesetzt werden. Sie beschreiben Bausteine innerhalb des Musicking, beschreiben aber nicht etwa eine Person mit ihren menschlichen Merkmalen, nicht ein Ereignis mit seinen Ereignisdaten, nicht ein Ding mit seinen materiellen Eigenschaften, nicht ein Werk mit seinem logischen Inhalt oder einen Raum mit seiner geografischen Reichweite. Als Betonung des Wahrnehmungs-Aspektes und der damit verbundenen Diversität bezeichnen die Basisklassen konstituierte *Seinszustände* innerhalb eines wahrgenommenen kulturellen Ereignisses.

Das bedeutet: Ich definiere einen *Seinszustand* als einen explizit wahrgenommenen, in der Wahrnehmungshandlung benannten Zustand von etwas Beobachtetem (beispielsweise der Person Müller-Westernhagen), das durch eine wahrgenommene Beziehung zu etwas anderem Beobachteten (beispielsweise zu einem benutzten Ding) entsteht. Die wahrgenommene Funktion und die Bedeutung des Beobachteten werden also durch den Zusammenhang verschiedener Seinszustände erkennbar. Objekte der realen Lebenswelt können dadurch vielfältige Funktionen haben: Solange sie nicht wahrgenommen werden und ihnen keine Funktion zugeschrieben wird, können sie als neutral gelten. Werden sie als in einer bestimmten Beziehung stehend erkannt und benannt, wird ihnen eine Bedeutung zugeschrieben, indem sie einer Entität zugeordnet werden.[90] Da es stets im Auge der Betrachter*innen liegt, wie etwas erkannt wird, können also unterschiedliche, ambivalente Deutungen – unterschiedliche Seinszustände – von etwas Beobachtetem existieren. Ediert werden sollen somit *extrinsische Versionen des Denkens und Handelns.*

Der Seinszustand ist damit ein Hilfsbegriff, der verdeutlicht, dass etwas in seiner Beziehung zu etwas anderem wahrgenommen wird und durch diese Beziehung eine bestimmte Entität zugeordnet bekommt. Der Begriff weist damit auf den temporären Konstruktionscharakter der Entitätenzuschreibung sowie auf ihre potenzielle Disparität hin und integriert diesen Charakter zugleich in die Struktur des anvisierten Editionskonzeptes, das diese Seinszustände (in ihrer Relativität und Diversität) verzeichnen muss. Marius Müller-Westernhagen kann als *Akteur* ein Schauspieler, Sänger, Instrumentalist, Bandmitglied, Komponist etc. sein. Die Mundharmonika kann als *gegenständliches Objekt* ein Instrument, eine Fan-Trophäe, eine Requisite etc. sein. Erst durch eine *Wahrnehmung,* mit der ein Sein in seiner jeweils *spezifischen Beziehung* zu einem anderen Sein erkannt wird, bekommen beide den Zustand, den sie im Musicking einnehmen. Die Existenz von Seinszuständen ist damit von einer temporären Beziehung abhängig.[91]

Das heißt: Die Zustände einer Person als musikbezogene*r Akteur*in oder eines Dings als Instrument bestehen nicht per se. Die Seinszustände beschreiben die Bedeutung eines Bausteins und sie beschreiben, durch welche Beziehungen zu anderen Seinszuständen diese Bausteine gedeutet wurden. Ein Seinszustand ist beispielsweise a) der Musiker Marius Müller-Westernhagen, der zu einem bestimmten Zeitpunkt b) eine Mundharmonika als Instrument *benutzt.* Zur gleichen (oder zu einer anderen) Zeit kann diese Person als Akteur oder dieser Gegenstand als Ding in jeder anderen Funktion wahrgenommen werden. Ausschlaggebend ist, dass andere Wahrnehmende eine andere Beziehung zu dem Akteur oder dem Ding deuten. (Siehe Abb. 4.2.) Diese Abweichungen können sich in Versionen (also in verschiedenen Beschreibungen eines Ereignisses) widerspiegeln.[92] Es liegt dann eine andere Version eines Wirklichkeits-Ausschnittes vor.

90 Siehe hierzu auch Kap. 1.2, S. 38 f.
91 Siehe auch Kap. 4.2.4.2.5, S. 166.
92 Varianten hingegen beziehen sich auf editorisch erarbeitete Lesarten nicht eindeutiger Beschreibungen. Sie beziehen sich ihrerseits auf eine zu edierende Version. Siehe dazu Kap. 4.4, S. 174.

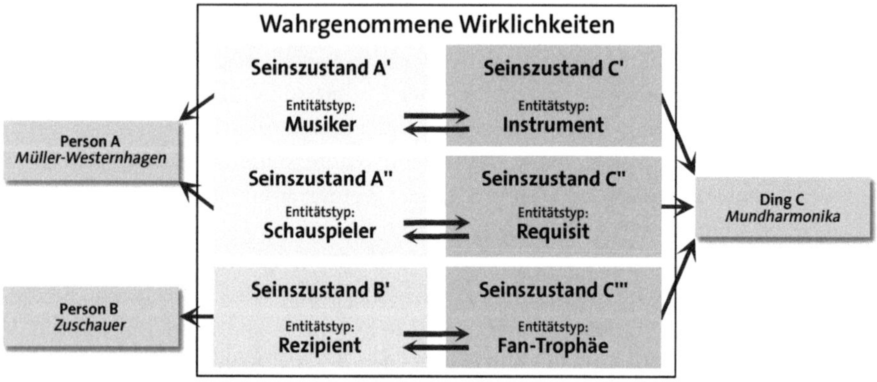

Abb. 4.2: Zusammenhang von lebensweltlichen Phänomenen und Seinszuständen des Musicking innerhalb wahrgenommener Wirklichkeiten.

Jede Beobachtung eines Ereignisses wird damit zum Ausdruck differierender, individuell wahrgenommener Wirklichkeiten. Das hier von mir *vorgeschlagene Edieren fokussiert also das Festhalten von Seinszuständen,* die durch erkannte Beziehungen spezifiziert und mittels Entitäten benannt werden.[93] Diese Zustände bilden Knotenpunkte und diese Knotenpunkte entsprechen Bausteinen einzelner Wahrnehmungen innerhalb von Sets of Relationships (SoR). Sie beschreiben prozessual die Genese einer Interaktion und deren Ergebnisse, die das Musicking bilden und in ihrer Zusammenstellung schließlich das wahrgenommene SoR formen. Diese Bestandteile sind nun genauer zu untersuchen. Hierdurch soll die Rekonstruktion des Aufbaus wahrgenommener Wirklichkeiten möglich werden.

4.2.2.4 Verlauftabelle. Brücke von der dichten Beschreibung zum Code

Um die Benennung und Identifizierung der Bausteine wahrgenommener Wirklichkeiten anhand des Mundharmonika-Wurfes zu kontrollieren, habe ich auf Basis meiner dichten Beschreibung exemplarisch einige um den Akt des Wurfes wahrgenommene Elemente gesammelt und in einer Verlauftabelle zusammengefasst. Diese ist ausdrücklich ein Zwischenprodukt, das bei der Entwicklung des hier exemplifizierten Systems angefallen ist, womit sie als inspiratives Werkzeug bei der Sammlung und Ordnung erster Klassen, Subklassen, Attribute und Beziehungen half. (Siehe Anhang, S. 231 f. Das Prinzip der Tabelle zeigt Abb. 4.3.)

[93] Siehe Kap. 4.2.2.3, S.134.

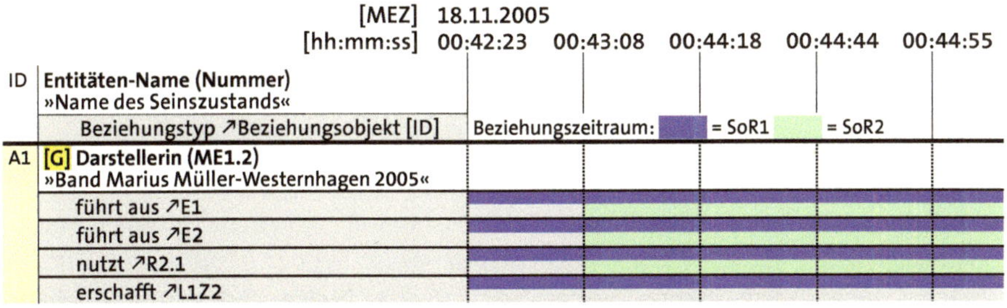

Abb. 4.3: Schema der Verlauftabelle »Mundharmonika-Wurf *Westernhagen in Concert 2005*«, hier am Beispiel des Seinszustands der Band.

Die Tabelle stellt eine Datenbank der von mir wahrgenommenen Wirklichkeit dar und zeigt eine erste Grundlage der Bestandteile sowie ihres Zusammenhangs, die gespeichert und visualisiert werden müssen, wenn eine Wahrnehmung ediert werden soll. In Wechselwirkung mit der Erstellung einer Ontologie diente sie also zum Verifizieren und Falsifizieren einzelner Bausteine sowie zum Erkennen der damit im Zusammenhang stehenden Schwierigkeiten. Sie ist eine Brücke von der in der dichten Beschreibung festgehaltenen Wahrnehmung hin zu den notwendigen Bestandteilen eines späteren Codes. Auch wenn in der Tabelle alle fünf Basisklassen auftauchen, ist es ausdrücklich nicht ihre Aufgabe, *sämtliche* im Folgenden erläuterten Einzelheiten der Musicking-Ontologie (siehe S. 229 ff.) zu veranschaulichen.

Durch die Tabelle, deren Spalten ab Spalte 3 zeitlich nach dem Ereignisdatum sowie nach dem Verlauf der beobachteten Aufzeichnung sortiert sind, stellte sich zunächst heraus, dass sich alle in der dichten Beschreibung beobachteten Elemente des Mundharmonika-Wurfes einer der fünf bereits benannten Basisklassen zuordnen und gemäß voriger Definition als Seinszustand benennen lassen. Der Entitäten-Name wird in Spalte 2 in fetter Schrift angegeben (»Darstellerin«) und nach Basisklassen gruppiert (farbliche Markierung in Spalte 1). Zusätzlich wird eine jeweils zugeordnete Entitäten-Klasse (gemäß der noch vorzustellenden Taxonomie samt Unterpunkten) mittels dazugehöriger Nummerierung in Klammern (»ME1.2«) angegeben. Darunter findet sich ein dem jeweiligen Sprachgebrauch entsprechender Name des betreffenden Seinszustands (»Band Marius Müller-Westernhagen 2005«). Ein »[G]« vor der Entitäten-Klasse zeigt, dass dieser Seinszustand – wie hier die Band – eine Gruppierung aus anderen Seinszuständen bildet. Diese wird, wie später erläutert, ebenfalls als Akteur*in behandelt.[94]

94 Zur Gruppierung siehe Kap. 4.2.4.2.8, S. 169.

In Spalte 1 erhalten die Seinszustände neben der farbigen Markierung zudem eine Identifikationsnummer. Diese ist grundsätzlich beliebig, beginnt hier aber aus Gründen der Lesbarkeit mit dem Initial der ihnen zugeordneten Basisklasse, gefolgt von beliebiger, aber fortlaufender Zählung. Gegebenenfalls enthält diese Zählung ein »Z« für »Zustand« samt fortlaufender Zählung. Dies dient hier der Verdeutlichung dessen, dass ein einzeln real existierendes Element in verschiedenen Seinszuständen erkannt wird, was beispielsweise bei der Mundharmonika der Fall ist, die als Instrument sowie als Fan-Trophäe beobachtet wurde. (Siehe S. 231 f., ID »G2Z1« & »G2Z2«.) Dieses Verfahren half hier dabei, auch ohne die Arbeit externer Datenbanken (die in diesem Fall das konkret benutzte Ding »Mundharmonika« verzeichnen müssten), die Multiperspektivität, die einzelnen Phänomenen anhaftet, zu erkennen und sichtbar zu machen.[95]

Spalte 2 gibt zusätzlich zu Entitäten-Name und -Klasse im grauen Bereich die für einen Seinszustand bestehenden Beziehungstypen wider. Sie geben im Kontext von Relation und Fortdauer der Entitäten an, auf welche Weise ein Seinszustand mit anderen Seinszuständen in Verbindung steht. Hierbei hilft die ID der Entitäten, indem dem jeweils angegebenen Beziehungstyp eine ID des Seinszustands folgt, zu dem die jeweilige Beziehung besteht (»führt aus ↗E1«).

Ab Spalte 3 markieren farbige Balken schließlich eine Zeitspanne, die angibt, über welche Dauer eine Beziehung beobachtet wurde. Die unterschiedliche Färbung der Balken weist auf das SoR hin, in dem eine Beziehung mit der angegebenen Dauer wahrgenommen wurde. Auf diese Unterscheidung in SoRs sowie auf die in der Tabelle genannten Beziehungstypen gehe ich ab Kapitel 4.2.4 detailliert ein.

Die resultierende Tabelle drückt also in modularisierter Weise das Wissen über das Ereignis des Mundharmonika-Wurfes aus, das der in der dichten Beschreibung gegebenen Wahrnehmung entspricht und in einer späteren Codierung repräsentiert werden muss. Die mithilfe dieser Tabelle geordneten Bestandteile werde ich im Folgenden genauer beschreiben. Ich beginne dies mit einer detaillierten Betrachtung der zuvor genannten Musicking-Entitäten, die in diesem tabellarischen Zusammenhang die Knotenpunkte beschreiben.

4.2.3 Spurensuche II/2: Basis- und Subklassen der Musicking-Entitäten

Ich habe in Kapitel 4.2.2.2 fünf Musicking-Entitäten benannt, welche den Seinszuständen wahrgenommener Phänomene tabellarisch zugeordnet werden konnten. Wenn Musik als wahrgenommene Wirklichkeit betrachtet wird, ist das

95 Siehe dazu auch Kap. 4.3, S. 171.

Zusammentreffen dieser Entitäten und somit der Inhalt jedes der sie betreffenden kulturwissenschaftlichen Forschungsgebiete essenziell. Diese Forschungsgebiete können in der vorliegenden Studie nicht alle in besonderer Tiefe dargestellt werden, doch ich möchte, um weitere Spuren im Small'schen Nebel zu finden, diese fünf Basisklassen im Zusammenhang mit den ihnen zuzuordnenden Elementen des Mundharmonika-Wurfes in gebotener Kürze erläutern. Ich führe die mit den Basisklassen begonnene Taxonomie also fort, indem ich zum Zweck der Erläuterung der Funktion der Entitäten erste Subklassen[96] benenne. Hierfür sind ihre in musikbezogenen Zusammenhängen lebensweltlich wahrgenommenen Funktionen näher zu unterscheiden. Die dabei im Folgenden sukzessive ausgebaute Taxonomie mit Subklassen wird jeweils am Ende eines Unterkapitels aufgelistet und findet sich als Gesamt-Taxonomie im Anhang wiedergegeben.[97] Aus Gründen der Übersichtlichkeit verzichtet diese Auflistung auf das im Fließtext genannte Präfix »ME«.

Jede der im Folgenden besprochenen Klassen ist natürlich potenziell in beliebig viele Subklassen teilbar. Anhand der Akteur*innen möchte ich dies exemplarisch bis in eine dritte Ebene durchführen. Die Beschreibung der übrigen Entitäten beschränke ich hier auf eine *erste* Sub-Ebene. Ich betone an dieser Stelle noch mal, dass hiermit ein *Ausgangspunkt* eröffnet wird, welcher von nachfolgenden Studien wesentlich zu erweitern und zu präzisieren ist,[98] hier aber als formalisierender Grundstein der Edition von Musik als Ereignis gilt.[99] Weiterhin soll diese Taxonomie verdeutlichen, welche Form der Auseinandersetzung mit dem Editionsgegenstand nötig ist und welche Sichtweise auf ihn angelegt wird.[100]

4.2.3.1 ME 1: Akteur*in

Musik wird handelnd erbracht und denkend interpretiert. Hierauf fußt der Ansatz Smalls ebenso wie der musiksoziologische Ansatz.[101] Im hier verstandenen

96 Dies wird jeweils bis zur ersten Unterkategorie durchgeführt, mit Ausnahme der *ME 1: Akteur*in,* diese wird bis in die dritte Ebene behandelt.

97 Siehe Anhang, S. 229.

98 Über das hier gezeigte hinaus weisende Beispiele und Taxa hätten den Rahmen der vorliegenden Arbeit gesprengt und sind für diese ersten Überlegungen zur Edition von Musik als Ereignis zu erübrigen. Dass es weitgehende Ergänzungen und Emendationen geben wird – die meinen Leser*innen auf Basis ihrer eigenen Forschungsfelder in den Sinn kommen – steht außer Frage.

99 Siehe auch Kap. 4.2.2.1, S. 130.

100 Siehe auch Kap. 4.2.2, S. 127.

101 Zur kulturwissenschaftlichen Sichtweise siehe Kap. 3.1, S. 87 ff.

Sinne existiert Musik also nicht ohne (wahrnehmendes und interpretierendes) menschliches Zutun. Die übrigen Entitäten gehen aus dem Handeln der Akteur*innen hervor und werden dafür genutzt. Somit ist die erste Basisklasse – die der *Akteur*innen* – besonders wesentlich für die Edition wahrgenommener Wirklichkeiten. Untersucht man Musik als »people musicking«, als menschliches Tun, das soziale Prozesse beeinflusst, untersucht man erkannte und interpretierte (auch als Gruppe) *agierende* Individuen. Gemäß der Definition von Handeln, wie sie das *Historische Wörterbuch der Philosophie* vorschlägt, sind Akteur*innen Elemente, die autonom aktiv und an einer – aus einer Entscheidung resultierenden – Umsetzung eines Zwecks in die Realität beteiligt sind, was in einer Tat oder Tätigkeit (als Abfolge von Handlungen) mündet.[102] Im vorliegenden Sinne als musikbezogene*r Akteur*in wahrgenommen wird also, wer Musik erbringt und/oder wahrnimmt beziehungsweise wer an einer Erbringung oder Wahrnehmung beteiligt ist.

Damit ist diese Entität auch vom Sein des isoliert betrachteten, jeweils als biografiewürdig erachteten Menschen mit seinem Leben und all seinen ihm zugeschriebenen Eigenschaften zu unterscheiden. Als solcher ist er musikwissenschaftlich in aller Breite untersucht; Bibliotheken sind und werden mit biografischen Betrachtungen gut gefüllt. Doch bei den Akteur*innen handelt es sich nicht um die musikwissenschaftlich zentrale Kategorie der großen und kleinen Namen, der Lebensdaten oder der zugewiesenen Statusränge. Diese sind *inhaltlicher Teil* der Akteur*innen. Dem Einbezug dieses Teils in den vorliegenden Zusammenhang widme ich mich später unter Beachtung der Existenz von Fachcodierungen.[103] Bei der Benennung von Akteur*innen handelt es sich vielmehr um unterschiedliche Funktionen denkender und handelnder Individuen innerhalb eines wahrgenommenen musikbezogenen Zusammenhangs. Wer Teil eines Musicking ist, ist interpretierender Teil eines Gesamtzusammenhangs und erhält seine Funktion durch das von ihm ausgehende, wahrgenommene Agieren.

Die Rolle von Akteur*innen muss im musikbezogenen Sinne jedoch noch weiter spezifiziert werden. Denn welche Rolle jemandem innerhalb einer Wirklichkeit zugeschrieben wird, ist entscheidend für die Ausprägung des Wahrgenommenen. Da Musik als Klang erbracht und rezipiert, also mit allen Sinnen erfasst wird, können Akteur*innen zunächst in *Darsteller*innen* (ME 1.2) und *Rezipient*innen* (ME 1.4) unterschieden werden. Diese lassen sich in musikbezogener Hinsicht wiederum dahingehend unterscheiden, ob und wie sie Klang erzeugen. Ob als *Musiker*in* (ME 1.2.1) mittels Singstimme oder Instrument, ob als *Sprecher*in*

102 Zur Definition von Handeln vgl. Derbolav, »Handeln«, Sp. 992.
103 Siehe Kap. 4.3, S. 172.

(ME 1.2.3) mittels Sprechstimme, ob als *Tänzer*in* (ME 1.2.4) mittels musiksynchronem Einsatz des Körpers oder als *sonstige Darsteller*in* (ME 1.2.2) mittels Sprechstimme, Gestik oder Mimik. Letztere summiert hier zunächst Schauspieler*innen, Artist*innen etc., die sich nicht den übrigen Subklassen zuordnen lassen.

Entsprechend der angeführten Begriffsdefinition des *Seinszustands* ist es dabei kein *elementarer* Zustand, ob jemand Darsteller*in oder Rezipient*in ist, sondern dies ist eine Deutung der wahrgenommenen Funktion, die aus der beobachteten Nutzung von Dingen und Konzepten folgt. Rezipient*innen können zu Darsteller*innen werden und umgekehrt – zum Beispiel, sobald ein Publikum singt und Bühnenmusiker*innen ihm zuhören.[104]

Als Nächstes kann die Wahrnehmung von Akteur*innen als Schaffende logischer beziehungsweise symbolischer Objekte[105] im Sinne von *Autor*innen* (ME 1.1) unterschieden werden. Hier zählt ausdrücklich auch jene Autorschaft hinzu, die sich aus dem Erzeugen von Objekten wie Bühnenbild und Lichtdesign oder aus dem Erzeugen von Produkten der Musikproduktion ergibt. Vor allem am Beispiel der Popularmusik ist diese Ausweitung von Bedeutung, da hier in Bezug auf das Endprodukt nicht alleine Komponist*innen als Schaffende wahrgenommen werden, sondern beispielsweise auch Produzent*innen und ihr spezifisches Handeln im Zusammenhang mit spezifischen Dingen.[106]

Am gegenwärtigen Beispiel wird auch deutlich, dass innerhalb der wahrgenommenen Wirklichkeiten die Bandbreite von Akteur*innen, die in musikbezogenen Zusammenhängen Relevanz haben, auf Bereiche ausgedehnt ist, die im *dienstleistenden* Sinne der Erbringung und Rezeption von Schall dienen und explizit wahrgenommen werden.[107] Diese Akteur*innen finden im Vorliegenden (aus Darsteller*innen- und Rezipient*innen-Sicht) in ihrer Funktion als *Dienst-*

104 Um einen Vergleich zum Tonsystem zu ziehen: Die Zuweisung der Bedeutung einer Tongruppe als Tonika, Subdominante oder Dominante geht erst aus der Beobachtung eines Ganzen hervor und absolute Töne können mittels Transposition ihre wahrgenommene Funktion wechseln.

105 Siehe Kap. 4.2.3.4 S. 149.

106 Vgl. dazu einführend Hemming, *Methoden*, S. 51 ff.

107 Dies zeigt sich nicht nur in der einleitenden dichten Beschreibung, sondern beispielsweise auch in Wahrnehmungen Konzertbeteiligter. So berichtet etwa der Stage Manager Horst Hartmann über seine Mitarbeiter: »Die Leute, die hier sind und […] zwischen 40 und 50 jetzt sind, die gehören natürlich auch alle zur A-Crew in diesem Land und auch wahrscheinlich europa- und weltweit«. (Müller-Westernhagen, *Wenn das Licht* (DVD), DVD 2, 00:04:45.) »Unglaubliche Leute« ergänzt Müller-Westernhagen zu seiner Wahrnehmung dieser Konzert-Beteiligten. (Ebd., DVD 2, 00:05:05.)

*leister*innen* (ME 1.3) Eingang in die Taxonomie und gehören untrennbar zur Wiedergabe wahrgenommener Wirklichkeiten.[108]

Wie angedeutet, zählen zu den Akteur*innen nicht nur Individuen, sondern auch als solche handelnde Gruppen. Gemeinschaften sind damit ebenfalls wie Einzelpersonen gemäß ihrer Funktion als Akteur*innen zu bezeichnen, da diese als konstruierte Identität genauso für die Umsetzung eines Zwecks (nur eben im Kollektiv) agieren.[109] Sie bezeichnen letztendlich die ideelle Vereinigung von Akteur*innen, so wie sie sich in einer Wahrnehmung einer Lebenswelt zeigt. Solch eine Gruppe ist einerseits durch Beobachtung der Individuen mittels Übereinstimmung von Zeit, Ort und Beteiligung an einem Ereignis *interpretierbar*, sie kann aber auch explizit als Gruppen-Akteur*in wahrgenommen werden. Jede der Subklassen kann damit auch potenziell als Gruppe existieren.[110] Ordnet man die in der dichten Beschreibung genannten Personen entsprechend ihrer Funktion ein, lassen sich folgende alphabetisch sortierte, vorläufige Subklassen von ME 1 *Akteur*in* erkennen:

1 Akteur*in
- 1.1 Autor*in
- 1.2 Darsteller*in
  - 1.2.1 Musiker*in
  - 1.2.2 sonstige*r Darsteller*in
  - 1.2.3 Sprecher*in
  - 1.2.4 Tänzer*in
- 1.3 Dienstleister*in
- 1.4 Rezipient*in

4.2.3.2 ME 2: Ereignis

Das von Individuen wahrgenommene Denken, Fühlen und Handeln von Akteur*innen führt nun zum Phänomen erkannter Ereignisse. Diese bilden im

108 Auch Darsteller*innen können als Dienstleister wahrgenommen werden, wenn ihr Agieren als Mittel eines übergeordneten Zwecks gesehen wird. Umgekehrt können Dienstleister*innen als Darsteller*innen wahrgenommen werden, wenn beispielsweise die musiksynchrone Steuerung des Bühnenlichtes als darstellerisches Agieren im Rahmen eines Ereignisses gesehen wird. Einer Person können in solch einem Fall beide Seinszustände zugeordnet werden.

109 Vgl. Fuhse, »Die kommunikative Konstruktion«, S. 291.

110 Zu Gruppierungen von Seinszuständen siehe die Beschreibung der Musicking-Attribute, Kap. 4.2.4.2, S. 163 ff.

Zusammenhang mit Akteur*innen sozusagen eine Symbiose und betreffen wesentliche Forschungsbereiche der hier zugrunde gelegten und bereits besprochenen kulturwissenschaftlichen Perspektive. Wie einleitend betont, gilt es hierbei, den Blick auf das Performative zu richten und diesen nicht an der künstlerischen Darstellung, der Interpretation oder der Performance zu erschöpfen.[111]

Ereignisse sind musikwissenschaftlich breit reflektiert und werden mittlerweile von der digitalen Erforschung und Präsentation musikwissenschaftlicher Ereignisdaten flankiert, indem etwa durch das Portal *musiconn.performance* die Online-Recherche nach musikalischen Aufführungsdaten mitsamt den damit verbundenen Personen und Werken ermöglicht wird.[112] Dies stellt eine wertvolle Recherche-Grundlage dar,[113] die das prinzipielle Auffinden von Ereignissen ermöglicht, doch in Bezug auf den zu erzielenden editorischen Überbau weist die von mir vorgestellte Sichtweise im Sinne der Semantik darüber hinaus. Welche ereignisbezogene Bezeichnung dem jeweiligen Musicking innerhalb einer Wahrnehmung gegeben wird und wie es in seiner Bedeutung zu anderen Ereignissen relativiert wird, trägt entscheidend zur Untersuchung des Phänomens »Musik als Ereignis« bei.

Das Vollbringen und das Erleben sind die zwei wesentlichen Kriterien, die das Ereignis im Sinne des Performativen als etwas, das *sich zeigt,* prägen.[114] Es beinhaltet, was seiner Wortbedeutung nach als zielgerichtete oder affektgeleitete Tätigkeit vor Augen geführt werden kann und beschreibt die *prozessualen Bausteine* musikbezogener Wirklichkeiten inklusive ihrer Emergenz und Ambivalenz.[115] Das Ereignis hat dabei einen individuell wahrgenommenen Zweck, folgt einer Chronologie und ist im hier dargelegten Sinne immer eine wahrgenommene *Umsetzung* von Denken, Fühlen und Handeln.

Gemäß der wahrgenommenen Funktionen lässt sich diese Entität mit Bezug auf die Akteur*innen zunächst in vier Bereiche aufteilen: in die *Darstellung* (ME 2.1, potenziell unterscheidbar in künstlerisches und soziales Darstellen[116]) und in die Rezeption im Sinne der *Empfindung* (ME 2.2) als Ereignis der Sin-

111 Siehe meine Einleitung, S. 20.
112 *Musiconn Performance* (Web). Vgl. dazu auch Wiermann, »musiconn.performance«.
113 In Bezug auf den traditionellen Editionsgegenstand vergleichbar mit dem RISM.
114 Vgl. Sinn, »Ereignis«, Sp. 608.
115 Vgl. ebd. Zu Emergenz und Ambivalenz in Verbindung mit dem Performativen vgl. Fischer-Lichte, *Performativität*, S. 76 ff., 87 ff.
116 Zum sozialen Darstellen vgl. etwa Goffman, *Wir alle spielen Theater* sowie Abels, *Identität*, S. 267 ff.

neswahrnehmung, begleitet von *Interaktion*[117] (ME 2.4) und von der Tätigkeit jeglicher *Erschaffung* (ME 2.3) logischer/symbolischer sowie gegenständlicher Objekte.

Neben diesen Faktoren begegnet – explizit unterschieden von der Darstellung und der Interaktion – im musikbezogenen Umfeld auch das Ereignis der *Reizerzeugung* (ME 2.5). Dieses bringt Elemente optischer Ereignisse sowie akustischer (sowie gegebenenfalls haptischer) Schallereignisse als physikalisches Phänomen hervor. Eben diese Reizerzeugung kann mit ihren Spezifika expliziter Bestandteil des Wahrgenommenen sein und unterliegt als raumzeitliches Seh- oder Hörereignis einer oder mehreren bild- und klangbeschreibenden Interpretationen.[118] Davon betroffen sind auch haptische Wahrnehmungen oder etwa Ereignisse wie das synästhetische Phänomen, Töne schmecken zu können. Die Reizerzeugung kann also auch in die Klasse des Ereignisses aufgenommen werden, zumal Musik in entscheidendem Maße von Reizen lebt und dessen Ausprägung explizit wahrgenommen wird.[119] Beispiel dafür wäre etwa die Bedeutungsgeladenheit einer Reizerzeugung, die sich »Singen mit Distorted Voice« nennen ließe, wie es sich beispielsweise an der für Müller-Westernhagen charakteristischen Singstimme zeigt.[120] Die somit erkannten Ereignistypen lassen sich durch folgende Subklassen der ME 2 *Ereignis* darstellen:

2 Ereignis
- 2.1 Darstellung
- 2.2 Empfindung
- 2.3 Erschaffung
- 2.4 Interaktion
- 2.5 Reizerzeugung

117 Hierzu zählt etwa auch der emotionenbezogene Teil des Interagierens. Vgl. zur Emotionengeschichte etwa Herzfeld-Schild, »Emotionengeschichte«.

118 Der Klang beschreibt als physikalisch messbares Schallereignis einen raumzeitlichen Vorgang (wie Frequenz, Schalldruckpegel, Schalldauer), der sich ausgehend von Reizerzeugern (wellenerzeugende Dinge und Akteur*innen) mittels Reizgrößen zunächst als Welle ereignet. Diese wird durch die Wahrnehmung schließlich zu subjektiven Empfindungsgrößen (wie Klangfarbe oder Lautheit). Zu Grundzügen der Schallwahrnehmung vgl. etwa Dickreiter, »Schallwahrnehmung«, Reuter, »Der Zuhörer« sowie ausführlicher Fellbaum, *Sprachverarbeitung und Sprachübertragung*.

119 Vgl. hierzu auch allgemein die Beiträge in Morat/Ziemer [Hrsg.], *Handbuch*.

120 Vgl. Iffland, »›... wie das so 'n richtiger Mann‹«.

4.2.3.3 ME 3: Gegenständliches Objekt

Die Dingwelt – in Geschichtswissenschaft und Ethnologie längst zentraler Forschungsgegenstand – ist, wie es der Ethnologe Hans Peter Hahn betont, »ein fundamentaler Bereich der gesellschaftlichen Lebenswelt«[121]. Dennoch wird, so Hahn weiter, die »Problematik der Vernachlässigung der materiellen Seite der Gesellschaft« dadurch gefördert, dass »das Geistige als etwas Wichtigeres und Überlegenes«[122] angesehen wird.[123] Gudrun M. König verdeutlicht hierzu, dass im Interpretieren und Verstehen von »dreidimensionalen Spuren und Relikten«[124] jedoch ein Großteil der Erkenntnis zu musikbezogenem Handeln liegt. Dennoch bleibt die Dingwelt in der musikwissenschaftlichen Erforschung eine Randerscheinung. Die Aufmerksamkeit auf die kulturelle Bedeutung von Dingen steht der Konzentration auf das Geistige, auf die Untersuchung schriftlicher oder audiovisueller (Werk-)Texte und ihrer Urheber*innen (und Reproduzent*innen) nach, wie auch Musikinstrumente bisher vorrangig im werk- und interpretationsbezogenen Kontext interessieren.[125]

Jüngere Arbeiten haben die musikwissenschaftliche Bedeutung der Dingwelt im Geiste des Material turn jedoch erkannt und betonen den Wert der Beachtung materieller Aspekte innerhalb der kulturwissenschaftlichen Forschung.[126] Um so wichtiger wird es, diese Bedeutungen auch editorisch in ihrem Gesamtzusammenhang darstellen zu können. Gerade durch das »people musicking« ist zu

121 Hahn, *Materielle Kultur*, S. 7.

122 Ebd., S. 9 f.

123 Zur Materialität und zum Material turn vgl. vor allem Cremer/Mulsow [Hrsg.], *Objekte*, Braun/Dieterich/Treiber [Hrsg.], *Materialisierung*, Bräunlein, »Material Turn«, König, »Auf dem Rücken«, Ludwig, »Materielle Kultur« sowie Samida/Egger/Hahn [Hrsg.], *Handbuch*.

124 König, »Auf dem Rücken«, S. 97.

125 Zur Stellung der Materialitätsforschung innerhalb der Musikwissenschaft vgl. Grotjahn/Schauberger, »Einleitung«. Interessante ontologische Anknüpfungspunkte liefern jedoch Turcheta u. a., »The Internet«. Die dort ausgearbeitete »Internet of Musical Things Ontology« wird das hier ausgearbeitete in späteren Entwicklungsschritten ergänzen und verfeinern können.

126 Hervorzuheben sind etwa das Projekt *Materialität der Musikinstrumente* (Web) sowie der Sammelband von Grotjahn u. a. [Hrsg.], *Das Geschlecht*. Hier schlägt der Beitrag von Imm/Jaeschke, »Gendered musical Objects« explizit *digitale* Objekt-Sammlungen »als Kontextstifterin« vor, um Dinge der ›Leblosigkeit‹ musealer Aufbewahrung zu entziehen. (Ebd., S. 26 ff.) Mit Dingen innerhalb der Popularmusik befassen sich etwa Ismaiel-Wendt, *post_PRESETS* sowie Dörfling/Jost/Pfleiderer [Hrsg.], *Musikobjektgeschichten*.

beobachten, wie Akteur*innen (ihrerseits Teil der Geschichte eines Dings[127]) im Rahmen von Ereignissen Dinge nutzen und deuten, um einen Zweck in die Tat umzusetzen oder um Bedeutungen zu kommunizieren. Das zeigt sich beispielsweise an einer Aussage des Artist-Managers Roland Temme, der im Kontext des von mir beschriebenen Westernhagen-Konzertes die dazugehörige Tour eine »riesige Materialschlacht«[128] nennt. Die Aussage ist nicht nur bezeichnend für die von Temme den Dingen und ihrem Kontext zugeschriebene Bedeutung, sie weist auch auf deren hohen Status innerhalb des Musicking hin. In diesem Sinne gilt es hier aber nicht nur, Dinge zu *erkennen* und zu *inventarisieren,* sondern unter anderem durch Beachtung von Nutzungspraktiken deren *Bedeutungen* freizulegen und, so noch einmal König, »kulturelle Mechanismen sowie symbolische Praktiken [zu] deuten.«[129] Sie interessieren somit vorrangig in ihrer Rolle als von Akteur*innen benutztes und wahrgenommenes Objekt, dessen Nutzung auf Wissen und Handeln beruht, wie es im Konzept des Aktanten zum Ausdruck kommt.[130] Eben diese Nutzung und die Funktion innerhalb eines Handlungszusammenhangs gilt es hier in einem editorischen Zusammenhang annotierbar in Beziehung zu setzen.

Die *materiellen Eigenschaften* sind mit Blick auf die angestrebte Ontologie also kein bestimmendes Ordnungskriterium. Mit ihnen kann eine Funktion *erschlossen* werden, sie sind potenzieller Teil der Begründung einer inhaltlichen (Be-)Deutung. So ließe im vorliegenden Beispiel ein bedrucktes *Metallschild* mit der Aufforderung »Gib uns deine Mundharmonika bitte!!!« andere Deutungen über den Nutzer zu als der offenbar selbst bedruckte Zettel. Doch diese materiellen Informationen wären – vergleichbar zu Personendaten, Ereignisdaten oder einem Werkinhalt – Teil von materialbezogenen Fachontologien. In den Untersuchungen des Musicking muss zunächst die wahrgenommene *Funktion,* die ein Ding von Akteur*innen erhält, festgehalten werden, woran ebenfalls die Frage nach den Bedeutungen der übrigen Entitäten erkennbar wird.

Wie sich dies an Dingen im musickingbezogenen Zusammenhang zeigt, lässt sich unterschiedlich vergegenwärtigen. Die Bedeutung eines Grashalms zum Beispiel ist zunächst neutral. Nutzt ein*e Akteur*in zwei Grashalme, indem sie aneinander gehalten werden und Luft zwischen ihnen hindurchgeblasen wird, können sie durch ihre Benutzung als schwingende Oberfläche Funktionen zuge-

127 Zur Ding-Geschichte vgl. Braun, *Objektbiographie* und Henning, »Objektbiographien«.

128 Müller-Westernhagen, *Wenn das Licht* (DVD), DVD 2, 00:01:52.

129 König, »Auf dem Rücken«, S. 97.

130 Vgl. hierzu die Akteur-Netzwerk-Theorie von Bruno Latour, *Eine neue Soziologie,* S. 93 ff. sowie Hahn/Eggert/Samida, »Einleitung«, S. 8 f.

schrieben bekommen, die durch die *Idee des Musikinstruments* als (folgend noch erläutertes) symbolisches Objekt spezifiziert sein können. Grashalme können so im Zusammenhang mit Akteur*innen und Ereignissen ihrer Bedeutung als Naturobjekte enthoben sein. Doch was ist im Vergleich zu greifbaren Musikinstrumenten mit der (singenden) Stimme? Diese ist nicht mit Akteur*innen selbst oder mit den durch sie erzeugten Schallereignissen zu verwechseln. Will ich die Stimme als Instrument im Netz des Musicking beschreiben, ist sie außerhalb der Entität der Akteur*innen anzusiedeln, denn sie beschreibt eine Entität, *mit* der gehandelt wird. Gerade hier wird der Zusammenhang von Ding und Akteur*in deutlich. Als Werkzeug hat die Stimme eine physische Entsprechung, ist aber materiell nicht sicht- oder greifbar. Dennoch kann sie hier als Seinszustand mit der Bedeutung eines gegenständlichen Objekts begegnen.

Der im vorliegenden Beispiel im Zentrum stehende Zettel hat also eine Funktion, die auf seine Position im Musicking sowie auf ein weiter gefasstes Musicking hinweist: Er ist zwar aus einem bestimmten Material gefertigt sowie mit einem logischen Inhalt versehen und ist damit in seiner Funktion und Bedeutung von anderen Zetteln zu unterscheiden. *Wahrgenommen* wird aber der Einsatz im musikbezogenen Ereignis zur Kommunikation mit Marius Müller-Westernhagen und die daraus resultierende Funktion zur Erwirkung der Mundharmonika-Übergabe. Die *Nutzung* des Zettels ist also daran beteiligt, dass das Instrument seinen Besitzer wechselt und ihm eine neue Funktion als Fan-Trophäe zugeschrieben wird.[131]

Was bedeutet dies nun für die Spezifizierung dieser Entitätenklasse? Bei den ontologisch festzuhaltenden musikbezogenen Funktionen von Dingen geht es im Allgemeinen um die Hervorbringung und um die Wahrnehmung von Schall und Stille sowie aller damit in Verbindung stehenden sozialen Zusammenhänge. Darin sind sie zum einen direkt beteiligt als *Zubehör des Musizierens* (ME 3.3) oder als *Zubehör des Rezipierens* (ME 3.4). Dies betrifft Musikinstrumente und ihnen zugehörige Teile, genauso wie (technische) Geräte oder Medien, die jeweils eine praktische, musikbezogenes Handeln ermöglichende Funktion haben. Zum anderen ordne ich Dinge, die dahingegen als *indirekt* Beteiligte wahrgenommen werden, den *peripheren Dingen* (ME 3.2) zu.[132] Der Zettel ist peripher, denn er ist weder zum Musizieren noch zum Rezipieren nötig. Die Mundharmonika wiederum wechselt vom Zubehör des Musizierens zum peripheren Ding oder

131 Zur damit im Zusammenhang stehenden »Transformation der Relation zwischen Menschen und Objekten« vgl. Hahn, *Materielle Kultur*, S. 101 f.

132 Vgl. etwa die »mittelbar auf Prozesse der Produktion und Rezeption« bezogenen Dinge bei Dörfling/Jost/Pfleiderer, »Musikobjektgeschichten«, S. 12.

kann – wenn beispielsweise das Erinnern des Empfängers beobachtet wird – zum *Memorialen Ding* (ME 3.1) gezählt werden, da es die spezifische Erinnerung des Zuschauers speichert, sofern sie wahrgenommen wird. Liegt die Mundharmonika in einer privaten Vitrine oder in einem öffentlichen Museum, ist sie auch nicht per se ein memoriales Ding, sondern sie ist es immer dann, wenn sie für Beobachter*innen die Funktion der Erinnerungsstifterin einnimmt.[133] Sie hat jederzeit das Potenzial, für Betrachter*innen eine völlig andere Funktion einzunehmen.[134] Ist ein Wissen in der Art gespeichert, werden Dinge in ihrer objektbiografischen Vernetzung erkennbar. Man kann nach ihnen mit beliebiger Bezeichnung suchen und gleichzeitig eruieren, ob sie als Teil bestimmter Wahrnehmungen auftauchen – es lässt sich beispielsweise eruieren, ob und in welchen Lebenswelten es beobachtete Zusammenhänge gibt, in der eine Mundharmonika als Erinnerungsobjekt genutzt wird. Kapitel 5 wird auf diesen Aspekt noch einmal zurückkommen.

Diese Sicht auf Dinge kann – wie Small es exemplifiziert – auch auf den bekanntesten Gegenstand musikwissenschaftlicher Forschung bezogen werden und ihn in neuem Licht erscheinen lassen: Ein notentragendes Ding kann so nicht nur als Partitur, als Quellengrundlage für die logische Information eines Werkes gesehen werden, sondern für Akteur*innen auch als »ultimate center of power«[135] – vergleichbar zu Temmes Wahrnehmung der Dinge als Teil einer »Schlacht«[136] – oder eben als *Voraussetzung* für das Handeln dienen. Die Partitur ist damit einerseits *Zubehör des Musizierens,* andererseits aus einer bestimmten Wahrnehmung heraus aber auch *peripheres Ding,* sobald sie Teil der Darstellung eines wahrgenommenen außermusikalischen Macht-Konzeptes ist.[137]

Ein weiteres Beispiel für die Funktion von Notendrucken gibt die erwähnte Studie von Rebecca Grotjahn über Lucia König, in der sie zeigt, wie Notendrucke als benutzter Gegenstand Rückschlüsse auf das Musicking und auf die Bedeutung von Musik im Alltag bestimmter Individuen erlauben.[138] Durch ihre Studie wird erkennbar, dass Notendrucke nicht einfach das Werk *sind* und nicht nur als *Zubehör des Musizierens* direkt mit klangerzeugendem Handeln im Zusammenhang stehen, sondern als Ding soziale, gegebenenfalls memoriale Funktionen

133 Zu Dingen als »Souvenir« vgl. Holm, »Erinnerungsdinge«.
134 Vgl. auch Imm/Jaeschke, »Gendered musical Objects« am Beispiel eines Plektrums.
135 Vgl. Small, *Musicking. The Meanings*, S. 115.
136 Siehe S. 146.
137 Siehe hierzu auch ME 4.4, S. 151.
138 Grotjahn, »Alltag«. Vgl. dies., »›Eine Art‹«. (Siehe dazu auch Kap. 1.1, S. 35.) Eine weitere Studie Grotjahns befasst sich mit der Bedeutung eines Handtuchs als musikalisches Ding. (Dies., »Der Stoff«.)

erfüllen, deren Bedeutungen dargestellt werden sollten, wenn man Musik als wahrgenommene Wirklichkeit lesen will. Vor allem die Bedeutung von Notendrucken als *Zubehör des Rezipierens* weist hier auf eine wenig beachtete Funktion eines musikbezogen viel untersuchten Objektes hin. Denn der Vorgang der Komposition beziehungsweise des musikbezogenen Handelns allgemein schafft nicht nur Werke, sondern auch Gegenstände, ohne die einerseits bestimmte komplexe Werkformen nicht oder nur schwer existieren und reproduziert werden könnten und die andererseits für Akteur*innen eine bestimmte Funktion im Musizieren oder Rezipieren haben. Auch digitale Objekte zählen als Dinge hierzu.[139]

An den Dingen wird ebenso deutlich, dass auch die *Abwesenheit* von Elementen interessant sein kann, so beispielsweise der Umstand, dass im Fall von Popularmusik oder des Jazz ein Noten-Korpus gegebenenfalls nicht als gegenständliches, sondern rein als logisches/symbolisches Objekt (siehe unten) existiert – ein Fakt, der innerhalb des Codes gegebenenfalls explizit durch das Fehlen bestimmter Elemente markiert werden können sollte.[140] Ich komme also zunächst auf folgende Subklassen von ME 3 *Gegenständliches Objekt (Ding)*.

3 Gegenständliches Objekt (Ding)
  3.1 Memoriales Ding
  3.2 Peripheres Ding
  3.3 Zubehör des Musizierens
  3.4 Zubehör des Rezipierens

4.2.3.4 ME 4: Logisches/symbolisches Objekt

Durch das »People musicking« kommt kommunikativer Inhalt in diversen Formen zum Ausdruck.[141] Dem liegt das *logische* beziehungsweise *symbolische Objekt* als dem Denken entspringende Einheit in sich schlüssiger Zusammenhän-

139 »Ein digitales Objekt kann beispielsweise eine Datei in einem spezifischen Dateiformat sein […]. Als ein digitales Objekt können allerdings auch komplexere Objekte bezeichnet werden wie Anwendungsprogramme […], eine komplette Internet-Seite mit all ihren Texten, Grafiken und Videos, eine durchsuchbare Datenbank auf CD inklusive einer Suchoberfläche oder gar ein Betriebssystem […]. […] Ein digitales Objekt kann auf drei Ebenen beschrieben werden, als *physisches Objekt,* als *logisches Objekt* und schließlich als *konzeptuelles Objekt.*« (Funk, »Digitale Objekte«, S. 7:3.)

140 Siehe dazu Kap. 4.2.4.1, S. 163.

141 Vgl. Small, *Musicking. The Meanings*, S. 6.

ge zugrunde. Es bezeichnet also systematisierte und symbolbasiert gespeicherte Informationen, die dazu dienen, die eigene Wirklichkeit zu reflektieren.[142]

Dieses Objekt zählt mit seiner Erscheinung als Schrifttext unterschiedlicher Systeme zu einer Kategorie, die musikwissenschaftlich weit erforscht ist. Brief- oder Noteneditionen arbeiten logische Objekte auf, indem sie kommunizierte Inhalte festhalten und kritisch wiedergeben. Doch Ereignisse, wie sie hier editorisch fokussiert werden, offenbaren logische und symbolische Inhalte verschiedenster Funktion und verschiedenster Erscheinungsformen. Die Inhalte können von den vier übrigen Entitäten getragen werden und geben Rückschlüsse auf mit ihnen verbundenes Handeln. Hierzu zählt also alles Immaterielle, das Ideen, Konzepte und Vorstellungen zum Ausdruck bringt. Diese Entitätenklasse ist dabei nicht an diskursbezogene oder artifizielle Anerkennung des Inhalts eines Objekts gebunden, sondern beschreibt symbolbasierte Produkte, die im raumzeitlichen Handeln wahrgenommen werden.

Somit darf das logische/symbolische Objekt nicht mit dem gegenständlichen Objekt (ME 3) oder dem Ereignis (ME 2) verwechselt werden. Ein Autograf *ist* nicht der Text. Eine Konzert-DVD oder eine Aufführung *ist* nicht das Werk. Ein Zettel *ist* nicht die darauf befindliche Bitte.[143] Diese Kategorie hat ihr Wesen also auch nicht alleine in der Schriftlichkeit, sondern in der Funktion der auf multiple Weise übermittelten Information, die für ein Ereignis benutzt wird. Texte, die auf Basis jedweder musikalischen Symbolsysteme ausgedrückt werden und zu musikalischer Interaktion gehören, sind in unterschiedlicher Funktion unweigerlich in das Musicking eingebunden. Die Klasse bezieht sich damit auf die von anderen Entitäten getragene Information selbst, also auf die Funktion eines im Rahmen einer Handlung kommunizierten logischen Inhalts.

Im vorliegenden Beispiel findet die Übergabe der Mundharmonika und ein damit verbundener Funktionswechsel im Kontext eines musikbezogenen Kommunikationssystems statt, das (unter anderem mittels Notensymbolen ausgedrückt) als Text »Nur ein Traum« erkennbar ist. Hier als *Musik* (ME 4.1), explizit unabhängig von ihrer Repräsentationsform aufgenommen, beschreibt diese Subklasse

142 Zur Symbolik vgl. überblicksartig Assmann, *Einführung*, S. 32 f., Ricœur, »Poetik«, Hülst, *Symbol* sowie Bourdieu, *Zur Soziologie*.

143 Im Sinne des Werkbegriffes ist noch einmal an Calella zu erinnern, der konstatiert, dass das Wort »Werk« als erst seit dem 15. Jahrhundert belegter musikbezogener Begriff »zumindest als offener Begriff im Sinne eines ›musikalischen Textes‹ und des daraus resultierenden ›klanglichen Ereignisses‹ verwendet werden [sollte], dessen Merkmale nicht von Anfang an feststehen und für den die Schriftlichkeit nicht unbedingt konstitutiv ist.« (Calella, *Musikalische Autorschaft*, S. 46.)

einen logischen Inhalt eines musik(symbol)bezogenen Notensystems, der sich im vorliegenden Beispiel in Form eines klanglichen Ereignisses äußert und mit anderen Seinszuständen in Beziehung tritt. Diese Beziehung festzuhalten macht dann Sinn, wenn die beobachtete Schenkung der Mundharmonika in ihrer Funktion in Verbindung mit der Aufführung und in Verbindung mit der benutzten Werkidee wahrgenommen wird. Die Schenkung *kann* zum Teil der Performance werden, wenn im Zusammenhang mit ihr eine mögliche artifizielle Deutung der Schenkung wahrgenommen wird: Der Fan hat eine Bitte an den Star, deren Erfüllung kein Traum bleibt – sie vollzieht sich im Anschluss an die Liedzeile »und ich schrei, schrei, schreie, dass der Herrgott mich erhöre / flieg' wie ein Adler«[144]. Man könnte sagen: Der »Herrgott«, der angebetete Star Müller-Westernhagen, hat das Gebet erhört, er erfüllt die Bitte und die Mundharmonika ›fliegt‹ zu ihrem neuen Besitzer. Das Beispiel zeigt: Der logische Werkinhalt besteht gegebenenfalls nicht einfach nur, er genügt nicht nur sich selbst, sondern er *kann* explizit in Verbindung mit einem Ereignis wahrgenommen und mit diesem in Beziehung gesetzt werden.[145] Das Pendant dazu ist die logische / symbolische bildsprachliche Information, hier als *Bild* (ME 4.3) verzeichnet, wie sie beispielsweise auf Plattencovern oder auf der filmischen Ebene zu finden wäre. Gemeint sind also inhaltliche Komplexe, die sich nicht auf notenbezogene Sprachsysteme beziehen.

Neben diesen notensymbol- und bildbezogenen Komplexen sind aber auch wortsprachliche Informationen einer *Interaktion* (ME 2.4) erkennbar: Die Übergabe der Mundharmonika ist begleitet von der auf dem Zettel angebrachten *sprachlichen Information* (ME 4.2), die besagt, dass jemand Müller-Westernhagens Mundharmonika haben möchte (»Gib uns deine Mundharmonika bitte!!!«) sowie von der verbal ausgeführten Reaktion Müller-Westernhagens (»Komm her«), die die Erfüllung des Wunsches einleitet. Beide logische, symbolgeladene Objekte bilden mit dem Wurf einen Interaktionskomplex zwischen Müller-Westernhagen und dem von ihm angesprochenen Fan.

Damit im Zusammenhang stehen auch die Texte von *Konzepten* (ME 4.4), die einer Interaktion zugrunde liegen oder aus ihr hervorgehen können. Diese Konzepte sind *erdacht* und bilden Kommunikationssysteme, die mittels Wissen und Erfahrung einen Zusammenhang beschreiben, der das Handeln (also beispielsweise auch den Umgang mit Dingen) bestimmt. Die Mundharmonika wurde als Musikinstrument geschaffen und bekommt durch das Ereignis der (zunächst bestimmungsgemäßen) Nutzung und der darauffolgenden Übergabe

144 Müller-Westernhagen, *Wenn das Licht* (DVD), DVD1, 00:44:38.

145 Für das Bestehen solcher Beziehungen ist die klangliche Realisierung keine Voraussetzung, es genügt auch das reine *Denken* eines Inhalts.

während des Konzertes zusätzlich eine Funktion, die das Konzept der Fan-Trophäe widerspiegelt. Sie ist als Ding mit ihren unterschiedlichen Funktionen, also mit den symbolischen Objekten »Instrument« und »Fan-Trophäe« – beides an Dinge gebundene *Konzepte* –, verbunden. Hier lässt sich auch die wahrgenommene Sicht des Artist-Managers Temme spezifizieren.[146] Seine Einordnung der insgesamt verwendeten Dinge der Konzerttour ließe sich mit einem kämpferisch konnotierten Bild verbinden und ein von ihm mit der Realisierung der Tour wahrgenommenes Konzept von Stärke und Macht festhalten.

Ein weiteres Beispiel sind Konzepte, die mit Eintrittskarten verbunden sein können und eine rechtliche Funktion zur Ermöglichung von *Rezeption* (ME 3.4) besitzen, also rezipierende *Handlung* (ME 2.2) zulassen. Im Anschluss an eine *Darstellung* (ME 2.1) können diese zum Gegenstand der *Erinnerung* (ME 3.1) werden und das *Konzept* (ME 4.4) mit den Eigenschaften einer Fan-Trophäe auferlegt bekommen. Zu dieser Subklasse zählen auch erkannte Marken oder das Wahrnehmen eines Habitus'. Zum einen können *Dinge* (ME 2) als Marke, also als *symbolisches Objekt* (ME 4) wahrgenommen werden, wie Westernhagens typische Singstimme, seine *distorted Voice,* die innerhalb der Rezeption eines seiner Markenzeichen widerspiegelt.[147] Zum anderen findet sich der im Rahmen der Betrachtung von Musiker*innen nicht unwesentliche Habitus als Vereinigung von Akteur*in, Ereignis sowie gegenständlichem und symbolischem Objekt wieder und resultiert in der Art und Weise einer bestimmten Handlung in einem bestimmten Kontext. Eine Handlung einer Person folgt dabei einem Konzept oder wird gemäß einem Konzept wahrgenommen.[148] So kann der Anzug, den Müller-Westernhagen während dem hier beobachteten Konzert trägt und als *peripheres Ding* (ME 3.2) nutzt, oder aber das Ereignis des Mundharmonika-Spielens sowie der Mundharmonika-Übergabe innerhalb der Wahrnehmung mit unterschiedlichen Konzepten verbunden werden beziehungsweise durch die Wahrnehmung von Konzepten unterschiedlich charakterisiert sein. Doch eben diese Interpretationen weisen Konzepte auf und spiegeln letztendlich unterschiedliche wahrgenommene Wirklichkeiten wider.

146 Siehe Kap. 4.2.3.3, S. 146.

147 Vgl. Iffland, »›... wie das so 'n richtiger Mann‹«, S. 66.

148 Die Musikkultur der 1970er-Jahre bietet hier im Zusammenhang mit Müller-Westernhagen ein plakatives Beispiel: Mit Bezug auf die als weiblich wahrgenommene Kleidung, die er seinerzeit trug, berichtet er in der Dokumentation *Zwischen den Zeilen*: »Man war auf bestimmte Art und Weise Outlaw. Da wurdest du dann auch mal auf der Straße bedroht und ›Schwuler‹ wurde hinterhergerufen und ›wir hau'n dir gleich auf die Fresse‹; aber natürlich für die Mädchen faszinierend.« (Rossacher, *Zwischen den Zeilen* (DVD), DVD 1, 00:21:30 ff.)

Auch im Ereignis wahrgenommene Konzepte von »Konzert« oder explizite Spezifikationen wie »Rock-Konzert« lassen sich durch die Subklasse »Konzept« repräsentieren. Hierunter fällt auch die Frage, ob ein musikbezogenes Ereignis als »Lärm«, als »Musik« oder als »Konzert« wahrgenommen wird. Damit kommt zum Ausdruck, dass das Ereignis des Mundharmonika-Wurfes für Betrachter*innen der Situation eine andere Bedeutung hat als für den Werfer sowie für den Fänger. Aus der Sicht des Veranstalters erfüllt der Wurf ein verkaufsförderndes Klischee, aus der Sicht des Besuchers erfüllt er eine starbezogene Sehnsucht.

Logische/symbolische Objekte repräsentieren also immer gespeichertes Wissen mit Bezug auf ein Gesamtsystem und betonen die im musikbezogenen Ereignissen liegenden, explizit diversen Bedeutungen. Die Gesamtsysteme (Notensystem, spezifische Sprache, Denkweise etc.) können sehr unterschiedlich sein, doch sie alle basieren auf Gespeichertem und Vermitteltem mit unterschiedlicher *Funktion*. Das logische Objekt hat hier die Funktion, sich in unterschiedlicher Form zu äußern und durch die Form der Äußerung Handlung zu ermöglichen. Notenfolgen können beispielsweise als logische, medial diverse Repräsentation von *Musik* (ME 4.1), als *Wortsprache* (ME 4.2), als medial diverses *Bild* (ME 4.3) oder als *Konzept* (ME 4.4) wahrgenommen werden, was wiederum mit Handlung in unterschiedlicher Form im Zusammenhang steht. Ob ein logisches/symbolisches Objekt dann als Kunst, als Gebrauchsgegenstand oder als Teil einer Interaktion fungiert, zeigt sich durch die Auswertung eben dieses Gesamtzusammenhangs (und ist somit *gewertet*). Folgende Subklassen beschreiben also Bestandteile von ME 4 *Logisches/symbolisches Objekt* (Text/Werk).

4 Logisches/Symbolisches Objekt (Text/Werk)
- 4.1 Musik
- 4.2 Wortsprache
- 4.3 Bild
- 4.4 Konzept

4.2.3.5 ME 5: Kultureller Raum

Schließlich komme ich darauf zurück, dass das »people musicking« nicht im sozialen Vakuum stattfindet.[149] Dies meint nicht nur, dass im Musicking soziale Beziehungen gebildet werden, sondern dass aus diesen Beziehungen auch kulturelle Räume entstehen. Lange vernachlässigt, findet der Raum in der Musikwissenschaft mittlerweile unter verschiedenen Aspekten Beachtung. Mit dem

[149] Siehe Kap. 4.2, S. 120.

Spatial turn wurde erkannt, dass *für* Räume komponiert wird und dass Musik aus unterschiedlichen Aspekten heraus *in* Räumen wirkt. Weiterhin werden gezielt geografisch bestimmte Räume auf ihre Musikkultur oder architektonische Räume auf ihre akustischen Phänomene hin untersucht.[150]

All diese Aspekte begegnen auch in der Untersuchung des Musicking. Die Frage nach der Konstitution des kulturellen Raumes wird hier durch die Anordnung der übrigen Musicking-Entitäten beantwortet. Zwar ist dieser kulturelle Raum zum einen mit einem (potenziell ereigniskonstitutiven) geografischen Ort mittels Geodaten identifizierbar, doch dieser Ort *ist* hier nicht der Raum. Zum anderen ist der Ort Teil der Eigenschaften eines Raumes und in diesem physikalischen Sinne Mittel zur raum-zeitlichen Verortung. Hierzu zählt auch der architektonische Raum mit seinen physikalischen Eigenschaften und den darin angeordneten Objekten. Der architektonische Raum ist also vom kulturellen Raum zu unterscheiden, womit ein Gebäude den Dingen und deren Anordnung zuzurechnen ist, das durch seine Ausprägung (Schall-)Ereignisse beeinflusst.[151]

Wie wir uns diese fünfte Basisklasse des Musicking aus raumsoziologischer Sicht vorzustellen haben, zeigt etwa die Soziologin Martina Löw. Sie verdeutlicht, dass wir uns den kulturellen Raum nicht als »umschließenden Behälter«, nicht als »Untergrund oder Hintergrund des Handelns vorzustellen«[152] haben.

> »Räume sind stets neu zu konstituierende relationale (An)Ordnungen sozialer Güter und Lebewesen. Ihre Konstitution basiert auf [...] der Verknüpfung wahrgenommener oder vorgestellter sozialer Güter wie auch Lebewesen zu einem Ganzen, das sich als Raum formiert, und [auf] einer Platzierungspraxis jener Güter und Lebewesen, genannt Spacing.«[153]

150 Zu verschiedenen Ansätzen vgl. etwa Howard/Moretti [Hrsg.], *The Music Room*, Gärtner/Hoffmann/Weidenfeld [Hrsg.], *Musik*, Weinzierl, »Der Raum«, Strohmann, »Gender und Raum«, Keym/Stöck [Hrsg.], *Musik*, Rode-Breymann [Hrsg.], *Orte* sowie Haug, »Die geographische Perspektive«. Zum Spatial turn vgl. Bachmann-Medick, *Cultural Turns*, S. 285 ff. sowie Csáky/Leitgeb [Hrsg.], *Kommunikation*. Zu digital arbeitenden Projekten bezüglich kultureller Räume vgl. etwa das Detmolder Hoftheater-Projekt: *Detmolder Hoftheater* (Web).

151 Vgl. etwa Kaden, der eine »steingewordene Melodie« in der baulichen Struktur des Rathauses von Sienna erkennt. (Kaden, *Das Unerhörte*, S. 14.)

152 Löw, »Raum«, S. 57.

153 Ebd., S. 58. Zu verschiedenen Raumbegriffen innerhalb der Forschung vgl. Bachmann-Medick, *Cultural Turns*, S. 292 ff.

In diesem Sinne erschafft und nutzt das Musicking also kulturellen Raum. Die Funktion des aus Handlung und für Handlung geschaffenen Raumes ist daher wesentlich für die Betrachtung wahrgenommener Wirklichkeiten. Räume bekommen Bedeutungen zugewiesen, die das dort verortete Handeln prägen können. Raum bildet sich dabei aus der Konstellation der übrigen Entitäten und ist als prozessuales Phänomen eine Folge menschlichen Agierens.[154]

Das Phänomen der Mehrzweckhalle, in welcher das vorliegende Westernhagen-Konzert stattfand, ist ein gutes Beispiel für diese Unterscheidung von architektonischem und kulturellem Raum sowie die damit verbundenen Funktionen. Im materiellen Sinne ist dies zunächst ein Gebäude, das durch die Anordnung von Dingen in seinen Ausmaßen und Möglichkeiten definiert ist. Kommen weitere spezifische Dinge und Akteur*innen hinzu oder werden weggenommen, spezifiziert sich das Gebäude. Im Fall der hannoverschen *TUI-Arena,* die musickingbezogen als unspezifiziert wahrgenommen werden kann, wird der Raum durch die Aufbauarbeiten der Westernhagen-Tour-Crew zu einer Konzerthalle spezifiziert und damit zu einem musickingbezogenen *kulturellen Raum* (ME 5). Gleiches gilt auch, sobald in Parks, Fußgängerzonen oder Badezimmern durch Akteur*innen und Dinge Musikräume geschaffen werden. Diese werden als Set von angeordneten *Akteur*innen* (ME 1), *Ereignissen* (ME 2) sowie *gegenständlichen* und *logischen/symbolischen Objekten* (ME 3 und 4) gebildet. Ihre Reichweite wird einerseits durch die Anordnung gegenständlicher Objekte (Wände, Absperrgitter etc.) begrenzt, andererseits aber auch durch die *wahrgenommene* Reichweite von Ereignissen bestimmt. Denn sind Schallereignisse, die ihren Ursprung innerhalb eines architektonischen Raumes haben, auch in dessen Außenbereich zu vernehmen, ist es durchaus möglich, dass Akteur*innen auch diesen Außenraum beispielsweise als Zuschauerraum wahrnehmen. Existenz und Verortung von Räumen hängt also von der Wahrnehmung ab und ist daher hier ein wichtiges Kriterium für die Abbildung von Wirklichkeiten.

Die Funktionen von Räumen können wiederum der sozialen Praxis des jeweiligen Ereignisses entsprechend – und ebenfalls abhängig von angeordneten Dingen – voneinander unterschieden werden. Im Fall des Konzertereignisses, also für *Darstellung* (ME 2.1) und *Empfindung* (ME 2.2), können wir in *Darstellungs-* (ME 5.1) und *Zuschauerraum* (ME 5.4) mit je eigenem Interieur, eigenen Regeln und Akteur*innen unterscheiden – im vorliegenden Fall charakteristisch durch ein Absperrgitter voneinander getrennt. Die Räume der Bühne und des Zuschauerareals sind damit aus den beteiligten Entitäten und ihren Beziehungen

[154] Vgl. dazu auch Löw, *Raumsoziologie* und Iffland, *Rein in den Alltag*, S. 22 ff.

und Wechselwirkungen gebildet und entscheidend für die Bedeutung dessen, was dort stattfindet und wie dieses wahrgenommen wird. Die Fragen an das Wahrgenommene sind also: Wird etwas – wie erwähnt nicht ausschließlich im künstlerischen, sondern auch im sozialen Sinne[155] – *dargestellt* (ME 5.1), wird *rezipiert* (ME 5.4), wird produziert und somit ein *Produktionsraum* (ME 5.3) erschaffen oder ist der Raum, wie das Parkhaus eines Konzerthauses *peripher* (ME 5.2) einem musikbezogenen Ereignis zugehörig? Auch hier – darauf sei noch einmal hingewiesen – kann das *eine* beobachtete Objekt in *unterschiedlichen* Seinszuständen wahrgenommen werden und es können ihm somit mehrere Deutungen seiner Funktion innerhalb des Musicking zugrunde liegen: Der periphere Raum kann durch ein Ereignis zum Darstellungs- und Zuschauerraum werden, wie auch Darstellungs- und Zuschauerraum ihre Positionen wechseln können. Singt das Publikum, und die Bühnenmusiker*innen hören zu – wie am Ende des hier untersuchten Konzertes –, erschafft die Gemeinschaft des Publikums durchaus einen als solchen wahrnehmbaren Darstellungsraum. Somit sind folgende erste Subklassen von ME 5 *Kultureller Raum* beschrieben.

5 Kultureller Raum
- 5.1 Darstellungsraum
- 5.2 Peripherer Raum
- 5.3 Produktionsraum
- 5.4 Zuschauerraum

4.2.4 Spurensuche III: Set of Relationships

Nach dieser initialen Aufstellung von Basis- und Subklassen der Musicking-Entitäten, führt die dritte Spur im Small'schen Nebel zu deren Spezifizierung und Verknüpfung. Dafür werde ich die zuvor definierten Entitäten mittels Beziehungen miteinander verknüpfen und in ihren jeweiligen Seinszuständen verorten. Als bisher lose behandelte Phänomene werden die Entitäten somit zu einem les- und untersuchbaren Zusammenhang.

Um die Seinszustände (hier auf Basis des Labeled-Property-Graph[156]) als Knotenpunkte zu definieren, müssen den Musicking-Entitäten zum einen spezifizierende *Attribute* zugeordnet werden. Hierdurch werden die jeweiligen Seinszustände[157] mit ihren Musicking-Eigenschaften beschrieben und voneinander unterscheidbar. Zum anderen existieren die Seinszustände nicht für sich, sondern

155 Siehe Kap. 4.2.3.2, S. 143.
156 Siehe Kap. 4.2.2.1, S. 128.
157 Siehe Kap. 4.2.2.3, S. 134.

sie haben zueinander *Beziehungen eines bestimmten Typs,* die sie in *bestimmter Richtung* miteinander verbinden. Diese Beziehungen können ihrerseits Attribute haben.

Was im Vorliegenden untersucht wird, sind Seinszustände von Elementen, die in spezifischer Beziehung zu anderen Seinszuständen stehen.[158] Um dieses Prinzip noch einmal zu vergegenwärtigen: Ein gegenständliches Objekt (ME3) ist erst dann ein Instrument oder eine Fan-Trophäe, wenn ein*e Akteur*in mit einer spezifischen Beziehung zu diesem gegenständlichen Objekt hinzukommt. Eben dies sollte durch die kulturwissenschaftliche Musikedition abgebildet werden können: Handlungsbezogene Beziehungen zwischen lebensweltlichen Elementen, ausgedrückt in Seinszuständen.[159] Und dieses Sein samt entstehender Bedeutung spezifiziert sich durch den Typ, den eine zwischen Elementen bestehende Beziehung besitzt. Ein Werk beispielsweise *ist* dieser Vorstellung nach immer dann ein spezifisches Werk, wenn es jemand als solches in bestimmter Ausprägung *benutzt.* Es wird zu dem, was wir Musik nennen, wenn logisches Objekt (ME4) und Akteur*in (ME1) in einer bestimmten Beziehung zusammenkommen.

Auch Beziehungen müssen im Sinne informationstechnologischer Ontologien zugeordnet werden. Hier findet das von Tegtmeier auf philosophischer Basis beschriebene Phänomen der Relation seinen Ausdruck.[160] Die drei Bausteine – Entitäten des Musicking, Beziehungstypen sowie jeweils deren Attribute – können somit zusammen Seinszustände und diese in Kombination wiederum ein Set of Relationships[161] (SoR) ausdrücken. (Siehe Abbildung 4.4.) In Anlehnung an die Prinzipien des digitalen kritischen Edierens würden also die Seinszustände des Musicking – im Sinne Wierings als »critical archive«[162] – festgehalten und innerhalb einer Edition zu einem lesbaren, annotierten Zusammenhang geknüpft.[163] Dies wird vor allem im abschließenden Kapitel aufgegriffen.

158 Siehe Kap. 4.2.2.3, S. 134.

159 Notenedition vollzieht das gleiche: Sie bildet Beziehungen ab, allerdings auf werkimmanenter Ebene. In Bezug hierauf haben Kepper u. a. (wenn auch mit makroskopischerer Perspektive) bereits festgestellt, dass »Erkenntnisse entstehen, indem Dinge in Beziehung gesetzt werden. Sollten Editoren also, statt Energien auf die den Gegenstand für den Leser verbal abbildenden Umschreibungen zu verschwenden, lieber in die Beschreibung der Beziehungen zwischen diesen nun digital verfügbaren Gegenständen investieren?« (Kepper/Schreiter/Veit, »*Freischütz*«, S. 137.)

160 Siehe Kap. 4.2.2.2, S. 131.

161 Siehe Kap. 4.2, S. 121 ff.

162 Wiering, »Digital Critical Editions«, S. 26.

163 Zur Netzwerkforschung und ihren Visualisierungsmethoden in der historischen Forschung vgl. etwa die Beiträge in Düring u. a. [Hrsg.], *Handbuch*.

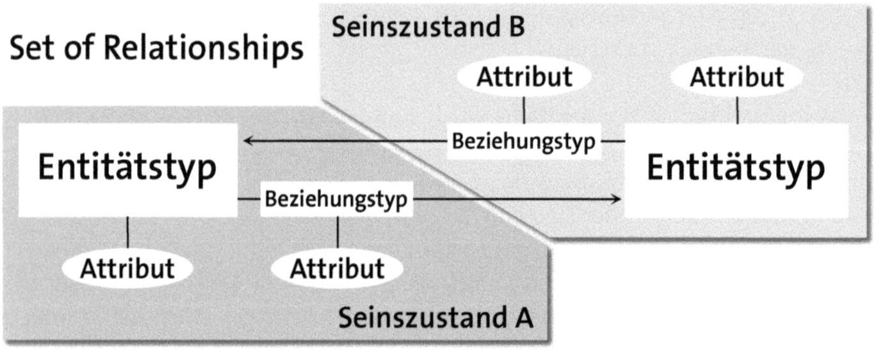

Abb. 4.4: Zusammenhang von Seinszustand, Entität, Beziehung und Attribut auf Basis eines ER-Diagramms.

Dieser Zusammenhang bildet letztendlich eine Einheit, die sowohl das Musicking als auch die etwas unbestimmte Frage nach dem, was ›wirklich‹ vor sich geht,[164] spezifiziert. Das *Set of Relationships* kann dabei auch als eine Sphäre des Ereignens, genauer als *bedeutungsgeladene physisch-soziale Umgebung, bestehend aus miteinander in Beziehung stehenden Seinszuständen* gesehen werden.[165] Der Typ der Bindung von Elementen solcher Entitäten bildet schließlich das Musicking, das in Form von SoRs wahrgenommen wird. Dieser Bindungstyp entspricht wahrgenommenen Idealen,[166] die den Erwartungen gegenüber dem Ereignis entsprechen und Bedeutungen aufzeigen. Diese gilt es also abzubilden. Diese Sets nehmen wir wahr, wenn wir Musik mit allen Sinnen beobachten. Sie sind das *Phänomen Musik*. Eine Beziehung spezifiziert dabei die Bedeutung, die bestimmten Seinszuständen beigemessen wird, wenn musikbezogene Wirklichkeit gelebt und wahrgenommen wird.

164 Siehe Kap. 4.2, S. 119.

165 Vgl. Small, *Musicking. The Meanings*, S. 13. Zu den Beziehungen spezifiziert Small – wohlgemerkt am Beispiel einer Konzertaufführung: »They are to be found not only between those organized sounds which are conventionally thought of as being the stuff of musical meaning but also between the people who are taking part, in whatever capacity, in the performance; and they model, or stands as metaphor for, ideal relationships as the participants in the performance imagine them to be: relationships between person and person, between individual and society, between humanity and the natural world and even perhaps the supernatural world.« (Ebd.)

166 Vgl. ebd.

Die von mir beschriebene Gesamtheit der Seinszustände lässt sich so als Hyper-Sprache bezeichnen, die ein nicht ausschließlich schriftliches, im zuvor dargestellten Sinne textuelles Mittel zur verbalen und nonverbalen Kommunikation darstellt.[167] Sie beinhaltet – sozusagen als Antwort auf das von Small benannte Komplexitätsproblem –,[168] was nicht alleine in Worten, sondern nur durch die Gesamtheit eines SoR ausgedrückt und durch miteinander in Beziehung gesetzte Seinszustände abgebildet werden kann. Sie sind in diesem Sinne über-sprachlich. Um diese spezifizieren zu können, beschreibe ich im Folgenden Ansätze und Prinzipien der musickingbezogenen Beziehungstypen und Attribute.

4.2.4.1 Beziehungstypen. Funktion und Übersicht

Zur Spezifizierung der Hyper-Sprache der Seinszustände wende ich mich zunächst der Funktion von *Beziehungen* zu. Für diese ist der Faktor der Zeit besonders relevant und weist auf einen wichtigen Charakter von Beziehungen hin: Als prozessuales, handlungsbasiertes Phänomen basiert Musik im Vorliegenden auf dem *ephemeren Moment eines Ereignisses*. Die Bausteine des Musicking haben somit nur im Moment des wahrgenommenen Geschehens Bestand und ihre Existenz liegt in einer Zeitspanne des Denkens, Fühlens und Handelns. Damit werden nicht ›dauerhafte‹ Objekte des kulturellen Erbes verzeichnet, sondern ephemere, divers wahrgenommene Seinszustände. Wichtig ist, Zeit in diesem Zusammenhang nicht als vordefinierte Abfolge zu sehen, sondern als etwas, das durch die Wahrnehmung von Beziehungen und deren Änderung entsteht, wobei ein bestimmter Zeitpunkt niemals wiederkehrt.

Ich kann mich hier an den physikalischen Common Sense anlehnen, der besagt, dass das so wenig greifbare Konstrukt der Zeit als allgemeines Kontinuum nicht existiert. Zeit entsteht im Sinne der Entropie aus Veränderung, aus der stetigen Zunahme der Unordnung, woraus sich auch die *eine* Richtung der Zeit ergibt.[169] Dieser physikalischen Erkenntnis, die nicht an Dinge denkt, »›wie sie sind‹, sondern ›wie sie wechselwirken‹«[170], darf im hier zu erstellenden System durchaus Beachtung zukommen.[171] Demnach *ist* Wirklichkeit Raum und Zeit

167 Zum Textbegriff siehe Kap. 3.1, S. 106.
168 Siehe Kap. 4.2, S. 124.
169 Zur Zeit vgl. einführend Hawking, *Eine kurze Geschichte*, bes. S. 187 ff.
170 Rovelli, *Die Wirklichkeit*, S. 193.
171 Der Physiker Carlo Rovelli erklärt hierzu: »Wir müssen lernen, die Welt anders zu denken als eine, die sich in der Zeit verändert. Die Dinge verändern sich nur in ihrer jeweiligen Beziehung zu anderen Dingen. Letztlich gibt es keine Zeit. Der Eindruck, dass Zeit vergeht, ist eine Näherung, die nur für unsere makroskopischen Maßstäbe

und nicht *in* Raum und Zeit. Änderungen *konstruieren* diese Zeit und bilden das, was als Ereignis und damit als »people musicking« wahrgenommen wird. Zeit ist das organisierte Verhalten von Individuen und die darin liegende Veränderung, womit die temporäre Geltung und Relationierung der nun zu definierenden Beziehungstypen einen wesentlichen Faktor darstellt.[172] Dies zunächst zu verdeutlichen ist wichtig, da es für die Wiedergabe von Wahrnehmungen und für das Erkennen von Kausalitäten essenziell ist, in welchem zeitlichen Zusammenhang Beziehungen stehen. Mehr noch: Wahrgenommene Wirklichkeit existiert nur, *solange* eine Beziehung als solche wahrgenommen wird. Durch Beziehungen geschaffene Seinszustäne gelten also nicht zeitlich unbestimmt.[173]

Hieraus wird zunächst ersichtlich, dass die Beziehungstypen verdeutlichen, was Musik hier ist: ein Sammelpunkt diverser Seinszustände mit ephemeren Beziehungen, die in einer bestimmten Konstellation eine wahrgenommene Wirklichkeit bilden. Diese müssen gesammelt werden, wenn das Musicking abbildbar werden soll.[174] In der zu edierenden Wahrnehmung wird also ein Verlauf erkannter Beziehungen abgebildet. Um dies am Verlauf des Mundharmonika-Wurfes und an den damit verbundenen Bedeutungen zu vergegenwärtigen, beginne ich folgend die Aufstellung einer exemplarischen *Taxonomie von Beziehungstypen*. Sie ist experimentell, dient der Vergegenwärtigung des gesuchten editorischen Prinzips und erhebt keinesfalls Anspruch auf Vollständigkeit. Vielmehr wird auch diese Aufstellung anhand diverser Fallbeispiele zu diskutierenden sein. Die folgend genannten Beziehungstypen finden sich sinngemäß in unterschiedlichem, teils hohem Detailgrad auch in den CIDOC-Properties.[175] Diese Komplexität zu

gilt: Er ergibt sich aus unserer groben Betrachtungsweise der Welt.« (Rovelli, *Die Wirklichkeit*, S. 203 f.) Im Vorgriechischen kennt man das heutige Zeitverständnis beispielsweise noch nicht und man sieht die Zukunft hinter sich und die Vergangenheit vor sich liegen. (Vgl. Assmann, »Zeit«, Sp. 1186.) Frühe Kalender dienen daher weniger der Messung, als dass sie durch die Auflistung von Festen regulieren und zyklische Handlungszeit abbilden. (Vgl. ebd., Sp. 1187.)

172 Vgl. zu Raum und Zeit in der Physik auch Rovelli, *Die Wirklichkeit*, S. 193 sowie Rauchhaupt, »Hinter lauter Quanten«, S. 71.

173 Somit muss die Eigenschaft der Dauer den Beziehungstypen zwingend angehängt werden können. Siehe Kap. 4.2.4.2, S. 163.

174 Die dazugehörige explizite Markierung *unterschiedlicher Wahrnehmungen* von Elementen und Beziehungen wird im abschließenden Kapitel 5 thematisiert.

175 Dort sind aktuell 168 – als Properties bezeichnete – Beziehungstypen verzeichnet. Inwieweit diese in ihrem Detailgrad für das Musicking übernommen werden können, wird im Zuge einer detaillierten Ausarbeitung des hier vorgeschlagenen Systems zu eruieren sein.

erläutern und zu übernehmen, ist im Vorliegenden noch nicht zielführend. Aus zuvor genannten Gründen bleiben diese hier unberücksichtigt.[176]

Mit der Identifizierung und Benennung *erster Beziehungstypen* sowie deren Richtung orientiere ich mich an dem, was als Vorgang wahrgenommen wird, also an der beobachteten Umsetzung eines Zwecks in die Tat. Diese Typen (durch das Präfix »B« gekennzeichnet von B1 bis B7)[177] erklären sich durch folgenden *exemplarischen Ausschnitt* als Versprachlichung meiner subjektiven Wahrnehmung des Mundharmonika-Wurfes: Ein Akteur (Müller-Westernhagen) *nutzt* (B6) ein logisches Objekt (Werk »Nur ein Traum«) sowie ein Ding (Instrument Mundharmonika), sodass die Band, dessen *Teil er ist* (B7), ein Ereignis (Darstellung »Nur ein Traum«) *ausführen* (B5) und eine neue Werkvariante (»Nur ein Traum« 2005) *erschaffen* (B4) kann. Der Zuschauer mit dem Zettel *ist Teil* (B7) des Ereignisses und hat mit der Benutzung (B6) des Schildes das Ziel,[178] für die von Westernhagen genutzte Mundharmonika einen bestimmten Seinszustand (Fan-Trophäe) zu *erschaffen* (B4) und sie zu *besitzen* (B1).[179] Dafür startet der Zuschauer mittels des Zettels, dessen *Teil* eine sprachliche Information *ist* (B7), eine Interaktion, auf die sich Müller-Westernhagen *bezieht* (B2). Zudem ist es expliziter Teil der Wahrnehmung, dass sich die zwei Seinszustände des Instruments und der Fan-Trophäe *entsprechen* (B3), da sie auf das gleiche reale Ding bezogen sind.[180]

Dieses Set – das *unterschiedlich* wahrgenommen und beschrieben werden kann – soll also zur weiteren Annäherung an das hier entworfene Prinzip dienen. In Bezug auf das Aufstellen und Relationieren von Beziehungstypen ist noch einmal ausdrücklich darauf hinzuweisen, dass es dabei um das Aufzeichnen des *Wahrgenommenen* geht, was eine gewisse Komplexität und Flexibilität der Definition der Typen erfordert. Am Beispiel der Beziehung »B7 Teil von« wird

176 Siehe Kap. 4.2.2.1, S. 129.

177 Die Beziehungstypen werden am Ende dieses Teilkapitels, S.163 sowie im Anhang, S. 230 aufgelistet.

178 Siehe zum »Ziel« als Attribut der Beziehung Kap. 4.2.4.2.7, S. 168.

179 Das Besitzen kann sich vom Benutzen unterscheiden, wenn es lediglich einen Zustand beschreibt, der keine Erlangung eines Zwecks anvisiert.

180 Solche Entsprechungen werden – über die im Code angelegte Wahrnehmung hinaus – natürlich auch anhand der Daten analysierbar sein. Zwei Seinszustände werden sich beispielsweise auf das gleiche Ding innerhalb einer Datenbank beziehen (siehe dazu Kap. 4.3, S. 172 ff.), womit diese Beziehung ausgelesen werden kann. Gleiches gilt beispielsweise auch für Personen, die in verschiedenen Seinszuständen wahrgenommen werden. Solche Analysen dürfen aber nicht mit der expliziten, codierten Wahrnehmung gleichgesetzt werden.

dies besonders deutlich. Natürlich *sind* alle genannten Elemente Teil des real stattgefundenen Ereignisses »Konzert« und *müssten* somit de facto alle den Beziehungstyp »Teil von« zugewiesen bekommen. Diese Beziehungen wären dann aber durch Auswertung und Nutzung von Hintergrundwissen *erschlossen.* Ausgedrückt werden soll aber die jeweilige *Wahrnehmung.* Nur wenn eine Beziehung im Sinne der *Wahrnehmung* von besonderem Interesse ist, hat ein angelegter Beziehungstyp seine Berechtigung und darf – mit explizitem Bezug zur wahrnehmenden Person – dargestellt werden. Editorisch erschlossene, technisch *ausgelesene* Beziehungen sind in einer späteren Darstellung und Auswertung solcher Daten gesondert zu behandeln und dürfen nicht etwa mit der Wahrnehmung von Editor*innen verwechselt werden, die ebenfalls als Wahrnehmung zu edieren wären.[181] Dabei wird es *eine* Schwierigkeit beim digitalen Festhalten von Beziehungen sein, schon während des Codierens zwischen Wahrnehmung und analysierten Fakten zu unterscheiden. Eine in Textform verfasste dichte Beschreibung als Grundlage ist also ein wichtiger Bezugspunkt. Ihr Inhalt muss zunächst als Referenz dessen gelten, was abgebildet werden soll.

Hieran wird besonders deutlich, dass es nicht Ziel dieses Systems ist, die musikbezogene Welt in einer Gänze zu edieren, so wie sie vermeintlich objektiv *ist,* sondern *einen individuell wahrgenommenen* Teil der Welt. Beziehungen und die durch sie miteinander verbundenen Elemente der realen Welt sind Teil des Musicking, sobald sie Teil einer Wahrnehmung sind und sind dann auch ausdrücklicher Spiegel der Wahrnehmung und der Situiertheit der wahrnehmenden Person.[182] Musicking ist *ausschließlich* relational, (multi-)perspektivisch und weder messbar noch eindeutig. Es ist divers, womit das zum editorischen Prinzip gehörende multiperspektivische Aufarbeiten von Versionen und Varianten verschiedener Wirklichkeitsbereiche zu den Hauptaufgaben der Edition des Musicking wird.[183]

Für eine erste Verdeutlichung des Prinzips der Ereignis-Edition genügt hier die zuvor beschriebene, überschaubare Anzahl von sieben Beziehungstypen. Die Funktion dieser sieben Typen impliziert dabei auch die Möglichkeit, jeden einzelnen verneinen zu können. Fällt das Fehlen – also beispielsweise das Nicht-Benutzen – eines erwarteten Dings auf, sollte dies durch den Beziehungstyp

181 Siehe auch die Unterscheidung der Attribute in Kap. 4.2.4.2, S. 163 ff. sowie die Kohärenzverbindungenen, Kap. 4.2.4.2.3, S. 166.

182 Siehe meine Einleitung, S. 23 f. sowie Kap. 1.2, S. 40.

183 Fokussiert sind also nicht alleine werkbezogene Wirklichkeitsbereiche von Komponist*innen. Siehe hierzu auch S. 174. Wie sich dies niederschlägt, wird zudem in Kapitel 5.2 im Rahmen von Überlegungen zur Partitur des Musicking näher erläutert.

»nutzt nicht« und gegebenenfalls durch ein Platzhalter-Element der erwarteten Entität deutlich gemacht werden können, da die Nicht-Beziehung dann Teil der Wahrnehmung ist. Jeder Beziehungstyp ist also auch in seiner verneinten Form erlaubt.[184] Natürlich ließen sich bei detaillierter Betrachtung weiterer Wahrnehmungen noch viele zusätzliche Typen finden. Deren Ausweitung wird – wie die Ausarbeitung von Entitätenklassen – künftig durch weitere Beispiele gestützt werden müssen, um das nun vorliegende System in seinen Einzelheiten zu ergänzen, zu verifizieren oder zu falsifizieren. Die im Vorliegenden genutzten Typen sind in alphabetischer Reihenfolge:

B1 besitzt/wird besessen
B2 bezieht sich auf/ist bezogen auf
B3 entspricht
B4 erschafft/wird erschaffen
B5 führt aus/wird ausgeführt
B6 nutzt/wird genutzt
B7 ist Teil von/hat Teil

4.2.4.2 Attribute

Mittels Attributen kann die Erscheinungsform von Entitäten und Beziehungen definiert werden. Auch *deren* Aufgabe innerhalb der Musicking-Edition sei noch beleuchtet. Hierfür sind zunächst Attribute zu suchen, die detailliert die Funktion des Wahrgenommenen beschreiben. Sie beinhalten, *wie* das Wahrgenommene im jeweiligen Kontext ist und behandeln nicht etwa Eigenschaften von Form, Farbe, Tonhöhe, Lebensdaten etc. Letztere gehören aus der hier dargelegten Sicht zu Inhalten der Seinszustände, die von Spezial-Ontologien beispielsweise in Notencodierungen, Personendatenbanken, Ereignisdatenbanken, Dingdatenbanken oder Raumrekonstruktionen abgebildet und standardisiert werden.[185]

Ich werde also erste Attribute des Musicking, ihre Bedeutung und die mit ihnen im Zusammenhang stehenden Herausforderungen erläutern. Auch hierbei handelt es sich um erste Gedanken zur Entwicklung des fokussierten Systems.[186]

184 Anhand des einen hier gewählten Beispiels ist es jedoch noch nicht möglich und gemäß dem vorliegenden Ziel nicht nötig zu spezifizieren, welcher Typ gegebenenfalls nur bestimmten Entitäten zugeordnet werden darf.

185 Ich komme auf diese Verbindung in Kapitel 4.3, S. 171 zurück.

186 So obliegt etwa die Entscheidung, ob ein Aspekt als Attribut oder als Element behandelt wird, im Sinne der Informatik unter anderem der Struktur des gewählten technischen Verfahrens und stellt hier somit keine finale Entscheidung dar.

Wie im Fall der Entitäten und Beziehungen folgt die Benennung der Attribute keiner technischen Zielsetzung, womit auch die folgenden Ausführungen der Verdeutlichung notwendiger Bausteine dienen, die im Rahmen des Musicking ergründet, diskutiert und miteinander in Relation gesetzt werden müssen. Attribute und ihnen zugehörige Werte werden exemplarisch ergründet, um die Struktur der zu erhebenden und zu verarbeitenden Daten weiter zu verdeutlichen, ohne bestehende Bezeichnungen anderer Systeme im Wortlaut übernehmen zu wollen. Die Bezeichnungen sind zunächst selbsterklärend gewählt und werden, sofern ein Attribut ohne zugehörigen Wert genannt wird, zur Unterscheidung von Seinszuständen und Beziehungen mittels eines vorangestellten »@« markiert. Sie finden sich erneut am Ende des Kapitels gesammelt, wobei in Klammern angegeben wird, welchen Entitäten und Beziehungstypen das jeweilige Attribut zugeordnet werden kann.[187]

Zunächst ist in *ermittelte* und in *wahrgenommene* Attribute zu unterscheiden. Anders als Beziehungen, die immer eine explizite, für die Edition interessierende Wahrnehmung betreffen,[188] können Attribute dazu dienen, Spezifika und Ergebnisse des editorischen Vorgangs zu beschreiben und als solche zu kennzeichnen. Im ersten Fall handelt es sich daher um ermittelte Attribute, die Werte angeben, wie sie während der editorischen Arbeit entstehen. Im zweiten Fall werden Attribute eingesetzt, die demgegenüber explizit eine *Wahrnehmung* wiedergeben. Das Datum des beobachteten Ereignisses ist *hier* beispielsweise nicht Teil der Wahrnehmung, kann aber innerhalb der editorischen Arbeit eruiert und mithilfe dieser Unterscheidung in die Codierung aufgenommen werden. Seinszustände, denen keine Beziehung mit solchen Attributen der Wahrnehmung eingeschrieben sind, können demzufolge als editorisch ermittelte Seinzustände erkannt und unterschieden werden. Um dies konsistent festzuhalten, werden einige Bausteine also in doppelter Form existieren müssen, nämlich als Repräsentation der Wahrnehmung und als Repräsentation erforschter Metadaten.

Hierfür habe ich den Attributnamen die Erweiterung »-w« für »wahrgenommen« gegeben. Attribute, für die diese Erweiterung von Relevanz ist,[189] werden folgend ausschließlich mit erweiterter Bezeichnung angeführt. Betreffen diese Attribute innerhalb eines wiedergegebenen Datensatzes editorisch erarbeitete Werte, wird die Erweiterung weggelassen. Somit kann in explizite Wahrnehmung und editorische Ermittlung unterschieden werden. Der vorgestellte Ansatz wird auch in diesem Punkt weiter zu diskutieren sein – etwa in Bezug auf die Frage,

[187] Siehe Kap. 4.2.4.2.9, S. 170.

[188] Siehe Kap. 4.2.4.1, S. 162

[189] @name-w, @start-w, @end-w, @lokalisation-w, @intention-w, @gruppe-w.

ob weitere Attribute explizit als wahrgenommen gekennzeichnet werden müssen. Im Zusammenhang mit den zuvor erläuterten Bausteinen münden die Attribute dann in einem noch zu erläuternden Beispiel-Datensatz, der das Zusammenspiel der vorgestellten Komponenten verdeutlichen soll.[190]

4.2.4.2.1 @ID, @sor, @annotation, @löschung

Zu den Attributen der Musicking-Entitäten zählen zunächst einige Eigenschaften, die im technischen Sinne den Anforderungen der kritischen Edition dienen. Dies ist zum einen die Identifikationsnummer (@ID) als technisch notwendiges Merkmal und uniformer Bezeichner von Seinszuständen und Beziehungen.[191] Das Attribut @sor wird ausschließlich Beziehungen angehängt und hält mittels seines Wertes fest, welchem wahrgenommenen SoR sie zugehören. Dies ist Teil der Codierung des Perspektivischen einer wahrgenommenen Wirklichkeit und wird in Kapitel 5.2.1.2 weiter ausgeführt.[192] Natürlich muss ein Seinszustand oder eine Beziehung innerhalb kritischer Editionsverfahren auch annotiert werden können, womit ein entsprechendes @annotation an allen Stellen die Möglichkeit zum Anbringen erläuternder Passagen (hier mit Freitext als Wert des Attributes) ermöglichen muss. Gleiche Anforderungen kritischen Edierens kommen zum Tragen, wenn per @löschung – mit den booleschen Werten »ja« oder »nein« – ein Objekt als von Editor*innen entfernt markiert werden soll. Bestimmte Bearbeitungs- und Erkenntnisstufen werden somit nicht stillschweigend entfernt.[193]

4.2.4.2.2 @autor, @editor, @quelle

Ebenfalls rein ermittelte Attribute sind @autor, @editor und @quelle, die als wichtiges Element kritischer Edition (potenziell allen) Entitäten zugeordnet werden können müssen. @autor im Sinne des Urhebers dient dazu festzuhalten, wer einen Seinszustand erkannt hat. Diese Urheber*innen sind also die wahrnehmenden Personen. In Abgrenzung dazu muss als @editor festgehalten werden, wer eine Wahrnehmung editorisch verarbeitet hat. @quelle dient wiederum dazu, im Sinne der Nachvollziehbarkeit auf eine Quellenbeschreibung zu verweisen und

190 Siehe Kap. 4.7, S. 176 sowie den kompletten Datensatz im Anhang, S. 233.

191 Siehe dazu auch die Beschreibung der Verlauftabelle, Kap. 4.3, S. 137.

192 Siehe Kapitel 5.2.1.2, S. 192. Die Zuordnung findet sich in den farbigen Balken der Verlauftabelle ausgedrückt. (Siehe Anhang, S. 231 f.)

193 Dies wird durch detailliertere Verfahren ergänzt werden müssen, vergleichbar zu der in MEI bekannten revision-description. Im Vorliegenden soll die gezeigte Variante zur prinzipiellen Erläuterung genügen.

damit zu verzeichnen, auf welche Quelle(n) als mediale Repräsentationsform(en) sich das Erkennen eines Seinszustandes stützt (a/v Aufzeichnungen, Protokolle, Schriften etc.). Die Quellenbeschreibung besteht als eigenes Objekt, womit der Wert von @quelle ein Verweis auf die ID einer relevanten Quellenbeschreibung ist.[194] Diese drei Attribute werden mit den im abschließenden Kapitel vorgestellten Verfahren dazu dienen, Perspektiven auf Wirklichkeiten voneinander zu unterscheiden. Werte können hier beliebige Zeichenketten, IDs oder URIs[195] sein, die beispielsweise auf Personen- oder Quellendatenbanken verweisen.

4.2.4.2.3 @kohärenz

Dieses Attribut dient dazu, Kohärenzen in Bezug auf logische Inhalte zu erstellen. Hierdurch können beispielsweise Akteur*innen mit den in Personendatenbanken abgelegten Informationen verknüpft werden oder es können logische/symbolische Objekte mit codierten Werkinhalten verbunden werden. Kapitel 4.3 wird dies weiter ausführen.

4.2.4.2.4 @name-w

Das Attribut @name-w gibt als freier Bezeichner wieder, wie wahrgenommene Seinszustände mit Bezug auf die entstammende Lebenswelt genannt werden. Dieser Name findet sich in der Verlauftabelle in der zweiten Spalte durch die in Anführungszeichen angegebene Bezeichnung wieder.[196]

4.2.4.2.5 @start-w, @ende-w

Wie im vorherigen Teilkapitel dargelegt, haben im hier angelegten Fokus Beziehungen eine Dauer im Sinne der kalendarischen Zeit (@start-w, @ende-w).[197] Die Änderung von Beziehungen in bestimmter Reihenfolge ist das Wesentliche, das Zeit und Handlung erschafft. Mit dem Attribut der Dauer, das ausschließlich Beziehungen anhängt, muss also angegeben werden, zu welchem (einmaligen kalendarischen) Zeitpunkt und über welchen Zeitraum hinweg eine Beziehung wahrgenommen wurde. Ohne Beziehung hat kein Seinszustand Bestand, weswegen dieser für sich wiederum keine Dauer, keinen Zeitpunkt oder keine zeitliche

194 Siehe Kap. 5.2.1.2, S. 192.
195 *Uniform Resource Identifier,* vor allem in Form von URLs bekannt.
196 Siehe Anhang, S. 231.
197 Siehe Kap. 4.2.4.1, S. 159.

Reihenfolge *hat.* Lediglich die zeitlich bestimmte Beziehung ›erschafft‹ den Seinszustand und seine zeitliche Geltung.

Die im Wert der Zeit-Attribute anzulegenden Maßeinheiten werden hierbei zur besonderen editorischen Herausforderung, denn nicht zu jeder beobachteten Beziehung wird ein exakter kalendarischer Zeitpunkt zu ermitteln sein. Zudem werden sich Kenntnisse über die kalendarische Zeit mit Kenntnissen über werk- und medieninterne Zeitmaße mischen: Laut DVD-Booklet fand das hier beobachtete Konzert am 18. November 2005 statt. Der Beginn ist nicht zweifelsfrei zu klären und er ist innerhalb dieses Beispiels auch nicht Teil der festgehaltenen Wahrnehmung. Das Datum und die Uhrzeit sind also für die Relationierung der einzelnen Beziehungen weniger relevant als die Reihenfolge der Beziehungen. Sie können zwar an der Einheit des mitteleuropäischen Zeitmaßes orientiert sein, sind aber mit der Taktfolge des Werkes sowie mit den Zeitmarken der DVD (hh:mm:ss) als Ereignismittler zu synchronisieren, denn: Die Dinge Zettel und Mundharmonika haben ihre Existenz in den wahrgenommenen Funktionen innerhalb der Zeit der Ereignisse von Aufführung und Wurf, und zwar an einer bestimmten Stelle des Werkes »Nur ein Traum« (Takte 1–60) und zu einer bestimmten Stelle der Aufzeichnung der Aufführung (Minute 00:42:23–00:44:55), zu der sie genutzt wurden – und dies wiederum zu einem bestimmten, editorisch ermittelten kalendarischen Zeitpunkt (18.11.2005). Das Festhalten von Zeitwerten, die sich beispielsweise auf DVD-Zeitmarken beziehen, dient in diesem Kontext vor allem dem Auffinden medialer Repräsentationen von Seinszuständen – also der Überprüfbarkeit vom edierten Inhalt. Daher werden diese Attribute mit Werten operieren können müssen, die sich zum einen auf das allgemeine Datumsformat beziehen und damit Angaben zum tatsächlichen, einmaligen kalendarischen Zeitpunkt eines Ereignisses ermöglicht, zum anderen werden sie aber auch weitere, für Einzelfälle zu definierende und zueinander relationierbare Einheiten (Seitenzahlen, Takte, Sekunden etc.) zulassen müssen.

Einordnungen nach Datum und Uhrzeit sind gegebenenfalls für das Bestimmen von Dauern oder für das Relationieren eines Ereignisses mit indirekt verbundenen Ereignissen notwendig. Für die Genese eines Einzelereignisses einfacher und entscheidender – sowie notwendig für Beziehungen, die in ihrer Wahrnehmung jeder Möglichkeit der Relation zu Datum oder medieninternen Zeitmaßen entbehren – ist das Festhalten wahrgenommener *Beziehungsreihenfolgen* gemäß einem *Musicking-Zeitmarker* mit freien Zahlenwerten. Dementsprechende Zuordnungen sind zwingend nötig, denn die Aussage bezüglich einer Beobachtung macht nur dann Sinn, wenn sie in ihrer Handlungs-Reihenfolge wiedergegeben und gelesen werden kann. Lese ich eine ungeordnete Verbindung zwischen Müller-Westernhagen, einem Zuschauer und einer Mundharmonika, ist daraus noch nicht die Bedeutung dieses Zusammenhangs erkennbar, wenn nicht ersichtlich wird, dass die Mundharmonika erst von Müller-Westernhagen gespielt wurde und dann in den Besitz eines Zuschauers übergegangen ist. Die Beziehung von Müller-Westernhagen zum Instrument hat also die Zeitmarke »z1« und die Beziehung des Zuschauers zur Fan-Trophäe hat die Zeitmarke »z2«. Bei umgekehrter Reihenfolge – Müller-Westernhagen spielt eine Mundharmonika, die zuvor einem Zuschauer gehörte – hätte diese Handlung eine andere Bedeutung. Auch auf diese Problematik werde ich in Kapitel 5.2 erneut zurückkommen. Der Start (oder das Ende) einer Beziehung kann also mit Bezug auf das vorliegende Beispiel – unter Berücksichtigung von Datum, DVD-Zeitmarker, Taktangaben und Musicking-Zeitmarker – mit folgenden Werten von @start-w festgehalten werden: »start-w: ↗DVD1:00:42:23; ↗L1Z2:T1; z1«.[198] Zusätzlich ist das zu dieser Beziehung gehörige *ermittelte* Datum als »start: 2005-11-18« anzulegen.

4.2.4.2.6 @lokalisation-w

Neben der zeitlichen spielt auch die geografische Verortung eine Rolle in der Darstellung wahrgenommener Ereignisse. Dem kulturellen Raum (ME 5) muss dazu ein Ort zugewiesen werden können, der die jeweiligen Seinszustände oder Beziehungen mittels Geodaten kartografisch sichtbar werden lässt. Besonderheiten sowie Gemeinsamkeiten und Unterschiede spezifischer wahrgenommener Ereignisse können hierbei zum Ausdruck kommen, womit dieses Attribut nicht der raumbezogenen Fachcodierung überlassen werden muss. Auch ein sich bewegender Raum ist denkbar, was dann als Pfad in Form von Bewegungsdaten anzugeben wäre. Im Vorliegenden kann eine Verortung des kulturellen Raumes sowie des Dings TUI-Arena als Veranstaltungsort beispielsweise über GPS-Koordinaten geschehen – hier als ermitteltes Attribut, da die Lokalisation nicht Teil der Wahrnehmung ist: »lokalisation: 52.322622 9.816487«.

4.2.4.2.7 @intention-w

Ein weiteres wichtiges Attribut ist die Intention, die innerhalb einer Wahrnehmung in einer bestimmten Beziehung liegen kann. Meiner Wahrnehmung zufolge

198 Dies entspricht dem Wert von @start-w der Beziehung »führt aus« zwischen der Musikergruppe »Band Marius Müller-Westernhagen« und der Darstellung »Nur ein Traum«. Per ↗ wird gekennzeichnet, auf welches Objekt mit entsprechender ID sich das nach dem Doppelpunkt folgende Zeitmaß bezieht. Die verschiedenen Werte sind hier je durch ein Semikolon getrennt.

möchte der unbekannte Zuschauer mit seiner Interaktion mit Müller-Westernhagen erreichen, dass er die Interaktion des Wurfes mit ihm ausführt. Zwischen dem Akteur »Zuschauer« und dem Ereignis »Bitte um Mundharmonika« besteht also eine Beziehung (»B5 führt aus«). Diese hat eine Intention, die wiederum auf die Beziehung »B5 führt aus« zwischen dem Akteur »Müller-Westernhagen« und dem Ereignis »Mundharmonika-Wurf« als Interkation verweist. Um dies auszudrücken, bekommt das Attribut der von mir wahrgenommenen Intention als Wert einen Verweis auf die ID des Seinszustands, auf den die Intention gerichtet ist.[199] Wird solch eine Intention innerhalb einer bestimmten Wahrnehmung anders bewertet als in einer zweiten Wahrnehmung, kann dies – im Sinne differierender wahrgenommener Wirklichkeiten – hiermit festgehalten werden. Wie die Zeit eine Abfolge der Ereignisse angibt, so gibt die Intention eine intentionale Richtung des Wahrgenommenen wieder. Wie dies der Abbildung des Musicking zugutekommt, wird in Kapitel 5.2.1.4.1 noch einmal im Gesamtzusammenhang erörtert.

4.2.4.2.8 @gruppe-w

Ein besonderes Augenmerk kommt abschließend der Bildung von Gemeinschaften zu. Wie bereits erläutert,[200] handelt auch eine Gruppe und ist in diesem Sinne eine einzelne Akteurin, womit in der vorherigen Taxonomie der Entitäten *Gruppen* nicht gesondert aufgeführt wurden. Für alle Klassen kann jedoch eine Funktion als Gruppe in Form einer Eigenschaft eines Elements angenommen werden. Ein jeweiliger Seinszustand hat dann die Eigenschaft, explizit als Gruppe von Objekten gleicher Klasse wahrgenommen zu werden. Als Teil einer Lebenswelt entsprechen sie innerhalb der Taxonomie dem nächsthöheren gemeinsamen Nenner der Beteiligten.[201] Eine Gemeinschaft als Akteurin oder eine Gruppierung von Dingen, die als ein Ding wahrgenommen werden, müssen daher gesondert gekennzeichnet werden können. Ein technisches Objekt, das eine Gruppe widerspiegeln soll, kann hierfür das Attribut @gruppe-w mit dem booleschen Wert »ja« bekommen. Die Teile dieses als Gruppierung gekennzeichneten Seinszu-

199 Zur Erläuterung siehe den Beispiel-Datensatz im Anhang. Dort bekommt die Beziehung mit der ID »A4B5E3« das Attribut »intention: ↗A2B5E4« (S. 237). Die Intention der Ausführung der Bitte um die Mundharmonika wird damit auf den später stattgefundenen Wurf (S. 235) bezogen.

200 Siehe Kap. 4.2.3.1, S. 142.

201 Eine Gruppe aus Darsteller*innen und Dienstleister*innen wäre also allgemein als »Akteur*in« zu bezeichnen, eine Gruppe aus Tänzer*innen und Musiker*innen wäre als »Darsteller*in« zu bezeichnen etc.

stands können dann durch die zu diesem hinführenden Beziehungen des Typs »B7 ist Teil von« erkannt werden (sofern sie von Seinszuständen gleichen Typs ausgehen).

4.2.4.2.9 Übersicht

Durch die nun beschriebenen Attribute, die wie die übrigen Bausteine bei weitem keinen Anspruch auf Vollständigkeit erheben und etwa durch Angaben zur editorischen Genese (temporale und personelle Vermerke zu Eintragungen und Änderungen etc.) zu ergänzen sein werden, wird besonders deutlich, wie sich die vorgeschlagene Schaltzentrale zur Edition *wahrgenommener Wirklichkeiten* von bestehenden fachbezogenen Datenbanken und Codierungen unterscheidet. Es geht hier nicht darum, zu verzeichnen, dass ein bestimmtes Objekt existiert, eine gewisse physische oder semantische Ausprägung hat und gegebenenfalls in seiner physischen Gestalt an einem bestimmten Ort lagert. Stattdessen geht es darum, zu verzeichnen, dass bestimmte Bausteine im Zusammenhang mit bestimmten Handlungen in Form eines bestimmten Seinszustands *wahrgenommen* wurden. In eben diesem gerichteten Zusammenhang, in diesen Sets of Relationships, liegen *erkannte Bedeutungen,* die mit den vorgestellten Prinzipien bereits festgehalten werden können. Somit ergibt sich zunächst folgende Sammlung von Attributen des Musicking und ihrer Zugehörigkeiten:

@annotation (ME 1–5; B 1–7)
@autor (ME 1–5; B 1–7)
@editor (ME 1–5; B 1–7)
@gruppe-w (ME 1–5)
@ID (ME 1–5; B 1–7)
@intention-w (B 1–7)
@kohärenz (ME 1–5)[202]
@löschung (ME 1–5; B 1–7)
@name-w (ME 1–5)
@lokalisation-w (ME 1–5; B 1–7)
@quelle (ME 1–5; B 1–7)
@sor (B 1–7)
@start-w (B 1–7)
@ende-w (B 1–7)

202 Dieses Attribut wird im folgenden Abschnitt 4.3 besprochen.

4.3 Die Schaltzentrale: Ereignisbasierte Vernetzung von Fachcodierungen durch *Musicking2Content*

Eine Schaltzentrale zur Edition wahrgenommener Wirklichkeiten hat neben dem Festhalten von Wahrnehmungen die zusätzliche Aufgabe, auf die durch Fachcodierungen erschlossenen inhaltlichen Eigenschaften der Seinszustände – im weitesten Sinne das sinnlich Wahrnehmbare – zu *verweisen*. Lebensdaten von Personen, umfangreiche Ereignisdaten, äußere Ausprägungen von Dingen, Inhalte von Werken oder Eigenschaften von Räumen sollten schließlich in der von Nuzter*innen vorgenommenen *Auswertung* wahrgenommener Wirklichkeiten nicht vernachlässigt werden. Allerdings können diese Aspekte nicht (zusätzlich) durch ein einziges System, basierend auf einer einzigen Ontologie festgehalten werden. Das müssen sie auch nicht, denn sie sind ja bereits Teil von Fachcodierungen. Vielmehr muss an einem Seinszustand der technische Ort angegeben werden, an dem der mit ihm korrelierende Inhalt fachspezifisch codiert ist. Ich schlage daher vor, auf editorischer Ebene per @kohärenz[203] den semantischen Zusammenhang zwischen Seinszustand und logischem Inhalt herzustellen.[204] Hiermit kann erreicht werden, was Münzmay und Siegert an anderer Stelle als »*die* Kerneigenschaft digitaler Musikedition als solche«[205] beschreiben, nämlich die Bildung »modellübergreifend[er] Konkordanzen«[206]. Im Vorliegenden wird dies zum wichtigen Teil des editorischen Prinzips. Mittels persistenter Bezeichner kann hiermit auf den Ort und auf die Art einer Fachcodierung verwiesen werden und – im Idealfall – der dort codierte Inhalt angezeigt werden. Dieses Attribut betrifft somit keine explizite Wahrnehmung, sondern verbindet abgelegte logische Inhalte mit dem entsprechenden Objekt des Musicking.

In enger Anlehnung an die jeweiligen Standards wären dabei Vorgehensweisen zu entwickeln, die es ermöglichen, gegebenenfalls innerhalb der Musicking-Codierung explizit und feingranular auf bestimmte fachspezifische Aspekte hinzuweisen. So ist es denkbar, dass sich eine Beziehung auf einen bestimmten Aspekt eines Objekts bezieht – auf die genaue Ausprägung eines Taktes, auf die exakten Ausmaße eines geografischen Raumes oder auf die Farbe eines Kleidungs-

203 Siehe Kap. 4.2.4.2.3, S. 166.

204 Ein ähnliches Vorhaben zur hier angestrebten Konkordanzbildung verfolgt etwa das Projekt *CorrespSearch* für digitale Briefeditionen. Dort wird in Bezug auf *einen* Forschungsgegenstand der inhaltliche Austausch zwischen Projekten befördert. (Vgl. *correspSearch* (Web) sowie Dumont, »correspSearch«.)

205 Münzmay/Siegert, »Phonographischer Text«, S. 25.

206 Ebd.

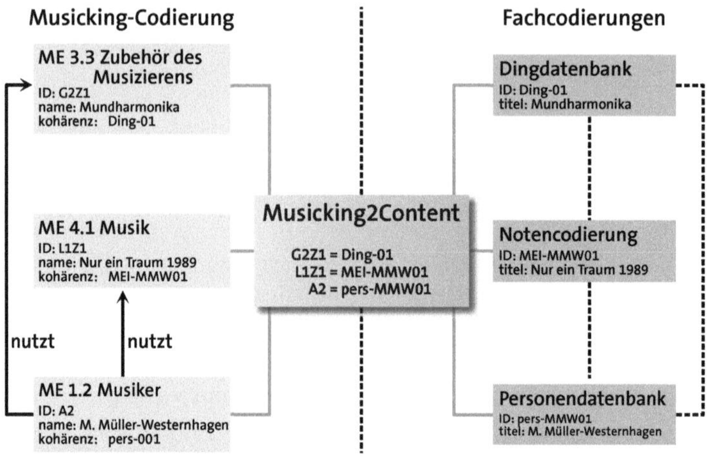

Abb. 4.5: Zusammenhang von Musicking-Codierung und fachspezifischer Codierungen, hier am Beispiel einer Kohärenz der Mundharmonika, der Musik »Nur ein Traum« sowie des Akteurs Müller-Westernhagen.

stückes.[207] Diese mikroskopische Verbindung kann nicht ohne die eingehende kooperative Betrachtung der zu inkludierenden Systeme erfolgen und kann in seiner Ausprägung im Vorliegenden nicht eingehend besprochen werden. Abbildung 4.5 zeigt dieses Prinzip des *Musicking2Content* schematisch, das den durch die *Kohärenz-Verbindung* festgehaltenen Zusammenhang von Musicking-Codierung und anderen Fachcodierungen erstellt. Zur darstellerischen Vereinfachung verdeutliche ich die Verknüpfung von Seinszuständen und (hier fiktiven) Fachcodierungen per @ID. Mit der Codierung der Bausteine des Musicking würden so durch auswertende Verfahren auch Verbindungen zwischen unterschiedlichen Fachcodierungen erkennbar (siehe Abbildung 4.5, gestrichelte Linien).

Ein umgekehrtes Vorgehen – also das Verweisen von Fachcodierungen auf einen Seinszustand des Musicking – ist zwar möglich, doch sollte dies nicht zum Grundprinzip werden. Damit wäre zwar die handlungsbezogene Funktion oder die Bedeutung eines Objekts aus einer fachspezifischen Codierung heraus festgehalten, doch diese würden dann eine endlose und potenziell stetig steigende Zahl an Verweisen auf SoRs verarbeiten müssen. Beispielsweise werden *viele* und vor allem kontinuierlich zunehmende SoRs mit *einem* Werk verbunden sein, womit Fachcodierungen laufend Ergänzungen erlauben und vornehmen müssten.

207 Somit wird idealerweise also auch @intention mit Kohärenz-Verweisen arbeiten können müssen.

Dies ist jedoch niemals ihre Aufgabe, was zudem mit den in Kapitel 2 entlarvten ontologischen Inkonsistenzen in Konflikt treten würde.[208] Vielmehr werden also Aufzeichnungen von SoRs – gegebenenfalls durch eine dazwischengeschaltete Verweisdatenbank – mit @kohärenz auf Fachcodierungen verweisen.

Ein weiterer Vorteil der Erstellung von Kohärenzen liegt in der Möglichkeit, in der späteren Visualisierung wahrgenommener Wirklichkeiten Beziehungen zwischen Seinszuständen anzeigen zu lassen, die nicht wahrgenommen wurden, aber aus einer *ermittelten* Kohärenz-Beziehung bestehen. Es werden also Verbindungen sichtbar, die am Musicking selbst nicht ablesbar sind: Die Aufführung von »Nur ein Traum« im Jahr 2005 steht beispielsweise in indirekter, nicht beschriebener Beziehung zum Ereignis der Komposition des Stückes im Jahr 1989. Diese Verbindung wird durch die vorliegende dichte Beschreibung nicht wahrgenommen. Dennoch besteht eine Verknüpfung zwischen dem Ereignis der Komposition und der Aufführung, die mittels Kohärenz-Beziehung gezeigt werden kann, sobald sich eine weitere dichte Beschreibung mit dem Ereignis der Komposition und dem dahinter liegenden sozio-historischen Kontext befasst hat.[209]

Solche Kohärenzen können natürlich erst erstellt werden, wenn die dazugehörigen Daten auch tatsächlich existieren. Auf eine nicht angelegte Notenedition kann nicht verwiesen werden. Um dies zu lösen, sind unterschiedliche Platzhalter-Lösungen denkbar, inklusive der Möglichkeiten, fachspezifische Codierungen dauerhaft oder vorläufig direkt in einem Kohärenz-Inhalt-Objekt zu speichern, auf dessen ID mit @kohärenz verwiesen werden kann. Im hier vorliegenden Fall hat die Interaktion der Bitte mit der Information »Gib uns deine Mundharmonika bitte!!!« einen logischen Inhalt. Ebenso hat die Interaktion des Wurfes mit der verbalen Reaktion Müller-Westernhagens die Information »Komm her«. Beides könnte also auch durch direkte Integration eines TEI-Objektes festgehalten werden. Abbildung 4.7 stellt diesen Zusammenhang exemplarisch dar. Dort wird der Seinszustand des Ereignisses des Mundharmonika-Wurfes mit dem dazugehörigen Kohärenz-Inhalt verbunden – sehr stark gekürzt in Form einer TEI-Codierung, die den Inhalt hier als »utterance« mit einem Verweis auf die dem Sprecher Müller-Westernhagen gegebene ID festhält (<u who="#A2">Komm her</u>).

208 Siehe Kap. 2.2.3.2, S. 71.

209 Siehe zur Anzeige von Kohärenz-Beziehungen Kap. 5.2.1.5.2, S. 201.

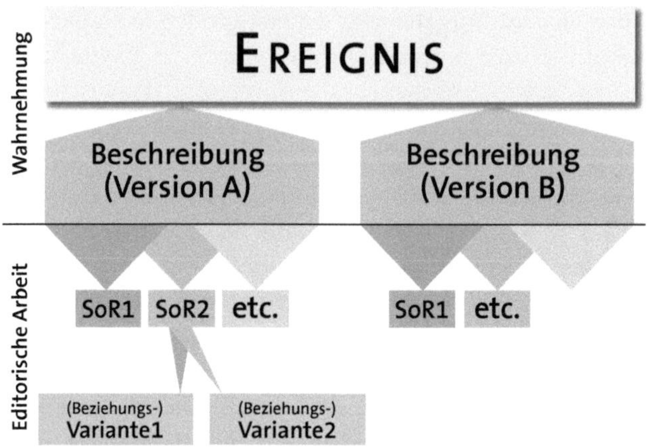

Abb. 4.6: Das Verhältnis von Version, SoR und Variante sowie der Zusammenhang von Wahrnehmung und editorischer Arbeit.

4.4 Die Spuren verbinden: Version, SoR, Variante und die Bausteine des Musicking in einem Beispiel-Datensatz

Die im Smallschen Nebel gefunden Spuren sollen nun zur Verdeutlichung ihres Zusammenhangs experimentell in einem theoretischen Datensatz verbunden werden, um das Prinzip und die Zusammenhänge der vorgeschlagenen Bausteine zu verdeutlichen. Er ist in der hier vorgeschlagenen Sichtweise das Ergebnis der editorischen Arbeit, in der mithilfe einer oder mehrerer Wahrnehmungen – also mithilfe beschriebener *Versionen* eines Ereignisses – *SoRs* erkannt, extrahiert und als solche markiert wurden. Abbildung 4.6 macht diesen Zusammenhang schematisch deutlich. Inhalte von SoRs können sich dabei zum einen innerhalb einer Version überlagern und die Inhalte von SoRs verschiedener Versionen können sich decken. In jedem spezifischen SoR können wiederum *Varianten* als Lesarten bestimmter Beziehungen auftauchen. Ihr (in den Daten personenbezogen zu verzeichnender) Ursprung kann sowohl bei Editor*innen als auch bei Nutzer*innen liegen, die etwa durch Unklarheiten in der mittels dichter Beschreibung vorgenommenen Deutung von Wahrnehmungen begründet sein können.[210]

[210] Formulierte Unklarheiten innerhalb einer Wahrnehmung sind jedoch nicht als editorische Variante zu erfassen. Diese sind Teil eines SoR und müssten beispielsweise über Attribute der betreffenden Beziehungen festgehalten werden (hier zunächst noch nicht exerziert).

Urteilen sowohl Editor*innen als auch Nutzer*innen auf Basis einer *eigenen Wahrnehmung,* ist dies jedoch nicht als Lesart, sondern als Version – also als zusätzliche Wahrnehmung – zu erfassen.

Der in Abbildung 4.7 angedeutete Datensatz zeigt, wie die bisher beschriebenen Bausteine referenziert werden könnten, die zuvor nur innerhalb der genannten Verlauftabelle aufgelistet wurden. Dieser Datensatz findet sich im Anhang, S. 233 ff. komplett wiedergegeben. Der erste Teil (A.3.1, S. 233) gliedert sich in grau hinterlegte Blöcke, die jeweils einen Seinszustand samt Entitäten-Zuordnung (fett gedruckt mit dem Suffix »ME«), Attribute sowie Beziehungen (fett gedruckt mit dem Suffix »B«) abbilden. SoRs (siehe S. 233) zeigen dabei auf voneinander abweichende Eigenschaften. Varianten (siehe S. 237) halten editorisch unterschiedlich interpretierte Beziehungseigenschaften fest. Schräge Pfeile zeigen wiederum Verweise zu IDs einzelner interner Objekte an. Der zweite Teil (A.3.2, S. 243) zeigt interne Kohärenzinhalte und der dritte Teil (A.3.3, S. 244) enthält Lesepfad- und SoR-Beschreibungen, die im folgenden Kapitel thematisiert werden.

Die zuvor ermittelten Bausteine verdeutlichen zunächst die Komplexität des zu edierenden Gegenstands und zeigen die *Betrachtungsweise,* die für das vorliegende Ziel der ereignis- beziehungsweise musickingbasierten Verbindung von Musiksoziologie und Edition richtungsweisend sein kann. Ich widme mich daher nun den Fragen, wie sich solche Komponenten in ein editorisches Gesamtkonzept fügen können, welche Herausforderungen sich bei der Darstellung der gewonnenen Daten ergeben und was die Edition wahrgenommener Wirklichkeiten dementsprechend charakterisiert.

ME 2.4 Interaktion
ID: E4
name: Mundharmonika-Wurf
kohärenz: ↗KI-2
B2 bezieht sich auf ↗G1 [= Zettel des Zuschauers]
ID: E4B2G1
sor: sor-MMW2
start-w: ↗DVD1:00:44:44; ↗L1Z2:T55; z4
ende-w: ↗DVD1:00:44:55; ↗L1Z2:T60; z5
start/ende: 2005-11-18

Kohärenz-Inhalt
ID: KI-2
name: Verbale Einleitung Mundharmonika-Wurf
Inhalt
<tei> [...]
<text> [...]
<u who="#A2">Komm her</u>
</text> [...]
</tei>

Abb. 4.7: Exemplarischer Musicking-Datensatz: Interaktion »Mundharmonika-Wurf« und ihre Beziehung zum Zettel des Zuschauers nebst dem in Kohärenz zur Interaktion stehenden Inhalt (siehe Unterstreichung).

5 Visualisieren. Von Musicking-Bausteinen zur Partitur

Zur Erinnerung: Ausgangspunkt der vorliegenden Arbeit ist die Frage, ob Edition und Musiksoziologie verbunden werden können. Welchen Weg haben meine Gedanken bis hierher genommen? Die zu Beginn aufgegriffene weite Auslegung des Musikbegriffes im Zusammenhang mit dem Phänomen der wahrgenommenen Wirklichkeit habe ich zunächst durch die Beschreibung des musikwissenschaftlichen digitalen Edierens flankiert und Einblicke in dessen konzeptionell technisches Potenzial in Verbindung mit den Aufgaben der Digital Humanities gegeben. Daraufhin habe ich auf Basis des Verständnisses eines extensivierten musikbezogenen Textes das Konzept des Musicking kritisch im Rahmen ethnologischer Sichtweisen als ereignisorientierten Blickwinkel auf Musik aufgegriffen und dieses mit der Zielsetzung der digitalen Aufarbeitung ontologisch untersucht. Dieser kritisch-ontologische Einbezug des Musicking hat den zu edierenden Gegenstand »Musik« hier innerhalb eines umrahmenden Konzepts kulturwissenschaftlichen Edierens von den bisherigen Gegenständen editorischer Aufarbeitungen (und unabhängig von bestehenden Systematisierungen) unterscheiden können. Nicht zuletzt hat dies damit zusammenhängende ontologische Herausforderungen der Datenstrukturierung verdeutlicht.

Die Überlegungen haben gezeigt, dass unter der einleitend postulierten Sicht auf Musik als wahrgenommenes Ereignis, diese in Verbindung mit dem Konzept des Musicking einen bedeutungsgeladenen Handlungszusammenhang darstellt. Um Musik innerhalb der Verbindung aus Musiksoziologie und Musikedition wissenschaftlich-kritisch zur Darstellung zu bringen und um das Wahrgenommene, ontologisch Aufgeschlüsselte nicht nur für Maschinen, sondern auch für Menschen lesbar zu machen, ist die Frage offen, wie dieser Faktor der wahrgenommenen, eben *diversen* Wirklichkeit editorisch wiedergegeben werden kann.

Das dazu unternommene Mundharmonika-Experiment konnte offenbaren, welcher Art die Bausteine sind, die sich aus der Betrachtung eines musikbezogenen Ereignisses ergeben und inwiefern die daraus erhobenen Daten in Relation zu den Daten kulturwissenschaftlicher Fachcodierungen stehen. Dies zeigt prinzipiell, mit welchen Bausteinen eine dichte Beschreibung mit digitalen Mitteln aufgearbeitet und zu digitalem Text werden kann: Indem sie den abgebildeten extensivierten musikbezogenen Text in Form von Seinszuständen darstellt und indem diese in Kohärenz zu codierten Bausteinen musikalischer Lebenswelten gestellt werden. Dadurch wurde deutlich, wie hier Musik als Ereignis ontologisch zu verstehen ist und wie sich wahrgenommene Wirklichkeiten nachzeichnen lassen. Dabei zeigen sich komplexe und divers vorliegende Zusammenhänge. Ein Ereignis kann daher nicht durch die Bestandsaufnahme weniger (Ereignis-)Daten so codiert werden, dass sich seine spezifische kulturelle Bedeutung in editorischer Tiefe und Differenziertheit offenbart.

Dennoch besteht die Frage, ob die gefundenen Bausteine dabei helfen, die zuvor dargelegte Sicht auf Musik als wahrgenommene Wirklichkeit editorisch darzustellen. Kann aus ereignisbezogener Sicht, kann aus der Sicht des Musicking im Zuge der Möglichkeiten des digitalen Codierens und Visualisierens eine Erweiterung musikwissenschaftlicher Edition von der Noten- zur Musikedition erfolgen? Offenbart digitale Edition hiermit also das Potenzial, das Gesamtkonzept der Musikedition auszuweiten? Wenn ja, welche Folgen hat dies wiederum für musikwissenschaftliche Forschung? Diesen Fragen ist abschließend vor dem Hintergrund der Auswertung und Visualisierung der relevanten Daten zu begegnen. Kann also ein ›Endprodukt‹ benannt werden, das diese Verbindung aus Musikedition und Musiksoziologie verkörpert?

In Form einer strukturellen Rekapitulation des Vorhergehenden zeigt Abbildung 5.1 als Gesamtkonzept schematisch die bisher aufgearbeiteten und angedeuteten Bestandteile zur kulturwissenschaftlichen Edition wahrgenommener Wirklichkeiten. Deutlich wird hierin auch das Potenzial, durch die Bildung von Konkordanzen eine Schaltzentrale für alle bestehenden Sichtweisen und Aufarbeitungen von Musik bereitzustellen. Daraus ist künftig ein praktisches Prinzip zu extrahieren, das in diesem handlungsorientierten Sinne *kulturwissenschaftliche* Musikedition ausmachen kann, um das Potenzial digitaler Musikedition im Sinne der Digital Humanities zu betonen und weiter auszuschöpfen.

Auf Basis dieses Konzepts besteht zum Abschluss meiner Gedanken also noch die Frage nach dem Bilden und Lesen einer ›Partitur‹. Denn was ediert werden soll, muss dem System des Gegenstands entsprechend lesbar geschrieben werden. Editorische Aspekte der Filiation, Emendation, Kritik und Reinschrift sollten sich hierbei idealerweise wiederfinden, will man eine Editionstradition fortführen. Im Sinne dieser Tradition werde ich die editorisch bekannten Terminologien aufgreifen, womit ich die Frage nach der *Partitur des Musicking* stelle, also die Frage nach dem Tableau, das die einzelnen gesammelten Stimmen – die geschilderten Wahrnehmungen – zusammenführt.

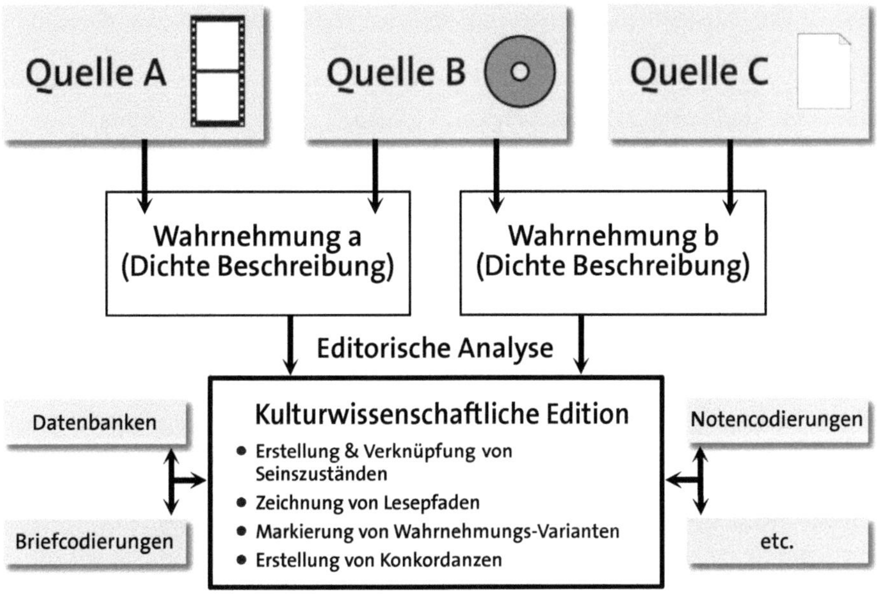

Abb. 5.1: Gesamtkontext der kulturwissenschaftlichen Edition wahrgenommener Wirklichkeiten.

5.1 Schatten der Wirklichkeit. Herausforderungen der Rekonstruktion wahrgenommener Wirklichkeiten

Die editorische Rekonstruktion wahrgenommener Wirklichkeiten birgt zunächst zwei Herausforderungen, derer man sich bewusst sein muss: Zum einen wird diese Rekonstruktion in jedem Fall *unvollständig* bleiben, denn es werden nur Ausschnitte vergangenen Erlebens dargestellt. Dadurch ist zum anderen ihr Gegenstand, also ihre lebensweltliche Entsprechung, *nicht direkt greifbar*. Zu diesen beiden Aspekten seien daher einige Gedanken angeführt.

5.1.1 Zur Unvollständigkeit

»Die Untersuchung von Kultur ist ihrem Wesen nach unvollständig. Und mehr noch, je tiefer sie geht, desto unvollständiger wird sie.«[1] Um diese von Cliffort Geertz vorgestellte ethnografische Besonderheit kommt auch das hier gesteckte editorische Ziel nicht herum. Die Unvollständigkeit des untersuchten Gegen-

1 Geertz, *Dichte Beschreibung*, S. 41.

stands ist verschiedentlich bedingt und zunächst technisch begründet, denn in einer Datenbank – sowie in jeglicher Manifestation des Wahrgenommenen – liegt nicht die ›ganze Wahrheit‹. Um es mit den Worten des Juristen Viktor Meyer-Schönberger und mit Verweis auf Platons Höhlengleichnis aus der *Politeia* auszudrücken: »[D]ie Daten sind am Ende immer nur ein Schatten der Wirklichkeit und deswegen immer unvollständig.«[2] In der Gewissheit dieses Schattens, dieses Abbilds müssen die hier gewonnenen Daten auch behandelt werden. Denn die Unvollständigkeit der Daten liegt auch im Codieren selbst. Mit allen Codierungsverfahren – ob diese mit Noten, mit Buchstaben oder mit digitalem Code arbeiten – werden *spezifische Ausschnitte* vergangener Wirklichkeiten abgebildet. Der vollständige Rahmen eines notenbezogenen Werktextes definierter Urheberschaft mag dabei greifbar sein. Blickt man auf wahrgenommene Wirklichkeiten, ist dieser Rahmen nicht mehr *endgültig* definierbar. Sie können niemals vollständig abgebildet werden, denn was als Substanz von Musik aufgefasst wird, was von ihr festgehalten oder wahrgenommen wird, kann verschieden sein, diversen Arten von Skripten folgen und ist von einem individuellen Fokus bestimmt.[3] Ein editorisches Vereinen möglichst vieler ›Skripte‹ von Wirklichkeiten und deren Repräsentation über Bausteine des Musicking kann also auch keine Vollständigkeit der Darstellung von Musik erreichen, sich ihr aber zumindest weiter annähern.

Wieso dies in jedem Fall nur eine Annäherung, ein Fingerzeig bleiben kann und wieso diese Daten von Grund auf *digital* (von lateinisch *digitus* »Finger«) sind, lässt sich mit einem Vergleich zum Prinzip digitaler Signalverarbeitung erläutern.[4] Analoge Signale sind zeit- und wertkontinuierlich. Das bedeutet, dass zu jedem beliebigen Zeitpunkt jeder beliebige Wert vorliegen kann. Ein Mikrofon zum Beispiel erfasst potenziell jederzeit jedes beliebige Signal. Diese Signale werden von digitalen Systemen aber nicht kontinuierlich, sondern in festgelegten Intervallen erfasst, womit nur Einzelwerte bestimmter Zeitpunkte vorliegen. Diese sogenannten Quantisierungsstufen sind zeit- und wertdiskret: An ihnen sind lediglich *Hinweise* in Bezug auf ein Gesamtes zu erkennen, da sie entsprechend einer festgelegten Abtastrate nicht das beinhalten, was zwischen zwei Messpunkten liegt.

2 Mayer-Schönberger, *Am Ende* (Stream), 00:31:50 ff. Vgl. dazu aus dem Blickwinkel der Algorithmizität Stalder, *Kultur*, S. 189 ff. Zum Höhlengleichnis vgl. etwa König, *Grundwissen*, S. 41 f.

3 Siehe Kap. 4.1, S. 115.

4 Zu den folgenden Angaben zu analoger und digitaler Technik vgl. etwa Beuth/Beuth, *Digitaltechnik*, S. 15 ff. sowie Kammeyer/Kroschel, *Digitale Signalverarbeitung*, S. 3 ff., 9 ff.

Gleiches passiert bei der Abbildung des Musicking, also bei der Abbildung lebensweltlicher Phänomene in Form von Seinszuständen. Diese Phänomene liegen zwar zunächst in beliebig vielen Werten vor. Als Seinszustand werden sie aber in bestimmten Momenten erfasst und bilden somit zeitdiskrete Signale, die eben nur ein *Hinweis,* ein *Fingerzeig* sind, da sie einer diskontinuierlichen (oder selektiven) und keiner kontinuierlichen Wahrnehmung entsprechen. Eben diese diskreten Signale werden im Fall der gespeicherten Wahrnehmung durch die angelegte Betrachtungsweise geschaffen. Ob in Form einer dichten Beschreibung oder in Form ihrer Digitalisierung mittels Seinszuständen: Gespeichert wird, was zu Zeitpunkt A und zu Zeitpunkt B wahrgenommen wurde, jedoch nicht *alles,* was dazwischen stattfand. Die Mundharmonika Westernhagens wurde erst als Instrument und dann als Fan-Trophäe wahrgenommen. ›Dazwischen‹ könnte sie etwa als Flugobjekt, als Bühnenausstattung oder als Lagerbestand des Tour-Unternehmens betrachtet werden – doch diese entsprächen Quantisierungspunkten anderer Wirklichkeiten, also Messpunkten anderer Wandlungsprozesse.[5]

Aus diesem Aufgezeichneten oder Wahrgenommenen kann so etwas wie ein ›zeitkontinuierliches Signal‹, also die Realität wie sie wohl war, bloß ›errechnet‹ werden, ihr Abbild muss aus den Daten, die aus dem Wahrgenommenen gewonnen werden, geschlossen werden. Als Besucher des Konzertes sehe ich eventuell nur, dass eine Mundharmonika in Richtung Publikum geworfen wird. Ich kann aus meinen Daten *schließen,* dass sich im Publikum ein*e Fänger*in über die Mundharmonika freut. Als Beobachter des Videos differiert meine Wirklichkeit, denn durch die Einflussnahme der im Film erzeugten Performance kann ich sehen, dass Müller-Westernhagen die Mundharmonika wirft und sie im scheinbar nächsten Moment in den Händen eines Zuschauers ist. Dass er sie erwartet hat, ob er sie direkt gefangen hat und ob es die gleiche Mundharmonika ist, die zuvor gespielt wurde, kann ich ebenfalls nur aus meinen zuvor erhobenen, durch meine Situiertheit selektierten Daten *schließen.* Zwei aufgezeichnete Messpunkte und die Beziehung, die zwischen ihnen besteht, werden also *interpretiert.* Hiermit wird durch die Deutung eines Diskurses das Gesagte oder Getane dem vergänglichen Augenblick entrissen.[6] Das dazu nötige Wahrnehmen und Aufzeichnen von Seinszuständen und Beziehungen entspricht damit zeit- und wertdiskreten

5 Aus kognitiver Sicht und im Sinne der Kartierung der Wirklichkeit – entstanden aus der Fähigkeit von »Organismen, *die Welt in ihrem eigenen Inneren zu repräsentieren*«(Damasio, *Im Anfang*, S. 92. [Herv. i. O.]) – ist dies auch nicht anders und nicht ohne Selektion möglich. (Vgl. ebd., S. 88 ff.)

6 Vgl. dazu Geertz und dessen Charakterisierung der ethnografischen Beschreibung, Geertz, *Dichte Beschreibung*, S. 30.

Quantisierungspunkten vergangener, gedeuteter Augenblicke. Man arbeitet mit einer diskontinuierlichen ›Abtastrate‹, die einer bestimmten Sichtweise, einer Wirklichkeit entspricht und dieses Wahrgenommene und Aufgezeichnete ist eine Entsprechung zu allem, was im Ereignis geschieht. Diese ›Unvollständigkeit‹ der Daten und die von ihnen ausgedrückte Selektivität ist also von Beginn an in die editorische Struktur und in deren Darstellung zu integrieren. Mit Blick auf Beatrix Borchards Beschäftigung mit der Montage innerhalb der Biografik kann nicht nur diese, sondern auch die Edition dazu dienen, »das Wesentliche im Leben eines Menschen, einer Musikerin, nämlich Musik, als nicht darstellbare Leerstelle zu markieren.«[7] Dies muss expliziten konzeptionellen Niederschlag im Editions-Konzept finden, weshalb es hier zum wesentlichen und visuell deutlichen Bestandteil des zu Lesenden werden muss, dass *bestimmte Deutungen* mit ihren jeweiligen Messpunkten – den Seinszuständen – wiedergegeben werden.

Diese Lückenhaftigkeit zeigt sich auch in einem Hinweis auf den *hybriden* Charakter digitaler Editionen, der von Andreas Münzmay gegeben wird. Wie bereits beschrieben,[8] schildert er, wie leicht es passieren kann, dass die falschen Forschungsfragen an ein untersuchtes Objekt gestellt werden, weil am Digitalisat dessen physische Größe und damit seine lebensweltliche Funktion gegebenenfalls falsch bewertet wird. Münzmays Warnung:

> »Gerade im digitalen Dickicht der hybriden Musikbibliothek setzt wissenschaftlich belastbares Lesen ein ganz besonders hohes Maß an medien- und bestandshistorischem Erfahrungs- und Kontextwissen voraus. Und für *Digital* Humanities ist das ›Lesen‹ im Dickicht nicht etwa einfacher. Denn auch, wenn man den Computer ›lesen‹ lässt, müssen alle Beteiligten (Computer wie Wissenschaftler) stets genau wissen, was da gefunden, zum Korpus aggregiert, gelesen, ausgewertet oder interpretiert wird.«[9]

Für die Darstellung wahrgenommener Wirklichkeiten bedeutet dies, dass auf Basis des Quantisierungsgedankens nicht übersehen werden darf, dass etwas *abgetastet* wurde, ohne festzuhalten, was das Abgetastete vor (und nach) diesem ›Messpunkt‹ für Funktionen erfüllt. Digitale Systeme bieten zwar Hilfen zum Erkennen und Interpretieren, doch sie dürfen grundsätzlich nicht darüber hinwegtäuschen, dass sie als Werkzeug zum Erkennen nur das beinhalten, was zuvor erkannt und digitalisiert wurde und dass gleichsam das Erkennen nicht

7 Borchard, »Mit Schere«, S. 430.
8 Siehe Kap. 3.2, S. 93.
9 Münzmay, »Lesen«, S. 242 f. [Herv. i. O.]

innerhalb der gelesenen Wirklichkeit stattfindet. Die Art und Weise, wie eine digitale Darstellung von Daten ausgeformt wird, darf daher ihrerseits nicht darüber hinwegtäuschen, dass Schatten vergangener Wirklichkeiten, also von Grund auf lückenhafte Zusammenhänge dargestellt werden.

Um damit noch einmal auf die grundlegende Beschäftigung mit der Metaphysik zurückzukommen, ist, so Heinrich Schmidinger, die »Wirklichkeit in ihrer Gesamtheit [...] dem Menschen niemals als Summe aller Teile gegeben, sondern [...] ausschließlich als *Ordnung* oder *System* bzw. [...] als *Regulativ* des Erkennens, Handelns und Wertens.«[10] Als solches Regulativ muss auch eine Identifizierung und Zusammenstellung von Bausteinen des Musicking und deren Dimension als Netz, als Set of Relationships aufgefasst werden. Schmidinger weiter: »Faßt er demnach die Totalität der Wirklichkeit nicht auf diesem Wege, so bleibt nur noch vorstellbar, daß es dem Menschen gelingt, die Unübersichtlichkeit und Komplexität derselben zu *reduzieren.*«[11] Daraus folgt für ihn:

> »Metaphysische Systeme sind niemals eindimensionale, sondern allemal *multidimensionale* Systeme. [...] Die Wirklichkeit in ihrer Gesamtheit kann, wenn überhaupt, nur in einem *Geflecht oder Netz von differenzierten Systemdimensionen* wahrgenommen werden.«[12]

Diese differenzierten Systemdimensionen zum Ausdruck zu bringen, kann als grundlegendes Ziel und als Problemstellung der Edition musikbezogener Wirklichkeiten gelten. Die unzähligen diskursiven Kontexte von Musik – zuvor als das Musicking spezifiziert – sollen daher mit einer Schaltzentrale einen Lösungsweg bekommen, auf dessen Datenbasis sie mittels Partitur dynamisch, ihrer Diversität und Unvollständigkeit entsprechend abbildbar, untersuchbar und begehbar werden und mit der die multidimensionalen Systeme in ihrer Gesamtheit und in ihrer Verbindung ausgewertet werden können.[13] Mit dem zuvor genannten

10 Schmidinger, *Metaphysik*, S. 22. [Herv. i. O.] Siehe zur Metaphysik auch Kap. 4.1, S. 113 sowie Kap. 4.2.2.2, S. 131.

11 Schmidinger, *Metaphysik*, S. 22 f. [Herv. i. O.]

12 Ebd., S. 23. »Der ›Gegenstand‹ der Metaphysik [...] ist nichts anderes als das System bzw. die Vielfalt von Systemen, das bzw. die dazu tendiert, wirklichkeitsumfassend zu sein. [...] Entsprechend dem hohen Komplexitätsgrad der Wirklichkeit müssen Systeme, die dazu geeignet sein sollen, die Wirklichkeit in ihrer Gesamtheit zu erfassen, von vornherein differenzierungsfähig angenommen werden.« (Ebd.)

13 Der Ansatz ist weiterhin ein Lösungsweg, zu verhindern, »dass sich viele Projekte in Einzelaktivitäten verstricken, ohne eine übergreifende Strategie zu verfolgen oder zumindest synergetisch zu operieren«, wie es Berthold Over und Torsten Roeder

Hinweis Geertz'[14] können wir uns auch unter dem hier gesetzten Ziel und unter der Frage nach der Beschaffenheit der Partitur des Musicking deutlich machen, dass es – wie innerhalb der deutenden Ethnologie – nicht »eigentliche Aufgabe« ist,

> »unsere tiefsten Fragen zu *beantworten,* sondern uns mit anderen Antworten vertraut zu machen, die andere Menschen [...] gefunden haben, und diese Antworten in das jedermann zugängliche Archiv menschlicher Äußerungen aufzunehmen.«[15]

5.1.2 Zur fehlenden Greifbarkeit

Wie es sich bei der Beschreibung der Unvollständigkeit wahrgenommener Wirklichkeiten angedeutet hat, ist für die Untersuchung von Kultur auch das Problem der scheinbar fehlenden Greifbarkeit lebensweltlicher Entsprechungen kennzeichnend.[16] Sie zeigt sich hier als zweite Herausforderung, der sich die editorische Rekonstruktion wahrgenommener Wirklichkeiten stellen muss. Wie zuvor geschildert, kann dem Phänomen Musik mit Notendrucken, Instrumenten oder Werkobjekten eine gewisse Greifbarkeit verliehen werden.[17] Dies gibt der Notenedition einen klaren Kontext. Bei ihr deckt sich das lebensweltliche Objekt mit der editorisch abgebildeten Entsprechung: Gedrucktes wird gedruckt abgebildet, Noten werden als Noten gelesen und sind als Notentext Abbild einer Idee, die von einem Menschen gedacht und von einer Handschrift vermittelt wird.

Die lebensweltliche Entsprechung ist im Falle der Abbildung des Phänomens Musik in Form des Musicking jedoch schwerer zu greifen. Man ›sieht‹ hier das zu edierende Objekt nicht anhand *einer* Sache. Dementsprechend muss das »people musicking«, das nicht *eine* Sache ist, durch die Seinszustände als Knotenpunkte aus der zuvor dargelegten Diversität geknüpft werden. Als dichte Beschreibung kann es mit Buchstaben in Textform oder eben digital *beschrieben* werden, aber nicht 1:1 transformiert werden. Es kann nicht so notiert werden wie hypothetischer Klang, der für seine beabsichtigte Realisation mittels Noten in ihrer Funktion als Resultatsschrift oder Konzeptionsschrift de- und präskriptiv

bezüglich musikwissenschaftlicher DH-Projekte monieren. (Over/Roeder, »Stand«, S. 1.)

14 Siehe S. 179.

15 Geertz, *Dichte Beschreibung*, S. 43. [Herv. d. V.]

16 Vgl. ebd., S. 41 f.

17 Siehe Kap. 4.1, S. 117.

beschrieben wird.[18] Das wahrgenommene Handeln ist wesentlich unspezifischer und individueller, womit die Darstellung von *Wahrgenommenem* schematisch geknüpft werden muss und es müssen gleichsam Wege zu Dokumenten aufgewiesen werden, die hiervon zeugen.

Dabei darf das Vorgehen nicht mit der direkten *Wiedergabe* von Quellen und ihres gegebenenfalls geschützten Inhalts verwechselt werden. Vielmehr wird – überprüfbar – der wahrgenommene Seinszustand und seine Verbindungen zu anderen Seinszuständen als annotiertes Abbild anhand diverser Quellen(arten) nachgezeichnet. »Faksimile«, also übereinstimmende Nachbildungen gibt es hier nicht, da das Musicking seine Existenz im wahrgenommenen Ereignis hat und vor der editorischen Wiedergabe erst mittels Beschreibung des Wahrgenommenen aus dem extensivierten musikbezogenen Text transkribiert werden muss. Diese Herausforderungen müssen generell in die an editorische Wiedergaben geknüpften Erwartungen mit einbezogen werden.

Trotz der Unvollständigkeit und der fehlenden Greifbarkeit des edierten Gegenstands müssen die Seinszustände aber transkribiert als ›Reinschrift‹ in einer Partitur zusammengetragen werden, um Musicking zu dokumentieren und Annotationen und Filiationen lesbar anzubringen. Bevor hierzu erste Konzepte und Darstellungsweisen exploriert werden, muss jedoch deutlich gemacht werden, dass es durch solch eine Partitur im Sinne des zuvor dargelegten diskreten Charakters der Daten nicht dazu kommen wird, dass wahrgenommene Wirklichkeiten, die ja nun mal vergangen sind, neu entstehen und nach*erlebt* werden können. Aus einem Schatten wird kein neuerliches Erleben, das ›original‹ sein könnte. Hierüber hilft auch keine technische Aufzeichnung in Bild und/oder Ton hinweg. Das wahrgenommene Ereignis kann zwar mittels Resultatsschrift ›erleb-‹ und untersuchbar gemacht werden – quasi durch deskriptive ›Notation‹ – doch es kann im Sinne der Performativität des Untersuchten nicht wiederholt werden. Oder, um es mit Krois' Worten zur Objektivitätskrise der Kulturwissenschaften auszudrücken: Es gibt »Zeichen […] nur in der Beziehung von Zeichen und Bezeichnetem, wir kommen daher nie bei einer Anwesenheit an.«[19]

Die Erwartungen an das, was Edition hier leisten kann, werden sich also zunächst darauf fokussieren müssen, dass eine Ansammlung von Dokumenten, Abbildungen oder Detail-Rekonstruktionen stückweise zeigen wird, was geschehen ist (nicht warum es geschehen ist[20]) und was sich mit dem Geschehenen

18 Vgl. Grotjahn, »Notationskunde«, S. 329. Siehe dazu auch Kap. 1.1, S. 34.

19 Krois, »Kultur«, S. 112.

20 Vgl. dazu auch die Warnung Mayer-Schönbergers vor einer Gleichsetzung von Korrelation und Kausalität: »Big Data kann uns nicht erklären, warum etwas passiert, wer

verbindet. Dieses *muss gedeutet und nachvollzogen* werden. In diesem Nachvollzug fehlt zwar einerseits das direkte Erleben mit allen seinen Sinneseindrücken, andererseits enthält er jedoch gegebenenfalls zusätzliche Informationen – nicht zuletzt, da für den Nachvollzug des Wahrgenommenen weit mehr Zeit und Aufmerksamkeit zur Verfügung steht, als für das Wahrnehmen des Ereignisses selbst. Nicht nur das, gegebenenfalls werden sogar mehrere Perspektiven zugleich sichtbar, was letzten Endes »die eine« Wirklichkeit lesbar relativiert.

Der erste Schritt dorthin ist die Ansammlung der Verbindungen von Bausteinen des Musicking, um darin Pfade hinein in wahrgenommene Wirklichkeiten zu finden. Digitale Edition, die mit den Fortschritten der Notenedition schon die Möglichkeit und gleichzeitig die Herausforderung erschaffen hat, zuvor rein zweidimensional Gedrucktes mehrdimensional und flexibel abbilden zu können, bietet hier entscheidende Voraussetzungen, diese Herausforderung zu lösen. Doch wie können diese von Diversität geprägten Entsprechungen als Partitur erkennbar werden?

5.2 Musicking-Partitur. Strukturelle Basis der Visualisierung

Die zuvor beleuchtete unvollständige Diversität der Musik, der Schatten der Wirklichkeit, muss nun visuell so markiert werden, dass die Diversität als ausdrücklicher Teil des Gesamtkonzeptes erkennbar ist. Dafür müssen die als Textbestandteil betrachteten, inhaltlich und strukturell heterogenen Objekte[21] – die Seinszustände –, auch visuell einen von Menschen les- und nachvollziehbaren Zusammenhang bilden können.[22] Dem müssen der Aufbau der Edition und die von ihr vorgegebene Leseweise angepasst sein. Buchstaben- oder Notentexte geben bekannterweise einen Pfad vor, der beim Lesen den *einen* Textverlauf und seine Varianten zeigt. Solche Pfade[23] existieren auch in Wahrnehmungen und sind somit nicht exklusiv genuin schrift-textuellen Objekten zu eigen, doch dass

dafür verantwortlich ist, es kann nur erzählen, was passiert.« (Mayer-Schönberger, *Am Ende* (Stream), 00:30:00.)

21 Diese werden wie zuvor durch das Prinzip des *Musicking2Content* gezeigt über die Seinszustände zusammengeführt, welche den fachspezifischen Inhalt sowie qualitative Beziehungen tragen. (Siehe Kap. 4.3, S. 172.)

22 Es müssen also allgemein – um Felix Stalders Formen der Digitalität (Referentialität, Gemeinschaftlichkeit, Algorithmizität) zu folgen – mittels »Algorithmen [...] die unüberschaubaren Daten- und Informationsmengen [...] in Dimensionen und Formate [transformiert werden], welche durch die menschliche Wahrnehmung überhaupt erfasst werden können.« (Stalder, *Kultur*, S. 96. Vgl. ebd., S. 164 ff.)

23 »Person A benutzt Objekt B und führt Handlung C aus.«

die Leseweise beim Erkunden wahrgenommener Wirklichkeiten demgegenüber weit dynamischer sein wird, hat sich nun bereits angedeutet.

Für die folgenden Gedanken bedeutet dies, dass sich die von einer Partitur darzustellenden Bausteine zunächst in der dichten Beschreibung – einer Transkription wahrgenommener Wirklichkeit – als Prozess dargestellt finden und in Form von Seinszuständen und Beziehungstypen als *dichte Beschreibung mit digitalen Mitteln* durch die editorische Arbeit erfasst werden müssen. Da diese digitale dichte Beschreibung keinem ›einzig Wahren‹, sondern einem subjektiven Schatten der Wirklichkeit eines Geschehens entspricht, werden ihr in der Regel weitere Wahrnehmungen (also Versionen) oder editorische Varianten (also Alternativen oder Uneindeutigkeiten innerhalb der Wahrnehmung) zur Seite treten, die in ihrem Mäandern, in ihren Berührungspunkten, Überlagerungen, Seitenarmen und Alternativen als diverse Wirklichkeiten erkennbar sein müssen.[24] Um die Bausteine in einer Partitur des Musicking sichtbar zu machen und nachverfolgen zu können, müssen Pfade markiert werden, die den Leser*innen zeigen, welche Beziehungen samt Richtung der Beziehungen zuvor erkannt und von Editor*innen zum Lesen aufbereitet wurden.

5.2.1 Lesepfade und Sets of Relationships (SoRs)

Notwendig ist also die Erstellung von Lesepfaden, die edierte Wahrnehmungen widerspiegeln und die einen lesbaren, nachvollziehbaren Zusammenhang bieten.[25] Ein Lesepfad »Westernhagen-Konzert 18.11.2005« beschreibt somit einen bestimmten gedeuteten Zusammenhang und gibt als *Identifizierungsrahmen* den Fokus einer oder mehrerer Wahrnehmungen wieder. Dieser Pfad muss wiederum ein oder mehrere SoRs enthalten. (Siehe Abb. 5.2.)

Lesepfade und SoRs sind dabei keinesfalls gleichzusetzen. SoRs fassen als wahrgenommene, bedeutungsgeladene Ereignis-Sphären einzelne Seinszustände zusammen und beinhalten somit *erkannte Beziehungen*. Diesem Prinzip zufolge ist es durchaus denkbar, dass ein SoR in mehreren Lesepfaden Geltung hat. Genauso können Seinszustände, die immer in SoRs zusammenzufassen sind, in mehreren SoRs Geltung haben. Für das hier betrachtete Ereignis beschreibe ich exemplarisch zwei SoRs, nämlich das SoR der »Interpretation *Nur ein Traum*«, das die Darbietung eines Werkes und die damit im Zusammenhang stehenden Beziehungen fokussiert, sowie das SoR »Mundharmonika-Wurf«, das die wahr-

24 Zum Verhältnis von Version und Variante siehe S. 174.

25 Zum Begriff des Lesepfades in der musikwissenschaftlichen Edition vgl. auch Wiering, »Digital Critical Editions«, S. 26, 31 f. sowie Kepper/Pugin, »Was ist«, S. 10 f.

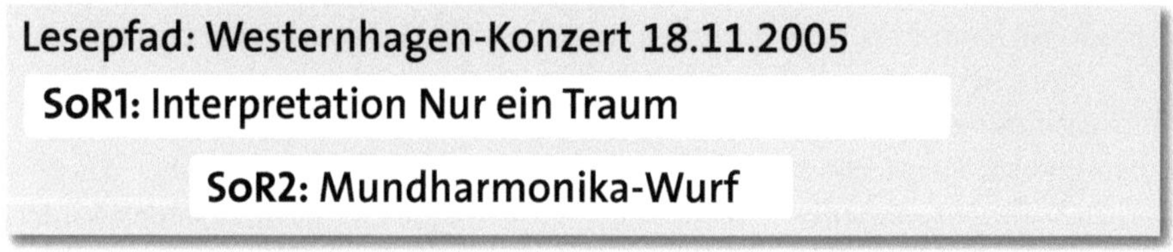

Abb. 5.2: Zusammenhang von Lesepfad und SoR.

genommenen Beziehungen um die Übergabe eines gegenständlichen Objekts während eines Konzertes abbildet. Sie beide wurden hier innerhalb des Identifizierungsrahmens des Westernhagen-Konzertes erkannt. Diese Zuordnungen geschehen rein durch die editorische Arbeit. Sie muss dabei Wahrnehmungen interpretieren sowie zu findende Pfade und SoRs anlegen.

Durch das SoR werden die in einer Wahrnehmung zusammengehörigen Seinszustände gruppiert, benannt und durch den Pfad wiederum ein oder mehrere SoRs einem edierten Gesamtzusammenhang zugeordnet. Beide geben in ihrer Zusammenstellung wichtige Informationen über den Fokus der editorisch ausgewerteten Wahrnehmung. So kann es beispielsweise niemals regelhaft vorgegeben werden, ob der Mundharmonika-Wurf neben der Interpretation des Werkes »Nur ein Traum« als ein eigenes SoR wahrgenommen und dargestellt wird, oder ob er als Ereignis in *einem* SoR subsumiert wird, das der Aufführung des Werkes entspricht. Auch Lesepfade und SoRs sind also subjektiv, denn eine Ansammlung von Beziehungen besteht nicht per se, sondern sie entsteht in ihrer ganzen (un)überschaubaren Weite erst durch das Edieren und ist somit deskriptiv. Diese Beziehungen sind den jeweiligen Akteur*innen in dieser Form im Agieren gegebenenfalls nicht bekannt. Was als *ein* Set of Relationships aufzufassen ist, ist also keine elementare Frage, sondern eine hermeneutische und heuristische, eine Frage der Situiertheit der Wahrnehmenden sowie eine Frage dessen, welche Beziehungen von ihnen erkannt und anschließend editorisch zusammengefasst werden.

Somit ist es besonders wichtig, dass Pfaden und SoRs immer Autor*innen und Editor*innen als Urheber der Wahrnehmung zugeordnet sind.[26] Denn die *Partitur* (auf den Notentext bezogen eine *Einteilung gemeinsam erklingender Stimmen*[27]) ist im extensivierten musikbezogenen Text eine Sammlung von Seinszuständen, die bestimmten Wahrnehmungen entspringen und als ›Stimmen‹ gesehen wer-

26 Siehe Kap. 4.2.4.2.2, S. 165.

27 Einen groben Überblick gibt Voss, »Partituranordnung«.

den könnten, da sie aus der Sicht einer Person über Wirklichkeiten ›sprechen‹. Ihre Ausarbeitung enthält zudem das Wissen, den Fokus und die Arbeitsweise bestimmter Editor*innen. Aus Seinszuständen werden also Lesepfade gezeichnet, die einen Zusammenhang darstellen und der jeweiligen individuellen Perspektive entsprechen, aber jederzeit ergänz- und falsifizierbar bleiben. Dabei können Edierende – sofern es die Quellenlage hergibt – aber auch ganz explizit einen Pfad oder ein SoR *aus der Sicht* einer bestimmten, nicht edierenden Person erstellen, die Teil des dargestellten Musicking sein kann.[28]

Dieses Prinzip betont die Tatsache, dass Bedeutungen immer explizit *zugeschrieben* sind. Die in einem Pfad eingegliederten SoRs können in beliebiger Tiefe erkannt werden und ermöglichen in Bezug auf einen spezifischen Zusammenhang das Einnehmen von Mikro- und Makroperspektiven. Sie sind subjektiv und von der zugrundeliegenden Wahrnehmung sowie vom auswertenden Blick bestimmt. Selbst wenn ich mich auf Aussagen untersuchter Individuen berufe, so bleibt auch die daraus gezogene Erkenntnis eine Deutung, die ebenfalls konstruiert ist.

Ich komme hierauf in Kapitel 5.3 zurück. Zunächst sollen einige An- und Herausforderungen der Visualisierung wahrgenommener Wirklichkeiten beleuchtet werden. Die dabei zur Verdeutlichung und Annäherung gezeigten Darstellungen in statischer, zweidimensionaler Weise zeigen nicht nur auf die Komplexität des Editionsgegenstands, sondern verweisen zugleich auf die Notwendigkeit der Entwicklung mehrdimensionaler, dynamischer Visualisierungsmethoden. Die zweidimensionale Abbildungsweise gerät hier an ihre Grenzen und ein nun theoretisch entworfenes mehrdimensionales Modell muss an geeignete Visualisierungen übergeben werden. Besonders im Printmedium geht die Komplexität der Lesepfade zulasten der Übersicht. Neben der Strukturierung und Auswertung komplexer Daten wird in der mehrdimensionalen, benutzerdefinierten und dynamischen Darstellung der zweite große Vorteil des digitalen Publizierens für die Edition wahrgenommener Wirklichkeiten liegen. So kann es etwa realisiert werden, das hier gezeigte Beziehungsgeflecht in Bezug auf einen bestimmten Fokus zu visualisieren. Es ist beispielsweise mit reduzierter Information als Graph darstellbar, der die bloße Menge der Kanten aller Knoten betont, oder als Graph, der Beziehungen einer bestimmten Bedingung zufolge zeigt – wie etwa die Abfrage »zeige alle (von Person X) wahrgenommenen Akteur*innen, die innerhalb von Lesepfad A und B mit Akteur*in Z verbunden sind«.

28 Für die hier exemplarisch erstellten Daten wird dieses Szenario außen vor gelassen.

5.2.1.1 Graphenbasierte Visualisierung als Annäherung an darzustellende Elemente von Makro- und Mikrokosmen

Die im Folgenden gezeigten Abbildungsweisen dienen vorbereitend dazu, Elemente, Phänomene und Abhängigkeiten zu zeigen, die *diversen* Darstellungsformen zugeführt werden müssen. Hierzu sind künftig weitere grafische Formen zu entwickeln, die der Struktur und ihrer individuellen Komplexität Rechnung tragen. Abbildung 5.3 stellt im Stil einer Graphenvisualisierung eine erste Möglichkeit der Abbildung dar und vergegenwärtigt den Grad der Komplexität von SoRs sowie die numerische und qualitative Gleichheit und Verschiedenheit der jeweils dazugehörigen Seinszustände.[29] Diese Art der Visualisierung wird Nutzer*innen in der Regel aber nicht dazu dienen, einen großen Gesamtzusammenhang mit *einem* Blick detailliert begreifbar zu machen. Als Sammelpunkt ist sie hier jedoch ein probates Mittel, An- und Herausforderungen der Darstellung grafisch zu verdeutlichen.

Das Nachvollziehen wahrgenommener Wirklichkeiten aus derartigen Partitursystemen heraus wird auch mit der Nutzung mehrdimensionaler Visualisierungen ein *detailliertes Lesen* erfordern, gleich dem Studium einer Orchesterpartitur. Partituren des Musicking verbildlichen Seinszustände und ihre Beziehungen und müssen neben dem Grad der Komplexität auch den Aufbau von Mikro- und Makrokosmen aus unterschiedlichen Sichtweisen heraus nachvollziehbar machen. Genauer gesagt besteht an diverse Darstellungsformen die Herausforderung, es als Wegweiser zu ermöglichen, Mikrokosmen und mit ihnen verbundene Quellen zu entdecken.

Hierbei wird es im Sinne der *Open Culture* idealerweise auch elementarer Bestandteil des Editions- und Lesevorgangs sein, als Leser*in ko-aktiv einen Pfad bearbeiten zu können,[30] um sich von ihm abzugrenzen oder in ihm weitere erkannte SoRs zu markieren. Dabei werden Rekonstruktionen wahrgenommener Wirklichkeiten aus unterschiedlicher Sicht erzeugt. Wie solche Ergänzungen zu bewerten und in großer Fülle grafisch zu behandeln sind, ist allerdings von weiteren Studien zu untersuchen. Im Folgenden sollen zunächst die in Abbildung 5.3 als Annäherung und zur Veranschaulichung umgesetzten Elemente und Strukturen erläutert werden.

29 Siehe dazu auch Kap. 4.2.2.1, S. 128. Zur Verwaltung und Visualisierung graphenbasierter Forschungsdaten zur Verfügung stehende Tools wie *Nodegoat* oder *Segrada* können mit ihren Funktionsweisen natürlich Vorbild sein, um in einem System zur Anzeige wahrgenommener Wirklichkeiten implementiert zu werden.

30 Zum ko-aktiven Arbeiten vgl. Keil, »Gestaltung« sowie ders., »Der Computer«.

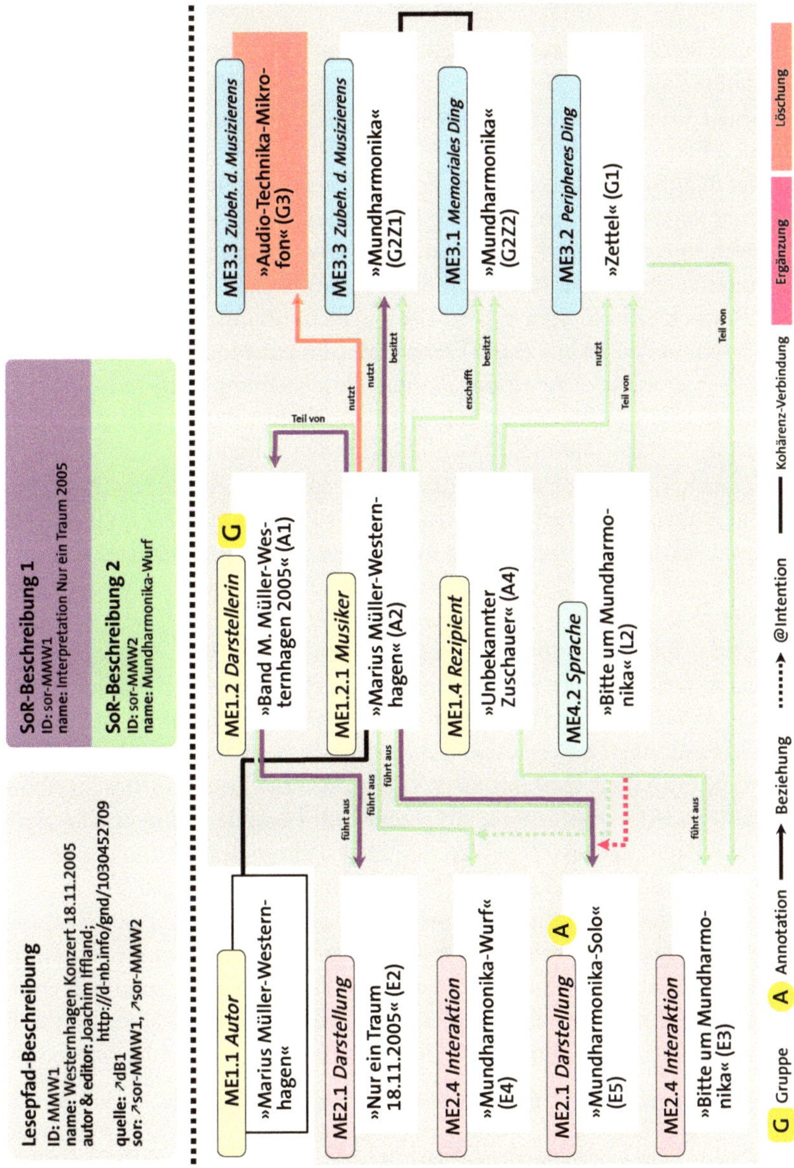

Abb. 5.3: Lesepfad »Westernhagen-Konzert 18.11.2005« mit Seinszuständen (Ausschnitt), inklusive Lesepfad- und SoR-Beschreibung.

5.2.1.2 Lesepfad- und SoR-Beschreibung

Lesepfade und SoRs sind Zusammenstellungen von Bausteinen wahrgenommener Wirklichkeiten und zeigen diese als ›Fahrplan.‹ Sie stellen einen wesentlichen Bestandteil der Edition dar und bilden schließlich die geforderte Schaltzentrale. Dazu werden hier sämtliche Details aufgelistet, die jeweils den Aufbau und die Genese einer Wahrnehmung verdeutlichen. Dies geschieht in den *Lesepfad-* und *SoR-Beschreibungen,* die sozusagen den Kopf der gesammelten Daten darstellen. Sie finden sich in Abbildung 5.3 oberhalb des Netzes dargestellt, verweisen dort auf zusammengehörige Seinszustände und sammeln somit alle Stationen, die auf einem Pfad erreichbar sein sollen. Diese Beschreibungen bekommen daher eine dem individuellen Fokus einer Wahrnehmung entsprechende *Bezeichnung* (@name-w) – hier entsprechend der dichten Beschreibung der Pfad »Westernhagen Konzert 18.11.2005« mit den in der editorischen Arbeit erkannten SoRs »Interpretation *Nur ein Traum* 2005« und »Mundharmonika-Wurf«. Beides gibt meine Untersuchungsgrenzen wieder, die bei der editorischen Beobachtung angelegt wurden. Daneben können dort bezüglich der Pfade und SoRs Annotationen (@annotation) sowie *Autor*innen* und *Editor*innen* (@autor, @editor) festgehalten werden. Letzteres wurde in Abbildung 5.3 für die Lesepfad-Beschreibung durchgeführt.[31]

Im Sinne der Filiation sind hier zudem Quellen aufzuführen, um nachvollziehen zu können, welche dichte Beschreibung von welcher Quelle abstammt. Dafür ist durch das Anbringen von @quelle an der Lesepfad-Beschreibung auf einzelne Quellenbeschreibungen zu verweisen, die alle Informationen zur Referenz der erstellen Pfade enthalten. Abbildung 5.3 zeigt, wie die Lesepfad-Beschreibung dazu auf die ID »dB1« und somit auf die zugrunde liegende dichte Beschreibung und ihre Metadaten verweist. Der Datensatz der dichten Beschreibung gibt dann wiederum Auskunft darüber, welche Quellen ihm zugrunde liegen.[32]

Darüber hinaus müssen hier natürlich die zum Pfad gehörigen SoRs als *Inhalt* zugewiesen werden. Innerhalb einer Lesepfad-Beschreibung verweist das Attribut @sor hierzu mit seinem Wert auf die IDs der jeweils zuzuordnenden SoR-Beschreibungen. In Abbildung 5.3 werden exemplarisch die beiden SoRs »Interpretation *Nur ein Traum* 2005« (ID: sor-MMW1) und »Mundharmonika-

[31] Diese Eigenschaften können hier an die SoR-Beschreibungen vererbt werden, da SoRs immer Teil von Pfaden sind. Sie müssen in tieferen Ebenen nur dann eingetragen werden, wenn einzelne Werte abweichen. Der Datensatz im Anhang, S. 233 ff. folgt diesem Prinzip. Eine Abweichung findet sich beispielsweise auf S. 237 im Seinszustand mit der ID »A4«.

[32] Siehe Anhang, S. 245 f.

Wurf« (ID: sor-MMW2) gezeigt und dem Pfad zugeordnet. Durch die IDs der SoR-Beschreibungen wird wiederum festgelegt, welche Beziehungen zu einem SoR gehören. Allen jeweils festzuhaltenden Beziehungen wird dazu das Attribut @sor angehängt. Es gibt dort mit seinem Wert an, welcher SoR-ID die Beziehung zugehört.[33] Eine Beziehung mit dem Attribut »sor: sor-MMW2« gehört also dem SoR »Mundharmonika-Wurf« an.[34] Hierdurch ist jeder erkannte Seinszustand über die ihm zugehörigen Beziehungen einem SoR zugeordnet.[35]

5.2.1.3 Visualisieren und lesen gruppierter Seinszustände

Abbildung 5.3 zeigt zudem (ausschnitthaft und mit Bezug auf den im Anhang abgedruckten Datensatz) das wahrgenommene Musicking in Form erkannter Seinszustände und dazugehöriger Beziehungen. Sie stehen dort als Inhalt des Lesepfades vor grauem Hintergrund. (Alles außerhalb des grauen Feldes würde dabei einen zweiten, hier nicht angelegten Lesepfad betreffen.) Die Seinszustände sind in Form weißer Kästen als Knoten mit Angabe der Subklassen farblich nach Basisklassen markiert dargestellt. Die dazugehörigen Beziehungen werden durch die farbigen und somit den SoRs zugeordneten Pfeile samt Angabe des Beziehungstyps am Pfeil markiert. In dieser Visualisierung wird davon ausgegangen, dass ein*e Nutzer*in der Edition die zwei zuvor erwähnten SoRs zur Ansicht ausgewählt hat, womit der übergeordnete Lesepfad sowie alle zu den gewählten SoRs gehörigen Beziehungen samt Seinszustand angezeigt werden. Für solche Gruppierungen werden dynamische Visualisierungsmethoden mit wählbarem Detailgrad zu entwickeln sein, denn Seinzustände zeigen sich beim Lesen als Strang, in welchem sie neben- oder übereinander liegen. Dieser Strang muss in Einzelteilen gelesen werden und gibt nicht vor, welchen Teil Leser*innen zuerst lesen müssen. Die Fäden, die ihn bilden, laufen in diverse Richtungen und brechen – zeitlich bestimmt – ab oder kommen neu hinzu.

Unabhängig von der Darstellungsmethode wird man beim Lesen wahrgenommener Wirklichkeiten also nicht alle Beziehungen ad hoc entdecken können. Ebenso wenig wird man – abgesehen von Beziehungsrichtungen – schnell einem bestimmten Ablauf folgen. Nutzer*innen werden einen Ausgangspunkt haben,[36]

33 Siehe Kap. 4.2.4.2.1, S. 165.

34 Beispiel: Musiker »Marius Müller-Westernhagen« (A2) besitzt Zubehör des Musizierens »Mundharmonika« (G2Z1). Siehe Abb. 5.3, Mitte sowie Datensatz, S. 235. Wie die Abbildung zeigt, können einer Beziehung natürlich auch mehrere SoRs zugeordnet werden.

35 Siehe hierzu auch allgemein den Datensatz im Anhang, S. 233 ff.

36 Siehe Kap. 5.3, S. 202.

nach dem Musikkultur untersucht werden soll. Von dort aus können sie peu à peu *musikalische Lebenswelten entdecken,* indem Wege durch Lesepfade und durch Wahrnehmungen beschritten werden. Dieses Vorgehen ist nicht so fremd, wie es den Anschein macht. Auch beim Lesen eines mit vorgegebener Leserichtung versehenen (Noten-)Textes kann man niemals sämtliche Teile *zugleich* erfassen – man liest und begreift ihn Zeichen für Zeichen in einer *Kombination* aus Quer- und Längsschnitt. Grobe makroskopische Blicke geben dabei andere Hinweise, als detaillierte mikroskopische Blicke in die Tiefe. Je tiefer man blickt, desto weniger Bausteine in höherem Detailgrad werden erkennbar und umgekehrt.

Solche Lesepfade und SoRs könnten nun ihrerseits als Gruppierung dargestellt werden. Quasi als Galaxien-Gruppe geben sie dann aus der Makroperspektive einen Überblick darüber, zu welchen *Wahrnehmungsweisen* und auf welcher Ereignis-Basis bereits Lesepfade durch das Musicking erstellt wurden. Die dazwischen bestehenden Pfad-Verwandtschaften werden in der Regel aus den Daten abgelesen werden können, da sie sich auf zwischen den Lesepfaden gleiche Seinszustände stützen. Ob diese Beziehungen genauso wie Beziehungen zwischen Seins-Zuständen qualitativ benannt werden müssen und weiterer Metadaten bedürfen, werden praktische Versuche noch zeigen müssen.

5.2.1.4 Details und editorische Eingriffe

Neben den Seinszuständen und ihren Beziehungen sind in Abbildung 5.3 weitere editorische Details erkennbar, die bei der Edition wahrgenommener Wirklichkeiten zum Ausdruck kommen müssen und hier mithilfe dieser Grafik visualisiert wurden.

5.2.1.4.1 Intentionen

Zum einen zeigt sich die Notwendigkeit, editorisch gedeutete *Intentionen* optisch zu markieren beziehungsweise darauf hinweisen, dass in Bezug auf eine zugrunde liegende Beschreibung aus editorischer Sicht Intentionen ergänzt oder abweichend interpretiert wurden. Dies habe ich hier durch gepunktete Pfeile dargestellt. Sie verbildlichen das Attribut @intention und zeigen, mit welcher zweiten Beziehung eine erste Beziehung verbunden ist.[37] In diesem Beispiel weist der grün-gepunktete Pfeil darauf hin, dass der Zuschauer mit seiner Interaktion die Intention der Ausführung des Mundharmonika-Wurfes hatte. Die blaue Färbung des zweiten gepunkteten Pfeiles bedeutet, dass in Bezug auf eine Intention

[37] Zum Attribut der Intention siehe Kap. 4.2.4.2.7, S. 168.

eine editorische *Ergänzung* vorgenommen wurde, in diesem Fall eine abweichend erkannte Intention des Wurfes: Das Beispiel geht hier davon aus, dass die Intention, die in der Ausführung der Bitte um die Mundharmonika liegt, von einer zweiten edierenden Person anders bewertet wurde. Die Bitte wurde dort gedeutet als Bitte darum, ein Mundharmonika-Solo zu spielen. Der blau-gepunktete Pfeil (blau als Hinweis auf eine Ergänzung) weist daher auf die Beziehung »führt aus« zwischen Müller-Westernhagen und dem Ereignis des Mundharmonika-Solos.

5.2.1.4.2 Löschungen

Rote Pfeile und Kästen zeigen *Löschungen* entsprechend dem gleichlautenden Attribut @löschung an. Exemplarisch wird dies durch die Löschung des Seinszustands des von Müller-Westernhagen benutzten Mikrofons verbildlicht. (Siehe Abb. 5.3, Lesepfad oben rechts.) Das gezeigte Beispiel geht davon aus, dass im Laufe des Edierens die Rolle dieses Seinszustands in der zu edierenden Wahrnehmung neu bewertet wurde. Solche Löschungen dürfen nicht stillschweigend durchgeführt werden, da sonst im Sinne der Emendation Aussagen über die Genese der Dokumentation wahrgenommener Wirklichkeiten verschwinden würden. Durch das Anlegen von SoRs sowie durch das Markieren von Ergänzungen und Löschungen werden also Versionen, Varianten und Korrekturen deutlich und voneinander unterscheidbar, die Informationen zur editorischen Bearbeitung sammeln sowie Bearbeitungsstufen eines Lesepfades verdeutlichen.

5.2.1.4.3 Kohärenz-Verbindungen

Schwarze Linien zeigen *Kohärenz-Verbindungen* zwischen zwei Seinszuständen an. Diese kommen zustande, wenn zwei Seinszustände auf gleiche lebensweltliche Phänomene und somit auf gleiche Fachcodierungen verweisen. Wie hier exemplifiziert ist das der Fall, sobald der Seinszustand des Musikers auf den gleichen Personendatenbank-Eintrag verweist, wie der des Autors aus einem anderen Lesepfad. (Siehe Abb. 5.3, Lesepfad oben links.) Zwischen den beiden Seinszuständen, die potenziellerweise verschiedenen Wahrnehmungen entspringen, besteht also eine semantische Verbindung. Ein Kohärenz-Fall würde beispielsweise auch dann eintreten, wenn die Seinszustände der Mundharmonika als *Instrument* sowie als *memoriales Ding* auf den gleichen Dingdatenbank-Eintrag verweisen (siehe Lesepfad Mitte rechts). Solch eine Kohärenz-Verbindung gehört nicht zur Wahrnehmung, sondern kann durch übereinstimmende Kohärenzen zweier Seinszustände automatisch ermittelt werden. Das Anzeigen solcher Verbindungen ist somit ein Hilfsmittel, um von einem Lesepfad aus weitere Lesepfade zu entdecken sowie zu erkunden, welche weiteren Wahrnehmungen zum gleichen lebensweltlichen Phänomen[38] bestehen. In diesem Kontext verbildlichen die derart visualisierten Seinszustände die Knoten im Sinne des *Musicking2Content*[39] und können in der Funktion einer Konkordanz Ankerpunkte oder Sprungmarken zu Fachcodierungen darstellen.

Um einen Überblick über bestehende Verbindungen zu schaffen, ist eine weitere Visualisierungsstufe denkbar: Nutzer*innen wählen dazu innerhalb eines Viewers, der die in Abbildung 5.3 gezeigten Verbindungen ausgibt, einen Seinszustand an und bekommen eine in Abbildung 5.4 exemplarisch entworfene Übersicht. Das gezeigte Beispiel orientiert sich an der erwähnten Kohärenz-Verbindung zwischen dem Musiker und dem Autor »Marius Müller-Westernhagen«. In der Grafik finden Nutzer*innen dann zunächst idealerweise die Daten aus der Datenbank, auf die eine gegebenenfalls angelegte Kohärenz verweist (oben, grauer Bereich am Beispiel von Personendaten der DNB). Daneben findet sich dort eine *Kohärenz-Liste* (Mitte), die – entsprechend der Klassen-Farbe gelb hinterlegt – Auflistungen von gefundenen Kohärenz-Verbindungen gibt. Hier ist dann ebenso erkennbar, in welchem Lesepfad der entsprechende zweite Seinszustand zu finden ist (in diesem Beispiel ein angenommener externer Pfad zum Ereignis der Produktion des Songs im Jahr 1989, siehe Abb. 5.3, oben links[40]). Würde die Person Müller-Westernhagen innerhalb der gleichen Wahrnehmung in anderen Seinszuständen der gleichen Klasse auftauchen, wäre dies hier als interne Kohärenz-Verbindung ergänzt.

Im Zuge dieser Grafik kann es sinnvoll sein, unabhängig von Kohärenzen sämtliche bestehende Verbindungen zu Seinszuständen in beliebiger oder wählbarer Tiefe aufzulisten und zu verlinken. (Siehe Abb. 5.4, unterer Bereich.) Diese Verbindungen könnten nach Klassen sortiert angezeigt werden. Im gezeigten Beispiel sind Akteur*innen aufgelistet, die mit dem Akteur A2 verbunden sind.[41] Dies wäre, wie hier mittels Buttons rechts angedeutet, wiederum filterbar nach pfad-internen Verbindungen (Seinszustände der gewählten Klasse, die in diesem Lesepfad mit dem gewählten Seinszustand verbunden sind), Verbindungen, die sich auf per Kohärenz verbundene externe Pfade beschränken (in diesem Beispiel

38 Zum Zusammenhang von Seinszustand und lebensweltlichem Phänomen siehe Abb. 4.2, S. 136.

39 Siehe Kap. 4.3, S. 171.

40 Zur Darstellung weiterer Pfade siehe Kap. 5.2.1.3, S. 193.

41 Die hier aufgelisteten Akteur*innen tauchen in der dichten Beschreibung auf, wurden aber für die Abbildung 5.3 und den Datensatz, S. 233 ff. aus Gründen der Übersichtlichkeit nicht berücksichtigt.

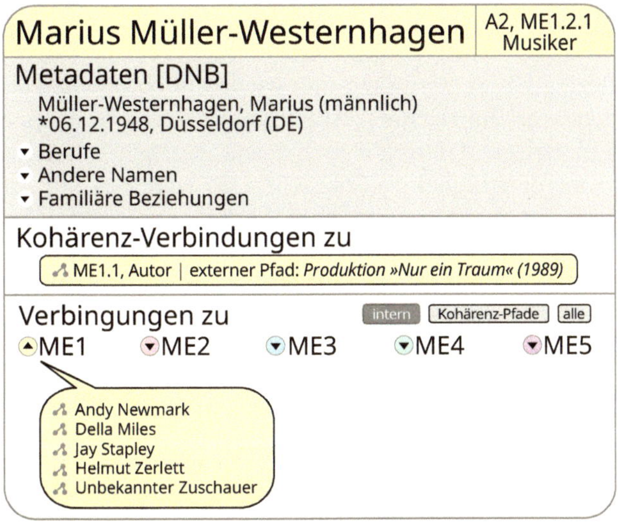

Abb. 5.4: Exemplarische Anzeige angelegter Kohärenzen sowie (Kohärenz-)Verbindungen eines von Nutzer*innen gewählten Seinszustands, hier am Beispiel eines Akteurs.

würden Aktuer*innen aus dem Lesepfad zur Song-Produktion aufgelistet) oder es werden ungefiltert alle bekannten Verbindungen gleicher Klasse gezeigt.

Damit können drei Dinge angezeigt und für Leser*innen begehbar werden: 1. Die für den gewählten Seinszustand in Fachcodierungen gefundenen Metadaten sowie logische Inhalte, gegebenenfalls samt Verlinkung zum entsprechenden Datensatz. 2. Die inner- sowie außerhalb des aktiven Lesepfades mit diesem Seinszustand bestehenden Kohärenz-Verbindungen und 3. automatisch ermittelte Verbindungen eines Seinszustands zu Seinszuständen des gewählten sowie weiterer Lesepfade. Die zuvor erkannte qualitative Einbindung eines Seinszustands innerhalb einer spezifischen wahrgenommenen Gruppierung von Beziehungen kann somit während des Lesens im Zusammenhang mit allen bekannten Inhalten einer gewählten Entität ausgewertet werden. Das hier vorgestellte Prinzip kann so zu einem Rechercheinstrument ausgestaltet werden, das über die Untersuchung einer einzelnen edierten Wahrnehmung hinausreicht. Es kann vielmehr eine (bis dahin bekannte) Gesamtheit der beispielsweise mit einer Akteurin oder einem Akteur in Verbindung stehenden Personen, Ereignisse, Dinge, Werke oder Orte sichtbar machen und gegebenenfalls zu den mit ihnen (extern) verbundenen Digitalisierungen führen.

5.2.1.4.4 Gruppen-Seinszustände und Annotationen

Mit gelb hinterlegten Großbuchstaben sind wiederum *Gruppen-Seinszustände* sowie *Annotationen* gekennzeichnet. Abbildung 5.3 zeigt letzteres durch das kreisförmig gelb hinterlegte A. Dieses weist auf eine angelegte Annotation hin und kann gleichzeitig mit deren Inhalt verlinkt sein. Hier wäre dies eine Anmerkung, welche die abweichende Intention bezüglich der Bitte um die Mundharmonika kommentiert.[42]

Das quadratisch gelb hinterlegte G wiederum weist auf die Band als Gruppen-Akteurin hin. Es dient damit der Einordnung eines Seinszustands, sofern dieser per se aus Teilen besteht und als Gruppe wahrgenommen wird.[43] Dieses G kann ebenfalls mit einer Funktion verlinkt sein, welche die zur Gruppierung gehörenden Seinszustände hervorhebt.

5.2.1.5 Zeitbezogene Visualisierung von Beziehungen

Die Übersicht aus Abbildung 5.3 ermöglicht das Anzeigen eines komplexen Gesamt-Zusammenhangs, abstrahiert jedoch die *Chronologie* von Ereignissen. Da sich die Darstellung des Musicking aber aus Bausteinen eines *Verlaufs* bedient und Änderungen in Raum und Zeit betrifft, sollte es idealerweise auch möglich sein, zeitliche Eigenschaften, also die Reihenfolge von Beziehungen sichtbar zu machen. Nur so können Kausalitäten richtig erkannt und Fehlschlüsse vermieden werden. Eine Unterscheidung der Beobachtung von Quer- und Längsschnitt wird hierdurch möglich. Dies konsistent abzubilden, birgt jedoch einige Herausforderungen und Problemstellungen, die nun thematisiert werden.

Wenn kein bloßer Zeit*punkt* visualisiert werden soll, sondern ein Ablauf, bietet es sich an, mit Bezug auf Abbildung 5.3 die Rechtecke der Seinszustände in Balken zu verwandeln. (Siehe Abb. 5.5.) Das schon aus der Verlauftabelle bekannte Prinzip wird somit in ein eigenes Diagramm überführt. Die Länge eines Seinszustand-Balkens richtet sich dabei nach der Summe aller von und zu ihm zeigenden wahrgenommenen Beziehungen. Deren Veränderungen werden somit in ihrer Chronologie sichtbar und ihre zeitlichen Relationen können optisch erkannt werden.

42 Zum Inhalt der Annotation siehe Anhang, S. 237, ID: A4B5E3.
43 Siehe Kap. 4.2.4.2.8, S. 169.

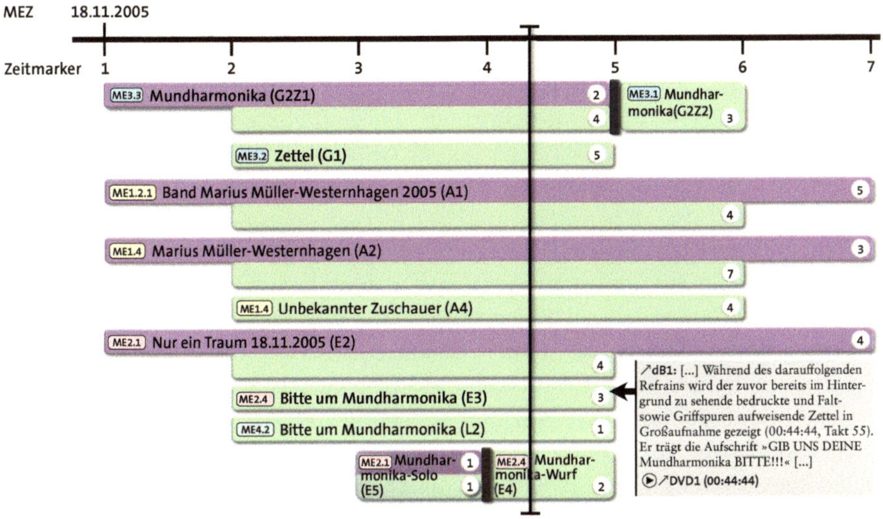

Abb. 5.5: Visualisierung von Beziehungs-Reihenfolgen. Lesepfad »Westernhagen-Konzert 18.11.2005« (Ausschnitt).

5.2.1.5.1 Beziehungsreihenfolge und relative Zeitmarker

Zur konsistenten Abbildung einer Chronologie müssen die nun geschaffenen Balken einer einheitlichen Werte-Skala folgen. Wie lange die Aufführung des Stückes »Nur ein Traum« gedauert hat, wann davor, danach und währenddessen Beziehungen begannen und endeten, lässt sich im vorliegenden Fall anhand der Aufzeichnung zeitlich relativ zweifelsfrei nachweisen – aber eben nur relativ und nur, sobald eine audiovisuelle Aufzeichnung zugrunde liegt. Die Aufführung in Relation zur (tatsächlichen) Dauer des gesamten Konzertes sowie in Relation zur Dauer von Ereignissen zu setzen, die nicht auf der Aufzeichnung ersichtlich sind, wird schwierig, da die Aufzeichnung nachweislich Schnitte enthält.[44] Das Konzert sowie Einzelereignisse dauerten also tatsächlich länger, als es aufgrund des Quellenmaterials erscheint. Außerdem sind hier keine Angaben zu Uhrzeiten bekannt, mittels derer sich die Werte zur Dauer einzelner Beziehungen konkretisieren oder verlässlich in Relation zu aus anderen Quellen bekannten Ereignissen setzen ließen. Dieses Phänomen wird in vielen derart erforschten Zusammenhängen auftauchen. Zudem entstammt der hier gewählte Gegenstand nur ›zufällig‹ einem Medium mit ablesbaren Zeiteinheiten. Es muss jedoch möglich sein, Bezie-

44 Siehe Anm. 18, S. 17.

hungen von Seinszuständen zu korrelieren, die an unterschiedlichen (also nicht nur an audiovisuellen) Mittlern abgelesen wurden.

Die größte Herausforderung der zeitbasierten Visualisierung besteht also darin, dass die Eingabe und Unterscheidung von Zeitpunkten und -räumen von Beziehungen – qua ihrer Erscheinungsform als *Schatten der Wirklichkeit* – nicht immer zweifelsfrei möglich sein wird. Elemente mit bekannter, mit unbekannter sowie mit nicht vorhandener Dauer und Start-/End-Zeit müssen gleichberechtigt dargestellt werden können. Die Visualisierungen von Dauern werden also grundsätzlich als Näherungen betrachtet werden müssen. Da unterschiedliche Einheiten für die Dauer und die Reihenfolge von Beziehungen vorliegen können (Uhrzeiten, Zeitmarken, Taktabgaben, Seitenangaben etc.), ist – ohne bei der Erhebung von Daten die jeweils bekannten Maße zu vernachlässigen – für die Darstellung wahrgenommener Wirklichkeiten die *Reihenfolge* von Beziehungen der zunächst wichtigere Faktor.[45] Dies wird durch die zuvor beschriebene Vergabe dynamisch zu vergebender relativer Zeitmarker gelöst.[46] Basierend auf einem dynamischen, durch Editor*innen jederzeit erweiterbaren Raster können diese gesetzt werden und so die wahrgenommene Reihenfolge von Beziehungen unabhängig von exakten Zeitwerten festhalten. Die Länge der in Abbildung 5.5 gezeigten Balken richtet sich also wie erwähnt nach den frühesten und spätesten Zeitmarken, zu denen eine Beziehung zu einem Seinszustand hin oder von einem Seinszustand weg führt. Sie visualisieren somit keine reale Dauer, sondern eine Relation zum Auftauchen anderer Beziehungen.

Verbindungslinien zwischen zwei in Beziehung stehenden Seinszuständen, wie sie Abbildung 5.3 zeigt, bleiben in dieser Grafik ausgeblendet, da dies ein unüberschaubares Netz entstehen ließe. Denkbar ist, die Einblendung dieser Verbindungen partiell pro Seinszustand zu ermöglichen. Als Vorstufe wird hier die Summe der zu einem Seinszustand hin und von ihm weg führenden Beziehungen als Ziffer in weißem Kreis angegeben. Zudem zeigt Abbildung 5.5 einen Fortschrittsbalken, der zum Anwählen eines *Querschnitts* gedacht ist. Er wird dazu von Nutzer*innen an einen beliebigen Punkt geschoben und ermöglicht

45 Das reine *Festhalten* medieninterner Zeitmaße, die vergleichbar mit Seitenzahlen einer Printpublikation dem Auffinden edierter Beziehungen dienen können, ist jedoch nicht zu vernachlässigen. Bekannte zeitliche Korrelationen müssen festgehalten werden. Es kann etwa bekannt sein, dass sich der Start einer Beziehung zu einer bestimmten Uhrzeit mit Takt 1 eines Werkes und mit Seite 1 eines Druckes oder Minute 1 einer Aufzeichnung deckt. Ob solch minutiöse Akribie bei der Untersuchung des Musicking überhaupt von Nutzen ist, sei zunächst dahingestellt.

46 Siehe Kap. 4.2.4.2.5, S. 166 f.

das Umschalten der Ansicht auf das in Abbildung 5.3 gezeigte Schema, das dann als Auszug genau *die* Verbindungen zeigt, die zum gewählten Punkt bestehen.

Für das vorliegende Beispiel bedeutet dies: Es ist bekannt, an welchem Tag die beobachteten Seinszustände der Mundharmonika als Instrument und als Fan-Trophäe bestanden (18.11.2005). Es ist ebenfalls klar, in welcher Reihenfolge diese erscheinen und von welcher Dauer sie sind – gemessen am Zeitmaß der Aufzeichnung. Die genaue Uhrzeit ist jedoch unbekannt und kann somit nicht zur zeitbezogenen Anordnung verwendet werden. Dem Datum wird also entsprechend dem gezeigten Prinzip der Zeitmarker eine *Musicking-Zeit* zugeordnet, welche die Reihenfolgen von Start und Ende von Beziehungen in Relation zu anderen Beziehungen erkennbar macht.[47]

5.2.1.5.2 Transformationsbeziehungen

Wird eine Beziehungsreihenfolge visualisiert, wird deutlich, welche Seinszustände gleichzeitigen Bestand haben und welche gegebenenfalls aufeinander folgen. Außerdem können Übergänge markiert werden: Haben zwei Seinszustände gleicher Basisklasse eine gleichlautende Beziehung zu ein und demselben dritten Seinszustand – wie hier die Ereignisse »Mundharmonika-Solo« und »Mundharmonika-Wurf« eine Beziehung zum Ding »Mundharmonika« haben – und sind sie zeitlich aufeinander folgend, kann automatisch – als *Transformationsbeziehung* – ein Übergang von einem Seinszustand zu einem anderen erkannt werden. Dies wird hier durch Anordnung dieser Zustände in *einer* Zeile und durch Markierung des Übergangs mittels schwarzem Senkrecht-Balken gekennzeichnet. (Siehe Abb. 5.5, unten.) Gleiches gilt für aufeinanderfolgende Seinszustände mit gleicher Kohärenz wie hier für die Mundharmonika als Instrument und als memoriales Ding. (Siehe Abb. 5.5, oben.) Solche Transformationen können bei geschickter Modellierung der Daten und entsprechend formulierten Abfragen automatisch erkannt und markiert werden.

5.2.1.5.3 Anzeige von Quellenmaterial und die Notwendigkeit weiterer Anzeigeformen

Das in Abbildung 5.5 gezeigte Prinzip gewinnt im Sinne der Verifizierung der abgebildeten Zusammenhänge an Qualität, wenn die einem Seinszustand zugrunde

47 Ist die Relation unbekannt, muss der Wert für den Marker dieser Objekte bei 0 bleiben. Solche Elemente mit unbekanntem Zeitpunkt oder unbekannter beziehungsweise nicht vorhandener Dauer sind dabei grafisch adäquat (außerhalb der Balkenform) zu unterscheiden.

liegende Basis aus der dichten Beschreibung und/oder damit in Verbindung stehende Ausschnitte weiteren grundlegenden Materials (hier audiovisuelle Daten) einsehbar sind. Der dort unten rechts gezeigte graue Bereich verbildlicht, wie dies aussehen könnte, wenn Nutzer*innen dem Ursprung des Seinszustands E3 nachgehen wollen und diesen angewählt haben.[48] Der Inhalt der Sprechblase zeigt den von jeweiligen Editor*innen für die Bildung des Seinszustands als Quelle betrachteten Ausschnitt aus der dichten Beschreibung. Für das vorliegende Beispiel, dem eine audiovisuelle Aufzeichnung zugrunde liegt, wäre es zudem möglich, auf den entsprechenden Ausschnitt des jeweiligen Videomaterials hinzuweisen und dieses zu verlinken.[49]

Die Erfassung, Abbildung und Auswertung zeitbezogener Eigenschaften sowie aller denkbaren Präzisierungen werden bei umfangreichen Pfaden viel Akribie erfordern und sie werden Visualisierungen voraussetzen, die auch in weitreichenden Sets eine fehlerfreie Zuordnung möglich machen. Aufgrund der Komplexität solcher Lesepfade und der sich daraus ergebenden Grafiken wird zu untersuchen sein, inwieweit die Dynamik und die Manipulierbarkeit digitaler Anzeigeformen es ermöglichen, diese Komplexität lesbar aufzubereiten (beispielsweise durch gezieltes Ein- oder Ausblenden bestimmter Objekte seitens der Nutzer*innen oder ein Abspielen des Verlaufs als visuelle Sequenz). Hierfür sind diverse Abfrage- und Visualisierungs-Modi zu erproben. Ziel wird es dabei sein, Erkenntnisgewinn einerseits aus dem makrokosmischen Blick auf die Gesamtheit eines Ablaufs sowie andererseits Erkenntnisgewinn aus der kleinteiligen Sicht auf Veränderungen zu ermöglichen.

5.3 Abfrage und Ausgabe musickingbezogener Daten

Die gewonnenen und zu visualisierenden Daten müssen letztlich *abgefragt* werden können. Als Schnittstelle zwischen Nutzer*in und Inhalt muss also ein Findmittel geschaffen werden, das das Auswerten wahrgenommener Wirklichkeiten ermöglicht. Gefunden werden müssen Seinszustände, die dem intellektuellen Impuls

48 Die hierfür nötige technische Lösung wird sich im zugrunde zu legenden Code niederschlagen und eine dementsprechende Codierung des Grundlagenmaterials voraussetzen. Dazu nötige Details auszuarbeiten ist hier nicht relevant, da sie an dieser Stelle nicht zur Genese und zum Aufbau des hier entwickelten Grundprinzips beitragen.

49 Die Verlinkung ist von Nutzen, sofern das Material a) frei zugänglich ist oder b) dem*r Nutzer*in als gekauftes Material vorliegt. Der Link weist dann auf das konkrete Produkt und auf eine konkrete Stelle des Inhalts, der so verarbeitet werden kann.

der Suchenden entsprechen.[50] Die dazu notwendige technische Abfrage der Daten hat ihrerseits Voraussetzungen zu erfüllen, die letztendlich im Datenmodell Beachtung finden müssen, denn das vorgestellte Prinzip führt zu einer schnell wachsenden und komplexen Datenmenge, die durch Nutzer*innen überschaubar auszuwerten sein muss. Daher bleibt der Ausgangspunkt, der praktische Einstieg in Pfade stets vom Fokus der Nutzer*innen bestimmt. Was diese suchen – und finden sollen – ist potenziell so heterogen, wie es der edierte Gegenstand selbst ist. Sie werden dazu stets ein Stichwort als Ausgangspunkt haben, das sie dazu veranlasst, musikalische Lebenswelten zu untersuchen. Es wird damit leichter, die Suche direkt auf die diversen, disparaten und mikrokosmischen Phänomene von Musik zu richten.

Das Ziel der Suche wird also nicht auf Titel von Lesepfaden und SoRs beschränkt, sondern einem Such- und Auswertungssystem muss *direkt* Zugriff auf alle existierenden *Inhalte* gewährt sein. Als Lesepfad-Einstieg sind daher sämtliche Seinszustände, Beziehungs-, SoR- oder Lesepfad-Namen anzunehmen, die von den Suchkriterien angesprochen werden.[51] Diese Suchkriterien können etwa Klassen der Musicking-Entitäten, freie Suchbegriffe oder gezielt bereits bekannte IDs sein. Natürlich muss hier bereits eine lokale oder temporale Eingrenzung der zu findenden Beziehungen möglich werden – also zu welchem Zeitpunkt bestand ein gesuchter Seinszustand. Abbildung 5.6 zeigt exemplarisch, wie ein dementsprechendes Graphical User Interface (GUI) als *Ausgangspunkt* einer Suche nach wahrgenommenen Wirklichkeiten aussehen kann, um mit seiner Hilfe musikalische Lebenswelten zu entdecken.

Das aus solch einer Suchmaske hervorgehende Ergebnis kann im weitesten Sinne zunächst eine Liste von Enitäten, SoRs und Pfaden samt Anschlüssen zu Fach-Codierungen sein, die den Suchkriterien jeweils am nächsten sind und als Einstiegspunkt vorgeschlagen werden. (Siehe Abb. 5.7.) Von dort aus können in einem dritten Schritt Lesepfade betreten, also spezifische Visualisierungen erkundet werden, die die Vielfalt der Objekte samt ihrer gegebenenfalls vorliegenden Digitalisate, Digitalisierungen oder Find-Verweise vermitteln.

Für die konkrete Untersuchung bedeutet dies, dass beispielsweise bei der Suche nach dem Stichwort »Müller-Westernhagen« die Erkenntnis von Nutzer*innen nicht an einem Kanon verweilen wird, der ein bestimmtes Repertoire eines Musikers wiedergibt, das sich in bestimmten Veröffentlichungen und Auftritten deutschsprachiger Rockmusik widerspiegelt. Vielmehr wird man direkt

50 Vgl. zur Analyse von Kultur und zum damit zusammenhängenden intellektuellen Impuls Geertz, *Dichte Beschreibung*, S. 36.

51 Siehe dazu weiterhin Kap. 5.6, S. 204.

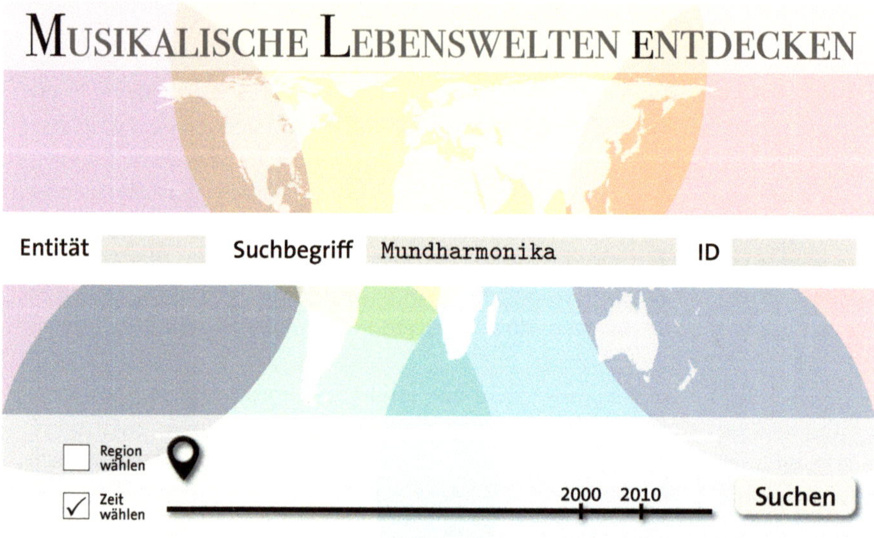

Abb. 5.6: Exemplarisches GUI-Design I: Ausgangspunkt der Recherche musikalischer Lebenswelten.

Akteur*innen, Dinge und Räume im Rahmen des Gefundenen entdecken. Man wird sich also auch ein Bild über die Elemente und deren Verknüpfungen machen können, die im Rahmen einer reinen Darstellung von Meister und Werk keinen Raum bekommen. Dadurch, dass Wahrnehmungen aufgezeichnet werden, wird man aber auch ganz explizit *Sichtweisen* auf einen Zusammenhang erkennen und diese voneinander qualitativ unterscheidbar untersuchen können.

Die in den Abbildungen 5.6 und 5.7 exemplifizierte Suche nach dem Stichwort »Mundharmonika« weist nicht bloß auf eine Geschichte oder auf ein Foto eines bestimmten Instrumentes, das gegebenenfalls stumm in einem Museum liegt. Vielmehr werden Handlungsrahmen und direkt mit ihnen verbundene Wirklichkeiten vor Augen geführt, deren Genese von diesem Punkt aus entdeckt werden können. Es wird auf das hingewiesen, was – individuell wahrgenommen – wirklich vor sich ging. Das Verhalten von Musiker*innen und Rezipient*innen oder die Funktion von Dingen – auch in Relation zu Werken – sind hier nur zwei Beispiele.

Die so dargestellten Zusammenhänge geben bereits vorhandenen Daten eine Bedeutung beziehungsweise sie machen Bedeutungen zugänglich, die zuvor im Fachwissen einiger weniger Expert*innen verborgen lagen. Dafür hat die ereig-

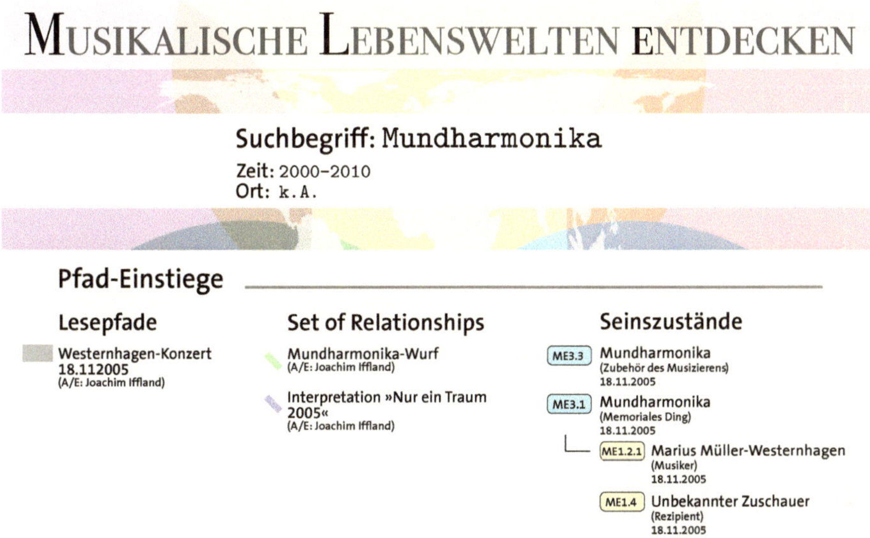

Abb. 5.7: Exemplarisches GUI-Design II: Ergebnisliste zur Suche wahrgenommener Wirklichkeiten.

nisorientierte Sicht auf Musik und deren Edition diverse Bedeutungszuweisungen freizulegen und zu kennzeichnen. Das *Finden von Bedeutungszuweisungen* ist damit ein großer Mehrwert, den das Edieren der hier vorgestellten Bausteine bieten soll. Durch die Verknüpfung von Seinszuständen, die auf bestimmte Quellen und auf individuelle Wahrnehmungen als Versionen von Ereignissen rekurrieren sowie durch das Bilden von SoRs und Lesepfaden wird potenziell allem (auch bisher) musikwissenschaftlich Digitalisierten eine sicht- und nachvollziehbare Bedeutung im Sinne der kulturwissenschaftlichen Forschung gegeben. Diese Bedeutung erschöpft sich nicht im Sammeln oder im Inhalt des Digitalisierten (egal, ob personen-, ereignis-, ding-, werk- oder raumzentriert) und wird einer breiten Gruppe zugänglich. Die Zugänglichkeit dieser Daten im Sinne der Open Culture ist dabei wünschenswerter Zielpunkt. Ein Stück mehr Fachwissen wird speicher- und lesbar – Zugang zu Musik in Geschichte und Gegenwart, Zugang zu dem, was Musik in Geschichte und Gegenwart wirklich ist. Durch die Abbildung des Musicking wird dies als Karte des Ereignens, als Entfernungs-Skala oder Bindungs-Grad zwischen einzelnen Seinszuständen sichtbar – quasi in Form eines

Musicking-Information-Retrieval (MkIR).[52] Die von Dahlhaus seiner Zeit noch angeführten Zweifel in Bezug auf das Abbilden und Aufarbeiten vergangener musikalischer Ereignisse in brauchbarem Detailgrad, könnten hiermit auf digitaler Grundlage einen Impuls zur Abhilfe bekommen.[53] Genauso sollte dem vermeintlichen Kontrastpaar von Werk und Ereignis zur Auflösung verholfen werden, indem beides editorisch sichtbar in einem gemeinsamen Gesamtzusammenhang verortet wird.[54]

52 Zum *Music-Information-Retrieval* (MIR) allgemein vgl. Burgoyne / Fujinaga / Downie, »Music« und *ISMIR* (Web).

53 Siehe meine Einleitung, S. 13 f. mit Anm. 11. Vgl. Dahlhaus, *Grundlagen*, S. 9.

54 Siehe hierzu auch ihren Zusammenhang im »Menschmedium«, Kap. 2.1, S. 47.

Fazit. Zwischen Musiksoziologie und Musikedition

> **Grenzen sind nur da, um überschritten zu werden,**
> **und plötzlich gehen sie auf, tausend Lichter wie Kerzen.**
> *(Sido / Müller-Westernhagen, »Grenzenlos«.)*

Musik ist ein Ereignis. Im Zusammenhang mit dieser einleitend postulierten These habe ich aus soziologischer Perspektive den editorischen Blick auf Musik ergründet. Ich habe sie in dieser Sichtweise als etwas betrachtet, das durch Ereignisse zum Leben erweckt und zu Wirklichkeiten wird. Musik wurde dafür als Editionsgegenstand nicht einzig in Form einer künstlerischen Entscheidung, einer spezifischen Ausformung von Klang, eines veröffentlichten Notentextes oder einer audiovisuellen Manifestation herangezogen. In meiner editorischen Betrachtung habe ich sie stattdessen in Form eines soziologisch vielfältigen wahrgenommenen Ereignisses fokussiert, innerhalb dessen sie durch Aspekte lebt, die sich in den vorgestellten Musicking-Entitäten verdeutlichen.

Musik als Ereignis durch Infragestellung der Grenzen traditioneller Editionsgegenstände in einen musikwissenschaftlichen Editionszusammenhang zu stellen und ontologisch zu untersuchen, hat nun dazu gedient, das Potenzial digitaler Musikedition theoretisch auf die Probe zu stellen. Gleichzeitig hat die Anwendung digital-editorischer Denkweisen den Blick auf Musik im handlungstheoretischen Sinne erweitert und nach den Herausforderungen von dem Gegenstand entsprechenden Darstellungssystemen gefragt. Ergründet werden musste zunächst, wie der am Denken, Fühlen und Handeln orientierte Editionsgegenstand beschaffen ist. In dieser Folge wurde sowohl eine den kulturwissenschaftlichen Erkenntniszielen entsprechende editionsinterne Struktur vorgeschlagen,[1] also auch eine Systematik als Grundlage zur editorischen Aufarbeitung von Musik als Ereignis eröffnet.[2]

Aus diesen Gedanken hervorgehend, führt die hier erprobte Liaison also zu einem Vorschlag der Ausweitung des Verständnisses von musikwissenschaftlicher Edition. Hin zu praktischen Realisierungen ist es noch ein weiter Weg und die

1 Siehe die Überlegungen zu den Bausteinen des Musicking, S. 127 ff.
2 Siehe die Übersicht, S. 179.

hier angestoßenen Gedanken sind in diverse Richtungen fortzuführen. Doch im besten Falle werden sie dazu inspirieren, den Gegenstand der Musikedition in Anlehnung an jene Entwicklungen und Projekte, die sich im eingangs erwähnten »Manifest für digitale Editionen«[3] widerspiegeln, um das Phänomen der wahrgenommenen Wirklichkeit zu erweitern. Ich werde daher abschließend resümieren, welche Sichtweisen hiermit zum einen in Bezug auf den *Musikbegriff,* zum anderen in Bezug auf den *Editionsbegriff* verbunden sind und welches erkenntnistheoretische Potenzial die digitale Musikedition für das musikwissenschaftliche Arbeiten dabei bereithält. Zu welchen Perspektiven und zu welchen Aufgaben führt also das Vereinen der gefundenen Spuren im Small'schen Nebel?[4] Als *Kritik der editorischen Vernunft* fasse ich die zentralen Punkte nun zusammen.

Kulturwissenschaftliches Edieren. Kritik der editorischen Vernunft

Kulturwissenschaftliche Gegenstände als Text

Basis der ungewöhnlichen Liaison von Musikedition und Musiksoziologie sind die im Konzept des Musicking gefundenen Bausteine wahrgenommener Wirklichkeiten und deren Genese. Der Versuch, diese als Genstand erweiterter kulturwissenschaftlicher Edition zu betrachten, fußt auf einem Musikbegriff, der sich der Heterogenität von »Musik« bewusst ist. Edition fokussiert mit der hier vorgestellten Systematik also die zeichenbezogene Gesamtheit der *Vorgänge,* die dafür sorgen, dass gedachter oder erklungener Schall in kulturellen Zusammenhängen als Musik wahrgenommen werden kann und damit überhaupt *zu Musik wird.*

Ich rege damit an, Editionskonzepte nicht nur medienadäquat zu gestalten,[5] sondern mit ihnen eben auch systemisch dem vollen Gegenstand kulturwissenschaftlicher Konzepte Rechnung zu tragen und diesen ein editorisches Gesamtsystem zuzuordnen. Um dem zu begegnen, habe ich aus editionstheoretischer Sicht ergründet, dass Musikedition eigentlich auch den kleinteiligen Einbezug von Ereignis-Zusammenhängen (beschrieben durch die Musicking-Entitäten) bedingt. Dies darf aber nicht durch die Anreicherung von Texten realisiert werden, die einen noten- oder buchstabenbezogenen Zusammenhang darstellen. Genauer gesagt, darf nicht eine Syntax zur Grundlage genommen werden, die sich

3 Siehe Einleitung, S. 15.
4 Siehe Kap. 4, S. 111 ff.
5 Vgl. eine entsprechende Forderung von Veit, »Digitale Musikedition«, S. 53.

nicht auf das Sich-Ereignen bezieht. Der dem entgegenstehenden Frage nach dem edierbaren Text und seinen Zeichen wurde in Form des *extensivierten musikbezogenen Textes* begegnet,[6] der aus werkimmanenten und soziokulturellen Aspekten besteht, die ihrerseits in Form der (prinzipiell von CIDOC CRM inspirierten) *Seinszustände als Zeichen dieses Textes* beschrieben werden können.[7]

Frage ich nun nach Musik und nach dem zu edierenden Gegenstand in Bezug auf das hier zugrunde gelegte Ereignis bedeutet dies: Müller-Westernhagens Song »Nur ein Traum« lebt einerseits durch seine artifizielle Gestalt, durch die analysierbaren Noten und Tonaufnahmen, er lebt jedoch auch durch die wahrgenommenen Momente, durch das Prozessuale, und zeigt darin seine kulturelle Bedeutung in umfassender Weise. Als Werk für sich betrachtet, hat »Nur ein Traum« nicht unbedingt etwas mit einer *bestimmten* Mundharmonika zu tun. In der dazugehörigen Syntax spielt sie lediglich als Instrumentenbezeichnung eine Rolle. Im Rahmen von Ereignissen ergründet, offenbart sich jedoch (auch aus der Sicht des Werktextes heraus) die gesamte Fülle des Seins von Musik: Welche soziologische Rolle spielt hier *diese* Mundharmonika? Welche Geschichten verbinden die Personen Marius Müller-Westernhagen, Andy Newmark, Jay Stapley, Helmut Zerlett, Della Miles oder der Zuschauer, die hier im Zusammenhang mit *dieser* Mundharmonika an *einer* Realisierung dieses Werkes beteiligt sind?[8] Wer sind diese Personen, welche Ereignisse stehen mit ihren Geschichten in Verbindung, welche Rollenbilder, welcher Habitus, welche Philosophien, welche Klangeigenschaften, welche Rezeptionsweisen? Wieso ist diese Mundharmonika nicht (mehr?) irgendeine Mundharmonika? All dies fragt nach Musik, all dies liegt in diversen Wahrnehmungen diverser Beobachter*innen und all dies wird durch die hier vorgestellte Herangehensweise in seinen Zusammenhängen editorisch *sicht-* und *findbar*.

Ich habe derartige Zusammenhänge in Form einer nicht-teilnehmende Beobachtung mittels Wahrnehmung einer audiovisuellen Manifestation des Ereignisses erkannt,[9] sie können sich aber natürlich auch (ausschließlich sowie zusätzlich) durch andere Formen ethnologischer Betrachtung oder beispielsweise durch die Untersuchung schriftlicher Quellen äußern. Ein Beispiel wären die eingangs erwähnten, von Rebecca Grotjahn untersuchten *as-sung-by*-Ausgaben.[10] Auch in diesen offenbaren sich wahrgenommene Wirklichkeiten. Die Wahrnehmung

6 Siehe Kap. 3.3, S. 105.
7 Siehe Kap. 4.2.2.3, S. 134.
8 Siehe meine Einleitung, S. 11 f.
9 Siehe ebd., S. 17 f.
10 Siehe Kap. 1.1, S. 34.

ereignisbezogener Zusammenhänge kann also auch durch die Betrachtung von Kombinationen verschiedener Medien durchgeführt werden und entweder explizit zum Zweck der Edition angefertigte Wahrnehmungen zur Grundlage haben oder sich auf Wahrnehmungen stützen, die zu anderen Zwecken, wie etwa der Aufzeichnung von Interpretationsweisen, angefertigt wurden.[11]

Im Rahmen der Suche nach Möglichkeiten der editorischen Integration solcher Fragen und der dazugehörigen Erkenntnisse habe ich an Faulstichs These erinnert, die von einem Menschmedium ausgeht und besagt, dass Musik vor der Etablierung von Notenschriften und audiovisueller Aufzeichnungsverfahren reines Handeln war, dem kein schriftlicher Textkörper angehörte. Sie war Handeln im rein menschlichen Körper, der »die Musik« im Imaginierten und Performativen bestimmte.[12] Und dies ist sie nach wie vor. Selbst die Formulierung »ist komponiert« beschreibt schließlich nicht alleine einen Status, der einem logischen/symbolischen Objekt zugeschrieben werden kann, sondern sie beschreibt auch einen Vorgang. Die Gemeinsamkeit aller Musik liegt dieser Sicht zufolge im wahrgenommenen Ereignis, auch wenn wir sie über den Körper notenbezogener Texte (be)greifen. Verschriftlichte Texte – gleich auf welchem Zeichenmaterial sie basieren – entspringen dem Handeln und führen letztendlich wieder zu Handeln. Ob prä- oder deskriptiv, sie beinhalten Handlungsanweisungen oder -zeugnisse. Um dem zu begegnen, habe ich vorgeschlagen, die Existenz erklungener Musik in den als Zeichenmaterial verstandenen Seinszuständen und ihren Beziehungen zu verkörpern. Das Handeln, der zwischenzeitlich ›verlorene‹ Gegenstand, soll durch sie systematisch dokumentiert und Aspekte des musikbezogenen Handelns unter editorischen Gesichtspunkten vereint werden können. Musik ist dann – dem Prinzip der Kultur als Zeichensystem folgend – in ihrer bloßen Vielfalt wie auch in ihrer Simultanität durch die Seinszustände des Musicking als Ergebnis *und* als Prozess darstellbar.

Musik und musikalische Lebenswelten in dieser Folge *editorisch* aufzuarbeiten – nicht als etwas, das *ist,* sondern als vielfältig wahrgenommene Wirklichkeit –, betont hier letztendlich ihren Status des stets neuen und unterschiedlich wahrgenommenen Ereignisses, es betont konzeptuell den Status der Musik als das, was im Handeln, im »people musicking« existiert. So verdeutlicht auch die aus dem digitalen Denken hervorgegangene Verlauftabelle,[13] dass Musik beziehungsweise alles, was wir individuell als Musik bezeichnen oder wahrnehmen, immer dann *ist*, wenn sich etwas ereignet. Diverse Seinszustände kommen zu-

11 Beide Formen – offene und verdeckte Beobachtung – können ihre Berechtigung haben.
12 Siehe Kap. 2.1, S. 47 sowie Kap. 1.1, S. 34 f.
13 Siehe Anhang, S. 231 ff.

sammen und bilden in ihrer spezifischen Beziehung Bedeutungen. Eine derartige editorische Aufarbeitung begegnet der von Krois resümierten breiten »Auffassung des Terminus ›Zeichen‹ als Äquivalent für jeden Träger eines Sinnes«[14] und stellt Musik als die von Bachmann-Medick genannte »structure of meanings«[15] umfänglich als extensivierten musikbezogenen Text dar.[16]

Dieser eben beschriebene Status des stets Neuen muss für die Erlangung des vorliegenden Ziels fassbar werden. Die vorangegangenen Überlegungen zeigen, dass in Bezug darauf das Editionswesen das Potenzial für Aufarbeitungen besitzt, die es *erlauben,* Musik als Phänomen in seiner ganzen Bandbreite abzubilden und das »zu Wirklichkeit Werdende« in das Zentrum editorischer Aufmerksamkeit zu rücken. Dafür wurde ein Gesamt-System vorgeschlagen, das musikbezogene Objekte dort eingliedert und darstellt, wo sie sich ereignen – in der Gesamtheit musikalischer Lebenswelten. Dieses System soll es ermöglichen, den alltäglichen Blick auf die Wirklichkeiten von Musik zu erweitern, Musik im Sinne des Chaos der geschichtlichen Wirklichkeit zu erfassen.[17]

In diesem Sinne zeigt die Aufschlüsselung des Musicking in Kapitel 4: Wenn Wirklichkeiten dargestellt werden sollen, muss, um zu einem System zu gelangen, aus der Einzeluntersuchung aller Entitäten herausgezoomt werden, um diese als verorteten *Teil* des Komplexes »Musik« darzustellen. Zusammen mit den zeitlich bestimmten Beziehungen bilden die Seinszustände des Musicking hierfür den jeweils beobachteten Prozess ab, der somit vergegenwärtigt sowie feingranular sichtbar werden kann. Auf Musik wird dann nicht mehr mittels *Fernglas* geschaut, sondern sie wird mittels Edition durch ein *Prisma* geworfen und offenbart ihre Bestandteile. Durch diese Sichtweise zeigt sich, was Musik vor einem bestimmten sozialen Hintergrund bedeuten kann. Was hier untersucht wurde, ist eine Möglichkeit, diese kulturelle Bedeutung editorisch greifbar zu machen sowie das von Small bemängelte Defizit der Sprache gegenüber der Komplexität des Musicking mit digitalen Mitteln zu überbrücken.[18]

14 Krois, »Kultur«, S. 106.
15 Bachmann-Medick, »Culture«, S. 103.
16 Siehe Kap. 3.3, S. 99. Somit folgt die Darstellung von Musik in Seinszuständen der auf den Philosophen Charles Sanders Peirce zurückgehenden These, »dass Zeichen primäre und nicht nachträgliche Elemente der Welt sind.« (Krois, »Kultur«, S. 107.)
17 Siehe Kap. 1.2, S. 40.
18 Vgl. dazu Kap. 4.2, S. 124. Small bemängelt hierzu: »But […] while the gestures of musicking can articulate many kinds of relationship at once, words, on the other hand, can deal with things only one at a time, and there is no way they can be made to bear the cargo of multiple simultaneous meanings that the gestures of musicking can do.« (Small, *Musicking. The Meanings*, S. 18.) Mit der Betonung dieses Defizits bezieht

Hierbei sind Editionsmodelle und die durch sie gegebenen Möglichkeiten der Abbildung des Gegenstands »Musik« wichtige Träger einer offenen Definition von Musik. *Musikedition,* die Art und Weise, wie sie durchgeführt wird, liefert unterschwellig eine Definition dessen mit, was »Musik zu sein vermag«[19] und wie sie erschlossen werden kann. Solche Modelle beeinflussen unser Denken über den Gegenstand und unsere Vorstellung von diesem. So ist es zu beachten, dass auch der Fokus auf die innerhalb eines Kanons erschaffene hierarchisierte Hochrangigkeit bestimmter Individuen sowie der Fokus auf deren schöpferische Ergebnisse das bildet, was »Musik« entstehen und zu etwas werden lässt, dem aus bestimmten Gründen Beachtung zuerkannt wird. Diese Genese und Wechselwirkung sollte auch editionstheoretisch Beachtung finden, womit die Aufgabe von Musikedition implizit weit zu fassen ist und sie den Editionsgegenstand in der hier vorgeschlagenen Breite fokussieren muss. Auch hierbei sei noch einmal an gleichlautende Forderungen des »Manifest für digitale Editionen« erinnert. Stefan Münnich führte zur Anwendung digitaler Mittel bereits an: »Überspitzt gesagt, führt die Verwendung des Computers zwangsläufig zu einem anderen Werkbegriff.«[20] Wir können also noch einen Schritt weiter gehen und sagen: Die Verwendung des Computers führt potenziellerweise zu einem differenzierten Musikbegriff und zu breitem editorischen Denken. Edition steht in der Tradition des Druckes, digitale *Noten*edition hat sich mit dieser Tradition auseinandergesetzt,[21] doch digitale *Musik*edition kann aus der digitalen Methode heraus ihr Sein von Grund auf als Edition wahrgenommener Wirklichkeiten begründen.

Edition als fortwährende Montage

Kulturwissenschaftliche Edition ist – wenn sie der Erarbeitung von Wahrnehmungen folgt – ein fortlaufendes Füllen von Lücken, eine montierte Aufzeichnung

sich Small direkt auf buchtechnische Nachteile, wie sie mittels digitaler Methoden in der Aufhebung begriffen sind.

19 Kaden, *Das Unerhörte*, S. 18. Siehe auch Kap. 4.1, S. 116 ff.

20 Münnich, »Ontologien als«, S. 325.

21 Joachim Veit stellt beispielsweise fest, dass digitale Edition »das ›Aus‹ für den alten, janusköpfigen ›Edierten Notentext‹« bringt. (Veit, »Musikedition 2.0«, S. 70.) An anderer Stelle prophezeit er, dass die Edition in ihren »Grundfesten zumindest erschüttert« (ders., »Es bleibt nichts«, S. 37) werde und der Druck ausgedient haben könne. (Ebd., S. 44, 52.) »Wem also nutzen unsere gedruckten Gesamtausgabenbände?« fragen Kepper u. a. noch provokativer. (Kepper/Schreiter/Veit, »*Freischütz*«, S. 136.) Daher stelle »eine Hybrid-Ausgabe, also die Kombination von digitalen und gedruckten Editionsbestandteilen, die ideale Publikationsform dar.« (Kepper, »Digitale Musikedition«, o. P.)

der Schatten der Wirklichkeiten.[22] Diesen Status hat das Edieren hier explizit, denn die Lücken innerhalb dieses offenen und nicht material- oder produktbezogenen[23] Gegenstands sind endlos und als solche gar nicht antizipierbar: Die im vorliegenden Fallbeispiel exerzierte Darstellung des Konzertausschnittes ist *eine*, nämlich meine Darstellung des Ereignisses auf der Basis von bestimmtem Quellenmaterial. Die Darstellung (also auch die Edition) meiner auf einer Aufzeichnung basierenden Wahrnehmung dieses Ereignisses schließt nicht die Darstellung des Ereignisses per se ab und kann dem Prinzip des Musicking zufolge nie abgeschlossen sein, denn die ergänzbaren Aspekte und Sichtweisen diverser Betrachter*innen werden schließlich beliebig viele, sich deckende und voneinander abweichende Lesepfade hervorbringen und von dem zeugen, was dargestellt wird: wahrgenommene Musik.[24] Der Wert derart gesammelter Daten ist dann nicht in der ursprünglichen Sammlung erschöpft, sondern er lebt dadurch fort, dass die Daten durch immer neue Blicke auf Wirklichkeiten ergänzt werden können, ohne den bereits edierten Text per se infrage zu stellen.

Dieser Unvollständigkeit muss und kann aber gerade digital-editorisch begegnet werden – die Hinwendung der Notenedition zu Varianten, zu Ko-Aktivität und zu dementsprechenden dynamischen Visualisierungsmethoden hat dies bereits bewiesen. Dabei darf die digitale Methode mit der ihr zugeschriebenen Perfektion aber nie über diese hier wesentliche Unvollständigkeit hinwegtäuschen.[25] Vom auswertenden Individuum ist dies also stets durch einen kritischen Blick zu kompensieren, was von der Datenstruktur und der Ausgestaltung der ihr angehängten Visualisierung betont werden muss.

Ein zusätzlicher Editionsbegriff. Edieren des Nicht-Edierbaren?

Musikedition muss, wenn sie der Darstellung von Ereignissen geöffnet werden soll, von diesem Punkt aus neu gedacht und ausgeweitet werden. Die vom Musicking um sämtliche Erscheinungsformen der Musik gezogene Klammer korreliert jedoch nicht mit den musikeditorisch bekannten Strukturen.[26] Dem entspringt hier kein Vorwurf, denn Noten innerhalb der Kriterien ihres Systems

22 Siehe dazu die Untersuchung von Kultur als Schatten der Wirklichkeit, Kap. 5.1, S. 179 ff., bes. S. 182. Zur Montage in der Biografik vgl. Borchard, »Mit Schere«.
23 Zum Produkt siehe S. 223.
24 Der einzige, editorisch zu schließende Körper ist dann die Einheit dessen, was als Wahrgenommenes hinterlegt wird und so, wie es augenblicklich hinterlegt ist, stets als komplett betrachtet werden muss.
25 Siehe zur Perfektion digitaler Technik meine Einleitung, S. 26 ff.
26 Siehe Kap. 2, S. 45 ff.

betrachtet sind ein System, das Hinweise zum Musizieren auf der Ebene der werkbezogenen logischen Domäne liefert. Werkzeuge und Arbeitsweisen sind dementsprechend auf Aspekte von Autorschaft und Meisterwerk fokussiert. *Digitale* Edition betreibt dabei eine in Bezug auf rein physische Verfahren tiefer gehende, verfeinerte Herangehensweise an diesen notentextbezogenen Gegenstand und konnte eine Vielzahl neuer editorischer Fragestellungen aufwerfen. Der Blick auf die Variantenhaftigkeit des schriftlich manifestierten Textkörpers und der mit ihm verbundenen Bearbeitungsprozesse wurde mit ihrer Hilfe geschärft und der Editionsgegenstand wurde durch seine auditiven Manifestationen ausgeweitet.

Diese Entwicklungen haben die vorliegenden Überlegungen grundsätzlich motiviert. Auch wenn an dieser Stelle ausdrücklich nicht etwa die Negierung genie- und originalitätsästhetischer Aspekte zum Ausdruck kommen soll, kann dennoch eine Warnung ausgesprochen werden: Dass sich die bisherige *Nutzung* der Möglichkeiten digitaler Edition auf Notentexte, vor allem auf jene ›großer Meister‹ – unter Missachtung der Meisterinnen – fokussiert,[27] mag nicht daran liegen, dass man innerhalb des Forschungsinteresses zu ›kleinen‹ Meister*innen überreden müsse oder daran, dass die Bereitschaft über ›große‹ Meister hinauszublicken nicht existiert.[28] Vielmehr muss gefragt werden, welchen Anteil an dieser Entwicklung das editorische Konzept hat, dem man sich traditionellerweise verpflichtet und in das jeder zu edierende Gegenstand hinein passen muss. Solange unter Musik ein Konglomerat von Schriftzeichen mit bestimmter Urheberschaft verstanden wird, das mit geistigen Produkten identifiziert, bestimmten Personen oder Traditionen zugeschrieben und von einem kunst- und genieästhetischen Diskurs und Paradigma gefiltert in Editionen (erneut) manifestiert wird, wird sich hieran schwerlich etwas ändern.[29]

Die hier vorgeschlagene Verbindung aus Musiksoziologie und -edition versteht sich daher auch als Vorstoß, durch einen zusätzlichen Editionsbegriff eine

27 Siehe Kap. 2.1, S. 48.

28 Die Liste der nach dem Prinzip von MEI arbeitenden Projekte steigt stetig, auch wenn diese zahlenmäßig (noch) von den bekannten Komponisten-Größen angeführt wird. (Vgl. *Music Encoding Initiative* (Web), Community, Projects.)

29 Dies trifft zu, obwohl die mehr oder minder subjektive Bevorzugung solcher Werke, die als ›große Werke‹ betrachtet werden, innerhalb der Musikwissenschaft längst einer kritischen Beobachtung unterzogen worden ist. (Vgl. Albrecht-Hohmaier, »Werkausgaben«, S. 17.) Man stellt sich sogar den Herausforderungen der Diskussion darüber, wann ein Werk überhaupt ein Werk sei (Vgl. Teich Geertinger, »Werkbegriffe«), wann bestimmte, in einem Notendokument abgelegte Informationen also einem genieästhetischen Diskurs entsprechen und editionsrelevant sind.

Ausweitung der Möglichkeiten und Potenziale in Bezug auf die edierten Gegenstände zu erreichen. Dies führt zu dem Vorschlag, nicht alleine in Form von Noten manifestierte *Produkte*, sondern zunächst von genieästhetischen Fragen unabhängige *Prozesse*[30] zu edieren und so eine Tiefe der Darstellung im Sinne des kulturwissenschaftlichen Erkenntnisinteresses zu erreichen. Durch die Aufnahme kultureller Komplexe als wahrgenommene Kontexte und in dieser Folge durch die Aufnahme musikalischer Lebenswelten in die editorische Arbeit, könnten den Faktoren von Kanon und Urheberrecht zum Opfer fallende Gegenstände mehr editorische (und musikindustrie-unabhängige) Aufmerksamkeit erlangen, indem Materialien in einer Weise als Quellenbasis genutzt werden, die gar nicht erst nach ihrem Status als Meisterwerk fragt.

Kulturwissenschaftliches Edieren und seine Techniken würden dann auch solchen Zusammenhängen geöffnet, die – ob noten-, phonografie- oder videografiebezogen – vor allem aus urheberrechtlichen Gründen kaum zur Werkedition geeignet sind. Wie ich am Beispiel des Müller-Westernhagen-Konzertes gezeigt habe, können diese in einem kritischen Editionskontext trotzdem Relevanz bekommen. Hinzu kommt, dass – wie beispielsweise im Falle der Popmusik oder des Jazz – aus der Sicht von Musiker*innen traditionelles präskriptives Notenmaterial oft entweder nicht gebraucht wird und nicht vorhanden ist oder als Zeichensystem oft gar nicht genügt, um alle relevanten Informationen auszudrücken.[31] Der Gedanke an Editionen rückt hier also nicht nah genug an den Bereich des Möglichen. Der Gegenstand ist ›nicht vorhanden‹ und wenn, ist seine Darstellung in der Regel verboten, was ihn für ernsthafte musikwissenschaftliche Beschäftigungen wenig greifbar macht. Um dies zu lösen, sind einerseits Auseinandersetzungen mit Aufschreibesystemen und mit deren editorischer Repräsentation nötig, andererseits braucht es Editionsformen, die Werkkontexte berücksichtigen, jedoch der Wiedergabe geschützter Materialien entbehren.[32]

Dem wird durch das hier vorgeschlagene Prinzip der kulturwissenschaftlichen Musikedition geholfen, indem Ereignismittler in einem *Gesamtkontext*

30 Dieser wäre im Sinne der Handlungsanweisung auch am Gegenstand des Notentextes rekonstruier- und untersuchbar.

31 Siehe Kap. 2.2.5, S. 79 ff.

32 Das 2021 initiierte Projekt »Edition phonographischer Musik« der Universität Paderborn und der Hochschule für Musik Detmold hat sich zum Ziel gesetzt, editorische Prinzipien, Techniken und Oberflächen hierzu erstmals zu erarbeiten. (Vgl. *Digitale Edition* (Web) sowie Iffland/Grotjahn, »Musik«.) Unter dem Fokus des Schaffensprozesses befasst sich auch das Projekt »Schaffensprozesse 2.0« unter der Leitung von Stefanie Acquavella-Rauch an der Universität Mainz mit diesem Thema. (Vgl. Acquavella-Rauch, »Musikalische Schaffensprozesse«.)

verortet werden, womit durch die Orientierung an den multimodalen Objekten des Musicking der Ereignisprozess selbst zum Editionsgegenstand wird. Selbst wenn nicht ihr geschützter Inhalt dargelegt werden kann, finden sich durch eine *Edition wahrgenommener Wirklichkeiten* sämtliche Objekte nicht einzig in Bestandslisten oder Metadatensammlungen sowie gebunden an ihre produktbezogenen Manifestationen dargestellt, sondern sie werden mit samt diesen Daten in Handlungskontexten verortet und ihre lebensweltlichen Funktionen werden zur editorischen Basis sowie sicht- und rekonstruierbar.[33]

Voraussetzung hierfür ist es, existierende Oberbegriffe musikbezogener Edition – Musikedition, Notenedition, Musikerausgabe, Werkausgabe etc. – in Bezug auf das ihnen Wesentliche aufmerksam zu differenzieren. Dies betont, dass sich kulturwissenschaftliche Forschung der editorischen Methode bedienen darf, ohne sich an die kritische Reproduktion einzelner Quellen und deren Texte zu binden. Hierbei muss auch erkannt werden, dass durch die notenbezogene Fokussierung auf Nutzer*innen-Anspruch, auf Meisterleistung von Urheber*innen oder von Interpret*innen[34] der Musikedition durchaus Grenzen gesetzt werden – auch dann, wenn das Produkt des verschriftlichten Textkörpers semantisch *angereichert* wird. Wenn dies überwunden werden will, stellt der extensivierte musikbezogene Text eine Basis dar, durch dessen Zeichen sämtliche bekannten und denkbaren Editionsgegenstände feingranular referenziert werden können.

Digitale Musikedition als Schaltzentrale

Doch ist für eine editorische Aufarbeitung von Ereignissen wirklich eine Ausweitung des musikwissenschaftlichen Editionsbegriffes samt neuer Methoden und Techniken notwendig? Dem Prinzip traditioneller Edition folgend, ließe sich ein Ereignis in einer dichten Beschreibung wiedergeben und diese ließe sich ebenfalls als Text mit allen bekannten Mitteln digital edieren. Im Sinne einer Textedition – und mit Unterstützung sozialwissenschaftlicher Analysewerkzeuge – kann dieser semantisch angereichert, annotiert und visualisiert werden.

33 Um sich einem Appell von Wolfgang Schmale anzuschließen, richten sich Kulturwissenschaften somit »nicht danach […], was gerade möglich ist« (Schmale, »Einleitung«, S. 13), sondern digitale Technik passt sich wissenschaftlichem Bedürfnis an. Vgl. auch eine allgemeine Mahnung Richard David Prechts, sich mit digitalen Möglichkeiten an den »wahren Bedürfnissen [zu] orientieren«. (Precht, *Jäger*, S. 12.) Zum kritischen Umgang mit Big Data vgl. auch Mayer-Schönberger, *Was ist*.

34 Verkörpert durch praktische oder wissenschaftliche Ausgaben, Werk- oder Genre-Ausgabe und Interpreten- oder as-sung-by-Ausgaben.

Mit Bezug auf das Musicking entspräche solch ein edierter Text in Form einer dichten Beschreibung – wie auch das untersuchte Video – einer quellenbezogenen Manifestation von Musik, welche die unzähligen Anschlüsse an die Inhalte ihrer Bausteine nicht herstellt. Doch was bei der Untersuchung des Musicking ergründet und abgebildet werden soll, ist nicht die Manifestation selbst. Video, Audio, Schrifttexte, Bilder, Gegenstände – sie alle transportieren wahrgenommene Wirklichkeiten. Diesen soll in ihren Verbindungen als ›Ort des Geschehens‹ aufgespürt werden können.

Diese Präzisierung und die Unterscheidung der Zeichensysteme sowie die Erstellung eines auf sie spezifizierten Editions-Prinzips sind entscheidend, denn das Ereignis kann nicht durch Systeme gegriffen werden, die Schrifttexte, Audio-, Video- und Bild-Dokumente *anreichern* und somit weiter deren inhärenten schrifttextuellen Prinzipien verpflichtet wären.[35] In einem Notensystem kann vorgegeben werden, dass im Werk »Nur ein Traum« ein Gegenstand mit der Funktion einer Mundharmonika in bestimmter Weise verwendet werden soll, doch es gibt nicht die erwähnten soziologischen Kontexte wieder, nicht, was wirklich benutzt wird, von wem und mit welcher Funktion dies wahrgenommen wurde. Durch die editorische Darstellung des Musicking tritt die Mundharmonika aber in ihrer lebensweltlichen Relevanz in Erscheinung, ihr Sein tritt heraus aus der prozessualen Potenzialität des Notentextes. Sie ist dann mehr als eine durch Noten vorgeschriebene Instrumentengattung. Das bedeutet, dass Handeln und Erleben (unweigerlich auch Teil von Notenmaterial und dessen Interpretation) in ihrer Rekonstruktion durch das jeweilige editorische System für die Erlangung des vorliegenden Ziels nicht wieder zurück in das Darstellungssystem von Notentexten geführt werden dürfen, denn hiermit wäre die Darstellung musikbezogener Ereignisse wieder auf die im jeweiligen Zeichensystem darstellbaren Elemente beschränkt und würde hinter diesem Schrifttext (wenn nicht verschwinden, so dennoch) zurückstehen.

Indem das beschriebene kulturwissenschaftliche Edieren die Diversität der Musik sowie die Wahrnehmungen von Seinszuständen aufarbeitet und in Visualisierungskomplexe aufnimmt, *betont* es mit seinem Arbeiten und mit seinen Techniken die Objekte, Methoden und Ziele der Kulturwissenschaften und der Digital Humanities. Musik als Ereignis, als Musicking zu beschreiben und sie durch die hier erarbeiteten Bausteine in Daten über wahrgenommene Wirklichkeiten zu überführen, folgt somit einer ihnen entsprechenden weit gefächerten Definition von Musik. Hiermit wird das bereits bekannte Ende der Singularität

35 Nichtsdestotrotz können dementsprechende Verfahren zusätzlichen Mehrwert innerhalb der Darstellung von Ergebnissen liefern.

»der« Musik aus editorischem Blickwinkel betont.[36] Dies ist kulturwissenschaftlich bereits durch die Anerkennung sozialgeschichtlicher Vielfalt jenseits von Jahreszahlen und Denker*innen, durch Öffnung der Musikgeschichtsschreibung zu Aspekten jenseits von Autor*in, Werk und Genre sowie durch die Erarbeitung von Varianten in der Notenedition etabliert. Die Verbindung von Kulturwissenschaften und digitaler Edition im Sinne der Digital Humanities als *digitale Kulturwissenschaften* offenbart diesem Anerkennen das Potenzial, den entsprechenden Betrachtungsweisen einen breiten und einheitlichen Boden zur Darstellung von Ergebnissen verschiedener Fachbereich zu bereiten. Die ›Kritik der editorischen Vernunft‹, die ich hier anführe, betont somit, dass kulturwissenschaftliches Denken bei der Untersuchung wahrgenommener Wirklichkeiten nicht hinter philologischem und informatischem Arbeiten zurückstehen darf.

In dieser Form ein Musicking zu edieren, ermöglicht es, jegliche Themen musikkultureller Betrachtungen in Kontexten zu verorten. In diesem können sie zum einen kritisch aufbereitet und zentral recherchiert werden und zum anderen können die Beziehungen sichtbar werden, die von jeglichem Thema, jeglichem Gegenstand zu anderen Gegenständen kulturwissenschaftlicher Betrachtungsweisen bestehen. Ich habe also Überlegungen angestellt, (nicht nur) der musikwissenschaftlich-soziologischen Forschung eine editorische Systematik an die Seite zu stellen, die das Anbringen semantischer Beziehungen zwischen fachspezifischen Inhalten sowie Annotationen erlaubt und ko-aktives Arbeiten voraussetzt. Was hierdurch editorisch geschrieben und gelesen wird, sind multiple Sicht- und Interpretationsweisen, multiple kulturelle Zusammenhänge auf Basis von Erlebtem.

Um hierfür Konkordanzen zu erstellen, müssen die Bausteine untersuchter Wirklichkeiten bekannt, in einem einheitlichen System vernetzt, technisch ansprechbar und abbildbar werden. Das Ereignis als von diversen Seinzuständen verkörperter Editionsgegenstand entfaltet sein volles Potenzial, wenn alle fach- und quellenspezifischen Editionsmethoden – ohne dass diese in ihren Grundprinzipien aufgehebelt werden – einem verbindenden System zugeführt werden können, das eine ereignisbezogene Schaltzentrale kulturwissenschaftlichen Edierens bereitstellt. Vorhandene Systeme und Sichtweisen werden durch diese Schaltzentrale in interdisziplinärer Weise – entsprechend dem Wesen der Kulturwissenschaften und der Digital Humanities – *in einem Gesamtkonzept miteinander verbunden.* Alle bisher bekannten und ausgearbeiteten Sichtweisen formen damit vereint das abgebildete Sein von Musik. In dieser Vereinigung und Gesamtheit werden die

36 Siehe dazu Kap. 4.1, S. 116 ff.

nicht messbaren Faktoren lebensweltlicher Semantik sichtbar und die Diversität sowie die Vielschichtigkeit der Musik wird einer Betrachtungsweise und einer darstellenden Methode mit der Darstellungskraft einer Edition übergeben. Um eine Öffnung und Neubestimmung des Editionsgegenstands und damit einhergehend des Editions*begriffes* zu erfahren, ist daher auch die editorische Anerkennung des Menschmediums und dessen konzeptionelle Integration von entscheidender Bedeutung.

Wird dies realisiert, kann musikwissenschaftlichen Projekten eine Schaltzentrale gegeben werden, die es ermöglicht, eine sichtbare qualitative Verbindung zwischen Themen zu schaffen, die einerseits in diversen Projekten bearbeitet werden, andererseits in diversen kulturwissenschaftlichen Kontexten eine Rolle spielen, durch getrennte Darstellungsressourcen aus Nutzer*innen-Sicht aber nur schwer in ihrer Verbundenheit erkannt und dargestellt werden können. Ziel ist es, Zusammenhänge greifbar zu machen, die sämtliche in Insellösungen untersuchte Aspekte von Musik und ihre Beziehungen zueinander sichtbar machen. Dabei wird das Erkennen der Qualität des Einzelbeispiels, des einmalig Geschehenen potenziell ergänzt durch das Erkennen der Quantität vieler gleicher oder eben gerade abweichender Beispiele, was dabei helfen wird, Forschungsgegenstände umfassender oder neu in ihrem lebensweltlichen Kontext zu verorten.

Die darin liegende Möglichkeit, im Sinne einer Wissenschaft des erweiterten Blicks die »Gesichter in der Menge«[37], die Vielfalt miteinander in Beziehung stehender Seinszustände und die Art ihrer Beziehung in gleichberechtigter Weise zu betrachten, ist also als ein großes Potenzial digitaler Musikedition hervorzuheben.[38] Es wird damit qua der kulturwissenschaftlichen Zielsetzung editorische Aufmerksamkeit auf Materialität, Medialität und auf Tätigkeitsformen des Kulturellen gelegt.[39]

Die bisherigen Entwicklungen haben diesen Schritt im Grunde bereits vorbereitet und die Möglichkeit der Erstellung virtueller »Archive« geschaffen.[40] Diesen kann direkt ein Konzept übertragen werden, das über das Archivieren hin-

37 Burke, *Was ist*, S. 66 f.

38 Dieses Potenzial hilft auch dabei, zu verhindern, was Tobias Janz im Kontext einer »konservativ eurozentrischen Entscheidung« einordnet: Es würde »nur die in Textform fixierte, theoretisch reflektierte Musik des ›Abendlands‹ zum Thema der Geschichtserzählung« gemacht. (Janz, *Zur Genealogie*, S. 25.)

39 Siehe Kap. 3.1, S. 88.

40 Wie Joachim Veit 2014 betont, werden durch digitale Editionen Plattformen geschaffen, »die nicht nur edierte Texte bereitstellen, sondern die sich als eine Art virtuelles ›Archiv‹ […] präsentieren, in dem nicht nur eigene, sondern ggf. auch fremde Bestände und Arbeitsergebnisse zusammenfließen«. (Veit, »›Editionstechniker?‹«, S. 33.)

ausgeht. Musikedition in dieser Folge und im Sinne einer konsequenten Abkehr vom Singularitätsgedanken als Schaltzentrale für alle ihre hier gezeigten Komponenten vorzuschlagen, sie als Mittel zur Aufarbeitung der multiperspektivischen Elemente von Musik zu betrachten, entspricht somit auch einer konsequenten Fortführung der bisherigen Möglichkeiten und Tendenzen und wird dem Fach Musikwissenschaft als Kulturwissenschaften in voller Konsequenz gerecht.

Produkt und Potenzial. Editionen-Lesen als explizites Deuten

Anhand des hier exemplifizierten theoretischen Datensatzes wurde *prinzipiell* gezeigt, auf welche Weise die zuvor ontologisch geordneten Bausteine des Musicking digitalisierbar werden können.[41] Mittels der dargestellten Anforderungen an Visualisierungen[42] konnte wiederum deutlich werden, welche Spezifika bei der optischen Repräsentation dieser Daten unter anderem zum Ausdruck kommen müssen: Es besteht die Herausforderung, das Musicking in Darstellungen eines medienübergreifenden Beziehungsgeflechtes zu übersetzen sowie als Längs- und Querschnitt in seinen diachronen Beziehungen *durch* die Zeit und in seinen synchronen Beziehungen *mit* der Zeit lesbar werden zu lassen.[43] Dadurch werden im digitalen Edieren des Musicking als *dichte Beschreibung mit digitalen Mitteln* die variablen Zusammenhänge sichtbar, die das darstellen, was Small weit gefasst als »meaning«, als ›Bedeutung der Handlung‹ beschreibt.[44] Es wird also fachspezifisch in mikroskopischer Weise ein sozialer Diskurs und sein partieller Ablauf als Beziehungsgeflecht abgebildet. Gemäß dem editorischen Vokabular müssten die im Zusammenhang damit vorgeschlagenen Prinzipien schließlich zu einer *Reinschrift* führen, welche die in Wahrnehmungen erkannten sozialen Diskurse abbildet. Da dieser Begriff und dieses Produkt für die Edition wahrgenommener Wirklichkeiten nicht ohne Anmerkungen übernommen werden kann, sind auch hierzu noch einige abschließende Gedanken anzubringen.

Zunächst ist wichtig, dass die abgebildeten Bedeutungen zwar ediert sowie in Versionen von Beziehungszusammenhängen festgehalten, nachverfolgt und verglichen werden können, aber – gemäß dem Charakter einer Edition – *konstruierte* Bedeutungen bleiben. Durch die generelle Fokussierung von *Wahrnehmungen* werden durch das editorisch erstellte Produkt nicht einfach Dinge erkennbar, die *sind,* sondern variable Bedeutungen, die *zugeschrieben* werden, wie hier der

41 Siehe Kap. 4.4, S. 174 sowie Anhang, S. 233.
42 Siehe Kap. 5.2, S. 186 ff.
43 Zum Längs- und Querschnitt vgl. auch Hemming, *Methoden*, S. 29 f.
44 Siehe Kap. 4.2.4, S. 156 ff.

Übergang eines Objekts vom Instrument zur Fan-Trophäe. Die Zuschreibung selbst wird also aufgezeichnet und in diesen Zuschreibungen können Muster untersucht werden, die Quantitäten und Diversitäten von Wirklichkeiten zeigen.

In keinem Fall kann also die Bedeutung an sich visualisiert werden. Letztere muss aus den unterschiedlichen Bedeutungshorizonten entspringenden Pfaden herausgelesen und ihrerseits gedeutet werden.[45] Daher ist das durch die Wahrnehmung übermittelte Erkennen hier eine kulturwissenschaftlich qualitativ wichtige Sicht auf den Gegenstand, an dessen Edition – qualitativ und quantitativ – auch Zuschreibungen selbst untersucht werden können, also Sichtweisen bestimmter Personen(gruppen) *auf* bestimmte Entitäten. Im Sinne der Auswertung gibt es also nur *gedeutete* Wirklichkeiten. Auch wenn kein Zweifel angemeldet wird, dass es den Akteur Müller-Westernhagen als Musiker gibt, so bleibt diese Aussage doch immer eine Deutung, der – gemäß dem wissenschaftlichen Prinzip – jederzeit eine Gegenmeinung oder zusätzliche Beobachtung als zusätzliche Version oder Variante in einem Pfad zugeschrieben werden können muss.[46] ›Reinschriften‹ müssen diese Zuschreibungen erkennen lassen, was hier mittels des Prinzips der Lesepfade und der Sets of Relationships betont wurde. Dieses Prinzip soll helfen, es für Leser*innen klar ersichtlich zu machen, dass sie sich eine bestimmte Wahrnehmung anschauen, dass sie diese gegebenenfalls mit anderen Wahrnehmungen vergleichen und dabei Sichtweisen lesen, die bestimmten Wirklichkeiten entspringen.

Die Basis dafür sind lokal und temporal unbeschränkte, vielschichtige Karten des Musicking, in deren Entwicklung künftig das bereits verschiedentlich erprobte Potenzial mehrdimensionaler Darstellungensmethoden für die Wiedergabe wahrgenommener Wirklichkeiten ausgespielt werden kann.[47] Diese Karten bilden

45 Mit Clifford Geertz kann hier auch präzisiert werden: »Die Untersuchung von Kultur besteht darin […], Vermutungen über Bedeutungen anzustellen, diese Vermutungen zu bewerten und aus den besseren Vermutungen erklärende Schlüsse zu ziehen; nicht aber darin, den Kontinent Bedeutung zu entdecken und seine unkörperliche Landschaft zu kartographieren.« (Geertz, *Dichte Beschreibung*, S. 29 f.)

46 Dies gilt im Wesentlichen auch für traditionelle Texteditionen, doch der Deutungsspielraum ist hier – wenn auch nicht zu verachten – scheinbar geringer, da deren Lesarten beispielsweise vom Erscheinungsbild eines Text-Zeichens bestimmt sind. Ob sich dies bewahrheitet oder ob Wirklichkeiten nicht gar eindeutiger wahrgenommen werden, können jedoch erst konkrete Umsetzungen zeigen.

47 Die Größe der Herausforderung etwa eines geografischen historischen Kartografierens und Digitalisierens in Form von pixelgenauer Zuordnung von GPS-Daten zwischen alten und aktuellen Karten mittels Georeferenzierung zeigen vor allem die *Time Machine*-Projekte, die sich der Herausforderung der Rekonstruktion raumzeitlicher Daten

jedoch nicht »die« Welt ab, sondern sie stellen vielschichtige, durch verschiedene Wahrnehmungen versionierte Weltkarten des Musicking samt ›Reiseführer‹ dar.[48] Sie machen Vorschläge, sie zeigen wahrgenommenes musikbezogenes Geschehen, sie zeigen, was bereits entdeckt wurde und ›begangen‹ werden könnte. Seinszustände verkörpern somit auch *Sphären des Wahrgenommenen*, die jeweils dia- oder synchron untersuchbar sind. In diesem Sinne kann, wie für Karten üblich, die Leserichtung durch Sets of Relationships mäandern, doch der Ablauf, der in Form von Veränderungen in Raum und Zeit ja nun mal das Ereignis bestimmt, bleibt optisch kontrollierbar. In Bezug auf das Endprodukt werden sich dia- und synchrone Leseweise abwechseln und Standbilder aus der einen oder aus der anderen Leseweise können kombiniert werden oder sich ergänzen. Dieses nicht lineare Durchlesen als individueller Prozess zeigt die Möglichkeit auf, aus Längs- und Querschnitten das ›zeitkontinuierliche Signal‹, also auch das, was zwischen zwei Messpunkten gelegen haben kann, zu ›errechnen‹.[49] Dabei sind Faktoren wie die *Menge* der Kanten an einem Knoten zwar je nach Forschungsinteresse bedeutend, doch bleibt es nicht bei der Darstellung dieses quantifizierenden Erkenntnisziels. Solch ein Merkmal *existiert* und ist gegebenenfalls wichtig, doch es ist *ein* Merkmal von vielen. Und auch dieses Merkmal ist wie jedes relativ, es ist zugeschrieben und subjektiv vom Erkannten bestimmt.

Die explizite Sicht auf Lesepfade ist damit eine Möglichkeit, der Komplexität von Wirklichkeiten konzeptuell zu begegnen und die Diversität der in ihnen liegenden Bedeutungen sichtbar werden zu lassen. Dies unterliegt einer Schwierigkeit: In Reinschriften traditioneller Editionen können Notentexte zu neuen Notentexten werden, audiovisuelle Aufnahmen können neu zusammengestellt und annotiert werden etc., doch ein Ereignis kann sich nicht neu ereignen, Erlebtes kann so, wie es war, nicht neu erlebt werden. Doch die im Digitalen mögliche variable Darstellung des Multimodalen und die parallele Darstellung verschiedener Textsorten, die gemeinsam den handlungsbezogenen Musik-Text

stellen. Vgl. zur Kartografie etwa *Remontez le temps* (Web) oder das Projekt *Research Project HistKI* (Web), Urban History 4D. Zur *Time Machine*-Organisation vgl. *Time Machine* (Web). Das *VAnnotatoR*-Projekt etwa befasst sich mit dem Anbringen von Annotationen innerhalb dreidimensionaler Umgebungen. (Vgl. *VAnnotatoR* (Web).)

48 Vgl. dazu auch Krois, »Kultur«, S. 112 f.

49 Vgl. zum nicht linearen Lesen auch Münzmay, »Virtualitäten«, S. 15. Münzmay stellt fest, dass auch notentextbezogene XML-Edition den Blick fragmentiere, »ihn dabei gleichzeitig aber auch zu fokussieren« vermöge. (Ebd.)

bilden,[50] erlauben es, aus den im Code abgelegten Informationen Ereignisse *nachzuvollziehen.*[51]

Eine weitere Unterscheidung zu bekannten Editionsgegenständen muss hier betont werden: Die Reinschrift als Ergebnis von Quellenedition kann als produktbezogener und geschlossener (oder zu schließender) Gegenstand gesehen werden. Die durch sie bearbeiteten logischen/symbolischen Objekte finden sich – sofern urheberrechtlich zugänglich – zur Reproduktion aufbereitet auf Papier oder in Files wieder.[52] Dort sind also die *quellenspezifischen* Produkte der Ausgangs- und in der Regel auch der Zielpunkt des Edierens. Im Vorliegenden ist dies aber nicht mehr das *fertige* Produkt, sondern Ausgang und Ziel bestehen aus dynamischen und variablen Wahrnehmungen und deren Genese. Das hier vorgeschlagene editorische Konzept folgt daher einer Formel, die »Musik« als Konglomerat von Seinszuständen und Beziehungen beschreibt. Dementsprechend stellt sich die Edition wahrgenommener Wirklichkeiten nicht in Form von abgeschlossenen Einzelprodukten dar. Wer sich für Musik interessiert, startet innerhalb kulturwissenschaftlicher Editionen eine Suche, deren Ergebnisse aus eben dieser Vielfalt der Beziehungen bestehen, dynamisch und veränderbar sind und zum Deuten von Lesepfaden und SoRs führen. Mehr noch: Durch Lesepfade und SoRs werden schließlich Editionen verschiedener Autor*innen direkt miteinander in Beziehung gesetzt.

Nutzer*innen, die sich durch edierte Zusammenhänge bewegen, bekommen bestimmte, lebensweltlichen Phänomenen zugeschriebene Kategorien also nicht als »ist« vorgegebenen, sondern können diese explizit als Sichtweise lesen, als Aussagen über Absichten oder als handlungsbezogene Sichtweisen. Sie haben die Möglichkeit, genau zu überlegen, aufzuzeichnen und zu lesen, was »wirklich« vor sich geht, die Diversität dieser Wirklichkeiten zu erkennen, zu vergleichen

50 Siehe Kap. 3.3, S. 99 ff.

51 Dieses Nachvollziehen kann auch am Notentext stattfinden: Entweder anhand von As-sung-by-Ausgaben in Bezug auf ein anzunehmendes konkretes Handeln oder anhand jeden Notentextes in hypothetischer Weise, sobald sich damit das Wissen über die Nutzung dieses Notentextes im Rahmen bestimmter Ereignisse verbindet.

52 Dies bezieht sich auch auf die Entwicklung von Texten als variantenhaftes Ergebnis eines Konstruktionsprozesses sowie auf Werktexte, die nicht als grafische Zeichen, sondern etwa phonografisch vorliegen. Da Edition bald auch auf Werke Künstlicher Intelligenz anzuwenden sein wird, wird das »geistige« Produkt – dort aus Deep Learning entstanden – zum einen neu definiert werden müssen, zum anderen wird dieses dann neben den Noten in den menschengemachten Algorithmen der Künstlichen Intelligenz zu suchen sein.

und sich darüber bewusst zu sein, dass man im Musicking immer Zuschauer und Mitspieler zugleich ist.[53]

Solch eine kulturwissenschaftlich inspirierte Erweiterung vergrößert nun auch den Kreis der Leser*innen. Notenkenntnis und musikwissenschaftliches Fachwissen sind zwar nicht zu marginalisieren, doch der inhaltliche Zugang zum edierten Material (das hier *auch* Notenmaterial enthält und referenziert) wird über breiter rezipierte Zeichen und grafische Systeme zu erreichen sein, als dies bei reiner Notenedition der Fall ist. Musikwissenschaften und die Verbindungen der sie bestimmenden Fragestellungen werden so auch für andere Forschungsrichtungen oder generell für musikpraktisch Nicht-Ausgebildete zugänglich. Wie weit Nutzer*innen in das Musicking vordringen, wird ihnen und ihrem Kenntnisstand selbst überlassen sein können. Doch das Konzept der Edition wahrgenommener Wirklichkeiten birgt das Potenzial, Forscher*innen verschiedener Fachbereiche kritisch aufbereitete musikwissenschaftlich edierte Inhalte zugänglich zu machen und dem Fach Musikwissenschaft – gerade im Kontext des für die Digital Humanities entscheidenden Faktors der Interdisziplinarität – einen Zugangs-Kanal für musikalisch nicht Gebildete zu generieren. Was ist schon eine Wissenschaft, die nur von sich selbst verstanden wird und sich selbst genügt?

Somit liegt eine durch die digitale Methode mögliche Schärfe in diesem multiplen und ergänzbaren Festhalten von Erfahrungsbereichen, das zugleich selbst vor einer Formalisierung und Generalisierung der vorgefundenen Ergebnisse warnt, da – sobald eine rege Nutzung eingetreten ist – die mögliche Vielfalt an Lesepfaden und SoRs auch eine Vielfalt an Sichtweisen und Verbindungen erkennbar werden lässt. Ein zu erreichender Mehrwert digitalen editorischen Denkens liegt damit in der zuvor beschriebenen Funktion der Schaltzentrale und aus diesem Grund wird hier eine handlungsbezogene Ausweitung des Editionsbegriffes vorgeschlagen. Digital Humanities sind auf dem Weg dort hin ein konzeptionelles Mittel, das hilft, Fragen an den untersuchten Gegenstand zu stellen, womit sie zeigen, was das digitale Denken ohne die unmittelbare Entwicklung und Anwendung von Tools für kulturwissenschaftliche Erkenntnis leisten kann und wie kulturwissenschaftliches Edieren aussehen kann. Das Potenzial des digitalen Edierens, das Denken und Arbeiten im Feld der Digital Humanities hat sich damit bereits vor der wirklichen Erstellung und Anwendung von Digitalisaten und Tools gezeigt, indem es die vorangegangenen Überlegungen überhaupt erst moti-

[53] Ich rekuriere hier auf ein Gleichnis des Physikers Niels Bohr. Nach den Worten des Wissenschaftshistorikers Ernst Peter Fischer agiert für Bohr »der Mensch sowohl als Zuschauer als auch als Mitspieler in dem Theater, in dem unser Leben spielt.« (Fischer, *Niels Bohr*, S. 18.)

viert und ermöglicht hat. Es hat grundsätzliche, methodologische, strukturelle und ontologische Erkenntnis über Musik generiert.

Und jetzt? »Lass' die Grenzen los«

Carlo Rovelli konstatierte für den physikalischen Begriff der Wirklichkeit: »Unsere Vorstellungen von Wirklichkeit sind dazu bestimmt, sich zu verändern.«[54] Dies kann auch auf unsere Vorstellungen von Musikedition zutreffen – nicht weil dies eine Gesetzmäßigkeit wäre, wohl aber, weil dies zu wollen wir selbst in der Hand haben. Hierzu kann mit der Dokumentation wahrgenommener Wirklichkeiten im Rahmen einer editorischen Abbildung von Ereignissen ein weiterer Schritt angeschlossen werden, ausgehend von der in der digitalen Notenedition begonnenen Loslösung von der Werkedition und einer Hinwendung zur Quellenedition.[55] Die hier vorgestellte Sicht- und Herangehensweise stellt dafür eine Möglichkeit dar, die historisch-anthropologische Geschichte, das Musicking editorisch auszuarbeiten und begehbar zu machen, wobei nicht Medieninhalte als solche codiert werden, sondern extensivierter musikbezogener Text.

Ich habe dafür die Gegenstände der Notenedition im Speziellen und der Musikedition im umfassenderen Sinne konsequenterweise in einem kulturwissenschaftlichen Gesamtzusammenhang verortet. Joachim Veit hat bereits festgestellt, dass »›Musikedition‹ […] zur musikwissenschaftlichen Grundlagenforschung«[56] wird und sie »eine Neubestimmung ihrer Inhalte«[57] erfährt. Auch durch die vorliegende Studie wurde sie zur Grundlagenforschung herangezogen und zugleich Wesentliches zu ihren Inhalten erörtert. Doch wohin führt dies nun? In Bezug auf die bis 2013 angestoßenen digitalen Entwicklungen resümiert Veit an anderer Stelle: »Das alles sprengt den althergebrachten Editionsbegriff, und es stellt sich die Frage, wo hier Grenzen zu ziehen sind?«[58] So könnte man an dieser Stelle erneut und resignierend fragen, wo hier denn noch die Grenzen sind, die einen Bereich des wissenschaftlichen Arbeitens zur Edition machen, wenn diese den musiksoziologischen Fragestellungen geöffnet wird.

Ich schließe jedoch lieber mit den Zeilen eines Werkes, das Müller-Westernhagen und Sido 2013 gemeinsam aufgenommen haben: »Alles, was du fühlst,

54 Rovelli, *Die Wirklichkeit*, S. 166. Siehe auch Kap. 4.2.4.1, S. 159 f.
55 Zum Übergang von der Werk- zur Quellenedition vgl. Kepper/Schreiter/Veit, »*Freischütz*«, S. 136.
56 Veit, »Musikedition 2.0«, S. 83.
57 Ebd.
58 Ders., »›Editionstechniker?‹«, S. 33.

alles, was du denkst, ist grenzenlos. Lass' die Grenzen los, denn wir denken groß«[59]. Das mag im vorliegenden Rahmen pathetisch klingen, will aber sagen: Digitale Musikedition befindet sich zwar nicht mehr in den Kinderschuhen, aber vielleicht im Teenageralter, in einer Phase der Ausweitung, in einer Phase, die Wandlungsprozesse auf diversen Ebenen erprobt.[60] Sie kann sich in Bezug auf ihre Gegenstände (weiter) neu definieren und würde ein neues Selbstverständnis erlangen müssen, um die hier vorgeschlagene kritische Dokumentation wahrgenommener Wirklichkeiten zu erreichen und in ihr Aufgabenfeld zu integrieren.[61] Ihre traditionellen Verfahren und Methoden – Filiation, Emendation, Kritik und das Erstellen einer Reinschrift – bleiben dabei auch für neue Editionsgegenstände sinnstiftend. Gleichzeitig gilt es aber auch, dem Entwicklungspotenzial digitaler Musikedition keine Grenzen zu setzen und dieses nicht einzig in Codierungsstandards für schriftliche Musiküberlieferung und deren audiovisuellen Elementen zu sehen.[62] Digitale Methoden und ihnen angehörige Projekte haben für solch eine Erweiterung ihrer Definition bereits den Grundstein gelegt und sich bereits der Wissenschaft des erweiterten Blicks geöffnet.[63] Die mögliche Mehrdimensionalität der Darstellung innerhalb digitaler Medien ruft in Verbindung hiermit danach, auch im editorischen Sinne Musik nicht als zweidimensionale Abfolge von Schall, sondern als vielschichtiges, mehrdimensionales Ereignis darzustellen.

Das Mundharmonika-Experiment ist also längst nicht zu Ende. Was nun ansteht, ist eine breite ontologische Erschließung des hier entzifferten Gegenstandes einerseits sowie dessen Übertragung in maschinenlesbaren Code und die detaillierte Ausarbeitung von Möglichkeiten zur Auswertung dieser Codes andererseits. Für beide Bereiche wurden hier erste Anforderungen ermittelt, doch eine dementsprechende Entwicklung hat damit erst begonnen. Herausforderun-

59 Sido, *30-11-80* (CD), »Grenzenlos [feat. Marius Müller-Westernhagen]«.

60 Vgl. dazu die Anmerkung von Joachim Veit: »Digitale Musikedition also steckt noch in den Kinderschuhen – auch was die Entwicklung wirklich medienadäquater Konzepte betrifft. Voraussetzung für die erfolgreiche Weiterentwicklung der gegenwärtig schon sichtbar werdenden Vorteile [...] ist vor allem ein Wandel in den Köpfen.« (Veit, »Digitale Musikedition«, S. 53.)

61 Ich halte mich hier an eine Anregung Veits, im Zeichen digital-editorischer Möglichkeiten nicht von einer Editionsform, sondern besser von einer »Dokumentationsform« zu reden. (Ebd.)

62 Veit betont diese Beschränkungen und weist auf das Entwicklungspotenzial digitaler Edition »durch das Etablieren neuer, speziell für die schriftliche Musiküberlieferung entwickelter Codierungsstandards« hin. (Ebd., S. 46.)

63 Exemplarisch für aktuelle Tendenzen vgl. die Beiträge der GfM-Tagung 2019, in: Acquavella-Rauch/Münzmay/Veit [Hrsg.], *Brückenschläge*.

gen dieses Vorhabens – auch in Bezug auf Ko-Aktivität, Offenheit des Systems und damit in Verbindung stehende Fragen des Datenschutzes – müssen auch weiterhin ermittelt werden. Nicht-relationale Datenbanken bieten Möglichkeiten, die zuvor beschriebenen Bausteine – Seinszustände sowie deren Beziehungen – zu speichern, doch die Implementierung des hier vorgestellten Beziehungsgeflechtes in eine geeignete technische Umgebung ist ein wichtiger Schritt, den Projekte gehen müssen, um die Codierung des Musicking technisch zu erproben, zu gewährleisten, einem Gesamtsystem zuzuführen und dadurch weiterzuentwickeln. Dieser Schritt wird bestenfalls weitere Rückschlüsse auf das Musicking und auf wahrgenommene Wirklichkeiten erlauben.

Diese Arbeit ist damit ein Anstoß der kollektiven Herausforderung. Sie will dazu ermuntern, die durch digitale Technik angestoßene Ausweitung des Blickes auf Musik sowie die hier begonnene Ontologie des Musicking weiterzuentwickeln. Und sie will dazu ermuntern, Musik nicht nur als lebensweltliches Handeln zu *begreifen,* sondern auch dementsprechend abzubilden und zu lesen.[64] Es erfordert also künftig weitere Versuche dazu, wie das Musicking im Detail abgebildet werden kann und wie diese Schaltzentrale aus Lesepfaden und SoRs möglichst viele Aspekte diverser ›Galaxien‹ von Fachcodierungen verbinden kann. Digital Humanities leisten damit im Sinne ihres Faches einen weiteren Beitrag zum Verständnis darüber, wieso die Gesellschaft so ist, wie sie ist, und stellen eine Möglichkeit zur editorischen Aufarbeitung beobachteter Phänomene dar.

Der Begriff des Musicking *kann* hierbei als Hilfsbegriff überflüssig werden. Für den Moment ist er nötig, um darauf hinzuweisen, dass Musik zwar wesentlich aus Noten und erklingendem Schall besteht, darüber hinaus aber auch all das beinhaltet und von Menschen all das mitgehört wird, was hier in Form der Musicking-Entitäten zusammengefasst wurde. Die Grenzen zwischen Edition und Geschichtsschreibung werden hierbei zwar verschwimmen, doch wird Edition als Dokumentations-Mittel und Schaltzentrale die Historiografie sowie die allgemeine Musikvermittlung unterstützen und ergänzen. Die besondere Herausforderung und Aufgabe der Musikwissenschaft liegt nun darin, dass das musikbezogene Handeln mithilfe der vollen fachlichen Diversität in interdisziplinärer Arbeitsweise dargestellt, gedeutet und miteinander in Beziehung gebracht werden muss.[65] Digitale Technik kann hierzu ein Hilfsmittel sein, dem man die

64 Ich folge hier Stefan Münnich, der das Erstellen von Ontologien als »kollektive Herausforderung« beschreibt. (Münnich, »Ontologien als«, S. 336.)

65 In diesem Zusammenhang ist die Wichtigkeit der NFDI und die Notwendigkeit ihrer Bestrebungen klar hervorzuheben.

Fähigkeit, Geschichte am Leben zu halten, zuschreiben mag.[66] Davor steht aber das menschliche Erleben und Erinnern, welches mit dem Werkzeug der Digitalität erarbeitet werden kann. Wie einst die Erfindung von Papier und Stift gibt sie uns Möglichkeiten an die Hand, unsere Vergangenheit und unsere Gegenwart aufzuarbeiten, sie gegebenenfalls aus neuen Blickrichtungen sowie mit neuen Denkstrukturen zu betrachten. *Am Leben* bleibt die Vergangenheit nur durch unser Erinnern sowie durch unsere Bereitschaft, sich mit ihr zu beschäftigen. Digitale Technik bestimmt hierbei die Qualität, die Tiefe, mit der diese Erinnerung aufgearbeitet werden kann und hat als wichtiges Arbeits- und Denkmittel die einstigen editorischen Protagonisten Papier und Stift ergänzt. Dass dies möglich wurde, lag ohne Zweifel daran, dass hin und wieder jemand gefragt hat: »Alles ist möglich, alles erlaubt«[67]?

66 Siehe meine Einleitung, S. 26 f.

67 Müller-Westernhagen, *Wenn das Licht* (DVD), »Alles ist möglich«.

A Anhang

A.1 Musicking-Taxonomie 0.1

A.1.1 Entitätenklassen

1 Akteur*in
  1.1 Autor*in
  1.2 Darsteller*in
    1.2.1 Musiker*in
    1.2.2 sonstige*r Darsteller*in
    1.2.3 Sprecher*in
    1.2.4 Tänzer*in
  1.3 Dienstleister*in
  1.4 Rezipient*in
2 Ereignis
  2.1 Darstellung
  2.2 Empfindung
  2.3 Erschaffung
  2.4 Interaktion
  2.5 Reizerzeugung
3 Gegenständliches Objekt (Ding)
  3.1 Memoriales Ding
  3.2 Peripheres Ding
  3.3 Zubehör des Musizierens
  3.4 Zubehör des Rezipierens
4 Logisches/Symbolisches Objekt (Text/Werk)
  4.1 Musik
  4.2 Wortsprache
  4.3 Bild
  4.4 Konzept
5 Kultureller Raum
  5.1 Darstellungsraum
  5.2 Peripherer Raum
  5.3 Produktionsraum
  5.4 Zuschauerraum

A.1.2 Beziehungstypen

B1 besitzt/wird besessen
B2 bezieht sich auf/ist bezogen auf
B3 entspricht
B4 erschafft/wird erschaffen
B5 führt aus/wird ausgeführt
B6 nutzt/wird genutzt
B7 ist Teil von/hat Teil

A.1.3 Attribute

@annotation (ME 1–5; B 1–7)
@autor (ME 1–5; B 1–7)
@editor (ME 1–5; B 1–7)
@gruppe-w (ME 1–5)
@ID (ME 1–5; B 1–7)
@intention-w (B 1–7)
@kohärenz (ME 1–5)
@löschung (ME 1–5; B 1–7)
@name-w (ME 1–5)
@lokalisation-w (ME 1–5; B 1–7)
@quelle (ME 1–5; B 1–7)
@sor (B 1–7)
@start-w (B 1–7)
@ende-w (B 1–7)

A.2 Verlauftabelle »Mundharmonika-Wurf *Westernhagen in Concert 2005*«

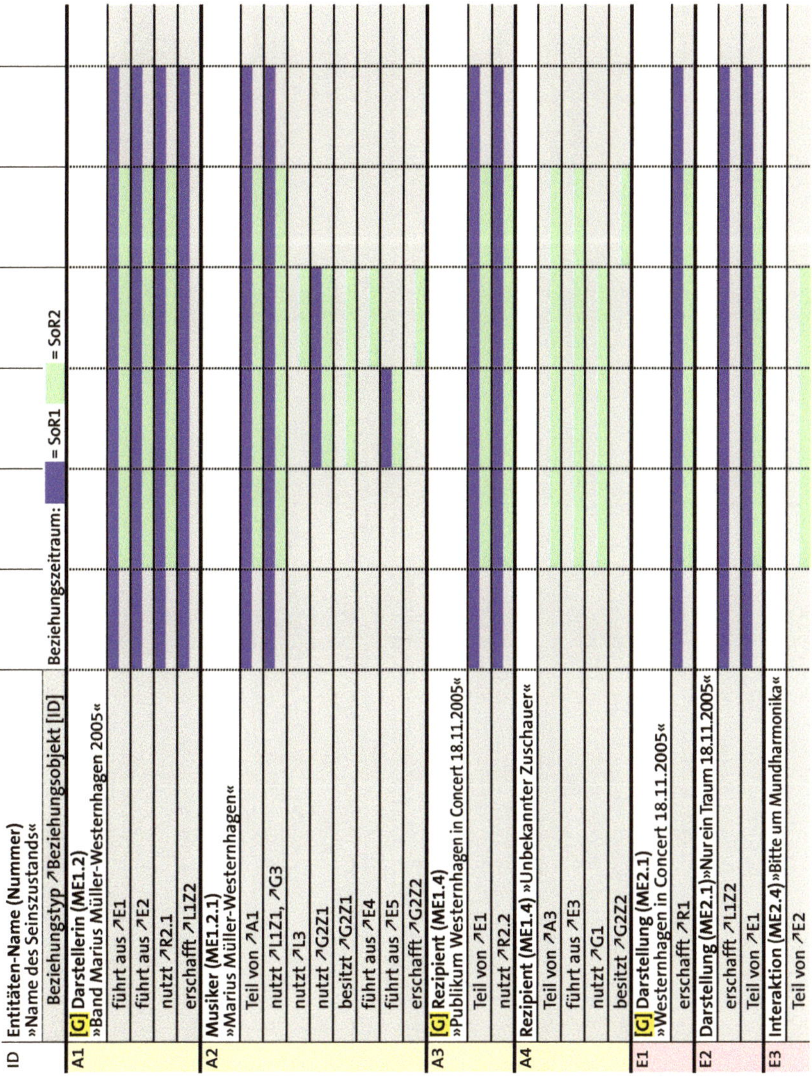

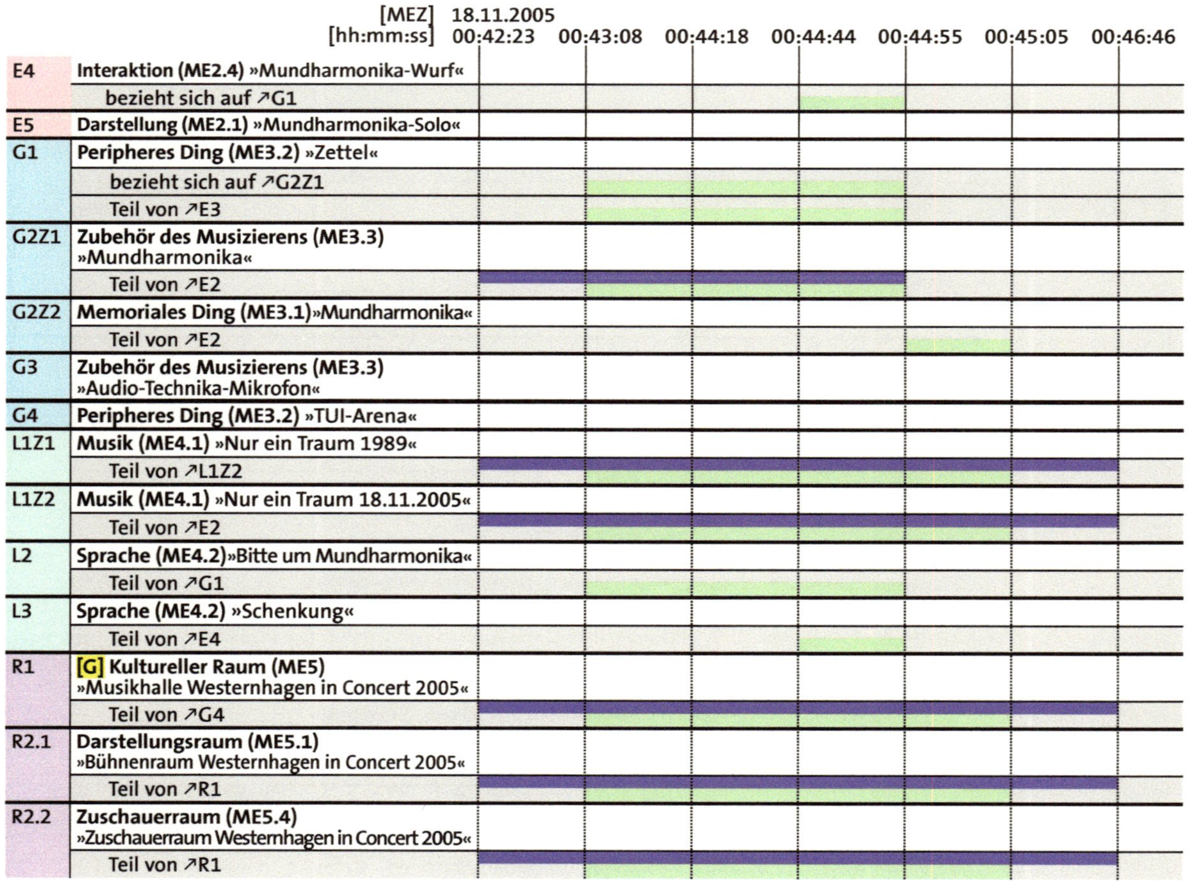
[MEZ] 18.11.2005
[hh:mm:ss] 00:42:23 00:43:08 00:44:18 00:44:44 00:44:55 00:45:05 00:46:46
E4 Interaktion (ME2.4) »Mundharmonika-Wurf«
bezieht sich auf ↗G1
E5 Darstellung (ME2.1) »Mundharmonika-Solo«
G1 Peripheres Ding (ME3.2) »Zettel«
bezieht sich auf ↗G2Z1
Teil von ↗E3
G2Z1 Zubehör des Musizierens (ME3.3) »Mundharmonika«
Teil von ↗E2
G2Z2 Memoriales Ding (ME3.1)»Mundharmonika«
Teil von ↗E2
G3 Zubehör des Musizierens (ME3.3) »Audio-Technika-Mikrofon«
G4 Peripheres Ding (ME3.2) »TUI-Arena«
L1Z1 Musik (ME4.1) »Nur ein Traum 1989«
Teil von ↗L1Z2
L1Z2 Musik (ME4.1) »Nur ein Traum 18.11.2005«
Teil von ↗E2
L2 Sprache (ME4.2)»Bitte um Mundharmonika«
Teil von ↗G1
L3 Sprache (ME4.2) »Schenkung«
Teil von ↗E4
R1 [G] Kultureller Raum (ME5) »Musikhalle Westernhagen in Concert 2005«
Teil von ↗G4
R2.1 Darstellungsraum (ME5.1) »Bühnenraum Westernhagen in Concert 2005«
Teil von ↗R1
R2.2 Zuschauerraum (ME5.4) »Zuschauerraum Westernhagen in Concert 2005«
Teil von ↗R1

A.3 Datensatz »Westernhagen-Konzert 18.11.2005«

Erläuterungen zum Datensatz und zu dessen Status finden sich in Kap. 4.4, S. 174 ff. Zu den einzelnen Bausteinen und deren Genese siehe allgemein Kap. 4.2, S. 119 ff.

A.3.1 Seinszustände mit Beziehungen

ME 1.2 Musiker
ID: A1
name-w: Band Marius Müller-Westernhagen 2005
B5 führt aus ↗E1
SoR 1
ID: A1B5E1-1
sor: sor-MMW1
start-w: ↗DVD1:00:42:23, z1
ende-w: ↗DVD1:00:46:46; ↗L1Z2:T91; z7
start/ende: 2005-11-18
SoR 2
ID: A1B5E1-2
sor: sor-MMW2
start-w: ↗DVD1:00:43:08; ↗L1Z2:T17; z2
ende-w: ↗DVD1:00:45:05; ↗L1Z2:T63; z6
start/ende: 2005-11-18
B5 führt aus ↗E2
SoR 1
ID: A1B5E2-1
sor: sor-MMW1
start-w: ↗DVD1:00:42:23; z1
ende-w: ↗DVD1:00:46:46; ↗L1Z2:T91; z7
start/ende: 2005-11-18
SoR 2
ID: A1B5E2-2
sor: sor-MMW2
start-w: ↗G4:00:43:08; z2
ende-w: ↗G4:00:45:05; ↗L1Z2:T63; z6
start/ende: 2005-11-18
B6 nutzt ↗R2.1
SoR 1
ID: A1B6R2.1-1
sor: sor-MMW1
start-w: ↗DVD1:00:42:23; z1
ende-w: ↗DVD1:00:46:46; ↗L1Z2:T91; z7
start/ende: 2005-11-18
SoR 2

ID: A1B6R2.1-2
sor: sor-MMW2
start-w: ↗DVD1:00:43:08; ↗L1Z2:T17; z2
ende-w: ↗DVD1:00:45:05; ↗L1Z2:T63; z6
start/ende: 2005-11-18
B4 erschafft ↗L1Z2
ID: A1B4L1Z2
sor: sor-MMW1
start-w: ↗DVD1:00:42:23; z1
ende-w: ↗DVD1:00:46:46; ↗L1Z2:T91; z7
start/ende: 2005-11-18

ME 1.2.1 Musiker
ID: A2
name-w: Marius Müller-Westernhagen
kohärenz: http://d-nb.info/gnd/118585401
B7 Teil von ↗A1
SoR 1
ID: A2B7A1-1
sor: sor-MMW1
start-w: ↗DVD1:00:42:23; z1
ende-w: ↗DVD1:00:46:46; ↗L1Z2:T91; z7
start/ende: 2005-11-18
SoR 2
ID: A2B7A1-2
sor: sor-MMW2
start-w: ↗DVD1:00:43:08; ↗L1Z2:T17; z2
ende-w: ↗DVD1:00:45:05; ↗L1Z2:T63; z6
start/ende: 2005-11-18
B6 nutzt ↗L1Z1
SoR 1
ID: A2B6L1Z1-1
sor: sor-MMW1
start-w: ↗DVD1:00:42:23; z1
ende-w: ↗DVD1:00:46:46; ↗L1Z2:T91; z7
start/ende: 2005-11-18
SoR 2
ID: A2B6L1Z1-2
sor: sor-MMW2
start-w: ↗DVD1:00:43:08; ↗L1Z2:T17; z2
ende-w: ↗DVD1:00:45:05; ↗L1Z2:T63; z6
start/ende: 2005-11-18
B6 nutzt ↗G3
SoR 1

ID: A2B6G3-1
sor: sor-MMW1
löschung: ja
start-w: ↗DVD1:00:42:23; z1
ende-w: ↗DVD1:00:46:46; ↗L1Z2:T91; z7
start/ende: 2005-11-18
SoR 2
ID: A2B6G3-2
sor: sor-MMW2
löschung: ja
start-w: ↗DVD1:00:43:08; ↗L1Z2:T17; z2
ende-w: ↗DVD1:00:45:05; ↗L1Z2:T63; z6
start/ende: 2005-11-18

B6 nutzt ↗L3
ID: A2B6L3
sor: sor-MMW2
start-w: ↗DVD1:00:44:44; ↗L1Z2:T55; z4
ende-w: ↗DVD1:00:44:55; ↗L1Z2:T60; z5
start/ende: 2005-11-18

B6 nutzt ↗G2Z1
SoR 1
ID: A2B6G2Z1-1
sor: sor-MMW1
intention: ↗A2B5E5
start-w: ↗DVD1:00:44:18; ↗L1Z2:T45; z3
ende-w: ↗DVD1:00:44:55; ↗L1Z2:T60; z5
start/ende: 2005-11-18
SoR 2
ID: A2B6G2Z1-2
sor: sor-MMW2
intention: ↗A2B5E4
start-w: ↗DVD1:00:44:44; ↗L1Z2:T55; z4
ende-w: ↗DVD1:00:44:55; ↗L1Z2:T60; z5
start/ende: 2005-11-18

B1 besitzt ↗G2Z1
ID: A2B1G2Z1
sor: sor-MMW2
start-w: ↗DVD1:00:44:18; ↗L1Z2:T45; z3
ende-w: ↗DVD1:00:44:55; ↗L1Z2:T60; z5
start/ende: 2005-11-18

B5 führt aus ↗E4
ID: A2B5E4
sor: sor-MMW2
intention: ↗A4B6G1
start-w: ↗DVD1:00:44:44; ↗L1Z2:T55; z4
ende-w: ↗DVD1:00:44:55; ↗L1Z2:T60; z5

start/ende: 2005-11-18
B5 führt aus ↗E5
ID: A2B5E5
sor: sor-MMW1; 2
start-w: ↗DVD1:00:44:18; ↗L1Z2:T45; z3
ende-w: ↗DVD1:00:44:44; ↗L1Z2:T55; z4
start/ende: 2005-11-18
B4 erschafft ↗G2Z2
ID: A2B4G2Z2
sor: sor-MMW2
start-w: ↗DVD1:00:44:44; ↗L1Z2:T55; z4
ende-w: ↗DVD1:00:44:55; ↗L1Z2:T60; z5
start/ende: 2005-11-18

ME 1.4 Rezipient
ID: A3
name-w: Publikum Westernhagen in Concert 18.11.2005
gruppe: ja
B7 Teil von ↗E1
SoR 1
ID: A3B7E1-1
sor: sor-MMW1
start-w: ↗DVD1:00:42:23; z1
ende-w: ↗DVD1:00:46:46; ↗L1Z2:T91; z7
start/ende: 2005-11-18
SoR 2
ID: A3B7E1-2
sor: sor-MMW2
start-w: ↗DVD1:00:43:08; ↗L1Z2:T17; z2
ende-w: ↗DVD1:00:45:05; ↗L1Z2:T63; z6
start/ende: 2005-11-18
B6 nutzt ↗R2.2
SoR 1
ID: A3B6R2.2-1
sor: sor-MMW1
start-w: ↗DVD1:00:42:23; z1
ende-w: ↗DVD1:00:46:46; ↗L1Z2:T91; z7
start/ende: 2005-11-18
SoR 2
ID: A3B6R2.2-2
sor: sor-MMW2
start-w: ↗DVD1:00:43:08; ↗L1Z2:T17; z2
ende-w: ↗DVD1:00:45:05; ↗L1Z2:T63; z6
start/ende: 2005-11-18

ME 1.4 Rezipient
ID: A4
name-w: Unbekannter Zuschauer
B7 Teil von ↗A3
ID: A4B7A3
sor: sor-MMW2
start-w: ↗DVD1:00:43:08; ↗L1Z2:T17; z2
ende-w: ↗DVD1:00:45:05; ↗L1Z2:T63; z6
start/ende: 2005-11-18
B5 führt aus ↗E3
ID: A4B5E3
sor: sor-MMW2
intention: ↗A2B5E4
start-w: ↗DVD1:00:43:08; ↗L1Z2:T17; z2
ende-w: ↗DVD1:00:45:05; ↗L1Z2:T63; z6
start/ende: 2005-11-18
Variante
intention: ↗A2B5E5
autor: Maxi Musterfrau
quelle: ↗DVD1
annotation: Geänderte Intention erkannt. Der Einsatz des Zettels wurde als Aufforderung zum Solo-Spiel gedeutet und nicht als Bitte, die Mundharmonika zu verschenken.
B6 nutzt ↗G1
ID: A4B6G1
sor: sor-MMW2
start-w: ↗DVD1:00:43:08; ↗L1Z2:T17; z2
ende-w: ↗DVD1:00:44:55; ↗L1Z2:T60; z5
start/ende: 2005-11-18
B1 besitzt ↗G2Z2
ID: A4B6G1
sor: sor-MMW2
start-w: ↗DVD1:00:44:55; ↗L1Z2:T60; z5
ende-w: ↗DVD1:00:45:05; ↗L1Z2:T63; z6
start/ende: 2005-11-18

ME 2.1 Darstellung
ID: E1
name-w: Westernhagen in Concert 18.11.2005
gruppe: ja
B4 erschafft ↗R1
SoR 1
ID: E1B4R1-1
sor: sor-MMW1

start-w: ↗DVD1:00:42:23; z1
ende-w: ↗DVD1:00:46:46; ↗L1Z2:T91; z7
start/ende: 2005-11-18
SoR 2
ID: E1B4R1-2
sor: sor-MMW2
start-w: ↗DVD1:00:43:08; ↗L1Z2:T17; z2
ende-w: ↗DVD1:00:45:05; ↗L1Z2:T63; z6
start/ende: 2005-11-18

ME 2.1 Darstellung
ID: E2
name-w: »Nur ein Traum« 18.11.2005
B4 erschafft ↗L1Z2
ID: E2B4L1Z2
sor: sor-MMW1
start-w: ↗DVD1:00:42:23; z1
ende-w: ↗DVD1:00:46:46; ↗L1Z2:T91; z7
start/ende: 2005-11-18
B7 Teil von ↗E1
SoR 1
ID: E2B7E1-1
sor: sor-MMW1
start-w: ↗DVD1:00:42:23; z1
ende-w: ↗DVD1:00:46:46; ↗L1Z2:T91; z7
start/ende: 2005-11-18
SoR 2
ID: E2B7E1-2
sor: sor-MMW2
start-w: ↗DVD1:00:43:08; ↗L1Z2:T17; z2
ende-w: ↗DVD1:00:45:05; ↗L1Z2:T63; z6
start/ende: 2005-11-18

ME 2.4 Interaktion
ID: E3
name-w: Bitte um Mundharmonika
B7 Teil von ↗E2
ID: E3B7E2
sor: sor-MMW2
start-w: ↗DVD1:00:43:08; ↗L1Z2:T17; z2
ende-w: ↗DVD1:00:44:55; ↗L1Z2:T60; z5
start/ende: 2005-11-18

ME 2.4 Interaktion
ID: E4
name-w: Mundharmonika-Wurf
B2 bezieht sich auf ↗G1
ID: E4B2G1
sor: sor-MMW2
start-w: ↗DVD1:00:44:44; ↗L1Z2:T55; z4
ende-w: ↗DVD1:00:44:55; ↗L1Z2:T60; z5
start/ende: 2005-11-18

ME 2.1 Darstellung
ID: E5
name-w: Mundharmonika-Solo

ME 3.2 Peripheres Ding
ID: G1
name-w: Zettel
B2 bezieht sich auf ↗G2Z1
ID: G1B2G2Z1
sor: sor-MMW2
start-w: ↗DVD1:00:43:08; ↗L1Z2:T17; z2
ende-w: ↗DVD1:00:44:55; ↗L1Z2:T60; z5
start/ende: 2005-11-18
B7 Teil von ↗E3
ID: G1B7E3
sor: sor-MMW2
start-w: ↗DVD1:00:43:08; ↗L1Z2:T17; z2
ende-w: ↗DVD1:00:44:55; ↗L1Z2:T60; z5
start/ende: 2005-11-18

ME 3.3 Zubehör des Musizierens
ID: G2Z1
name-w: Mundharmonika
B7 Teil von ↗E2
SoR 1
ID: G2Z1B7E2-1
sor: sor-MMW1
start-w: ↗DVD1:00:42:23; z1
ende-w: ↗DVD1:00:44:55; ↗L1Z2:T60; z5
start/ende: 2005-11-18
SoR 2

ID: G2Z1B7E2-2
sor: sor-MMW2
start-w: ↗DVD1:00:43:08; ↗L1Z2:T17; z2
ende-w: ↗DVD1:00:44:55; ↗L1Z2:T60; z5
start/ende: 2005-11-18

ME 3.1 Memoriales Ding
ID: G2Z2
name-w: Fan-Trophäe Mundharmonika
B7 Teil von ↗E2
ID: G2Z2B7E2
sor: sor-MMW2
start-w: ↗DVD1:00:44:55; ↗L1Z2:T60; z5
ende-w: ↗G4:00:44:55; ↗L1Z2:T63; z6
start/ende: 2005-11-18

ME 3.3 Zubehör des Musizierens
ID: G3
name-w: Audio-Technika-Mikrofon

ME 3.2 Peripheres Ding
ID: G4
name-w: TUI-Arena
lokalisation: 52.322622 9.816487

ME 4.1 Musik
ID: L1Z1
name-w: Nur ein Traum 1989
B7 Teil von ↗L1Z2
SoR 1
ID: L1Z1B7L1Z2-1
sor: sor-MMW1
start-w: ↗DVD1:00:42:23; z1
ende-w: ↗DVD1:00:46:46; ↗L1Z2:T91; z7
start/ende: 2005-11-18
SoR 2
ID: L1Z1B7L1Z2-2
sor: sor-MMW2
start-w: ↗DVD1:00:43:08; ↗L1Z2:T17; z2

ende-w: ↗DVD1:00:45:05; ↗L1Z2:T63; z6
start/ende: 2005-11-18

ME 4.1 Musik
ID: L1Z2
name-w: Nur ein Traum 18.11.2005
kohärenz: ↗KI-3
B7 Teil von ↗E2
SoR 1
ID: L1Z2B7E2-1
sor: sor-MMW1
start-w: ↗DVD1:00:42:23; z1
ende-w: ↗DVD1:00:46:46; ↗L1Z2:T91; z7
start/ende: 2005-11-18
SoR 2
ID: L1Z2B7E2-2
sor: sor-MMW2
start-w: ↗DVD1:00:43:08; ↗L1Z2:T17; z2
ende-w: ↗DVD1:00:45:05; ↗L1Z2:T63; z6
start/ende: 2005-11-18

ME 4.2 Sprache
ID: L2
name-w: Bitte um Mundharmonika
kohärenz: ↗KI-1
B7 Teil von ↗G1
ID: L2B7G1
sor: sor-MMW2
start-w: ↗DVD1:00:43:08; ↗L1Z2:T17; z2
ende-w: ↗DVD1:00:44:55; ↗L1Z2:T60; z5
start/ende: 2005-11-18

ME 4.2 Sprache
ID: L3
name-w: Schenkung
kohärenz: ↗KI-2
B7 Teil von ↗E4
ID: L3B7E4
sor: sor-MMW2
start-w: ↗DVD1:00:44:44; ↗L1Z2:T55; z4
ende-w: ↗DVD1:00:44:55; ↗L1Z2:T60; z5
start/ende: 2005-11-18

ME 5 Kultureller Raum
ID: R1
name-w: Musikhalle Westernhagen in Concert 2005
gruppe: ja
lokalisation: 52.322622 9.816487
B7 Teil von ↗G4
SoR 1
ID: R1B7G4-1
sor: sor-MMW1
start-w: ↗DVD1:00:42:23; z1
ende-w: ↗DVD1:00:46:46; ↗L1Z2:T91; z7
start/ende: 2005-11-18
SoR 2
ID: R1B7G4-2
sor: sor-MMW2
start-w: ↗DVD1:00:43:08; ↗L1Z2:T17; z2
ende-w: ↗DVD1:00:45:05; ↗L1Z2:T63; z6
start/ende: 2005-11-18

ME 5.1 Kultureller Raum
ID: R2.1
name-w: Bühnenraum Westernhagen in Concert 2005
B7 Teil von ↗R1
SoR 1
ID: R2.1B7R1-1
sor: sor-MMW1
start-w: ↗DVD1:00:42:23; z1
ende-w: ↗DVD1:00:46:46; ↗L1Z2:T91; z7
start/ende: 2005-11-18
SoR 2
ID: R2.1B7R1-2
sor: sor-MMW2
start-w: ↗DVD1:00:43:08; ↗L1Z2:T17; z2
ende-w: ↗DVD1:00:45:05; ↗L1Z2:T63; z6
start/ende: 2005-11-18

ME 5.1 Kultureller Raum
ID: R2.2
name-w: Bühnenraum Westernhagen in Concert 2005
B7 Teil von ↗R1
SoR 1
ID: R2.2B7R1-1
sor: sor-MMW1

start-w: ↗DVD1:00:42:23; z1
ende-w: ↗DVD1:00:46:46; ↗L1Z2:T91; z7
start/ende: 2005-11-18
SoR 2
ID: R2.2B7R1-2
sor: sor-MMW2
start-w: ↗DVD1:00:43:08; ↗L1Z2:T17; z2
ende-w: ↗DVD1:00:45:05; ↗L1Z2:T63; z6
start/ende: 2005-11-18

A.3.2 Interne Kohärenz-Inhalte

Kohärenz-Inhalt
ID: KI-1
name-w: Bitte um Mundharmonika
Inhalt
<tei> [...]
<text> [...]
<p>GIB UNS <lb/> DEINE <lb/> Mundharmonika <lb/> BITTE!!!</p>
</text> [...]
</tei>

Kohärenz-Inhalt
ID: KI-2
name-w: Verbale Einleitung Mundharmonika-Wurf
Inhalt
<tei> [...]
<text> [...]
<u who="#A2">Komm her</u>
</text> [...]
</tei>

Kohärenz-Inhalt
ID: KI-3
name: Nur ein Traum [Auszug]
Inhalt

```
<music>
  <staff n="1">
    <layer n="1"> [...]
      <measure n="T55">
        <beam>
```

```
          <note pname="g" oct="4" dur="8" syl="hört."/>
          <note pname="c" oct="4" dur="8"/>
        </beam>
        <rest dur="4"/> <rest dur="2"/>
      </measure> [...]
      <measure n="T59">
        <beam>
          <note pname="a" oct="4" dur="16" syl="schwim"/>
          <note pname="a" oct="4" dur="8" dots="1" tie="i" syl="me"/>
        </beam>
        <note pname="a" oct="4" dur="4" tie="m"/>
        <note pname="a" oct="4" dur="4" tie="t"/>
        <beam dur="8">
          <note pname="g" oct="4" syl="wie"/>
          <note pname="f" oct="4" syl="ein"/>
        </beam>
      </measure>
      <measure n="T60">
        <note pname="g" oct="4" dur="4" syl="Fisch,"/> [...]
      </measure>
    </layer>
  </staff>
</music>
```

A.3.3 Lesepfad- und SoR-Beschreibungen

Lesepfad-Beschreibung
ID: MMW1
name-w: Westernhagen Konzert 18.11.2005
autor/editor: Joachim Iffland; http://d-nb.info/gnd/1030452709
quelle: ↗dB1
sor: ↗sor-MMW1, ↗sor-MMW2

SoR-Beschreibung
ID: sor-MMW1
name-w: Interpretation *Nur ein Traum 2005*

SoR-Beschreibung
ID: sor-MMW2
name-w: Mundharmonika-Wurf

Dichte Beschreibung

ID: dB1

name-w: Ein »Mundharmonika-Wurf« aus der DVD-Aufzeichnung *Wenn das Licht auf dich fällt. Westernhagen in Concert 2005*

autor: Joachim Iffland; http://d-nb.info/gnd/1030452709

quelle: ↗DVD1

Inhalt siehe S. 11 ff.

Quellen

Quelle 1

ID: DVD1

name: Wenn das Licht auf dich fällt. Westernhagen in Concert 2005

typ: DVD-Video

kohärenz: http://d-nb.info/360051200

Quelle 2

ID: DVD2

name: Wenn das Licht auf dich fällt. Westernhagen in Concert 2005

typ: DVD-Video, CD, Druck

kohärenz: http://d-nb.info/987706659

Abbildungsverzeichnis

Websiteverzeichnis

Affektrhetoriken des Audiovisuellen, Freie Universität Berlin, Hasso Plattner Institut, URL: http://ada.filmontology.org/ (besucht am 25. 04. 2023).

AG Graphen und Netzwerke, Digital Humanities im deutschsprachigen Raum, URL: https://dig-hum.de/ag-graphen-netzwerke (besucht am 23. 04. 2023).

Archiv Frau und Musik, Internationaler Arbeitskreis Frau und Musik e. V., URL: https://www.archiv-frau-musik.de (besucht am 25. 04. 2023).

Bach digital, Bach-Archiv Leipzig, URL: https://www.bach-digital.de (besucht am 23. 04. 2023).

Beethovens Werkstatt. Genetische Textkritik und Digitale Musikedition, Beethoven Haus Bonn, Hochschule für Musik Detmold, Universität Paderborn, URL: https://beethovens-werkstatt.de (besucht am 25. 04. 2023).

Bernd Alois Zimmermann-Gesamtausgabe. Historisch-kritische Ausgabe seiner Werke, Schriften und Briefe, Akademie der Wissenschaften und der Literatur Mainz, URL: http://www.adwmainz.de/projekte/bernd-alois-zimmermann-gesamtausgabe-historisch-kritische-ausgabe-seiner-werke-schriften-und-briefe/information.html (besucht am 23. 04. 2023).

Carl Maria von Weber Gesamtausgabe, Gesellschaft zur Förderung der Carl-Maria-von-Weber-Gesamtausgabe e. V. (Detmold), URL: https://www.weber-gesamtausgabe.de (besucht am 23. 04. 2023).

CIDOC CRM, CIDOC Documentation Standards Working Group, URL: http://www.cidoc-crm.org (besucht am 23. 04. 2023).

correspSearch. Briefeditionen durchsuchen und vernetzen, Berlin-Brandenburgische Akademie der Wissenschaften, URL: https://correspsearch.net/de/start.html (besucht am 23. 04. 2023).

Demonstrator Topic Map, Musikwissenschaftliches Seminar Detmold/Paderborn, URL: https://freischuetz-digital.de/demo-the-freischuetz-network.html (besucht am 23. 04. 2023).

Detmolder Hoftheater. Entwicklung eines MEI- und TEI-basierten Modells kontextueller Tiefenerschließung von Musikalienbeständen am Beispiel des Detmolder Hoftheaters im 19. Jahrhundert (1825–1875), Musikwissenschaftliches Seminar Detmold/Paderborn, URL: https://hoftheater-detmold.de (besucht am 25. 04. 2023).

DHd Blog. Digital Humanities im deutschsprachigen Raum, DHd Blog, 11. März 2022, URL: https://dhd-blog.org/?p=17563 (besucht am 23. 04. 2023).

Digitale Edition phonographischer Musik. EdiPhon, Musikwissenschaftliches Seminar Detmold-Paderborn / Center of Music / Film Informatics HfM Detmold, URL: http://www.cemfi.de/ediphon (besucht am 31. 01. 2023).

Digitale Mozart-Edition, Mozarteum Salzburg, URL: https://mozarteum.at/digitale-mozart-edition/#info (besucht am 23. 04. 2023).

Digitale Musikanalyse mit den Techniken der Music Encoding Initiative (MEI) am Beispiel der Kompositionsstudien Anton Bruckners, Österreichische Akademie der Wissenschaften, URL: https://www.oeaw.ac.at/acdh/musikwissenschaft/forschung/projektarchiv/digitale-musikanalyse-mit-mei (besucht am 23. 04. 2023).

Europeana. Europas digitales Kulturerbe entdecken, Europeana Foundation, URL: https://www.europeana.eu/de (besucht am 23. 04. 2023).

Freischütz Digital, Hochschule für Musik Detmold, Universität Paderborn, URL: http://freischuetz-digital.de (besucht am 23. 04. 2023).

Gemeinsame Normdatei (GND), Deutsche Nationalbibliothek, URL: https://www.dnb.de/DE/Professionell/Standardisierung/GND/gnd_node.html (besucht am 23. 04. 2023).

Graphen und Netzwerke. Eine AG des Verbandes Digital Humanities im deutschsprachigen Raum e. V., Hypotheses. Academic Blogs, URL: https://graphentechnologien.hypotheses.org (besucht am 23. 04. 2023).

ISMIR, International Society for Music Information Retrieval, URL: https://ismir.net (besucht am 24. 04. 2023).

Materialität der Musikinstrumente. Neue Ansätze einer Kulturgeschichte der Organologie, LMU München, Deutsches Museum, URL: https://www.deutsches-museum.de/forschung/forschungsinstitut/projekte/detailseite/materialitaet-der-musikinstrumente (besucht am 01. 09. 2023).

Mindways 3D Trick Art. The Original by Masashi Hattori, URL: https://www.3dtrickart.de (besucht am 25. 04. 2023).

Music Encoding Initiative, Akademie der Wissenschaften und der Literatur Mainz, URL: https://music-encoding.org (besucht am 24. 04. 2023).

Musiconn Performance, Fachinformationsdienst Musikwissenschaft, URL: https://performance.slub-dresden.de (besucht am 24. 04. 2023).

NFDI4Culture – Konsortium für Forschungsdaten materieller und immaterieller Kulturgüter, URL: https://nfdi4culture.de (besucht am 01. 09. 2023).

OPERA – Spektrum des europäischen Musiktheaters in Einzeleditionen, Akademie der Wissenschaften und der Literatur Mainz, URL: http://www.opera.adwmainz.de/beschreibung.html (besucht am 23. 04. 2023).

Pasticcio. Ways of arranging attractive operas, Uniwersytet Warszawski, Universität Greifswald, URL: https://www.pasticcio-project.eu (besucht am 23. 04. 2023).

Remontez le temps! Et observez les évolutions du territoire, Institut national de l'information géographique et forestière (IGN Paris), URL: https://remonterletemps.ign.fr (besucht am 01. 09. 2023).

Research Project HistKI. Explore and discover city history in four dimensions, TU Dresden, URL: http://www.urbanhistory4d.org/wordpress/ (besucht am 01. 09. 2023).

Sarti-Edition, Universität der Künste Berlin, URL: https://sarti-edition.de (besucht am 23. 04. 2023).

setlist.fm. The Setlist Wiki (Marius Müller-Westernhagen Tour-Statistics), Live Nation Entertainment, Inc., URL: https://www.setlist.fm/stats/marius-mullerwesternhagen-4bd6ff9e.html (besucht am 24. 04. 2023).

Text Encoding Initiative, TEI Consortium, URL: https://tei-c.org (besucht am 23. 04. 2023).

TextGrid. Virtuelle Forschungsumgebung für die Geisteswissenschaften, DARIAH-DE, URL: https://textgrid.de (besucht am 23. 04. 2023).

Time Machine. Adding a New Dimension to the Past, Time Machine Organisation, URL: https://www.timemachine.eu (besucht am 23. 04. 2023).

VAnnotatoR, Text Technology Lab, Goethe Universität Frankfurt am Main, URL: https://www.texttechnologylab.org/applications/vannotator/ (besucht am 25. 04. 2023).

What Is Digital Humanities?, Jason Heppler, URL: https://whatisdigitalhumanities.com (besucht am 23. 04. 2023).

Zentrum Musik – Edition – Medien [Projekt-Website], Hochschule für Musik Detmold, Universität Paderborn, URL: https://project.zenmem.de (besucht am 23. 04. 2023).

Verzeichnis audiovisuellen Materials

DeadTerritory, *John Cage – 4'33"Death Metal Cover by Dead Territory [ORIGINAL VIDEO]*, Video-Stream, 2016, URL: https://www.youtube.com/watch?v=voqCQSDAcn8 (besucht am 25. 04. 2023).

Mayer-Schönberger, Viktor, *Am Ende der informationellen Souveränität. #kk14*, Video-Stream, 25.09.2014, URL: https://www.youtube.com/watch?v=cGAcxLVBcSA (besucht am 23. 04. 2023).

Müller-Westernhagen, Marius, *Das Pfefferminz-Experiment. Woodstock-Recordings Vol. 1*, Blueray, CD, DVD, LP, Medienpaket: Musikvideos auf Blueray, CD, DVD, LP, Dokumentattion auf Blueray und DVD sowie 2 Farb-Poster, Universal Music 0818366, 2019.

— *Mit Pfefferminz bin ich dein Prinz*, CD, Warner Music WEA 2292421742, 1978.

— *Wenn das Licht auf dich fällt. Westernhagen in concert 2005*, DVD, Medienpaket: Konzertvideo (DVD 1) und »The Making of Westernhagen in Concert 2005« (DVD 2), Kunstflug 0176888SSM, 2006.

— *Wenn das Licht auf dich fällt. Westernhagen in concert 2005*, Earbook, Kunstflug 3940004451, 2007.

— *Westernhagen Affentour 1995. Keine Zeit. Eine Dokumentation von D. A. Pennebacker und Chris Hegedus*, DVD, Warner Music 5051865-7101-9-6, 2010/1997.

— *Westernhagen Live 1999*, Video-Stream (Fernsehaufzeichnung, Sat1), 1999, URL: https://www.youtube.com/watch?v=hNMX-UnzyrU&t=989s (besucht am 23. 04. 2023).

— *Westernhagen Live. Das Konzert 1989*, DVD, Warner Music 5051011-8823-2-6, 2006.

— *Westernhagen MTV Unplugged*, 2 DVD, Universal Music 00602557121087, 2016.

Rossacher, Armin (Regie), *Marius Müller-Westernhagen. Zwischen den Zeilen. Eine Biografie*, 3 DVD, Kunstflug KUNST012, 2010.

Sido, *30-11-80*, CD, Vertigo/Capitol LC067483753149, 2013.

Literaturverzeichnis

Abels, Heinz, *Einführung in die Soziologie*, Wiesbaden ^{5}2019 (Studientexte zur Soziologie 1).

— *Identität. Über die Entstehung des Gedankens, dass der Mensch ein Individuum ist, den nicht leicht zu verwirklichenden Anspruch auf Individualität und Kompetenzen, Identität in einer riskanten Moderne zu finden und zu wahren*, Wiesbaden ^{3}2017, DOI: 10.1007/978-3-658-14155-4.

Acquavella-Rauch, Stefanie, Andreas Münzmay und Joachim Veit [Hrsg.], *Brückenschläge zwischen Musikwissenschaft und Informatik. Theoretische und praktische Aspekte der Kooperation*, Detmold 2020 (Musikwissenschaft. Aktuelle Perspektiven 3), DOI: 10.25366/2020.87.

Acquavella-Rauch, Stefanie, »(Musik)Edition im ›digitalen‹ Zeitalter – Versuch einer Verortung konzeptioneller und struktureller Veränderungen«, in: *Symposiumsbericht »Stand und Perspektiven musikwissenschaftlicher Digital Humanities-Projekte«*, Mainz 2018 (Beitragsarchiv des Internationalen Kongresses der Gesellschaft für Musikforschung), URN: urn:nbn:de:101:1-2019020610345665991353.

— »Musikalische Schaffensprozesse 2.0. Inkorporation audiovisueller Medien der populären Musik in Methoden der digitalen Edition«, in: *Brückenschläge zwischen Musikwissenschaft und Informatik. Theoretische und praktische Aspekte der Kooperation*, hrsg. v. Stefanie Acquavella-Rauch, Andreas Münzmay und Joachim Veit, Detmold 2020 (Musikwissenschaft: Aktuelle Perspektiven 3), S. 115–122, DOI: 10.25366/2020.101.

— *Musikgeschichten: Von vergessenen Musikern und ›verlorenen Residenzen‹ im 18. Jahrhundert. Amateure und Hofmusiker – Edinburgh und Hannover*, Mainz 2020, DOI: 10.3726/b16546.

Ahrenholz, Bernd u. a., *Empfehlungen zu datentechnischen Standards und Tools bei der Erhebung von Sprachkorpora*, 2013, URL: https://www.dfg.de/download/pdf/foerderung/grundlagen_dfg_foerderung/informationen_fachwissenschaften/geisteswissenschaften/standards_sprachkorpora.pdf (besucht am 24. 04. 2023).

Albrecht-Hohmaier, Martin, »Eine Chance für den Werkbegriff? Werk und Werkfassungen in der digitalen Ausgabe des Sarti-Projekts«, in: *Symposiumsbericht »Stand und Perspektiven musikwissenschaftlicher Digital Humanities-Projekte«*, hrsg. v. Berthold Over und Torsten Roeder, Mainz 2018 (Beitragsarchiv des Internationalen Kongresses der Gesellschaft für Musikforschung), URN: urn:nbn:de:101:1-2018091709513789623476.

— »Werkausgaben«, in: *Musikphilologie*, hrsg. v. Bernhard R. Appel und Reinmar Emans, Laaber 2017 (Kompendien Musik 3), S. 13–21.

Amann, Klaus und Stefan Hirschauer, »Die Befremdung der eigenen Kultur. Ein Programm«, in: *Die Befremdnung der eigenen Kultur. Zur ethnographischen Herausforderung soziologischer Empirie*, hrsg. v. dens., Frankfurt am Main 1997 (Suhrkamp Taschenbuch Wissenschaft 1318), S. 7–52.

Appel, Bernhard R. und Reinmar Emans, »Einführung«, in: *Musikphilologie. Grundlagen – Methoden – Praxis*, Laaber 2017 (Kompendien Musik 3), S. 11–12.

— [Hrsg.], *Musikphilologie. Grundlagen – Methoden – Praxis*, Laaber 2017 (Kompendien Musik 3).

Appen, Ralf von, »Populäre Musik. Grundlagen der Begriffsbestimmung«, in: *Was ist Popmusik? Konzepte – Kategorien – Kulturen*, hrsg. v. Timo Hoyer, Carsten Kries und Dirk Stederoth, Darmstadt 2017, S. 71–91.

Assmann, Aleida, *Einführung in die Kulturwissenschaft. Grundbegriffe, Themen, Fragestellungen*, Berlin [4]2017 (Grundlagen der Anglistik und Amerikanistik 27).

Assmann, Jan, »Zeit. ›Vorgrieschiche‹ Zeit (Alter Orient; Altägypten)«, in: *Historisches Wörterbuch der Philosophie*, hrsg. v. Joachim Ritter, Karlfried Gründer und Gottfried Gabriel, Bd. 12, Basel 2004, Sp. 1186–1190.

Babbitt, Milton, »The Use of Computers in Musicological Research«, in: *Perspectives of New Music* 3.2 (1965), S. 74–83.

Bachmann-Medick, Doris, *Cultural Turns. Neuorientierungen in den Kulturwissenschaften*, Reinbek bei Hamburg 2014 (Rowohlts Enzyklopädie).

— »Culture as Text: Reading and Interpreting Cultures«, in: *Travelling Concepts for the Study of Culture*, hrsg. v. Birgit Neumann und Ansgar Nünning, Berlin/New York 2012, S. 99–118.

Balme, Christopher, *Einführung in die Theaterwissenschaft*, Berlin [5]2014.

Baltruschat, Astrid und Monika Wagner-Willi, »Videoanalyse«, in: *Hauptbegriffe Qualitativer Sozialforschung*, hrsg. v. Ralf Bohnsack, Alexander Geimer und Michael Meuser, Opladen/Toronto [4]2018, S. 241–246.

Baum, Constanze und Thomas Stäcker, »Die Digital Humanities im deutschsprachigen Raum. Methoden – Theorien – Projekte«, in: *Grenzen und Möglichkeiten der Digital Humanities*, hrsg. v. dens., 2015 (Sonderband der Zeitschrift für digitale Geisteswissenschaften 1), DOI: 10.17175/sb001_023.

Berndt, Axel und Benjamin W. Bohl, »Music Performance Markup: Formale Beschreibung musikalischer Interpretationen«, in: *editio* 32.1 (2018), S. 185–204, DOI: doi.org/10.1515/editio-2018-0012.

Berndt, Axel, Simon Waloschek und Aristotelis Hadjakos, »Meico: A Converter Framework for Bridging the Gap between Digital Music Editions and its Application«, in: *Audio Mostly 2018: Sound in Immersion and Emotion*, New York 2018, DOI: 10.1145/3243274.3243282.

Beuth, Klaus und Olaf Beuth, *Digitaltechnik*, Würzuburg [14]2019 (Elektronik 4).

Blaukopf, Kurt, *Musik im Wandel der Gesellschaft. Grundzüge der Musiksoziologie*, Darmstadt [2]1996.

Boele, Evert Bisschop, *Musicking in Groningen. Towards a Grounded Theory of the Uses and Functions of Music in a Modern Western Society*, Diss., Göttingen, 2013, URN: urn:nbn:de:gbv:7-11858/00-1735-0000-0001-BBA5-2-9.

Bohl, Benjamin Wolf, »Digitale Musikedition – was und wie?«, in: *Edirom. Digitale Musikedition* (01.06.2016), URL: https://www.edirom.de/edirom-projekt/digitale-musikedition/stimmen/bohl-digitale-musikedition-was-und-wie/ (besucht am 24.04.2023).

Bohn, Anna, »Filmphilologie«, in: *Handbuch Filmanalyse*, hrsg. v. Malte Hagener und Volker Patenburg, Wiesbaden 2020, S. 195–216.

— »Von U-Booten, Kriegsreportern und dem Fall des Hauses Romanov«, in: *editio* 29.1 (2015), S. 11–28.

Borchard, Beatrix, »Mit Schere und Klebstoff. Montage als wissenschaftliches Verfahren der Biographik«, in: *Clara Schumann. Ihr Leben. Eine biographische Montage*, Hildesheim/Zürich/New York [3]2015, S. 413–430.

Borscheid, Peter, *The American Way of Music. Wie Pop und Rock die Welt erobert*, Stuttgart 2020 (Studien zur Alltags- und Kulturgeschichte 33).

Bourdieu, Pierre, *Zur Soziologie der symbolischen Formen*, übersetzt von Wolfgang Fietkau, Frankfurt am Main [5]1994 (Suhrkamp Taschenbuch Wissenschaft 107).

Braun, Karl, Claus-Marco Dieterich und Angela Treiber [Hrsg.], *Materialisierung von Kultur. Diskurse und Praktiken*, Würzburg 2015.

Braun, Peter, *Objektbiographie. Ein Arbeitsbuch*, Weimar 2015.

Bräunlein, Peter-J., »Material Turn«, in: *Dinge des Wissens. Die Sammlungen, Museen und Gärten der Universität Göttingen*, hrsg. v. der Georg-August-Universität Göttingen, Göttingen 2012, S. 14–28.

Breidenstein, Georg u. a., *Ethnografie. Die Praxis der Feldforschung*, München [3]2020.

Brüstle, Christa, »›Performance Studies‹ – Impulse für die Musikwissenschaft«, in: *Musik mit Methode. Neue kulturwissenschaftliche Perspektiven*, hrsg. v. Corinna Herr und Monika Woitas, Köln/Weimar/Wien 2006 (Musik – Kultur – Gender 1), S. 253–268.

Brüstle, Christa, Clemens Risi und Stephanie Schwarz [Hrsg.], *Macht Ohnmacht Zufall. Aufführungspraxis, Interpretation und Rezeption im Musiktheater*, Berlin 2011 (Theater der Zeit. Recherchen 87).

Burdick, Anne u. a., *Digital Humanities*, Cambridge/London 2012.

Burgoyne, John Ashley, Ichiro Fujinaga und J. Stephen Downie, »Music Information Retrieval«, in: *A New Companion to Digital Humanities*, hrsg. v. Susan Schreibman, Ray Siemens und John Unsworth, Chichester 2016, S. 213–228, DOI: 10.1002/9781118680605.ch15.

Burke, Peter, *Was ist Kulturgeschichte?*, Originalausgabe: *What is Cultural History?*, Cambridge 2004, Frankfurt am Main 2005.

Burow, Heinz W., »Mediengeschichte der Musik«, in: *Handbuch der Mediengeschichte*, hrsg. v. Helmut Schanze, Stuttgart 2001 (Kröners Taschenausgabe 360), S. 347–372.

Calella, Michele, »Das Neue von gestern und was übrig bleibt: *New Musicologies*«, in: *Historische Musikwissenschaft. Grundlagen und Perspektiven*, hrsg. v. Michele Calella und Nikolaus Urbanek, Stuttgart/Weimar 2013, S. 82–110.

— *Musikalische Autorschaft. Der Komponist zwischen Mittelalter und Neuzeit*, Kassel u. a. 2014 (Schweizer Beiträge zur Musikforschung 20).

Calella, Michele und Nikolaus Urbanek [Hrsg.], *Historische Musikwissenschaft. Grundlagen und Perspektiven*, Stuttgart/Weimar 2013.

— »Vorwort«, in: *Historische Musikwissenschaft. Grundlagen und Perspektiven*, hrsg. v. dens., Stuttgart/Weimar 2013, IX–XI.

Citron, Marcia, *Gender and the Musical Canon*, Cambridge 1993.

Cohen, Mary, »Christopher Small: A Biographical Profile of His Life«, in: *Journal of Historical Research in Music Education* 31.2 (2010), S. 132–150.

Cook, Nicholas, »Between Process and Product: Music and/as Performance«, in: *Music Theory Online* 7.2 (2001), URL: http://www.mtosmt.org/issues/mto.01.7.2/mto.01.7.2.cook.pdf (besucht am 24. 04. 2023).

— *Beyond the Score. Music as Performance*, New York 2013.

Cremer, Annette Caroline und Martin Mulsow [Hrsg.], *Objekte als Quellen der historischen Kulturwissenschaften. Stand und Perspektiven der Forschung*, Köln/Weimar/Wien 2017 (Ding, Materialität, Geschichte 2).

Csáky, Moritz und Christoph Leitgeb [Hrsg.], *Kommunikation – Gedächtnis – Raum. Kulturwissenschaften nach dem »Spatial Turn«*, Bielefeld 2015, DOI: 10.14361/9783839411209.

Custodis, Michael, »Zeugnisse nationaler Größe. Musikwissenschaftliche Denkmal- und Gesamtausgaben in Deutschland«, in: *Historische Musikwissenschaft. Gegenstand – Geschichte – Methodik*, hrsg. v. Frank Hentschel, Laaber 2019 (Kompendien Musik 2), S. 131–141.

Dahlhaus, Carl, *Grundlagen der Musikgeschichte*, mit einer kommentierenden Einführung von Michele Calella, Laaber 2017, Originalausgabe: Köln 1977 (Grundlagen der Musik 13).

Damasio, Antonio, *Im Anfang war das Gefühl. Der biologische Ursprung menschlicher Kultur*, übersetzt von Sebastian Vogel. Originaltitel: *The Strange Order of Things. Life, Feeling, and the Making of Cultures*, München 2017.

Danuser, Hermann und Tobias Plebuch [Hrsg.], *Musik als Text. Bericht über den Internationalen Kongreß der Gesellschaft für Musikforschung. Freiburg im Breisgau 1993*, Kassel u. a. 1998.

Dell'Antonio, Andrew, Rez. zu »Christopher Small: *Musicking. The Meanings of Performing and Listening*«, in: *Notes* 55.4 (1999), S. 883–886.

Derbolav, Josef, »Handeln, Handlung, Tat, Tätigkeit«, in: *Historisches Wörterbuch der Philosophie*, hrsg. v. Joachim Ritter, Bd. 3, Basel 1974, Sp. 992–994.

DeRose, Steven J. u. a., »What is Text, Really?«, in: *Journal of Computing in Higher Education* 1.2 (1990), S. 3–26.

Devaux, Alexandre u. a., »3D Urban Geovisualization: In Situ Augmented and Mixed Reality experiments«, in: *SPRS Annals of the Photogrammetry, Remote Sensing and Spatial Information Sciences* IV.4 (2018), S. 41–48.

Dickreiter, Michael, »Schallwahrnehmung«, in: *Handbuch der Tonstudiotechnik*, hrsg. v. Michael Dickreiter u. a., Bd. 1, Berlin/Boston [8]2014, S. 115–135.

Doerr, Martin, »The CIDOC CRM, an Ontological Approach to Schema Heterogeneity«, in: *Semantic Interoperability and Integration*, hrsg. v. Yannis Kalfoglou u. a., Dagstuhl 2005 (Dagstuhl Seminar Proceedings 04391), DOI: 10.4230/DagSemProc.04391.22.

Dörfling, Christa, Christofer Jost und Martin Pfleiderer, »Musikobjektgeschichte. Populäre Musik und Materielle Kultur – Zur Einführung«, in: *Musikobjektgeschichten. Populäre Musik und materielle Kultur*, hrsg. v. dens., Münster 2021 (Populäre Kultur und Musik 32), S. 9–23.

— [Hrsg.], *Musikobjektgeschichten. Populäre Musik und materielle Kultur*, Münster 2021 (Populäre Kultur und Musik 32).

Drewes, Henner und Vera Grund, »MovEnging and MEI: From Scores to Data. Encoding Music and Choreography«, in: *SCORES – Zwischen Dokumentation, Vermittlung und Kreation*, hrsg. v. Miriam Althammer, Anja K. Arend und Anna Wieczorek, München, Druck i. V.

Dumont, Stefan, »correspSearch – Connecting Scholarly Editions of Letters«, in: *Journal of the Text Encoding Initiative* 10 (2016), DOI: 10.4000/jtei.1742.

Düring, Marten und Ulrich Eumann, »Historische Netzwerkforschung. Ein neuer Ansatz in den Geschichtswissenschaften«, in: *Geschichte und Gesellschaft* 39.3 (2013), S. 369–390.

Düring, Marten u. a. [Hrsg.], *Handbuch Historische Netzwerkforschung. Grundlagen und Anwendungen*, Münster u. a. 2016 (Schriften des Kulturwissenschaftlichen Instituts Essen (KWI) zur Methodenforschung).

Ebright, Ryan, »Jenkins, Florence Foster«, in: *The Grove Dictionary of American Music*, New York [2]2013, DOI: 10.1093/gmo/9781561592630.article.A2241860.

Edmond, Jennifer [Hrsg.], *Digital Technology and the Practices of Humanities Research*, Cambridge 2020, DOI: 10.11647/OBP.0192.

Eide, Øyvind, »Ontologies, Data Modeling, and TEI«, in: *Journal of the Text Encoding Initiative* 8 (2014), DOI: 10.4000/jtei.1191.

Elflein, Dietmar, »Allein gegen den Rest der Welt – Repräsentationen von Männlichkeiten im Deutschrock bei Westernhagen und den Böhsen Onkelz«, in: *Typisch Deutsch. (Eigen-)Sichten auf populäre Musik in diesem unserem Land*, Bielefeld 2014 (Beiträge zur Popularmusikforschung 41), S. 101–126.

Emans, Reinmar und Ulrich Krämer [Hrsg.], *Musikeditionen im Wandel der Geschichte*, Berlin 2015 (Bausteine zur Geschichte der Edition 5).

Erbe, Marcus, *Klänge schreiben: Die Transkriptionsproblematik elektroakustischer Musik*, Wien 2009 (Signale aus Köln. Beiträge zur Musik der Zeit 15).

Evans, Leighton und Sian Rees, »An Interpretation of Digital Humanities«, in: *Understanding Digital Humanities*, hrsg. v. David M. Berry, Basingstoke u. a. 2012, S. 21–41.

Faulstich, Werner, *Die bürgerliche Mediengesellschaft (1700–1830)*, Göttingen 2002 (Die Geschichte der Medien 4).

— *Medienwandel im Industrie- und Massenzeitalter (1830–1900)*, Göttingen 2004 (Die Geschichte der Medien 5).

Feige, Daniel Martin, *Philosophie des Jazz*, Berlin ³2014 (Suhrkamp Taschenbuch Wissenschaft 2096).

— »Über das Wesen der Popmusik«, in: *Was ist Popmusik? Konzepte – Kategorien – Kulturen*, hrsg. v. Timo Hoyer, Carsten Kries und Dirk Stederoth, Darmstadt 2017, S. 51–70.

Fellbaum, Klaus, *Sprachverarbeitung und Sprachübertragung*, Berlin/Heidelberg ²2012.

Fischer, Ernst Peter, *Niels Bohr. Physiker und Philosoph des Atomzeitalters*, München 2012.

Fischer-Lichte, Erika, *Performativität. Eine Einführung*, Bielefeld ³2016.

Foucault, Michel, *Die Ordnung der Dinge*, Frankfurt am Main ²³2015 (Suhrkamp Taschenbuch Wissenschaft 96).

Friebertshäuser, Barbara und Sophia Richter, »Dichte Beschreibung«, in: *Hauptbegriffe Qualitativer Sozialforschung*, hrsg. v. Ralf Bohnsack, Alexander Geimer und Michael Meuser, Opladen/Toronto ⁴2018, S. 41–44.

Fritze, Christiane, »Manifest für digitale Editionen«, in: *Digital Humanities im deutschsprachigen Raum 2022*, hrsg. v. Michaela Geierhos u. a., 2022, DOI: 10.5281/zenodo.6327989.

Frommeld, Debora, *Die Personenwaage. Ein Beitrag zur Geschichte und Soziologie der Selbstvermessung*, Bielefeld 2019.

Fuhrmann, Wolfgang, »Musicking«, in: *Handbuch Sound. Geschichte – Begriffe – Ansätze*, hrsg. v. Daniel Morat und Hansjakob Ziemer, Stuttgart 2018, S. 63–66.

Fuhse, Jan, »Die kommunikative Konstruktion von Akteuren in Netzwerken«, in: *Soziale Systeme* 15.2 (2009), S. 288–316.

Funk, Stefan E., »Digitale Objekte und Formate«, in: *nestor Handbuch: Eine kleine Enzyklopädie der digitalen Langzeitarchivierung*, hrsg. v. Heike Neuroth u. a., Boizenburg 2009, S. 7:3–7:8, URN: urn:nbn:de:0008-2010071949.

Gärtner, Markus, Freia Hoffmann und Axel Weidenfeld [Hrsg.], *Musik im sozialen Raum. Festschrift für Peter Schleuning zum 70. Geburtstag*, München 2011 (Beiträge zur Kulturgeschichte der Musik 3).

Geertz, Clifford, *Dichte Beschreibung. Beiträge zum Verstehen kultureller Systeme*, übersetzt von Brigitte Luchesi und Rolf Bindemann, Frankfurt am Main ¹³2015 (Suhrkamp Taschenbuch Wissenschaft 696).

Goffman, Erving, *Wir alle spielen Theater. Die Selbstdarstellung im Alltag*, übersetzt von Peter Weber-Schäfer, München [17]2017.

Gray, Patricia M. u. a., »The Music of Nature and the Nature of Music«, in: *Science* 291.5501 (2001), S. 52–54, DOI: 10.1126/science.10.1126/science.1056960.

Grimm, Jacob und Wilhelm Grimm, »Wirklichkeit«, in: *Deutsches Wörterbuch von Jacob und Wilhelm Grimm*, Bd. 30 (=14/2), Leipzig 1960, Sp. 582–587.

Grotjahn, Rebecca, »Alltag im Innenraum: Die ›Höhere Tochter‹ am Klavier«, in: *Musik-Stadt. Traditionen und Perspektiven urbaner Musikkulturen*, hrsg. v. Stefan Keym und Katrin Stöck, Bd. 3: Musik in Leipzig, Wien und anderen Städten im 19. und 20. Jahrhundert: Verlage – Konservatorien – Salons – Vereine – Konzerte, Leipzig 2011, S. 431–441.

— »Der Stoff, aus dem die Träume sind – ein Handtuch, ein Trompeter und eine Trompeterin«, in: *Das Geschlecht musikalischer Dinge*, hrsg. v. Rebecca Grotjahn u. a., Hildesheim / Zürich / New York 2018 (Jahrbuch Musik und Gender 11), S. 145–158.

— »›Eine Art Klauenseuche unter den Pensionatstöchtern und den Mädchen überhaupt‹: Klavier, Gender und Massenkultur«, in: *Geburt der Massenkultur. Beiträge der Tagung des WGL-Forschungsprojekts »Wege in die Moderne. Weltausstellungen, Medien und Musik im 19. Jahrhundert« im Germanischen Nationalmuseum*, hrsg. v. Roland Prügel, Nürnberg 2014, S. 122–131.

— »Notationskunde oder Die Speicherung des Stars in den Medien des 19. Jahrhunderts«, in: *Musiktheorie. Zeitschrift für Musikwissenschaft* 25.4 (2010), S. 328–340.

— *Studien zur Kulturgeschichte der Musik vom ausgehenden 18. bis zum frühen 20. Jahrhundert. Zusammenfassung der Arbeiten für die kumulative Habilitation*, Habil. masch., Oldenburg 2004.

Grotjahn, Rebecca und Joachim Iffland, »Digitale Musikedition und die Wissenschaft der Populären Musik«, in: *Die Musikforschung* 71.IV (2018), S. 379–393.

Grotjahn, Rebecca und Sarah Schauberger, »Einleitung«, in: *Das Geschlecht musikalischer Dinge*, hrsg. v. Rebecca Grotjahn u. a., Hildesheim / Zürich / New York 2018 (Jahrbuch Musik und Gender 11), S. 11–18.

Grotjahn, Rebecca u. a. [Hrsg.], *Das Geschlecht musikalischer Dinge*, Hildesheim / Zürich / New York 2018 (Jahrbuch Musik und Gender 11).

Grund, Vera, »Bild, Musik, Bewegung, Tanz: Dimensionen digitaler historischer Tanzforschung«, in: *4D – Dimensionen – Disziplinen – Digitalität – Daten. Tagungsband zur prometheus-Jubiläumstagung 2021*, hrsg. v. Piotr Kuroczyński u. a., Druck i. V.

Guarino, Nicola, Daniel Oberle und Steffen Staab, »What is an *Ontology*?«, in: *Handbook on Ontologies*, hrsg. v. Steffen Staab und Rudi Studer, Heidelberg / London / New York [2]2009 (International Handbooks on Information Systems), S. 1–16.

Günther, Martin, *Kunstlied als Liedkunst. Die Lieder Franz Schuberts in der musikalischen Aufführugskultur des 19. Jahrhunderts*, Stuttgart 2016 (Schubert: Perspektiven – Studien 4).

Haas, Stefan und Clemens Wischermann [Hrsg.], *Die Wirklichkeit der Geschichte. Wissenschaftstheoretische, mediale und lebensweltliche Aspekte eines (post-) konstruktivistischen Wirklichkeitsbegriffes in den Kulturwissenschaften*, Stuttgart 2015, DOI: 10.25162/9783515109666.

Habermas, Rebekka und Nils Minkmar, »Einleitung«, in: *Das Schwein des Häuptlings. Sechs Aufsätze zur Historischen Anthropologie*, hrsg. v. dens., übersetzt von Robin Cackett und Judith Elze, Berlin 1992, S. 7–19.

Hadjakos, Aristotelis u. a., »Challenges for Annotation Concepts in Music«, in: *International Journal of Humanities and Arts Computing* 11.2 (2017), S. 255–275, DOI: 10.3366/ijhac.2017.0195.

Hahn, Hans Peter, *Materielle Kultur. Eine Einführung*, Berlin 2005.

Hahn, Hans Peter, Manfred K. H. Eggert und Stefanie Samida, »Einleitung. Materielle Kultur in den Kultur- und Sozialwissenschaften«, in: *Handbuch Materielle Kultur. Bedeutungen, Konzepte, Disziplinen*, hrsg. v. dens., Stuttgart/Weimar 2014, S. 1–12.

Hall, Stuart, »Kodieren/Dekodieren«, in: *Cultural Studies. Grundlagentexte zur Einführung*, hrsg. v. Roger Bromley, Udo Göttlich und Carsten Winter, Lüneburg 1999, S. 92–110.

Hankinson, Andrew, Perry Roland und Ichiro Fujinaga, »The Music Encoding Initiative as a Document-Encoding Framework«, in: *Proceedings of the 12th International Society for Music Information Retrieval Conference, ISMIR*, Miami 2011, S. 293–298, DOI: 10.5281/zenodo.1417609.

Haug, Judith I., »Die geographische Perspektive: Auf welche Räume richtet sich die Historische Musikwissenschaft?«, in: *Historische Musikwissenschaft. Gegenstand – Geschichte – Methodik*, hrsg. v. Frank Hentschel, Laaber 2019 (Kompendien Musik 2), S. 35–47.

Hauschild, Michael, *Neustart des LHC: CERN und die Beschleuniger: Die Weltmaschine anschaulich erklärt*, Wiesbaden 2016 (essentials).

Hausmann, Christiane, »*Bach digital:* Ein ›work in progress‹ der digitalen Musikwissenschaft«, in: *Bibliothek – Forschung und Praxis* 2.42 (2018), S. 247–254, DOI: 10.1515/bfp-2018-0033.

Hawking, Stephen, *Eine kurze Geschichte der Zeit*, übersestzt von Hainer Kober, Hamburg [11]2016.

Helms, Dietrich, »History? My Story! Ein Plädoyer für das Ich in der Pop-Geschichte«, in: *Geschichte wird gemacht. Zur Historiographie populärer Musik*, hrsg. v. Dietrich Helms und Thomas Phleps, Bielefeld 2014 (Beiräge zur Popularmusikforschung 40), S. 115–126.

Hemming, Jan, *Methoden der Erforschung Populärer Musik*, Wiesbaden 2016 (Systematische Musikwissenschaft).

Henning, Nina, »Objektbiographien«, in: *Handbuch Materielle Kultur. Bedeutungen, Konzepte, Disziplinen*, hrsg. v. Stefanie Samida, Manfred K. H. Egger und Hans Peter Hahn, Stuttgart/Weimar 2014, S. 234–237.

Hentschel, Frank [Hrsg.], *Historische Musikwissenschaft. Gegenstand, Geschichte, Methodik*, Laaber 2019 (Kompendien Musik 2).

— »Musikgeschichte im Raster der Notation«, in: *Beitragsarchiv zur Jahrestagung der Gesellschaft für Musikforschung Halle/Saale 2015*, hrsg. v. Wolfgang Auhagen und Wolfgang Hirschmann, Mainz 2016, URN: urn:nbn:de:101:1-20160905686.

Hentschel, Frank, Gerd Grupe und Bettina Schlüter, »Die terminologische Perspektive: Welcher Musikbegriff liegt der Historischen Musikwissenschaft zugrunde?«, in: *Historische Musikwissenschaft. Gegenstand – Geschichte – Methodik*, hrsg. v. Frank Hentschel, Laaber 2019 (Kompendien Musik 2), S. 48–73.

Herzfeld-Schild, Marie Louise, »Emotionengeschichte«, in: *Historische Musikwissenschaft. Gegenstand – Geschichte – Methodik*, hrsg. v. Frank Hentschel, Laaber 2019 (Kompendien Musik 2), S. 273–283.

Hinrichsen, Hans-Joachim, »Musikalische Interpretation und Interpretationsgeschichte«, in: *Historische Musikwissenschaft. Grundlagen und Perspektiven*, hrsg. v. Michele Calella und Nikolaus Urbanek, Stuttgart/Weimar 2013, S. 184–200.

Ho, Vanessa, »›Heritage activists‹ preserve global landmarks ruined in war, threatened by time«, in: *Microsoft Transform* (23.04.2018), URL: https://news.microsoft.com/transform/heritage-activists-preserve-global-landmarks-ruined-in-war-threatened-by-time/ (besucht am 24.04.2023).

Hockey, Susan, »The History of Humanities Computing«, in: *A Companion to Digital Humanities*, hrsg. v. Susan Schreibman, Ray Siemens und John Unsworth, Oxford 2004, URL: http://www.digitalhumanities.org/companion/ (besucht am 24.04.2023).

Hohmann, Georg, »Die Anwendung von Ontologien zur Wissensrepräsentation und -kommunikation im Bereich des Kulturellen Erbes«, in: *Digitale Wissenschaft. Stand und Entwicklung digital vernetzter Forschung in Deutschland*, hrsg. v. Silke Schomburg u. a., Köln 2011, S. 33–39.

Holm, Christiane, »Erinnerungsdinge«, in: *Handbuch Materielle Kultur. Bedeutungen, Konzepte, Disziplinen*, hrsg. v. Stefanie Samida, Manfred K. H. Egger und Hans Peter Hahn, Stuttgart/Weimar 2014, S. 197–201.

Horstmann, Susanne, »Text«, in: *Reallexikon der deutschen Literaturwissenschaft. Neubearbeitung des Reallexikons der deutschen Literaturgeschichte*, hrsg. v. Jan-Dirk Müller, Bd. 3: P–Z, Berlin/New York 2007, S. 594–597.

Howard, Deborah und Laura Moretti [Hrsg.], *The Music Room in Early Modern France and Italy. Sound, Space, and Object*, New York 2012.

Hübner, Johannes, »Metaphysik: Die Tücken der Existenz«, in: *Die Fragen der Philosophie. Eine Einführung in Disziplinen und Epochen*, hrsg. v. Eugen Fischer und Wilhelm Vossenkuhl, München 2003, S. 133–150.

Hughes, Lorna, Panos Constantopoulos und Costis Dallas, »Digital Methods in the Humanities: Understanding and Describung their Use across the Disciplines«, in: *A New Companion to Digital Humanities*, hrsg. v. Susan Schreibman, Ray Siemens und John Unsworth, Chichester 2016, S. 150–170, DOI: 10.1002/9781118680605.ch11.

Hülst, Dirk, *Symbol und soziologische Symboltheorie. Untersuchungen zum Symbolbegriff in Geschichte, Sprachphilosophie, Psychologie und Soziologie*, Opladen 1999.

Hüschen, Heinrich, »Musiké – musica – Musik. II. Definitionen«, in: *MGG Online*, hrsg. v. Laurenz Lütteken, Kassel / Stuttgart / New York 1997/2016, URL: https://www.mgg-online.com/mgg/stable/12696 (besucht am 24. 04. 2023).

Iffland, Joachim, *Rein in den Alltag – aber wie? Zur Rekonstruktion musikalischer Lebenswelten am Beispiel der Stadt Detmold*, Masterarbeit masch., Universität Paderborn 2013.

— »›... wie das so 'n richtiger Mann ja wohl tut!‹ – Stimme, Habitus und Männlichkeit bei Marius Müller-Westernhagen«, in: *European Journal of Musicology* 14 (2011), S. 46–69, DOI: 10.5450/ejm.2011.14.6213.

Iffland, Joachim und Rebecca Grotjahn, »Musik ohne Noten. Wie Musikedition neu gedacht werden kann«, in: *SAGW-Bulletin* 27.3 (2021), S. 48–51, DOI: 10.5281/zenodo.5619814.

Imm, Johanna und Nina Jaeschke, »Gendered musical Objects sammeln und beschreiben. Sinn und Zweck objektbiographischer Analysen«, in: *Das Geschlecht musikalischer Dinge*, hrsg. v. Rebecca Grotjahn u. a., Hildesheim / Zürich / New York 2018 (Jahrbuch Musik und Gender 11), S. 19–28.

Ismaiel-Wendt, Johannes, *post_PRESETS. Kultur, Wissen und populäre MusikmachDinge*, Hildesheim / Zürich / New York 2016.

Jaeger, Friedrich u. a., »Vorwort«, in: *Handbuch der Kulturwissenschaften*, hrsg. v. Friedrich Jaeger und Burkhard Liebsch, Bd. 1: Grundlagen und Schlüsselbegriffe, Stuttgart / Weimar 2011, VII–VIII.

Jannidis, Fotis, »Grundlagen«, in: *Digital Humanities. Eine Einführung*, hrsg. v. Fotis Jannidis, Hubertus Kohle und Malte Rehbein, Stuttgart 2017, Kap. 11, S. 99–108, DOI: 10.1007/978-3-476-05446-3_2.

— »Zahlen und Zeichen«, in: *Digital Humanities. Eine Einführung*, hrsg. v. Fotis Jannidis, Hubertus Kohle und Malte Rehbein, Stuttgart 2017, S. 59–67, DOI: 10.1007/978-3-476-05446-3_2.

Jannidis, Fotis, Hubertus Kohle und Malte Rehbein [Hrsg.], *Digital Humanities. Eine Einführung*, Stuttgart 2017, DOI: 10.1007/978-3-476-05446-3_2.

— »Warum ein Lehrbuch für Digital Humanities«, in: *Digital Humanities. Eine Einführung*, hrsg. v. dens., Stuttgart 2017, XI–XIII, DOI: 10.1007/978-3-476-05446-3_2.

Janz, Tobias, *Zur Genealogie der musikalischen Moderne*, Paderborn 2014.

Jewanski, Jörg, »Farbe-Ton-Beziehung, Frühgeschichte«, in: *MGG Online*, hrsg. v. Laurenz Lütteken, Kassel / Stuttgart / New York 1995/2016, URL: https://www.mgg-online.com/mgg/stable/12003 (besucht am 24. 04. 2023).

Jost, Christofer, »Videoclip und Musik im Fernsehen«, in: *Populäre Musik. Geschichte – Kontexte – Forschungsperspektiven*, hrsg. v. Ralf von Appen, Nils Grosch und Martin Pfleiderer, Laaber 2014 (Kompendien Musik, Bd. 14), S. 141–153.

Kaden, Christian, *Das Unerhörte und das Unhörbare. Was Musik ist, was Musik sein kann*, Kassel / Stuttgart 2004.

— »Musik bei denen, die keine ›Musik‹ haben«, in: *Musik – Zu Begriff und Konzepten. Berliner Symposion zum Andenken an Hans Heinrich Eggebrecht*, hrsg. v. Albrecht Riethmüller und Michael Beiche, Stuttgart 2006, S. 57–72.

— *Was hat Musik mit Klang zu tun!? Aufsätze zur Musikethnologie und Musiksoziologie*, hrsg. v. Katrin Bicher, Berlin 2020.

— »Was ist Musik? Eine interkulturelle Perspektive«, in: *Historische Musikwissenschaft. Grundlagen und Perspektiven*, hrsg. v. Michele Calella und Nikolaus Urbanek, Stuttgart / Weimar 2013, S. 3–25.

Kahler, Daniela, »10.000 bejubeln Westernhagen«, in: *Musikwoche* (12.09.2005), URL: https://www.musikwoche.de/musik/10000-bejubeln-westernhagen-edfba8b9a6449c77af54b3cc3f91640a (besucht am 24. 04. 2023).

Kammeyer, Karl-Dirk und Kristian Kroschel, *Digitale Signalverarbeitung. Filterung und Spektralanalyse mit MATLAB-Übungen*, Stuttgart / Leipzig / Wiesbaden [5]2002.

Kanzog, Klaus, *Einführung in die Filmphilologie. Mit Beiträgen von Kirsten Burghardt, Ludwig Bauer und Michael Schaudig*, München [2]1997.

Keazor, Henry und Thorsten Wübbena, *Video thrills the Radio Star. Musikvideos: Geschichte, Themen, Analysen*, Bielefeld [3]2011.

Keil, Reinhard, »Der Computer als Denkzeug für hermeneutische Arbeit«, in: *Brückenschläge zwischen Musikwissenschaft und Informatik. Theoretische und praktische Aspekte der Kooperation*, hrsg. v. Stefanie Acquavella-Rauch Rauch, Andreas Münzmay und Joachim Veit, Detmold 2020 (Musikwissenschaft: Aktuelle Perspektiven 3), S. 2–26, DOI: https://doi.org/10.25366/2020.899.

— »Gestaltung virtueller Forschungsumgebungen für die philologische Detailarbeit«, in: *»Ei, dem alten Herrn zoll' ich Achtung gern'«. Festschrift für Joachim Veit zum 60. Geburtstag*, hrsg. v. Kristina Richts und Peter Stadler, München 2016, S. 437–461.

Kepper, Johannes, »Digitale Musikedition – eine Begriffsbestimmung«, in: *Edirom. Digitale Musikedition* (01.06.2016), URL: https://www.edirom.de/edirom-projekt/digitale-musikedition/stimmen/kepper-digitale-musikedition-eine-begriffsbestimmung/ (besucht am 24. 04. 2023).

— *Musikedition im Zeichen neuer Medien. Historische Entwicklung und gegenwärtige Perspektiven musikalischer Gesamtausgaben*, Paderborn 2009 Norderstedt 2011 (Schriften des Instituts für Dokumentologie und Editorik 5).

Kepper, Johannes und Laurent Pugin, »Was ist eine Digitale Edition? Versuch einer Positionsbestimmung zum Stand der Musikphilologie im Jahr 2017«, in: *Musiktheorie* 32.4 (2017), S. 347–363.

Kepper, Johannes, Solveig Schreiter und Joachim Veit, »*Freischütz* analog oder digital – Editionsformen im Spannungsfeld von Wissenschaft und Praxis«, in: *editio* 28.1 (2014), S. 127–150.

Kertz-Welzel, Alexandra, »›There is no such thing as music‹: Musicking und seine Bedeutung für die internationale Musikpädagogik«, in: *Zwischen Praxis und Performanz. Zur Theorie musikalischen Handelns in musikpädagogischer Perspektive*, hrsg. v. Frauke Heß, Lars Oberhaus und Christian Rolle, Berlin 2018, S. 13–30.

Keym, Stefan und Katrin Stöck [Hrsg.], *Musik in Leipzig, Wien und anderen Städten im 19. und 20. Jahrhundert: Verlage – Konservatorien – Salons – Vereine – Konzerte*, Bd. 3: Musik – Stadt. Traditionen und Perspektiven urbaner Musikkulturen, Leipzig 2011.

Kirschenbaum, Matthew, »What is ›Digital Humanities‹, and Why Are They Saying Such Terrible Things about It?«, in: *differences* 25.1 (2014), S. 46–63.

Kittsteiner, Heinz Dieter, »Das Wirklichkeitsverständnis der Kulturgeschichte«, in: *Die Einheit der Wirklichkeit. Zum Wissenschaftsverständnis der Gegenwart*, hrsg. v. Bernd-Olaf Küppers, München 2000, S. 9–26.

Knox, Bernard MacGregor Walker, *The Oldest Dead White European Males. And Other Reflections on the Classics*, New York / London 1993.

Kohaupt, Johannes, *Rockmusik. Eine hermeneutische Untersuchung. Volume I: Gegenkulturen von Rock & Roll bis Punk-Rock*, Münster 2014.

König, Gudrun M., »Auf dem Rücken der Dinge. Materielle Kultur und Kulturwissenschaft«, in: *Unterwelten der Kultur. Themen und Theorien der volkskundlichen Kulturwissenschaft*, hrsg. v. Kaspar Maase und Bernd Jürgen Warneken, Köln / Weimar / Wien 2003, S. 95–118.

König, Siegfried, *Grundwissen Philosophie. Eine systematische Einführung*, Nürnberg 2013.

Kramarz, Volkmar, *Die HipHop-Formeln*, Bonn 2008.

— *Die Popformeln*, Bonn 2007.

— *Warum Hits Hits werden. Erfolgsfaktoren der Popmusik. Eine Untersuchung erfolgreicher Songs und exemplarischer Eigenproduktionen*, Bielefeld 2014.

Kramer, Lawrence, *Music as Cultural Practice. 1800–1900*, Berkeley / Los Angeles / Oxford 1990 (California studies in 19th century music).

Kries, Carsten, »Das Popmusikalische. Begriff, Struktur, Erlebnis«, in: *Was ist Popmusik? Konzepte – Kategorien – Kulturen*, hrsg. v. Timo Hoyer, Carsten Kries und Dirk Stederoth, Darmstadt 2017, S. 92–108.

Krois, Michael, »Kultur als Zeichensystem«, in: *Handbuch der Kulturwissenschaften*, hrsg. v. Friedrich Jaeger und Burkhard Liebsch, Bd. 1: Grundlagen und Schlüsselbegriffe, Stuttgart / Weimar 2011, S. 106–118.

Kuczera, Andreas, »Digital Editions beyond XML – Graph-based Digital Editions«, in: *HistoInformatics 2016 – The 3rd HistoInformatics Workshop. Proceedings of the 3rd HistoInformatics Workshop on Computational History*, hrsg. v. Marten Düring, Adam Jatowt und Johannes Preiser-Kappeller, Krakau 11. Juli 2016, S. 37–46, URN: urn:nbn:de:0074-1632-7.

Kuczera, Andreas, »Graphbasierte digitale Editionen«, in: *Mittelalter. Interdisziplinäre Forschung und Rezeptionsgeschichte*, 19. April 2016, URL: http://mittelalter.hypotheses.org/7994 (besucht am 24. 04. 2023).

— »Graphdatenbanken für Historiker. Netzwerke in den Registern der Regesten Kaiser Friedrichs III. mit neo4j und Gephi«, in: *Mittelalter. Interdisziplinäre Forschung und Rezeptionsgeschichte* (05.05.2015), URL: http://mittelalter.hypotheses.org/5995 (besucht am 24. 04. 2023).

Latour, Bruno, *Eine neue Soziologie für eine neue Gesellschaft. Einführung in die Akteur-Netzwerk-Theorie*, Frankfurt am Main [4]2017 (Suhrkamp Tasschenbuch 1967).

Leemhuis, Alexander, Simon Waloschek und Aristotelis Hadjakos, »Bacher than Bach? On Musicologically Informed AI-Based Bach Chorale Harmonization«, in: *Machine Learning and Knowledge Discovery in Databases. International Workshops of ECML PKDD 2019, Würzburg, Germany, September 16–20, 2019, Proceedings, Part II*, hrsg. v. Peggy Cellier und Kurt Driessens, Cham 2020, S. 462–469, DOI: 10.1007/978-3-030-43887-6.

Lepa, Steffen, »Kulturelle Ökonomie und Urheberrecht im Zeitalter der digitalen Mediamorphose der Musik«, in: *Mediale Kontrolle unter Beobachtung* 4.2 (2015), URL: http://www.medialekontrolle.de/wp-content/uploads/2015/12/Lepa-Steffen-2015-04-02.pdf (besucht am 24. 04. 2023).

Loesch, Heinz von, »Zur Genese des Begriffs der musikalischen Interpretation«, in: *Musikalische Interpretation im Dialog. Musikwissenschaftliche und künstlerische Praxis*, hrsg. v. Andreas Münzmay und Marion Saxer, München 2017, S. 19–35.

Loesch, Heinz von und Stefan Weinzierl [Hrsg.], *Gemessene Interpretation. Computergestützte Aufführungsanalyse im Kreuzverhör der Disziplinen*, Mainz u. a. 2011 (Klang und Begriff 4).

— »Vorwort«, in: *Gemessene Interpretation. Computergestützte Aufführungsanalyse im Kreuzverhör der Disziplinen*, hrsg. v. dens., Mainz u. a. 2011 (Klang und Begriff 4), VII–X.

Loeser, Martin, »›Wann ist ein Mann ein Mann?‹ Männlichkeitsinszenierungen in westdeutscher Rock- und Popmusik am Beispiel von Marius Müller-Westernhagen und Herbert Grönemeyer«, in: *Musik und Männlichkeiten in Deutschland seit 1950. Interdisziplinäre Perspektiven*, hrsg. v. Marion Gerards, Martin Loeser und Katrin Losleben, München 2013 (Beiträge zur Kulturgeschichte der Musik 8), S. 121–140.

Löw, Martina, »Raum – Die topologische Dimension der Kultur«, in: *Handbuch der Kulturwissenschaften*, hrsg. v. Friedrich Jaeger und Burkhard Liebsch, Bd. 1: Grundlagen und Schlüsselbegriffe, Stuttgart/Weimar 2011, S. 46–59.

— *Raumsoziologie*, Frankfurt am Main 2001 (Suhrkamp Taschenbuch Wissenschaft 1506).

Ludwig, Andreas, »Materielle Kultur«, in: *Docupedia-Zeitgeschichte. Begriffe, Methoden und Debatten der zeithistorischen Forschung* (30.05.2011), DOI: 10.14765/zzf.dok.2.300.v1.

Maase, Kaspar, *Populärkulturforschung. Eine Einführung*, Bielefeld 2019 (Edition Kulturwissenschaft).

Mau, Steffen, *Das metrische Wir. Über die Quantifizierung des Sozialen*, Berlin 2017.

Mayer-Schönberger, Viktor, *Was ist Big Data? Zur Beschleunigung des menschlichen Erkenntnisprozesses*, Bundeszentrale für politische Bildung, 6.03.2015, URL: http://www.bpb.de/apuz/202242/zur-beschleunigung-menschlicher-erkenntnis (besucht am 24.04.2023).

McCarty, Willard, »Becoming Interdisciplinary«, in: *A New Companion to Digital Humanities*, hrsg. v. Susan Schreibman, Ray Siemens und John Unsworth, Chichester 2016, S. 69–83, DOI: 10.1002/9781118680605.ch5.

— »Humanities Computing«, in: *Encyclopedia of Library and Information Science*, New York 2003, S. 1224–1235, DOI: 10.1081/E-ELIS120008491.

— *Humanities computing – as interdiscipline*, 1999, URL: http://www.iath.virginia.edu/hcs/mccarty.html (besucht am 24.04.2023).

Mendívil, Julio, *Ein musikalisches Stück Heimat. Ethnologische Beobachtungen zum deutschen Schlager*, Bielefeld 2008 (Studien zur Popularmusik).

Moore, Allan F. und Remy Martin, *Rock: The Primary Text. Developing a musicology of rock*, London/New York ^{3}2019 (Ashgate Popular and Folk Music Series).

Morat, Daniel und Hansjakob Ziemer [Hrsg.], *Handbuch Sound. Geschichte – Begriffe – Ansätze*, Stuttgart 2018.

Müller, Sven Oliver, *Das Publikum macht die Musik. Musikleben in Berlin, London und Wien im 19. Jahrhundert*, Göttingen/Bristol 2014.

Münnich, Stefan, »Ontologien als semantische Zündstufe für die digitale Musikwissenschaft? Eine Bestandsaufnahme«, in: *Bibliothek – Forschung und Praxis* 42.2 (2018), S. 184–193, DOI: 10.1515/bfp-2018-0027.

— »Ontologien in der Praxis: Möglichkeiten und Herausforderungen für die Modellierung musikwissenschaftlicher/musikeditorischer Wissensstrukturen«, in: *Die Musikforschung* 71.4 (2018), S. 319–337.

Münzmay, Andreas, »Lesen und Schreiben im digitalen Dickicht. Musikwissenschaft, Digital Humanities und die hybride Musikbibliothek«, in: *Bibliothek – Forschung und Praxis* 42.2 (2018), S. 236–246, DOI: 10.1515/bfp-2018-0031.

— »Virtualitäten der Opéra comique und XML-Code als ›Teleskop‹«, in: *Symposiumsbericht »Virtualitäten des Barock. Deleuze und musikalische Analyse«*, hrsg. v. Birger Petersen, Mainz 2018 (Beitragsarchiv des internationalen Kongresses der Gesellschaft für Musikforschung, Mainz 2016 – »Wege der Musikwissenschaft«), URN: urn:nbn:de:101:1-2018101811433555555600.

Münzmay, Andreas und Christine Siegert, »Phonographischer Text, Interpretation und Aufführungsmaterial als kritisch edierbarer Sachzusammenhang. Ein Beitrag zur Theorie der Edition von Klangdokumenten«, in: *editio* 33.1 (2019), S. 10–30, DOI: 10.1515/editio-2019-0002.

Nowak, Adolf und Klaus-Ernst Behne, »Musikästhetik«, in: *MGG Online*, hrsg. v. Laurenz Lütteken, Kassel/Stuttgart/New York 1997/2016, URL: https://www.mgg-online.com/mgg/stable/11821 (besucht am 24. 04. 2023).

Nyhan, Julianne und Andrew Flinn, *Computation and the Humanities. Towards an Oral History of Digital Humanities*, Cham 2016 (Springer Series of Cultural Computing), DOI: 10.1007/978-3-319-20170-2.

o. V., »Große Nachfrage. Westernhagen gibt Zusatzkonzerte«, in: *Rheinische Post Online* (01.12.2004), URL: https://rp-online.de/kultur/musik/westernhagen-gibt-zusatzkonzerte_aid-8782691 (besucht am 24. 04. 2023).

— »Neue Editionspraxis soll quellenkritische Auseinandersetzung mit Popmusik ermöglichen«, in: *Universität Paderborn* (08.07.2020), URL: https://www.uni-paderborn.de/en/news-item/94296 (besucht am 24. 04. 2023).

Over, Berthold und Torsten Roeder, »Stand und Perspektiven musikwissenschaftlicher Digital-Humanities-Projekte. Einleitung«, in: *Symposiumsbericht »Stand und Perspektiven musikwissenschaftlicher Digital-Humanities-Projekte«*, hrsg. v. dens., Mainz 2018 (Beitragsarchiv des internationalen Kongresses der Gesellschaft für Musikforschung, Mainz 2016 – »Wege der Musikwissenschaft«), URN: urn:nbn:de:101:1-201808301137029 8504823.

Pfleiderer, Martin, »Making History. Tendenzen, Fragestellungen und Methoden der Geschichtsschreibung populärer Musik«, in: *Populäre Musik und kulturelles Gedächtnis. Geschichtsschreibung – Archiv – Internet*, hrsg. v. dems., Köln/Weimar/Wien 2011 (Schriftenreihe der Hochschule für Musik Franz Liszt 7), S. 25–36.

— »Populäre Musik und kulturelles Gedächtnis. Zur Einführung«, in: *Populäre Musik und kulturelles Gedächtnis. Geschichtsschreibung – Archiv – Internet*, hrsg. v. dems., Köln/Weimar/Wien 2011 (Schriftenreihe der Hochschule für Musik Franz Liszt 7), S. 9–18.

Philippi, Daniela, »Das musikalische Werk«, in: *Musikphilologie. Grundlagen – Methoden – Praxis*, hrsg. v. Bernhard R. Appel und Reinmar Emans, Laaber 2017 (Kompendien Musik 3), S. 89–96.

Piotrowski, Michael, *Ain't No Way Around It: Why We Need to Be Clear About What We Mean by »Digital Humanities«*, 14.04.2020, DOI: 10.31235/osf.io/d2kb6.

Precht, Richard David, *Jäger, Hirten, Kritiker. Eine Utopi für die digitale Gesellschaft*, München 2020.

Pries, Ludger, *Soziologie. Schlüsselbegriffe, Herangehensweisen, Perspektiven*, Weinheim ^{3}2017.

Puppe, Frank, Herbert Stoyan und Rudi Studer, »Knowledge Engineering«, in: *Handbuch der Künstlichen Intelligenz*, hrsg. v. Günther Görz, Claus-Rainer Rollinger und Josef Schneeberger, München ^{4}2010, S. 599–641.

Raimond, Yves u. a., »The Music Ontology«, in: *Proceedings of the 8th International Conference on Music Information Retrieval, ISMIR*, Wien 2007, S. 417–422, DOI: 10.5281/zenodo.1415966.

Rapp, Christof, *Metaphysik. Eine Einführung*, München 2016.

Ratmann, Simon, »Beethoven in the House. Deutsch-britisches Team erforscht Hausmusik-Bearbeitungen von Werken des Komponisten«, in: *Universität Paderborn* (02.04.2020), URL: https://www.uni-paderborn.de/forschung/forschungsnachrichten /nachricht/beethoven-in-the-house (besucht am 24. 04. 2023).

Rauchhaupt, Ulf von, »Hinter lauter Quanten keine Welt«, in: *Frankfurter Allgemeine Sonntagszeitung* 41 (16.10.2005), S. 71, URL: http://www.faz.net/aktuell/wissen/physik-mehr/weltformel-hinter-lauter-quanten-keine-welt-1280181-p3.html (besucht am 24. 04. 2023).

Reckwitz, Andreas, »Die Kontingenzperspektive der ›Kultur‹. Kultiurbegriffe, Kulturtheorien und das kulturwissenschaftliche Forschungsprogramm«, in: *Handbuch der Kulturwissenschaften*, hrsg. v. Friedrich Jaeger und Burkhard Liebsch, Bd. 3: Themen und Tendenzen, Stuttgart 2011, S. 1–20.

Rehbein, Malte, »Ontologien«, in: *Digital Humanities. Eine Einführung*, hrsg. v. Fotis Jannidis, Hubertus Kohle und Malte Rehbein, Stuttgart 2017, S. 162–176, DOI: 10.1007/978-3-476-05446-3_2.

Ressel, Andrea, *Basiswissen Digital Humanities*, Bd. 1: Grundlagen und Arbeitstechniken, Göttingen 2017.

Rettinghaus, Klaus, »Die Vermessung der (musikalischen) Welt«, in: *DHd2022. Kulturen des digitalen Gedächtnisses. 8. Tagung des Verbands »Digital Humanities im deutschsprachigen Raum« (DHd 2022), Potsdam*, März 2022, S. 1–2, DOI: 10.5281 /zenodo.6328147.

Reuter, Christoph, »Der Zuhörer«, in: *Musikalische Akustik*, hrsg. v. Christoph Reuter und Wolfgang Auhagen, Laaber 2014 (Kompedien Musik 16), S. 161–194.

Rice, Timothy, *Ethnomusicology. A Very Short Introduction*, New York 2014 (Very Short Introductions).

Ricœur, Paul, »Poetik und Symbolik – Erfahrung, die zur Sprache kommt«, in: *Handbuch der Kulturwissenschaften*, hrsg. v. Friedrich Jaeger und Burkhard Liebsch, Bd. 1: Grundlagen und Schlüsselbegriffe, übersetzt von Christoph Groffy, Stuttgart/Weimar 2011, S. 93–105.

Rischar, Richard, Rez. zu »Christopher Small: Musicking. The Meanings of Performing and Listening«, in: *Music Theory Spectrum* 25.1 (2003), S. 161–165.

Rockwell, Geoffrey, »Is Humanities Computing an Academic Discipline?«, in: *Defining Digital Humanities. A Reader*, hrsg. v. Melissa Terras, Julianne Nyhan und Edward Vanhoutte, New York 2016, S. 13–34.

Rode-Breymann, Susanne [Hrsg.], *Orte der Musik. Kulturelles Handeln von Frauen in der Stadt*, Köln u. a. 2007 (Musik – Kultur – Gender 3).

Roland, Perry, »The Music Encoding Initiative (MEI)«, in: *Proceedings of the First International Conference on Musical Application using XML*, hrsg. v. Goffredo Haus und Mario Longari, o. O. 2002, S. 55–59.

Rösing, Helmut, »Geschichtsschreibung als Konstruktionshandlung. Anmerkungen zu Geschichte und Gegenwart der Musikgeschichtsschreibung«, in: *Geschichte wird gemacht. Zur Historiographie populärer Musik*, hrsg. v. Dietrich Helms und Thomas Phleps, Bielefeld 2014 (Beiträge zur Popularmusikforschung 40), S. 9–24.

Rovelli, Carlo, *Die Wirklichkeit, die nicht so ist, wie sie scheint. Eine Reise in die Welt der Quantengravitation*, übersetzt von Enrico Heinemann, Reinbek bei Hamburg 2016.

Saake, Gunter, Kai-Uwe Sattler und Andreas Heuer, *Datenbanken. Konzepte und Sprachen*, Frechen ^{6}2018.

Saffle, Michael u. a., »Musik und Mathematik«, in: *MGG Online*, hrsg. v. Laurenz Lütteken, Kassel/Stuttgart/New York 2015/2016, URL: https://www.mgg-online.com/mgg/stable/12850 (besucht am 24. 04. 2023).

Sahle, Patrick, »Digital Humanities? Gibt's doch gar nicht!«, in: *Grenzen und Möglichkeiten der Digital Humanities*, hrsg. v. Constanze Baum und Thomas Stäcker, Bd. 1, 2015 (Sonderband der Zeitschrift für digitale Geisteswissenschaften), DOI: 10.17175/sb001_004.

— »Digitale Edition«, in: *Digital Humanities. Eine Einführung*, hrsg. v. Fotis Jannidis, Hubertus Kohle und Malte Rehbein, Stuttgart 2017, S. 234–249, DOI: 10.1007/978-3-476-05446-3_2.

— *Digitale Editionsformen. Zum Umgang mit der Überlieferung unter den Bedingungen des Medienwandels*, Bd. 1–3, Norderstedt 2013 (Schriften des Instituts für Dokumentologie und Editorik 7–9).

Sales, Grover, *Jazz. America's Classical Music*, New York 1984.

Samida, Stefanie, Manfred K. H. Egger und Hans Peter Hahn [Hrsg.], *Handbuch Materielle Kultur. Bedeutungen, Konzepte, Disziplinen*, Stuttgart/Weimar 2014.

Satz, Helmut und Philippe Blanchard, *Großforschung in neuen Dimensionen. Denker unserer Zeit über die eaktuelle Elementarteilchenphysik am CERN*, hrsg. v. Christoph Kommer, Berlin/Heidelberg 2016.

Schiemann, Gregor, »Natur – Kultur und ihr Anderes«, in: *Handbuch der Kulturwissenschaften*, hrsg. v. Friedrich Jaeger und Burkhard Liebsch, Bd. 1: Grundlagen und Schlüsselbegriffe, Stuttgart/Weimar 2011, S. 60–75.

Schiffauer, Werner, »Der cultural turn in der Ethnologie und der Kulturanthropologie«, in: *Handbuch der Kulturwissenschaften*, hrsg. v. Friedrich Jaeger und Burkhard Liebsch, Bd. 2: Paradigmen und Disziplinen, Stuttgart 2011, S. 502–517.

Schlüter, Bettina, »Musikwissenschaft als Kulturwissenschaft«, in: *Was ist Kulturwissenschaft? Zehn Antworten aus den »Kleinen Fächern«*, hrsg. v. Stephan Conermann, Bielefeld 2012 (Edition Kulturwissenschaf 14), S. 233–254.

Schmale, Wolfgang, »Einleitung: Digital Humanities. Historische Kulturwissenschaften«, in: *Digital Humanities. Praktiken der Digitalisierung, der Dissemination und der Selbstreflektivität*, hrsg. v. dems., Stuttgart 2015 (Historische Mitteilungen. Beiheft 91), S. 9–13.

Schmid, Manfred Hermann, *Notationskunde. Schrift und Komposition 900–1900*, Kassel u. a. ^{3}2020 (Bärenreiter Studienbücher Musik 18).

— »Schrift der Moderne und Musik der Vergangenheit. Zu Funktionsverschiebungen in der Notations- und Editionspraxis«, in: *Bericht über den Internationalen Kongreß der Gesellschaft für Musikforschung. Freiburg im Breisgau 1993*, hrsg. v. Hermann Danuser und Tobias Plebuch, Bd. 1, Kassel u. a. 1998, S. 78–81.

Schmidinger, Heinrich, *Metaphysik. Ein Grundkurs*, Stuttgart/Berlin/Köln 2000.

Schmidt, Siegfried J., »Kultur als Programm – jenseits der Dichotomie von Realismus und Konstruktivismus«, in: *Handbuch der Kulturwissenschaften*, hrsg. v. Friedrich Jaeger und Jürgen Straub, Bd. 2: Paradigmen und Disziplinen, Stuttgart 2011, S. 85–100.

Schöch, Christof, »Digitale Wissensproduktion«, in: *Digital Humanities. Eine Einführung*, hrsg. v. Fotis Jannidis, Hubertus Kohle und Malte Rehbein, Stuttgart 2017, S. 206–212, DOI: 10.1007/978-3-476-05446-3_2.

Schreibman, Susan, Ray Siemens und John Unsworth [Hrsg.], *A New Companion to Digital Humanities*, Chichester 2016, DOI: 10.1002/9781118680605.

— »Preface«, in: *A New Companion to Digital Humanities*, hrsg. v. dens., Chichester 2016, XVII–XVIII, DOI: 10.1002/9781118680605.fmatter.

Schubert, Lena, *»Party Maybe?« – Aus der Kirche ins Wohnzimmer. Ein Leipziger WG-Konzert als Station der Werksgeschichte des Weihnachtsoratoriums von Johann Sebastian Bach*, Bachelorarbeit masch., Universität Paderborn 2015.

Seeger, Charles, »Prescriptive and Descriptive Music-Writing«, in: *The Musical Quarterly* 44.2 (1958), S. 184–195.

Seibt, Oliver, *Der Sinn des Augenblicks. Überlegungen zu einer Musikwissenschaft des Alltäglichen*, Bielefeld 2010 (Studien zur Popularmusik).

Seifert, Robert, *Popmusik in Zeiten der Digitalisierung. Veränderte Aneignung – veränderte Wertigkeit*, Bielefeld 2018 (Studien zur Popularmusik).

Selfridge-Field, Eleanor, »Introduction: Describing Musical Information«, in: *Beyond MIDI. The Handbook of Musical Codes*, hrsg. v. ders., Cambridge 1997, S. 3–38.

Sinn, Dieter, »Ereignis«, in: *Historisches Wörterbuch der Philosophie*, hrsg. v. Joachim Ritter, Bd. 2, Basel 1972, Sp. 608–609.

Small, Christopher, »Autobiography«, in: *The Christopher Small Reader*, hrsg. v. Robert Walser, Middletown 2016 (Music/Culture), S. 1–14.

— *Music of The Common Tongue. Survival and Celebration in African American Music*, (Originalausgabe 1987), Hanover/London ^{2}1998.

— *Music, Society, Education*, Hanover/London 1996 (Music/Culture).

— *Musicking. The Meanings of Performing and Listening*, Middletown 1998 (Music/Culture).

— »Whose Music Do We Teach, Anyway? For MENC [Music Educators National Conference, now known as the National Association for Music Education], Washington, D.C., March 28, 1990«, in: *The Christopher Small Reader*, hrsg. v. Robert Walser, Middletown 2016 (Music/Culture), S. 87–94.

Stadler, Peter, »Musikwissenschaft und Digital Humanities«, in: *Historische Musikwissenschaft. Gegenstand – Geschichte – Methodik*, hrsg. v. Frank Hentschel, Laaber 2019 (Kompendien Musik 2), S. 330–339.

Stalder, Felix, *Kultur der Digitalität*, Berlin 2016.

Stederoth, Dirk, »Sound, Groove, Performance. Musikästhetische Realisierungskategorien zur Charakterisierung populärer Musik«, in: *Was ist Popmusik? Konzepte – Kategorien – Kulturen*, hrsg. v. Timo Hoyer, Carsten Kries und Dirk Stederoth, Darmstadt 2017, S. 111–134.

Sterne, Jonathan, »There Is No Music Industry«, in: *media industries* 1.1 (2014), DOI: 10.3998/mij.15031809.0001.110.

Steyn, Jacques [Hrsg.], *Structuring Music through Markup Language. Designs and Architectures*, Hershey 2013.

Strohmann, Nicole K., »Gender und Raum: Orte kompositorischen Wirkens von Frauen im Frankreich des 19. Jahrhunderts«, in: *Musik(vermittlung) und Gender(forschung) im Internet. Perspektiven einer anderen Musikgeschichtsschreibung*, hrsg. v. Beatrix Borchard, Regina Back und Elisabeth Treydte, Hildesheim/Zürich/New York 2016, S. 149–180.

Studer, Rudi, »Ontologien«, in: *Enzyklopädie der Wirtschaftsinformatik. Online-Lexikon*, hrsg. v. Norbert Gronau u. a., Berlin 2019, URL: https://wi-lex.de/index.php/lexikon/informations-daten-und-wissensmanagement/wissensmanagement/wissensmodellierung/wissensrepraesentation/ontologien/ (besucht am 24. 04. 2023).

Swanwick, Keith, Rez. zu »Christopher Small: Musicking. The Meanings of Performing and Listening«, in: *British Journal of Education* 17.1 (2000), S. 93–96.

Sydney, J. Shep, »Digital Materiality«, in: *A New Companion to Digital Humanities*, hrsg. v. Susan Schreibman, Ray Siemens und John Unsworth, Chichester 2016, S. 322–330, DOI: 10.1002/9781118680605.ch22.

Tegtmeier, Erwin, »Einleitung«, in: *Ontologie*, hrsg. v. dems., München 2000 (Alber-Texte Philosophie 6), S. 13–32.

Teich Geertinger, Axel, »Werkbegriffe in Gesamtausgabe und Werkverzeichnis, oder: Wann ist ein Werk keins? Definitorische Probleme dargestellt am Beispiel Carl Nielsens«, in: *»Ei, dem alten Herrn zoll' ich Achtung gern'«. Festschrift für Joachim Veit zum 60. Geburtstag*, hrsg. v. Kristina Richts und Peter Stadler, München 2016, S. 265–282.

Thaller, Manfred, »Digital Humanities als Wissenschaft«, in: *Digital Humanities. Eine Einführung*, hrsg. v. Fotis Jannidis, Hubertus Kohle und Malte Rehbein, Stuttgart 2017, S. 13–18, DOI: 10.1007/978-3-476-05446-3_2.

— »Geschichte der Digital Humanities«, in: *Digital Humanities. Eine Einführung*, hrsg. v. Fotis Jannidis, Hubertus Kohle und Malte Rehbein, Stuttgart 2017, S. 3–12, DOI: 10.1007/978-3-476-05446-3_2.

Trappe, Tobias, »Wirklichkeit«, in: *Historisches Wörterbuch der Philosophie*, hrsg. v. Joachim Ritter, Karlfried Gründer und Gottfried Gabriel, Bd. 12, Basel 2004, Sp. 829–844.

Turcheta, Luca u. a., »The Internet of Musical Things Ontology«, in: *Journal of Web Semantics* (Januar 2020), DOI: 10.1016/j.websem.2020.100548.

Unseld, Melanie, »Die Kulturwissenschaften als Herausforderung für die Musikwissenschaft – und was sich daraus für die Historische Musikwissenschaft ergibt«, in: *Historische Musikwissenschaft. Grundlagen und Perspektiven*, hrsg. v. Michele Calella und Nikolaus Urbanek, Stuttgart/Weimar 2013, S. 266–288.

— »Historische Musikwissenschaft als Kulturwissenschaft«, in: *Historische Musikwissenschaft. Gegenstand – Geschichte – Methodik*, hrsg. v. Frank Hentschel, Laaber 2019 (Kompendien Musik 2), S. 170–182.

Vanhoutte, Edward, »The Gates of Hell: History and Definition of Digital | Humanities | Computing«, in: *Defining Digital Humanities. A Reader*, hrsg. v. Melissa Terras, Julianne Nyhan und Edward Vanhoutte, New York 2016, S. 119–156.

Veit, Joachim, »Autorisierte Verfälschung? Zum Verhältnis von Autograph, Kopie und Druck bei Carl Maria von Weber«, in: *editio. Internationales Jahrbuch für Editionswissenschaft* 17 (2003), S. 137–155.

— »Digitale Musikedition«, in: *Musikphilologie. Grundlagen – Methoden – Praxis*, hrsg. v. Bernhard R. Appel und Reinmar Emans, Laaber 2017 (Kompendien Musik 3), S. 44–55.

— »›Editionstechniker‹? – Von den Herausforderungen an künftige Editionen und Editoren«, in: *Mozart-Jahrbuch* (2013), S. 27–41.

— »Es bleibt nichts, wie es war – Wechselwirkungen zwischen digitalen und ›analogen‹ Editionen«, in: *editio* 24.1 (2010), S. 37–52.

— »Musikedition 2.0. Das ›Aus‹ für den Edierten Notentext?«, in: *editio* 29.1 (2015), S. 70–84.

— »Ungeahnte Metamorphosen? Zu den Folgen genuin digitaler Musikeditionen«, in: *Symposiumsbericht »Stand und Perspektiven musikwissenschaftlicher Digital Humanities-Projekte«*, hrsg. v. Berthold Over und Torsten Roeder, Mainz 2018 (Beitragsarchiv des Internationalen Kongresses der Gesellschaft für Musikforschung), URN: urn:nbn:de:101:1-2018102311264740121574.

Veit, Joachim und Kristina Richts, »Stand und Perspektiven der Nutzung von MEI in der Musikwissenschaft und in Bibliotheken«, in: *Bibliothek – Forschung und Praxis* 42.2 (2018), S. 292–301, DOI: 10.1515/bfp-2018-0026.

Viehhauser, Gabriel, »Digital Humanities als Geisteswissenschaften. Zur Auflösung einer Tautologie«, in: *Digital Humanities. Perspektiven aus der Praxis*, hrsg. v. Peggy Bockwinkel, Beatrice Nickel und Gabriel Viehhauser, Berlin 2018 (Digitalisierung und Globalisierung der Wissenschaften 1), S. 17–41.

Vierhaus, Rudolf, »Die Rekonstruktion historischer Lebenswelten. Probleme moderner Kulturgeschichtsschreibung«, in: *Wege zu einer neuen Kulturgeschichte. Mit Beiträgen von Rudolf Vierhaus und Roger Chartier*, hrsg. v. Hartmut Lehmann, Göttingen 1995 (Göttinger Gespräche zur Geschichtswissenschaft 1), S. 7–28.

Voss, Egon, »Partituranordnung«, in: *Musikphilologie*, hrsg. v. Bernhard R. Appel und Reinmar Emans, Laaber 2017 (Kompendien Musik 3), S. 218–227.

Waloschek, Simon u. a., »Interactive Scores in Classical Music Production«, in: *Proceedings of the 17th International Society for Music Information Retrieval Conference, ISMIR*, New York 2016, S. 668–673, DOI: 10.5281/zenodo.1416710.

Walser, Robert [Hrsg.], *The Christopher Small Reader*, Middletown 2016 (Music/Culture).

Weinzierl, Stefan, »Der Raum«, in: *Musikalische Akustik*, hrsg. v. Christoph Reuter und Wolfgang Auhagen, Laaber 2014 (Kompedien Musik 16), S. 148–160.

Weiß, Matthias, »Musikvideos als Ent-Täuschung. Zum Stellenwert des Visuellen in den Videoclips *Let Forever Be* von The Chemical Brothers und *Imitation of Life* von R.E.M.«, in: *Macht Ohnmacht Zufall. Aufführungspraxis, Interpretation und Rezeption im Musiktheater*, hrsg. v. Christa Brüstle, Clemens Risi und Stephanie Schwarz, Berlin 2011 (Theater der Zeit. Recherchen 87), S. 215–234.

Welzer, Harald, *Die smarte Diktatur. Der Angriff auf unsere Freiheit*, Frankfurt am Main ^{2}2018.

Wettlaufer, Jörg, »Neue Erkenntnisse durch digitalisierte Geschichtswissenschaft(en)? Zur hermeneutischen Reichweite aktueller digitaler Methoden in informationszentrierten Fächern«, in: *Zeitschrift für digitale Geisteswissenschaften* (2016), DOI: 10.17175/2016_011.

Wicke, Peter, »Rockmusik«, in: *MGG online*, hrsg. v. Laurenz Lütteken, Kassel/Stuttgart/New York 2021, URL: https://www.mgg-online.com/mgg/stable/401110 (besucht am 24.04.2023).

Wiering, Frans, »Digital Critical Editions of Music: A Multidimensional Model«, in: *Modern Methods for Musicology. Prospects, Proposals, and Realities*, hrsg. v. Tim Crawford und Lorna Gibson, Farnham 2009, S. 23–45.

Wiermann, Barbara, »musiconn.performance – Musikalische Ereignisdaten im Fachinformationsdienst Musikwissenschaft«, in: *Kooperative Informationsinfrastrukturen als Chance und Herausforderung. Festschrift für Thomas Bürger zum 65. Geburtstag*, hrsg. v. Achim Bonte und Juliane Rehnolt, Berlin/Boston 2018, S. 398–415.

Wiesenfeldt, Christiane, »Zu viele Noten? Das kann gar nicht sein. Die musikwissenschaftliche Editionspraxis ist bestens auf die digitale Quellenforschung vorbereitet«, in: *Frankfurter Allgemeine* (07.05.2018), URL: http://www.faz.net/-in2-99wzb (besucht am 24.04.2023).